泺尚·创意中国调研报告(2016)

本卷主题:区域文化到特色产业之“破茧成蝶”

昝胜锋 主编

山东大学出版社

图书在版编目(CIP)数据

泺尚·创意中国调研报告. 2016/昝胜锋主编.
—济南:山东大学出版社,2016.8
ISBN 978-7-5607-5592-2

Ⅰ. ①泺…
Ⅱ. ①昝…
Ⅲ. ①文化产业—调查报告—中国—2016
Ⅳ. ①G124

中国版本图书馆 CIP 数据核字(2016)第 200076 号

责任策划:陈海军
责任编辑:王立强　李艳玲
封面设计:张　荔

出版发行:山东大学出版社
社　　址:山东省济南市山大南路 20-2 号
电　　话:市场部 0531-88364466
经　　销:山东省新华书店
印　　刷:济南景升印业有限责任公司
规　　格:700 毫米×1000 毫米　1/16
23.75 印张　　345 千字
版　　次:2016 年 8 月第 1 版　2016 年 8 月第 1 次印刷
定　　价:80.00 元

《泺尚·创意中国调研报告(2016)》

课 题 组

一、学术指导单位

文化部	教育部	山东大学
农工党中央联络委	文化产业（中国）协作体	

二、编撰单位

山东大学文化产业研究院　泺尚中国创意产业网

三、顾问委员会

陈昌智　全国人大常委会副委员长、民建中央主席

陈宗兴　全国政协原副主席、农工党中央原常务副主席

桑国卫　全国人大常委会原副委员长

陈　竺　全国人大常委会副委员长、中国农工民主党中央主席

刘晓峰　全国政协副主席、中国农工民主党中央常务副主席

齐续春　全国政协副主席、民革中央常务副主席

四、专家委员会

王永章（中华文化促进会）	王育济（山东大学）
金元浦（中国人民大学）	胡惠林（上海交通大学）
范　周（中国传媒大学）	范建华（云南省社科联）
陈少峰（北京大学）	顾　江（南京大学）

祁述裕（国家行政学院）　　齐勇锋（中国传媒大学）
李　炎（云南大学）　　向　勇（北京大学）
李凤亮（深圳大学）　　单世联（上海交通大学）
黄永林（华中师范大学）　　彭岚嘉（兰州大学）
黄昌勇（上海戏剧学院）　　傅才武（武汉大学）
盘　剑（浙江大学）　　方　辉（山东大学）
魏　建（山东大学）　　李　季（清华大学）
李向民（南京艺术学院）　　张士闪（山东大学）
蔡尚伟（四川大学）　　孙晋海（山东大学）

五、专业指导委员会

吴江波（文化部）　　刘　皓（山东省委宣传部）
康海民（青海省文化新闻出版厅）　　赵红川（四川省文化厅）
宋　波（河北省文化厅）　　王　涛（山东省文化厅）
辛　龙（青岛市文广新局）　　杨德军（莱芜市文广新局）
张新志（济南市委宣传部）　　丁生云（海北州文体广电局）
孙俐君（潍坊市文广新局）　　徐　伟（济宁市文广新局）
郭春森（中国海瓷艺术研究院）　　常　江（济南科协）
马晓伟（海南州委宣传部）　　李天林（海西州文体广电局）
杨　杰（德州市文广新局）　　李康化（上海交通大学）
卜希霆（中国传媒大学）　　周建新（深圳大学）
詹一虹（华中师范大学）　　梁　君（广西师范大学）
胡洪斌（云南大学）　　郭新茹（南京师范大学）
阮南燕（浙江传媒学院）　　唐月民（山东艺术学院）
吴承忠（对外经贸大学）　　昝胜锋（山东大学）

六、报告编撰委员会

前　言

2015 年，我国经济发展新常态的特征已经十分明朗，传统产业相对饱和，新产品、新业态正大量涌现，文化产业与科技、金融等领域融合发展不断深入，文化及相关产业在稳增长、调结构中发挥着积极作用，已经凸显出成长为国民经济支柱性产业的巨大潜力。

当下及未来一段时间，在多重背景构成的新形势、新条件下，文化产业发展质量和效益将得到全面提升。新一轮科技革命和产业变革蓄势待发，文化与相关产业间的跨界融合与业态创新进程持续推进，正引领形成一批新的增长点和增长极；随着《推动共建丝绸之路经济带和 21 世纪海上丝绸之路的愿景与行动》的发布，中国与沿线各国广泛开展经济、文化等多领域的交流合作进入一个新的发展阶段；互联网技术应用模式不断创新，以互联网为平台支撑和创新要素的文化产业发展新格局正在形成。与此同时，“十三五”时期推动“文化产业成为国民经济支柱性产业”目标的正式提出，也充分表明中央在“十三五”时期大力推进文化产业发展的决心和信心。

基于这一时代背景，泺尚中国创意产业网在成功出版发行《泺尚・创意中国调研报告 2013》《泺尚・创意中国调研报告 2014》《泺尚・创意中国调研报告 2015》三卷报告的基础上，一如既往地关注中国文化产业的发展，并结合时下文化产业发展的新趋势和新要求，筹划编写《泺尚・创意中国调研报告 2016》。作为泺尚中国创意产业网、泺尚有道规划设计院的学术支持机构，山东大学文化产业研究院昝胜锋博士团队，依托专业的学术研究基础和丰富的文化产业区域调研经验，承担本报告的具体编纂工作。本报告专注区域文化产业发展典型案例，聚焦文化产业实时热点，探究文化产业发展路径，以期对读者认知当前国内文化产业的发展现状及趋势有所裨益。

本报告由三部分内容组成，包括区域特色文化产业调研精选、区域特色文化发展研究精选、泺尚文化产业年度八大榜单评选。

第一篇“区域特色文化产业调研精选”：首先，立足区域文化产业发展实际，整合涵盖山东省、江苏省和安徽省及济南市、徐州市、蚌埠市、宿州市、玉树州、烟台芝罘区等“三省四市一州一区”的文化产业调研个案，总结分析各地文化产业发展基础和具体路径。其次，聚焦具体产业发展形态，在地域格调基础上围绕文化产业、文化艺术产业、科普文化产业、动漫广告创意产业四大类型，对以上各区域特色文化产业进行重点研究。本篇针对不同的区域和产业类型进行具体研究，试图为区域位置相似、产业基础相近、发展优势趋同的地区提供更为直观的经验借鉴和参考模式。

第二篇“区域特色文化发展研究精选”：本篇突破了以往对园区、企业的单一分析模式，基于传统文化与特色产业主题，遴选了京杭大运河传承与创新发展、数字技术时代的儒家文化传承创新、丝绸之路青海道特色文化产业发展、山东城市文化传承与特色风貌塑造、青海省海北州博物馆群落、人物专访俞建文、中国姓氏文化发展史研究七个典型案例或个体作为研究对象，深入探讨区域特色文化产业如何以新思路、新理念和好创意弘扬与传播我国优秀传统文化。

第三篇“泺尚年度评选八大榜单”：包括“2015 年度十大特色文化产业园区”“2015 年度十大文化产业热点关键词”“2015 年度十大文化产业先锋人物”“2015 年度十大文化旅游产业规划机构”“2015 年度十大文化产业孵化器”“2015 年度十大热门 IP 内容”“2015 年度十大文化金融并购事件”和“2015 年度十大新型互联网文化企业”。通过梳理 2015 年度文化产业界的重大事件及流行关键词，探析其背后的深层原因，以期为今后的发展提供思路。

本书是国家基金 2016 年度项目“云经济时代的体育与文化、旅游等产业融合研究”、山东大学人文社科青年团队项目“区域文化资源与中国文化产业协同创新研究”的阶段性成果。我们将以《泺尚·创意中国调研报告》系列为载体，整合国内外政产学研力量，推动中国传统文化与现代创意产业协同发展，助力文化强国和美丽中国建设。

最后，感谢农工党中央联络委、大国学院、世界书画院、中国艺术研究院、中国国家画院、文化产业（中国）协作体、中国海瓷艺术研究院、山东大学文化产业研究院、泺尚中国创意产业网提供的帮助。

《泺尚·创意中国调研报告（2016）》编委会

2016 年 6 月 18 日

目 录

开卷语

《泺尚·创意中国调研报告（2016）》年度总评

《泺尚·创意中国调研报告（2016）》年度总评

2015年伊始，国家层面将文化产业发展与创业创新、产业升级、区域经济发展等结合在一起，推动文化产业综合化、区域化、整体化发展的思路日渐明晰，文化产业与其他产业、地区经济发展的融合也更加密切。作为政策引领文化发展的关键之年，2015年的文化产业发展具备契合发展实际、立足法制建设、地方积极响应等特点。

第一，一系列重要的文化产业利好政策相继出台。如《关于加快构建现代公共文化服务体系的意见》《国务院关于大力推进大众创业万众创新若干政策措施的意见》《关于积极推进"互联网+"行动的指导意见》《关于推动传统出版和新兴出版融合发展的指导意见》《关于支持戏曲传承发展的若干政策》《关于推进基层综合性文化服务中心建设的指导意见》《中共中央关于繁荣发展社会主义文艺的意见》《关于新形势下加快知识产权强国建设的若干意见》《关于全国性文艺评奖制度改革的意见》等，这些都是文化产业当前和未来的关键性指导政策，是对2014年政策的进一步深化和细化，均在很大程度上为"十三五"时期及未来一段时期我国文化产业的发展指引了新方向、带来了新机遇、指明了新思路。

第二，国家层面对文化发展战略进行部署。在公共文化服务建设方面，政府根据我国调结构、促升级的宏观经济发展实际情况,从体系构建、土地供给、财政投入、立法保障、社会参与等方面进行了全方位、立体化部署;在"创业创新"方面,政府从大力发展众创空间、深化体制机制改革、引导农民工返乡创业、明确就业创业重点工作分工等方面深化部署;在破除体制机制障碍方面,政府以京津冀三地文化协同发展的机制体制构建为战略支撑,积极推动文化产业要素市场一体化。此外,政府从战略构想到具体落实,从中央到地方都在积极推进"一带一路"战略布局,发挥其在我国政治、经济、文化等领域发展方面的全面指导作用;并通过全面推进"三网"融合、发展物流快递等举措来加快落实"互联网+"计划。

第三,文化产业立法工作取得一定成果。国家进一步加强了文化产业相关法制建设,如在公共文化服务建设方面,为推进基本公共文化服务标准化、均等化发展,保障人民群众基本文化权益提供法律依据和制度保障,出台了《公共文化服务保障法(草案)》,在我国基层文化工作过程中具有里程碑意义;在电影产业发展方面,将电影产业发展纳入战略层面,颁布了《中华人民共和国电影产业促进法(草案)》,营造良好的法治化发展环境,促进中国由电影大国向强国跨越发展。同时,随着第一个全国性法规文件《博物馆条例》的正式实施,我国博物馆行业也迎来了制度保障其规范化和专业化发展、凸显文化价值的时代。尽管如此,我国文化产业发展的法制体系仍不健全,文化立法之路任重道远。

第四,全国各地积极响应国家的政策部署。在国家政策红利和深化部署的促动下,全国各地结合实际出台了一系列相应的政策措施。主要表现在两个方面:一是数量优势。与 2014 年相比,2015 年各地出台的与文化产业直接相关的政策数量明显增加,充分说明各地对文化产业发展的重视程度在逐渐提高。一些在 2014 年并未出台文化产业专项政策或意见的省市在 2015 年将文化产业列为重点发展产业之一。二是内容丰富。全国各地响应国家政策的号召,从公共文化服务、创业创新、"互联网+"、扶持中小微文化企业发展、产业融合发展等方面来进一步明确各地的发展方向。这表明,中央对于地方的政策辐射力度在加强,文化产业成为国民经济支柱性产业的目标已经深入人心,成为地方响应国家政策措施的集中体现。

从国家层面到地方层面,我国文化产业在 2015 年发展势头迅猛,各项政策措施的陆续出台对文化产业发展起到了积极的引导和支持作用,具体体现在一系列发展指数上。

一、中国省市文化产业发展指数

根据“中国省市文化产业发展指数(2015)”①统计，我国文化产业发展指数平均值从2010年的69.12上升至2015年的73.65，基本呈现正增长的态势，年平均增速达到1.29%，增速比较理想。我国各省市文化产业总体保持持续稳步增长，符合中央关于推动文化大发展大繁荣决定的要求。在“综合指数”一项中，各省市综合指数排序与2014年相比有小幅变动，上海首次以微弱优势超过北京成为第一名，福建、四川进入全国前十名；从数值上看，全国省市文化产业指数的均值达到了73.65，比去年73.61略有上升；从增速上看，2015年指数增速相对于2014年增速有所放缓；生产力指数方面，各省市排名与2014年相比整体上变化浮动较小；驱动力指数方面，和2014年相比，上海、福建、海南、吉林、四川等省份上升幅度较大；影响力指数方面，东部地区文化产业经济影响和社会影响比较明显，前十名的省市中，就有8个来自东部沿海发达地区。

排名	综合指数		生产力指数		影响力指数		驱动力指数	
1	上海	81.44	江苏	81.29	北京	88.23	北京	82.47
2	北京	81.41	北京	81.14	上海	87.67	上海	82.30
3	江苏	79.76	广东	80.37	浙江	83.56	福建	80.85
4	浙江	79.54	浙江	77.82	广东	82.03	辽宁	80.70
5	广东	79.49	四川	76.45	江苏	81.72	青海	80.20
6	山东	78.12	河北	75.04	山东	80.27	贵州	78.48
7	福建	76.24	江西	74.99	福建	75.97	海南	78.11
8	四川	75.86	河南	74.82	四川	74.81	浙江	77.25
9	湖南	75.18	上海	74.34	湖南	74.44	吉林	77.11
10	河北	74.69	湖南	74.10	河北	74.20	湖南	76.99

图0-1　中国省市文化产业发展指数（2015）得分及排名情况

在生产力指数方面，各省市生产力指数排名与2014年相比整体上变化浮动较小，全国前十名的省市依次是江苏、北京、广东、浙江、四川、河北、江西、河南、上海和湖南。可以看出，有6个省份来自东部地区，且山东、湖南、湖北、内蒙古、西藏等省份生产力指数增长较快，年增长率在1.5%以上，这说明这些省份在文化产业资

① “中国省市文化产业发展指数(2015)”的数据来源于《中国文化文物统计年鉴》《中国统计年鉴》《全国广播影视发展情况统计摘要》《新闻出版产业分析报告》等政府统计数据以及市场调研。

源、人力、资本方面的投入力度有较大提升。

就影响力指数来看，东部地区文化产业的经济影响和社会影响比较明显。位居全国前十名的省市有：北京、上海、浙江、广东、江苏、山东、福建、四川、湖南和河北，其中，仅有四川和湖南两省不属于东部地区，十省市的影响力指数平均得分为80.29。与2014年相比，影响力指数排名整体上有一定的变化，其中，河北、陕西、吉林、海南等影响力指数排名上升幅度较大，至少提升5个名次；北京、吉林、海南、上海、广东分列影响力指数增长率前五名，年增长率在2.5%以上。

在驱动力指数方面，全国前十名的省市有：北京、上海、福建、辽宁、青海、贵州、海南、浙江、吉林和湖南。和2014年相比，有比较多的省份排名上升幅度较大，比如上海、福建、海南、吉林、四川等，至少上升5个名次。从数值看，和2014年相比整体提升较大，驱动力指数平均值由2014年的73.85上升到74.80。从增速看，吉林、福建、上海、海南、四川分列增长率前五位，说明这些地方政府发展文化产业的决心比较大，措施比较得力，文化企业的行动力较强。

二、中国文化消费指数

“中国文化消费指数（2015）”则表明，我国文化消费综合指数由2013年的73.7增至2015年的81.2，平均增长率为5%。文化消费环境、文化消费能力、文化消费水平指数等一级指标均呈上升趋势，且文化消费环境指数上升速度最快，平均增长率为11.33%。文化消费意愿指数在经历了2014年的上涨后，有小幅回落；文化消费满意度指数在2014年有所下降后，出现了大幅提升。

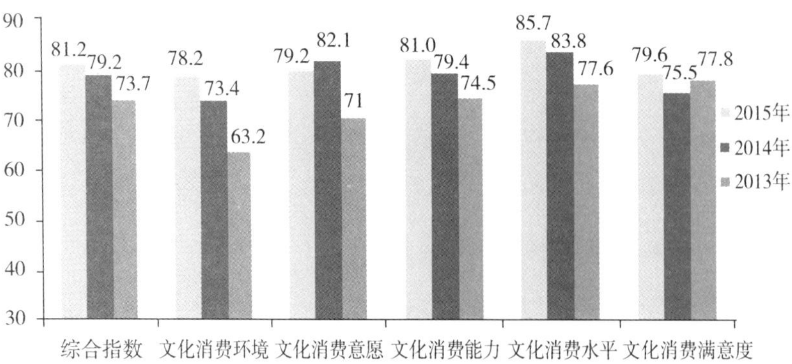

图0-2　2015年中国文化消费指数总体变动情况

三、中国城市创意指数

中国城市创意指数是国内首个跨城市对比的文化产业竞争力指数，已连续 4 年在深圳市宣传文化事业发展专项基金的资助下进行了研究和发布。根据中国城市创意指数（2015）的数据显示，上海、北京、深圳、广州、杭州、苏州、东莞、西安、厦门、青岛分别位居中国城市创意指数榜前十。这一数据从一定程度上反映出，我国的文化产业发展呈现出区域发展不平衡的特点，前十名的榜单当中，有 8 个城市位于华东、华南。这一分布跟城市经济发展水平高度相关，并体现出文化产业对城市经济的明显推动作用。

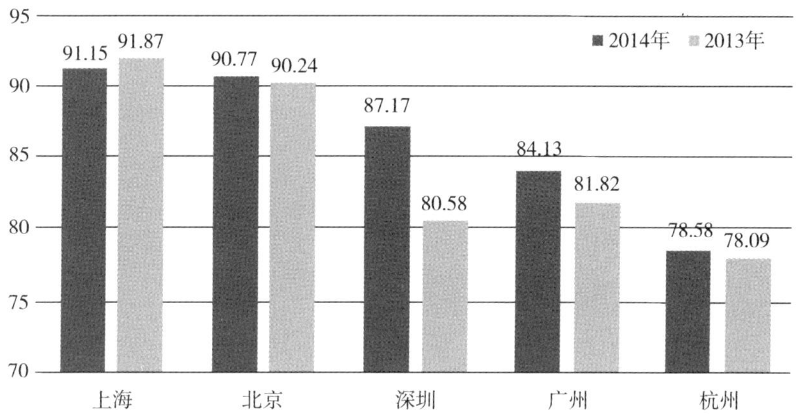

图 0-3 中国城市创意指数前五位城市

四、中国省市文化产业资本力指数

由北京文化产业研究咨询机构新元文智下属的新元智库发布的《我国 31 省市文化产业资本力指数指标设计与研究报告》显示：2015 年，我国 31 个省市文化产业资本力综合指数前三甲依次是北京、广东、浙江，其中北京的指数遥遥领先，高出第二名、第三名近 3 倍。从各项指标看，北京在创新融资力、产业整合力、资本运营力和创意筹资力上均位居榜首，且创新融资力方面遥遥领先于其他省市。而上海受资产融资力和产业整合力的影响，综合指数略低于浙江，位居第四。该指数报告表明，我国文化与资本集中在经济基础较好的“北广浙上”四大传统一线地区，在优越的文化金融发展环境和日益完善的文化产业投融资服务体系的吸引下，社会资本也更加趋向于这些地区的文化产业。

五、中国城市文化发展指数（共288个城市）

中国文化发展指数研究范围涉及全国31个省（自治区、直辖市，不含港澳台地区）、288个地级以上城市。分为中国城市文化发展指数、中国文化产业园区发展指数、中国文化企业发展指数三个大类。在2015年，中国文化城市100强中，排名前三的城市依次为北京、上海、深圳；文化产业园区前三强分别为上海张江文化控股有限公司、中央新闻纪录电影制片厂（动漫）、懋隆文化创意产业园；文化企业前三强依次为深圳华侨城股份有限公司、同方股份有限公司、乐视网信息技术（北京）股份有限公司。这项指数表明，东部沿海地区和中西部省会城市占据了榜单的前50名，后30名的城市多集中在偏远的中西部地区；而排名中间的多是中西部地区及省会周边具有丰富文化资源支撑的城市。

基于2015我国文化产业政策动向和战略部署，结合以上国内权威的数据报表，《泺尚·创意中国2016年度总评》认为，近几年，我国文化产业发展集中体现出以下特点和趋势：

首先，文化产业呈现区域分布不平衡特点。从产业综合实力、影响力、资本力、创意能力以及消费能力来看，东部地区明显优于中西部地区。并且，东部地区“北上广深”等一线城市和沿海城市的文化产业整体实力明显领先于同样位于东部区域的二三线城市，成为我国文化产业发展的主力和支撑力量。但在中西部地区的省会城市，基于当地的文化资源禀赋和经济优势，也表征出较强的发展势头，并形成了一定的地域特色发展潜质。比如本文报告中第二篇将谈及的青海道区域，在“一带一路”战略建设契机下，发展特色文化产业，弘扬藏区优秀文化，将引领未来“十三五”时期文化产业发展的一个新动向——地域化、特色化。另外，第二篇中对于京杭大运河沿线传承传统文化与创新发展的研究也体现了这一点。

其次，文化产业呈现特色产业形态创新发展的特点。根据近年来国家对文化产业政策和措施的倾向，以及各地出台的相关政策措施，文化产业进入了更加多样化和地域化的发展阶段，突出表现在特色产业与地方经济、社会、文化等结合紧密，优势产业与其他相关业态融合发展明显加强等特点上。相对而言，拥有良好经济基础和交通区位优势的大城市在发展文化产业中结合当下“大众创业万众创新”的政策措施，更多地注重创意产业的延伸和统领，推进文化与科技、文化与金融、文化与国际贸易等层面的深度融合。而拥有丰富文化资源的一批中小城市，也在重新整合自身优势方面进行了深度探索，比如徐州、蚌埠、宿州等地区历史悠久、资源丰富，但受到观念和体制的制约，一直没有得到很好的创新发展。近年来，在国家和地方政策的鼓励下，这些地区不断创新理念，结合当地的文化资源特色，走出了一条传统文化与特色文化产业发展的新路子，对当地经济发展起到了拉动作用。

最后，文化产业呈现多类型、新兴业态深入发展的特点。随着文化产业的深入发展，“文化＋”作为一种新概念、新思维，是文化更自觉、主动地向经济社会各领域的渗透，其所孕育出的文化产业成为“互联网＋”和经济全球化时代我国的支柱产业和核心经济支撑之一。这一时代特征，突出体现了文化产业将在不断发展中更加细化和深化类型，走向多元的产业发展阶段。如果说在早些年，文化旅游、文化科技、文化体育还是新提法，那么近年来，这些融合后的新兴业态已经步入了深度融合的平稳发展期，并且不断延伸出新的发展模式。为了进一步体现这一特点，本报告恰当地选择了山东省文化艺术产业、济南市科普文化产业以及烟台市芝罘区动漫广告创意产业为个案，既是对文化产业深化细化发展的类型拓展进行创新探索，也是对未来文化产业融合细分领域发展方向的一次大胆尝试。

2015 年是闪耀着政策利好和走向明朗的一年，也是厚积薄发、承前启后的关键一年。这一年，文化产业的发展稳步、快速，并呈现出一些新的发展趋势。按照“十三五”时期全面建成小康社会新的目标要求，今后五年，公共文化服务体系基本建成，文化产业成为国民经济支柱性产业，中华文化影响持续扩大。我们更要积极推动文化产业融入实体经济，加速文化创意产业服务实体经济走向常态化，通过“文化＋”“互联网＋”在“创新、创造、创意”上的优势，为文化产业提供新思路、新模式，催生新业态、新产业，进而打破文化产业的固有格局，推动全产业融合，重构文化产业生态环境。

第一篇

区域特色文化产业调研精选

第一章
苏北与皖北地区文化产业调研报告

党的十八届五中全会要求“十三五”时期实现“国民素质和社会文明程度显著提高、公共文化服务体系基本建成、文化产业成为国民经济支柱性产业、中华文化影响持续扩大”等目标。根据“十三五”规划建议，除了基本的个人素养之外，公共文化服务体系、文化产业和中华文化影响力也是国民素质和社会文明程度的考察指标，文化产业作为关乎人们生活品质的区域软实力业态的重要意义将进一步凸显。为此，国家提出“完善公共文化服务体系、文化产业体系、文化市场体系”“推动文化产业结构优化升级，发展骨干文化企业和创意文化产业，培育新型文化业态，扩大和引导文化消费”等一系列重要部署，旨在推动文化产业成为国民经济支柱性产业，进而实现“以‘文’化人，提高国民素质和社会文明程度”的文化建设目标。

2015 年 11 月 16—26 日，“中国传统文化与区域特色文化产业”专题调研工作由江苏省、安徽省开始全面展开。农工党中央委员、中央联络委主任、著名国学专家黄泰康，上海交通大学国家文化产业创新与发展研究基地中心副主任、上海交通大学文化产业系主任李康化教授，山东大学文化产业研究院昝胜锋等受邀参加本次专题调研。本次调研采取现场实地观摩考察、与各地官员交流、走访群众、座谈会、会议总结、录制视频等方式,对各地特色文化产业发展情况进行了全面摸底调研和分析总结。调研组在调研中发现,徐州、宿州、蚌埠等地的特色文化产业在产品营销、销售过程中存在缺乏品牌意识、缺乏产品的可辨识性等突出问题。中央联络委主任、著名国学专家黄泰康指出,各地应创新营销方式和销售方式,利用网络交易平台、个性化定制服务、品牌授权、销售代理等方式,将特色文化产品的营销、销售与现代技术和先进的服务方式结合起来。

调研组发现,近年来,在国家政策的引领和推动下,江苏省徐州市、安徽省宿州和蚌埠市等地充分挖掘地方特色文化资源,大力发展区域特色文化产业,初步形成了以吴文化、彭祖养生文化、灵璧奇石文化、蚌埠仿古玉文化为代表的产业发展体系。但与文化产业发达地区相比,仍存在一些亟待解决的现实发展问题。因此,要顺应时代发展的需要,尊重地域文化特色,借助现代科技成果,形成一批文化产业发展新的增长点和增长极,全面提升区域特色文化产业发展的质量和效益,构建地域特色鲜明的中华优秀传统文化传承体系。

在充分调研基础上,该调研报告从宏观和微观层面对区域特色文化产业发展的总体现状、发展趋势、制约因素以及发展对策和建议进行了深入的分析。调研组希望通过本次调研工作,摸清各地传统文化及特殊文化产业发展的现状和问题,为政府和有关部门推动传统文化发展和特色文化产业发展提供有价值的参考。

本报告重要观点由农工党中央联络委主任黄泰康教授提供。报告共分为四节,第一节是区域文化产业发展总体情况,第二、三、四节分别对江苏省徐州市和安徽省蚌埠市、宿州市三地的区域特色文化产业发展情况进行了详细和具体调研分析,以飨读者。

第一节　区域文化产业发展总体概况

目前我国正处于转型升级期，发展文化产业不但能够实现我国经济结构的转型升级，更重要的是能充分展示我国的文化软实力。近年来，在国家政策的引领和推动下，江苏省徐州市、安徽省宿州市和蚌埠市充分挖掘当地特色文化资源，大力发展区域特色文化产业，初步形成了彭祖养生文化、灵璧奇石文化、蚌埠仿古玉文化为代表的产业发展体系。但与文化产业发达地区相比，仍存在一些亟待解决的现实发展问题。因此，要顺应时代发展的需要，在厘清区域文化产业发展趋势的基础上，尊重地域文化特色，借助现代科技成果，形成一批文化产业发展新的增长点和增长极，全面提升徐州市、宿州市、蚌埠市文化产业发展的质量和效益，构建地域特色鲜明的中华优秀传统文化传承体系。

一、区域文化产业的发展趋势分析

随着全球化和信息化时代的到来，新技术革命掀起了产业变革的浪潮，而中国的经济已经进入转型时期，社会文明发展对文化产业提出了更高的发展要求。以地方特色文化资源为核心的特色文化产业蓬勃发展，呈现出以下新趋势：

图 1-1-1　新科技革命带来发展新机遇

（一）在第三次技术革命背景下，文化产业呈现跨界融合态势

在全球新一轮科技革命和产业变革中，以互联网、云计算、大数据、生物科学为代表的新技术深刻改变着人类生活的方方面面，文化产业发展处于千载难逢的技术革命的浪潮中。作为一个极具创造性的产业，文化产业与新技术融合，对加快传统文化业态转型升级和跨界融合、催生培育战略性新兴文化业态、创造文化产业新的增长点、增强文化的创造力和传播力，具有划时代的重要意义。在互联互通的时代背景下，文化产业在产业内部链条优化整合基础上，正逐步与工业、城市建设、现代农业等跨界融合，还将扩展为与工业、数字内容产业、城市建设业、现代农业等相关行业跨界融合。与此同时，随着现代技术更新速度的不断加快，“消费即生产”的态势已经广泛出现在文化产业领域，批量定制与个体创造的体验式文化消费将更加突出。在大众媒介和新媒体的推波助澜下，虚拟化的文化产品也成为跨界融合的一个鲜明特征。

（二）随着国家经济转型，文化产业呈现空间上的带状发展趋势

随着我国经济从高速增长转向中高速增长，文化产业的区域化发展以及区域间和区域内部的联动将会成为一个重要的发展引擎。在空间布局上，文化产业将呈现出线性带状分布的内外部关联空间。这一发展格局将加速文化产业的诸多要素在更大区域内的市场化配置与有机整合，彻底突破传统行政区划的条块阻隔和产业门类的横向分割，最终实现国际化生产、交换与消费的整体共赢的文化产业发展大格局。目前，“一带一路”文化产业发展空间、长江经济文化产业带、环渤海湾经济文化产业带、藏羌彝文化产业走廊等都是发展潜力较大的带状区域，充分利用区域内地方文化资源禀赋优势突出的地市发展特色文化产业，将极大地带动较落后区域的经济发展，从而实现整个区域的协同发展。

（三）社会文明程度越高，文化引领文化产业发展的态势更加明显

文化产业承载着一个国家的文化理念、文化价值和文化追求，反映着一个国家的文化软实力，是整个国家的民族凝聚力和创造力的重要源泉。在全球化背景下，思想文化交流、交融、交锋趋势更加明显，通过文化产业、借助文化产品，输出其一国文化价值观念和生活方式的做法愈加普遍。而当下，中国经济持续发展，国际地位显著提升，文化产业的国际贸易不断扩大；同时，多年来坚持推动社会主义精神文明建设

取得明显成果，国民素质日益提高，整个社会的文明程度也在不断提升。这意味着，在不久的将来，文化将成为文化产业发展的核心要素，吸纳更多的现代科技成果，引领文化产业趋向创新、融合与承袭、传播。因此，中国传统文化得到保护和发扬光大的机会将日益增多，地方文化理念和思想等将更多地参与全球化的文化交流。

二、三地文化产业存在问题分析

（一）文化产业的社会效益尚未凸显

徐州、宿州和蚌埠三地文化产业对经济和社会发展贡献率有待提高，特别是文化产业的社会效益尚未凸显，中国优秀文化的外部示范带动效应尚未体现，中华优秀传统文化创造性转化和创新性发展亟待加强。如一些地区过分关注经济效益，过度开发商业化导致文化内涵的缺失，忽视了优秀文化的教化功能，不利于中华优秀传统文化的传承。

（二）地域特色文化资源挖掘尚浅

三地的文化资源丰富，但缺乏有效整合，具有地域特色的文化产品和服务供给不足，具有代表性的文化精品力作较少，国家、省、市级著名文化品牌缺乏，文化资源优势尚未转化成文化产品和文化产业优势。如徐州对文化资源的精髓挖掘的深度、广度不够，对文化品牌的包装推介力度不够，没有很好地把握文化资本与市场需求的对接；而蚌埠市依靠增加园区数量的粗放型发展模式，加重了盲目建设、重复建设等资源浪费和闲置问题。

（三）现代科技手段的支撑力度不够

文化产业生产要素集聚程度不高，文化产业人才队伍整体素质偏低，高端创意创新人才和经营管理人才严重缺乏，创新创意水平较低。文化与科技融合度不高，导致文化产业存在技术落后、科技含量不足及创新和供给能力较弱等问题。以蚌埠市的玉文化产业为例，企业缺乏高科技研发人才、高层次管理人才、大师级工艺设计人才，人才队伍核心构成出现断层，创新能力严重不足。

三、三地文化产业发展建议

为了进一步加快促进文化产业成为我国支柱产业，我们建议以提升文化精神内涵为根本，突出文化产业的地域特色，推动徐州、蚌埠、宿州等地走差异化、特色化文化产业发展之路。

（一）认真把握传承文化命脉对文化产业发展的推动作用

人类历史发展轨迹表明，埃及、罗马的文化都在朝代更迭中出现了断层，唯有中华文化是一直传承至今。也正是这个原因，日本、韩国等周边国家向我们的祖先学习优秀文化，形成了今日的民族特色。中华民族精神是中华文化命脉的核心，只有紧紧把握这一精神内核，不断传承弘扬，才能永葆中华文化的博大、精深、绵延。徐州是楚汉文化、彭祖文化的发祥地，几千年来彭祖文化对中华民族的精神文化、价值观念和生活饮食都有着巨大的指导意义和普世价值。因此，坚持“发掘、分类、整合、包装、推广”的十字方针，振兴彭祖文化产业，打造“世界·彭祖身心健康城”，是利国、利民、利社会、利地方的大事。

（二）正确对待西方快餐文化在我国的传播问题

西方快餐文化鼓励人的欲望的发展，忽视了人性道德的追求与探索，这与崇尚人的道德伦理的东方文化是有区别的。因此，在发展区域特色文化产业的同时，我们应该坚持以下几点：一要注重文化产品与服务的道德底线，坚持文化产业与文化事业的相互促进；二要将社会效益放在首位，兼顾文化产业的经济与社会两种效益；三要坚持以市场调节为主导，以政府调节、道德调节为辅的文化产业的资源配置方式；四要在突破创新发展模式的同时关注文化传承的重要性。

（三）正确处理好地域特色文化的对外传播与交流

中国文化的鲜明特色不是武打片里的“杂耍”，更不是西方文艺作品中丑化中国人的内容。诸子百家争鸣而产生的众多圣贤典籍，树立了中国文化的根基，应将这些文化经典恰当利用，从而引起大众的共鸣。如徐州应以进一步提升楚汉文化、彭祖文化的文化精神为突破口，以动漫、影视、演艺等形式为载体，创造一批能够传播当代中国价值观念、体现中华文化精神、反映中国人审美追求的文化精品力作，着力推动中华优秀传统文化创造性转化和创新性发展，精心塑造与历史文化名城相符的城市形象与品质，弘扬与传承“礼仪之邦”的美名。

（四）利用大数据、互联网等科技手段整合利用文化资源

加快文化与科技的深度融合，利用数字化、网络化技术改造传统文化产业，培育新兴文化产业，提高文化产品和企业装备的科技含量，发挥现代科学技术对文化产业发展的促进、支撑和引领作用。坚持招商引资与招才引智并举，加强与高等院校、科研机构、文化单位的交流合作，健全以企业为主体、市场为导向、政产学研相结合的文化科技创新体系。强化知识产权意识，牢固树立品牌培育理念，做好文化创意产品的第三方认证工作，如制定玉器、奇石等行业标准，建立行业登记认证数据库，通过科学认证、专家认证等方式，为文化产品增加二维识别码、健康安全认证等身份信息。

（五）进一步提炼中华文化特色和中国思想

根据徐州、宿州、蚌埠文化资源禀赋的特点，加强分类指导，突出地方特色，加大文化创新，提升文化品质，努力形成以城带乡、城乡一体、区域协调的文化发展布局，实现文化产业跨越发展。增加景区开发中文化、科技、创意元素，结合动漫技术，引入4D体验，建设一批地域特色突出、科技含量高的文化旅游项目，培育一批特色文化游、参与体验游等新业态。鼓励文化创意、演艺、工艺美术与旅游资源整合，开发具有安徽、江苏文化精髓和浓郁地方特色的节庆文化活动、旅游演艺精品和旅游商品。通过提炼文化特色与加强科技创新，增强中华文化自信心、自豪感和凝聚力。

（六）支持广大媒体做好文化的正能量宣传工作

宣传正能量是媒体的第一责任。作为地方文化宣传的门户，地方媒体应该大力宣传社会主义核心价值观，努力营造向上、向善、向美的社会氛围，弘扬社会正气；多创作打动人心、独具特色的精品力作，传播地域特色文化，提升城市品牌影响力。同时，要充分应用好新媒体的传播机制与规律，建立宣传、文化、旅游、商贸联合推广和县市区联动、捆绑营销机制，在省内外主流媒体、主要客源集散地加大宣传力度，实现宣传营销的聚合效应、整体效应和放大效应，不断凝聚推动发展、促进和谐的正能量。

第二节　江苏省徐州市特色文化产业发展情况

2015年11月16—18日，农工党中央委员、中央联络委主任、著名国学专家黄泰康，上海交通大学国家文化产业创新与发展研究基地中心副主任、上海交通大学文化产业系主任李康化教授，山东大学文化产业研究院昝胜锋一行赴江苏省徐州市开展“文化产业发展暨港澳台文化产业交流”专题调研。徐州市政协副主席、农工党徐州市委会主委孙晓青陪同调研。同时，农工党徐州市委会专职副主委潘苏斌、贾汪区政协主席李健、中共贾汪区委统战部部长周常善、贾汪区政协副主席蔡成立全程陪同调研。

调研组在徐州市就调研内容与市政协、市文广新局、市民宗局等部门开展座谈。在听取了相关单位的报告后，中央联络委主任黄泰康指出，推动地方文化产业的发展需要站在更高的维度给城市文化把脉，走差异化发展道路，将现有的生态文化、宗教文化、红色文化整合，借助新媒体开展文化营销，以“天下九州在徐州”为定位，以“世界运河·世界文明之都”为出发点，全力打造徐州文化内核。在对徐州文化资源进行全方位包装的过程中，需要借鉴大数据、云计算、“互联网+”的思维方式对资源进行故事化打造，形成震撼心灵的数字化作品，并积极借助电视真人秀节目、电视剧、微电影、新媒体互动社交资源对徐州文化产业进行口碑营销，不断提升徐州文化的影响力。黄泰康教授站在人类与世界文明的高度指出，徐州市文化产业的发展必须紧密依托稀缺性养生、养心文化旅游资源，站在全球视野整合、包装、运营优势资源，打造“彭祖·世界身心健康城”品牌。充分融入中药养生体验、宫廷餐饮养生、宗教修学养生、药师科学指导、养生科普游戏等内容，将资源利用价值最大化，最终实现彭祖文化体验、养生文化、楚汉文化、徐州历史文化等资源的深度融合。依托世界身心健康城分期举办“世界身心健康博览会”，发展文博会展经济，推动市内公共文化载体产业化运营，带动文化旅游、工艺美术、歌舞演艺、动漫影视等产业发展。加强与港澳台地区文化发展的互动，推动公共文化载体产业化运营，不断提升地方文化的影响力。

调研组还前往徐州市贾汪区实地调研潘安湖生态湿地项目、徐州市文化产业示范基地—运河支队抗日纪念馆和民俗博物馆、淮海文博园和户部山文化市场，了解地方在环境保护、城市规划、生态文化发展、红色文化和民俗文化传承等方面的思路、做法。调研组希望通过调研，摸清地方文化产业发展的现状和问题，从宏观层面提出建设性意见，为政府和有关部门解决相关问题提供有价值的参考。

徐州是彭祖文化、两汉文化的发源地，徐州人创造了具有明显地域特征的本土文化，凝聚了徐州人的智慧和价值观。随着文化旅游业的改革发展，旅游方式从观光型向休闲型转变已成为必然趋势，这一趋势反映了人们追求身心放松、身体健康的心理，因此，追求健康成为一种社会时尚，以获得健康为主要目的的旅游活动将成为旅游业发展的新趋向，也必然将是快速发展的新兴产业。如何贯彻落实国家文化发展战略，加快探索出一条契合徐州实际、体现徐州彭祖特色的文化产业发展之路，助力“彭祖·世界身心健康城”建设，成为摆在徐州人面前的重要问题。

一、徐州市特色文化产业发展现状

（一）发展机遇

1.政策环境机遇。为了促进文化产业更快更好地发展，国家连续出台了《关于推动文化创意和设计服务与相关产业融合发展的若干意见》（国发［2014］10号）、《进一步支持文化企业发展的规定》（国办发［2014］15号）、《关于支持小微文化企业发展的意见》（文产发［2014］27号）等十多份文件，对文化企业发展的政策正由单一扶持政策向构建全面服务体系方向转变，强调平台化、金融化、跨界化，覆盖广、力度大。这样前所未有的多元化、体系化、长期化的政策支持也将是徐州市文化产业发展所享有的政策红利。

2.经济环境机遇。在经济新常态宏观背景下，徐州市逐步形成了文化旅游、演艺娱乐、动漫制作、文物古玩、工艺美术等独具特色的文化业态和产业优势，文化创意设计、文化产品展示、文化产权交易、动漫影视制作等新业态迅速发展。徐州亟需推动重点产业、尤其是彭祖养生文化产业转型升级，大力发展特色文化产业等战略性新兴产业，努力打造多点支撑的消费增长格局，加快融入“一带一路”经济带战略，从

图 1-1-2　调研组在徐州市调研

多个层面提升徐州文化产业竞争力。

3. 特色健康旅游产业发展机遇。国务院今年发布《关于促进旅游业改革发展的若干意见》提出，到 2020 年，境内旅游总消费额达到 5.5 万亿元，城乡居民年人均出游 4.5 次，旅游业增加值占国内生产总值的比重超过 5%，首次提出重点发展医疗健康旅游产业要求。在大力推进旅游业改革发展的政策背景下，健康旅游产业正迎来发展黄金期。人们对健康的追求，是人类充分享受物质文明和精神文明成果的最高追求。旅游和健康互为表里。健康旅游顺应人们旅游观念的改变和对健康的追求，拓展了旅游方式，丰富了旅游的内涵，是旅游产业发展的一个方向，成为人们时尚的追求，为徐州进一步发展彭祖养生文化产业提供了机遇。

（二）发展优势

1. 区位条件优良。良好的区位和优越的交通条件可为文化产业带来更多的发展活力和增长空间。作为“五省通衢”，徐州是江苏省四个特大城市和三大都市圈之一，区位优势明显。作为交通枢纽，借助五通汇流的现代化立体交通网络，徐州更可全面地展现独特的文化风韵。而高铁时代的到来，加快了徐州融入到长三角和环渤海两大经济板块的步伐，促进了人才、资金、信息等要素的快速流动，为招才引智、招商引资、共享资源提供了有利条件和促进因素。由于地理区位和文化区位上的过渡性，徐州地域文化杂糅性、融合性明显，包容性极强。

2.文化资源基础雄厚。文化资源禀赋，即文化资源的质量直接影响文化产业的产生和发展。作为国家级历史文化名城，徐州两汉文化、战争文化、饮食文化和山水文化源远流长且独具特色，非物质文化遗产丰富。同时，彭祖养生文化内涵深厚，中国历史上的彭祖在先秦被视为大贤，孔子、庄子、荀子等在著作中多次论及彭祖；《史记》《本草纲目》《水经注》等诸多历史巨著都记载了彭祖保健养生、食疗祛病的事迹，历经4600多年的沧桑，一代代地传承了下来。丰富的文化资源、南北兼具的文化特质，为文化产业的发展奠定了雄厚的资源基础，塑造了良好的发展氛围。

（三）发展成绩

1.文化建设成绩凸显。徐州市把文化建设摆在“两个率先”的战略位置，扎实推进核心价值观建设，着力打造区域性文化高地，坚持思路项目化、项目具体化发展路线。文化功能建设方面，先后建成艺术馆、音乐厅、奥体中心、档案馆、名人馆、好人园、报社和电视台新楼等一批文化地标；文化传承创新方面，大力实施“舞动汉风”工程，精心创作推出大型音舞诗剧《汉风华章》、市歌《一饮尽千钟》、电视剧《汉帝刘邦》和《徐州简史》等传承历史文脉的精品力作；文化产业园区建设方面，集中打造“淮海文博园”“徐州软件园”“创意68”“老徐州历史文化片区”“江师大文化创意产业园”“潘安古镇”等文化产业集聚区。文化惠民工程实现新提升，省运会、江苏书展、徐州文博会等文化盛会释放了强大的综合效应。

2.彭祖文化产业得到初步发掘。散落于徐州的“彭祖井”“彭祖庙”“彭祖纪念馆”等移聚彭祖园。彭祖园有“彭祖三胜”，即彭祖像、彭祖祠、大彭阁；有五个与彭祖有关的景区，分别是彭祖石像、寿彭茶社、寿彭饭庄、大彭阁、彭祖祠。彭祖园位于徐州市南郊福寿山，占地520亩，是大彭氏国先民繁衍生息、健身养生之地和彭祖文化的发祥地，每年都吸引了众多海内外彭祖后裔前来祭祖观光。三大养生文化中，“膳食文化”受到了徐州烹饪界的重视，他们对彭祖“以食养生”的健康理念深入挖掘，不断创新，研制出了“彭祖长寿宴”“彭祖营卫宴”等系列菜点，发展创新了彭祖养生保健药膳，吸收了道家养生文化的精华，丰富了彭祖菜系新的文化内涵。

（四）徐州文化产业发展问题与不足

1. 发展载体规模较小，竞争实力偏小。徐州文化产业起步较晚，在体制改革之后才有了较快发展，所以文化产业集聚区整体层次较低，目前尚无国家级的文化产业基地，同质化发展严重、综合竞争能力偏低、市场占有率不足等问题普遍存在。同时，徐州文化产业规模较小，文化竞争力偏弱，产业内容单一，文化产业体系尚未形成。

2. 文化产业投入不足，再生产比较困难。发展投入不足已成为徐州文化产业难以实现跨越发展的重要原因。虽然徐州文化体制改革已基本完成，但政府的激活、引导、培育对于文化产业的健康持续发展依然至关重要。而且，文化产业引导资金大多投入到省级以上文化产业基地，在发展初期最亟需投入和支持的中小企业并未得到及时的扶持。

3. 文化创新力度不够，创意氛围不浓。徐州文化产业发展不够活跃，发展氛围不浓，从而使得创新乏力，不仅使文化产业发展步伐缓慢，而且创意环境优化提升较难。因此，发挥徐州科教优势成为破解徐州文化产业发展难题的重要途径。

4. 彭祖养生文化资源挖掘整合不足。彭祖文化作为无形资产的品牌文化，增值潜力巨大，但开发不足。品牌欠缺包装推广，没有形成整合优势，不能达到产业化的要求，对彭祖文化之精髓挖掘开发的深度、广度不够，没有把握好“文化”和“市场”的结合度。

（五）国内身心健康旅游发展分析

1. 健康旅游产品体系不断丰富。“健康旅游”一词的正式提法，是从 2001 年国家旅游局推出“中国体育健身游”主题旅游年才开始出现。2004 年，我国明确提出对“健康旅游”进行研究。2011 年 10 月，国家旅游局正式发布“2012 中国欢乐健康游”，口号为“旅游、欢乐、健康”“欢乐中国游，健康伴你行”，要求各地充分挖掘和组合各类“欢乐健康”旅游产品，依托资源特色，开发如欢乐家庭、乡村体验、山水健身、运动健体、温泉疗养及中医保健、中华膳食、中华武术等旅游产品。

2. 健康旅游活动不断发展。北京率先提出“快乐人生健康游”；浙江组织“健康浙江万人游”活动；杭州从人文关怀角度推出健康旅游；宁波提出建立健康旅游区；四川以九寨沟等旅游景点为基础，大力打造健康旅游；绵阳开展“走健康之路”“品健康食品”“赏健康文化”为内容的系列主题健康旅游活动；海南大力推出健康旅游，打造“健康岛”品牌，提出“吃健康饮食、住健康酒店、行健康路线、游健康景点、娱健康活动、购健康产品”；福建武夷山提出“绿色饱满生命”的健康旅游，倡导“享受健康呼吸、体验健康文化、感受健康饮食、参与健康运动”。健康旅游活动在全国各省市全面铺开。

3. “彭祖热”不断升温。全国多个地方都在深挖彭祖文化，塑造“彭祖文化品牌”。各地对于彭祖文化的开发利用和产业发展的着力点都在彭祖文化的精髓——养生上。随着经济发展进入新常态，在推进徐州市文化产业发展的过程中，要厘清几个问题：一要注重文化产品与服务的道德底线，坚持文化产业与文化事业的相互促进；二要将社会效益放在首位，兼顾文化产业的经济与社会两种效益；三要坚持以市场调节为主导，以政府调节、道德调节为辅的文化产业的资源配置方式；四要在突破创新发展模式的同时关注文化传承的重要性。

二、徐州特色文化产业重点突破

在发展徐州市文化产业过程中，应坚持以文化企业为主体，以优势业态、文化产业项目为载体，以文化企业家队伍为关键，积极培育强化产业关键支撑，叠加放大产业政策优势，着力打响产业品牌形象，走出一条文化特色鲜明的产业发展之路。

（一）科技提升优势养生业态

积极发展休闲游乐养生、美食养生、宗教朝拜等业态。根据旅游资源的不同，设施适宜当地地脉、文脉，参与性、趣味性较强的养生休闲旅游活动，通过一定的技术手段和创意，把静态的东西进行情景化和趣味化处理，使游客主动参与到养生休闲活动中去。加强技术体验，利用多维影像、虚拟漫游等高科技体验性产品，提供关于徐州市旅游景点视觉、听觉、触觉等全方位的感官体验。发展休闲度假健康旅游，依托资源创新经营模式，因地制宜拓宽健康旅游产品，利用徐州“水圈”开发康复疗养项目，塑造康疗产品特色，延伸完善康疗产业链条。

（二）创新打造“动态＋静态”文化体验项目

立足于本土文化资源，徐州已有汉文化景区、徐州博物馆、龟山景区等，还有建设中的丰县汉皇族陵旅游区及整合中的沛县汉城文化旅游区等，将推动静态的资源变为动态的体验项目。在宣传方式上，将文化意境下的静态观赏型项目、互动演艺性项目和体验游乐式项目结合起来，充分运用现代科技元素，创新文化展示，对彭祖文化、故事、人物进行“二次创作”。就徐州目前的本土文化弘扬模式上，应着力推动衣食住行体验化、传说故事有形化、民俗活动大众化、政府主导产业化发展。

（三）高质量培育文化产业人才队伍

适应彭祖文化与旅游融合发展的新形势和新要求，抓好培养人才、引进人才、留住人才三个环节，努力培养一支层次分明、素质优良、结构合理的人才队伍，形成符合徐州实际的人才培养机制。以习总书记文艺工作座谈会精神为指引，引导企业把社会效益放在首位，坚持社会效益和经济效益相结合，形成社会效益带动经济效益、社会责任决定价值品牌的舆论氛围。通过跨界思维，加强文化与其他行业的融合发展，引导其他行业的成功企业家进入文化领域。组织文化企业家培训，提升企业家社会责任感、国际化视野和企业经营能力，打造一批懂文化、懂导向、懂经营的文化企业家队伍。

（四）有效加强服务保障体系建设

依据一系列支持文化企业发展的国字号文件，完善文化产业发展专项资金、文化产业信贷风险补偿资金政策，健全对重大或新兴文化产业项目的投融资体系的监管和担保体制，确保政策红利落实到企业。加强文化产品到市场价值的有效转化，坚持市场导向，通过多种媒介提供市场需求。加强文化资源到文化品牌的有效转化，进一步挖掘文化资源的产业要素，创新开发意识，加强文化企业和金融机构的有效沟通，探索政府性信贷政策体系建立，推动文化产业信贷产品创新，利用政府搭桥激发金融支持文化项目的热情。

（五）精心塑造城市本土文化风貌

徐州作为历史文化名城，有着悠久的历史和丰富的文化资源。弘扬徐州本土文化，是徐州提高城市软实力、立足于“全国城市之林”的必由之路。要弘扬徐州本土文化，要与国内外知名的文化之城进行对比与分析，取其精华，弃其糟粕，勾画蓝图，开拓创新，优化利用。注重城市风格之差异，着力错位发展，通过创新和精心设计，充分利用各行各界的资源，展现徐州本土文化的魅力。打造专属于徐州的城市精神，重塑民风，提升城市文化软实力。徐州的两汉文化中，汉礼是其极为重要的一部分，应着力打造“礼仪之邦”的城市精神，提升市民整体素质。

三、培育彭祖·世界健康特色文化品牌

（一）打造“世界·彭祖身心健康城”文化品牌

彭祖文化具有不可估量的多重价值，彭祖品牌蕴藏巨大商机。徐州是彭祖文化的发源地，文化资源、物产资源、人文地理和自然条件具备发展彭祖文化产业得天独厚的优势。振兴彭祖文化产业、打造“世界·彭祖身心健康城”，是利国、利民、利社会、利地方的大事。制定“发掘、分类、整合、包装、推广”的十字方针及实施举措，把徐州打造成一个有特色、有看点的养生名城和区域性旅游中心城市，打响“世界·彭祖身心健康城”的旅游名片。以彭祖园基地为中心，以养生长寿为理念，突出徐州旅游产业的地域文化特色，打响“要长寿到徐州”的旅游名片，组织“养生长寿徐州游”等。

（二）整合特色养生文化资源、品牌

彭祖文化涵盖了饮食、养生、气功、宗教等诸多领域。几千年来彭祖文化对中华民族的精神文化、价值观念和生活饮食都有着巨大的指导意义和普世价值。彭祖首先发现了饮食的医疗功用，提出“药食同源、以食养生”的养生理论，开辟了中国文化的膳食养生之道。将“发掘、分类、整合、包装、推广”的十字方针为操作手段，从而形成开发整合彭祖文化资源，发展彭祖文化产业的一套完整的战略决策。基地应是有关彭祖遗迹、遗存、庙、像等物态文化集中的场所，传承彭祖精神文化。从旅游产业链的角度，以餐饮、休闲、养生、医疗为内容，集吃、住、游、购、娱为一体。

（三）优化组合长寿旅游产品

以养生长寿为灵魂，以民俗节会为旗帜，以彭祖功夫为纽带，以文化博物馆为看点，以彭祖园为基地，以养生旅游为名片，以编撰彭祖文化读物为突破口，以做大做强无形资产为主业，以中老年人群为市场定位；建设精品游线，建议对彭祖园内、外

进行改造和扩建，一切围绕彭祖文化产业链服务。让游客能在此处吃到养生宴，学做养生菜，观到养生文化，听到养生讲座，购到养生书刊等。把徐州打造成一个有特色、有看点的养生名城和区域性旅游中心城市。

（四）探索实施定制化品牌营销策略

践行体验营销，邀请国内外旅游达人、著名媒体人前往徐州市实地体验，结合营销和传播需要，定期在境内外媒体引爆热点；探索新媒体营销，利用微信、QQ、天涯论坛、携程论坛等社交软件及专业旅游网站的大量用户开展彭祖养生旅游口碑营销，鼓励游客写游记、旅游攻略，分享徐州旅游的各种经验和心得，发布并定向推送有徐州文化旅游的简讯；利用事件营销，加强彭祖文化旅游品牌营销，推出年度主题事件。围绕本年度的传播工作重心，策划 1－2 场规模大、投入高、范围广的重要事件，策划热点话题，提高普通大众对彭祖养生旅游的参与度。

（五）广泛开展推介、交流与合作

推动徐州彭祖文化、养生文化大众参与性高的持久文化效应。建议市政府一至两年举办一次国内、国际彭祖养生文化论坛和学术交流会，为国内外研究彭祖文化的专家和学者提供历史、文化、饮食养生、医疗保健的交流平台。以“丝绸之路经济带”建设为契机，通过节会、组团推广等多种渠道加强与丝绸之路沿线国家和地区的联系，加强与区内外旅游景区的联络与沟通，合理宣传、推介旅游线路和产品，吸引更多的国内外游客。

第三节　安徽省蚌埠市特色文化产业发展情况

2015 年 11 月 18－21 日，农工党中央委员、中央联络委主任、著名国学专家黄泰康，上海交通大学国家文化产业创新与发展研究基地中心副主任、上海交通大学文化产业系主任李康化教授，山东大学文化产业研究院副院长昝胜锋一行赴安徽省蚌埠市、宿州市开展地方文化产业项目调研。蚌埠市委常委、宣传部长王勇勇，蚌埠市委常委、组织部长胡朝荣，蚌埠市委统战部副部长曹玉华，农工党蚌埠市委会主委冯燕娴，农工党蚌埠市委会专职副主委杨杞，农工党宿州市委会专职副主委祝美、萧县县委统战部部长祖洪旭等领导和专家陪同调研。

调研组先后参观了宿州市萧县皇藏裕、灵璧县农业生态产业园、奇石文化产业园、钟馗园、虞姬园等项目。在蚌埠市，调研组前往光彩玉器文化城、博物馆和禹王宫进行实地考察，了解地方文化产业项目建设和发展情况。随后在蚌埠市玉文化博物馆会议室召开的座谈会上，调研组专家和与会人员分别就近年来地方传统文化项目建设的相关情况作了交流、发言。在听取了大家的发言后，黄泰康主任指出，近年来，经济社会快速发展，地方文化项目建设取得喜人成就，特别是宿州奇石文化、蚌埠玉文化产业发展成效显著。这些文化产业印证、传承了不同历史时期的痕迹，传播了中华民族文化的内涵。地方文化产业的发展要尊重地域文化特色，走差异化发展之路；要适应时代发展需求，让产品走向高端创意市场，走转型升级之路；要依托国家战略，利用现代“大数据”“云”技术，加快建设文化产品数据库，加强与港澳台地区的文化产业交流与合作。

针对玉文化产业的发展状况，黄泰康主任指出，蚌埠市要适应新时代的发展需求，走转型升级的特色化发展之路，并在此次座谈会中为蚌埠市文化产业发展提出具有引领性的建议。蚌埠玉文化产品一方面印证、传承了不同历史时期的痕迹，传播了中华民族文化的内涵，另一方面也存在鱼龙混杂、市场混乱、信誉度低的问题。对此，黄教授指出，蚌埠玉文化的发展一定要尊重蚌埠市地域文化特色，探索形成与河南、陕西、广东等城市玉文化市场不一样的发展道路，规避传统文化转变成垃圾的风险，建立发展预警机制。在当今信息化时代，应着力打造一流、国际化、健康玉文化品牌，建设蚌埠健康玉文化城。规范并统一管理玉文化技艺传承人队伍，推动传承人队伍走出家庭作坊，走向高端创意市场，通过专业培训提升技艺能力。充分利用现代云端技术，对玉文化产品统一建设数据化库，通过“身份证＋互联网”探索实施二维码管理方式。另外，黄教授提出要依托国家丝绸之路建设优势和发展战略，探索建设“玉文化银行”，科学规范玉品质、掌握合理定价规则，将不同文化产品信息通过网络化渠道输送、发布出去，打破消费者信任危机，建设世界性信誉平台。

大力发展文化产业已经上升到国家战略层面。发展文化产业不但能够实现我国经济结构的转型升级，更重要的是能充分展示我国的文化软实力。在国家政策的引领和推动下，安徽省各地纷纷大力发展文化产业，速度较快，但还处于初级阶段，属于粗放式增长阶段。在对安徽省蚌埠市文化产业进行深度调研过程中，我们发现近些年蚌埠市文化产业发展迅速，但同样存在诸多问题。客观务实地分析现状，探索如何实现具有创新创意的内涵式增长模式，实现文化产业可持续的良性发展成为当下必须思考和面对的问题。

一、发展现状

（一）发展环境

1.政策机制环境。“十二五”期间，蚌埠市政府成立了“文化强市”建设领导小组，颁布了《蚌埠“十二五”文化产业发展规划》并相继出台了《关于加快推进文化强市建设的实施意见》等一系列文件，从财政、税收、投融资、用地等方面出台优惠政策，同时采取放宽市场准入、鼓励多元投资等政策措施，调动社会资本参与文化产业发展的积极性，为加快文化产业发展提供了重要机遇。为优先发展文化旅游业、文化娱乐业、艺术品业，做大做强出版印刷业、传媒广告业、文博会展业，重点培育文化创意业指明了方向。

2.特色产业发展环境。蚌埠交通地理优势显著，民间收藏文化素有传统，加之近年来地方政府有关扶持政策的陆续出台，为玉文化产业化发展创造了良好的“软环境”。地处“倚涂山，临淮水”的安徽蚌埠，有密布的玉器作坊、全国闻名的玉器市场。“禹会诸侯于涂山”“执玉帛者万国”“价位连城”“完璧归赵”等关于玉文化的典籍记载都与蚌埠有关，彰显出其深厚的文化渊源。丰富的自然资源、深厚的历史积淀为蚌埠培育和发展玉文化产业奠定了良好基础。

（二）发展成绩

1.文化产业实力不断增强。在“文化强市”战略推动下，蚌埠市文化产业进入快速发展阶段。文化产业增加值年均增长保持在30%以上，成为推动经济更好更快发展的重要增长点。2012年，蚌埠文化产业累计完成投资45.25亿元，占年度计划的120.17%,较2011年投资额增加1.35倍，年度计划和完成投资额均居全省第一，实现文化产业增加值 31.16 亿元，占 GDP 比重超过 3.5%。截至 2014 年底，蚌埠市大禹文化产业示范园区已晋升为国家级示范园区。目前蚌埠市已有 1 个国家级文化产业示范基地，2 个省级文化产业示范园区和 5 个省级文化产业示范基地。

2. 市场主体建设不断完善。文化项目建设初见成效，城东的星宇文化创意产业园、大明文化产业园、湖上升明月、白石山佛教文化园；城西的大禹文化产业示范园区、蚌埠闸水利风景区、森禾蚌埠现代花卉科技产业园；城南的花鼓灯嘉年华、光彩玉博园、海上明珠、金鹰农业生态园；城北的玉文化创意产业园、双墩古文化遗址、三汊河湿地、垓下古战场等项目日益清晰地显现出文化产业蓬勃发展的态势。2013 年，全市有 43 个重大文化产业项目库在库项目，覆盖全市所有县、行政区和功能区，总投资额 570.05 亿元，年度计划投资 36.91 亿元。其中，省“861”项目有 12 个，总投资额 210.09 亿元，位居全省第二；2014 年，蚌埠市 47 个项目进入“全市重大文化产业项目库”，总投资额为 609.12 亿元，同比增长 9.47%。

（三）问题与不足

蚌埠市文化产业发展速度较快，并取得了较为丰硕的成果，但仍处于初级发展阶段，不可避免地存在一些不足，整体水平有待提高。

1. 文化产业发展模式有待探索和建立。目前，蚌埠市文化产业发展主要以文化产业园区项目数增加为主，属于粗放式发展，缺乏以创新创意为核心的内涵式发展模式。粗放式发展主要以追求 GDP 为目标，导致盲目建项目，造成资源浪费。目前，蚌埠市文化园区较多，文化产业园区占地面积大，房子多，但园区内文化创意产业并不兴旺，多数房子处于闲置状态。同时，文化产业园区还存在过度依赖房地产的问题，开发商打着文化产业口号，实际经营房地产。文化创意产业园要积极探索盈利之路，要积极探索新的注重创新创意的内涵式发展模式。

2. 文化产业发展不均衡，整体竞争力弱。蚌埠市文化资源和文化产业缺乏有效整合、产业基础薄弱、产业规模较小，缺少大型文化企业；蚌埠文化资源丰富，但没有得到充分开发与利用，缺乏有影响力的文化品牌。另外，蚌埠市文化产业的各大行业之间发展不均衡，玉器行业、会展业、文化旅游、动漫等发展相对较好，但是影视业、出版业、演出业、新兴业态发展滞后，项目数量偏少，发展不够平衡，产业结构不合理。

3.高素质的创新创意人才短缺。目前，蚌埠市人才引进的力度不够，现有人才的培训机制还不够完善。文化产业的人才队伍整体素质偏低，高端的文化创意创新人才和经营管理人才严重缺乏。玉文化产业市场缺乏玉器高层人才、大师级人才，缺少合理有序的技艺传承队伍。企业技术创新少，文化创意少，导致文化产品专利少，研发能力弱。文化产业项目缺乏创新创意导致模仿甚至抄袭现象严重，同质化现象严重，没有本土特色。

二、重点突破——打造世界玉文化身心健康城·文化旅游品牌

蚌埠玉文化历史悠久，蚌埠玉器制作的工艺水平一直居业内前列。调研显示，蚌埠市从事玉器加工的直接从业人员约有 3 万人。蚌埠是全国知名古玩玉器集散地，经常来蚌埠销售玉料、收购古玩玉器的商人较多，带动了蚌埠的交通、餐饮、宾馆、金融、运输、包装、电信、商品零售业、旅游业等的发展。一方面，蚌埠玉文化产业已初具规模、颇具特色，蚌埠玉文化产业发展的整体势头较好，但由于目前生产的多为仿造玉器，同质化现象严重，缺乏特色定位，前景不容乐观。另一方面，蚌埠的玉器生产品种小而全，玉器经营市场多而散，部分产品层次较低。调研发现，蚌埠玉器业现在仍大多沿袭作坊式的传统业态，布局零散而规模普遍较小，缺乏龙头企业。同时，由于缺乏有效的技术交流，蚌埠目前玉器加工工艺人才的培养显得后劲不足。对此，应从以下两方面规范玉文化市场建设：

图 1-1-3　蚌埠市玉产业园

（一）实施可持续发展战略

1.提升产业化水平，推动产业链条转型升级。科学布局、突出特色，借助专业智库力量，对玉文化产业发展进行深层次研究，制定玉文化产业发展中长期战略规划，为产业良性发展提供理论指导、政策支持和建设规范，把玉文化产业发展推向更高层次。重点培育扶持一批加工规模大、带动能力强的骨干企业，鼓励采用科学的管理方式，培育传统的企业文化，汇集雄厚的技术力量，尽快做强、做优、做出名牌，引领当地玉文化产业发展。不断提高玉生产工艺水平、展销交易服务水平，结合“互联网+”完善线上线下产品定制、展示、交易、服务平台，从广度和深度层面拓展玉产业链条。强化产业集聚作用，确立局部的市场领先态势。

2.加强产业服务保障，建设玉产业综合性服务平台。积极探索融资方式，建立玉产业相关企业投融资平台，建立玉产业银行，协调银行和相关担保公司，共同研究制定信贷扶持政策，提供资金扶持和税收方面的优惠政策，解决玉产业资金流通与融资难题，如允许玉器经营的中小企业利用原料玉石进行抵押贷款等。加快玉文化产业人才培养基地建设，向北京珠宝研修院、南阳师范学院玉雕设计专业等借鉴学习；推动安徽财经大学等高校开设玉石雕刻、设计、鉴定等玉器相关专业，与正东、孔府、东来等大型玉企合作共建，申报玉器设计、文化产业管理、艺术品管理等相关专业，实现产、学、研相结合的良性互动，为玉文化产业提供智力保证和人才支撑。鼓励大学生参与玉器行业的创业创新训练项目。同时，引进培育一批人才队伍，制定落实引进玉器高层人才优惠政策，吸引一批大师级人才到蚌埠发展。

（二）实施玉健康·玉安全认证工程

1.建立玉文化产品身份验证系统。加强创意和技术支持，培育集创意研发、生产销售、文化体验为一体的玉文化工艺品集散区。有效保护传统技艺，不断开发新技术、新工艺、新产品，加快传统工艺与创意设计、现代科技和时代元素融合，增加文化含量和科技含量，提高产品的附加值。完善玉文化园区管理模式，鼓励玉文化产业集聚发展。制定玉行业标准，建立行业登记认证数据库，通过科学认证、专家认证等方式，为每一产品增加具体信息，通过二维码扫描验证产品内容。

2.建立玉市场信誉保障制度。进一步完善玉料购销、市场建设、产品设计制作、人才培养、龙头培育、品牌塑造、包装升级、质量检测等产业链，发展服务配套产业，优化产业组合，推动玉器产业规模化、集约化发展，建设电子商务平台网站，实现公共无线网络覆盖。开展玉器的网络营销和对商家货品信息的网上宣传，尝试把业务范围扩展到网络，首先可以进行网上的宣传，然后考虑发展网络销售。金融部门要创新玉器融资贷款的金融产品和服务，尝试为玉器商购买玉石原料、制作玉器、销售玉器等环节提供无抵押贷款，可以先从小额放贷开始，建立相关信用体系。

（三）打造世界玉健康文化品牌

1. 深挖玉文化内涵，推动产业生态提质增效。以建成国家产业发展示范园区和全国知名的玉文化名城为契机，坚持在玉器产业发展中融入文化因素，弘扬玉文化，展示仿古工艺，提升玉器品位，将玉器产业推向一个更高的层次，进一步提高蚌埠玉器的美誉度和知名度，提高蚌埠玉器的影响力。发挥玉文化博物馆的现代化展示功能。以各种形式和多媒体等现代技术手段展现中华民族 7000 多年源远流长的玉文化、玉历史并突出地方历史特色，将弘扬玉文化和完善产业链条结合起来，以玉文化博物馆为基础，搜集淮河流域民间故事、古玉、工具等，不断挖掘玉文化历史内涵。

2. 提升蚌埠玉器品牌竞争力。重视文化产品及其设备制造业发展，注重品牌培育和地方特色，实施品牌战略。目前，蚌埠市文化产品及其设备制造业发展层次低，没有品牌，市场竞争力弱，急需加快文化产品及其设备制造业发展，培育具有本土特色的品牌。引进品牌工业设计，打造文化产品品牌，针对玉器产业没有形成产业链，在设计上不够精细，缺少品牌的现状，请知名企业做设计，提升蚌埠玉器品牌和竞争力。同时，坚持招商引资，引进中国优秀企业或者是国际优秀企业，引进设备和品牌，深度开发本土文化产品品牌。

3. 提高辐射带动能力，加快与相关产业的有机融合。促进玉文化产业融合发展，学习横店影视城发展经验，促进玉文化产业与城市建设、旅游开发、创意策划、餐饮住宿、文化会展、影视演艺等产业的有机结合、协同发展，将玉文化与城市建设风格相结合。在精品建筑的规划建设上，注重文化育人，实现玉器文化与建筑功能的完美结合。发展玉主题会展经济，充分发挥玉器行业协会作用，以品牌会展为平台，宣传推介蚌埠玉器。邀请专家、学者和玉器界业内知名人士，举办玉文化研讨、学术报告、专题讲座、玉器精品展评，在时机成熟的时候举办“世界玉健康文化产业论坛”，形成浓厚的玉文化品鉴氛围。

三、发展建议和对策

（一）科学定位文化旅游业

蚌埠市是皖北的中心城市，离合肥、南京都很近；高铁开通后，离上海、北京不到3小时车程。应结合蚌埠的地理位置，整合旅游资源，实现旅游业与演艺业融合发展，科学定位旅游开发策略。蚌埠的旅游市场主要面对皖北人口，其次是来寻找小城市休闲体验的人口。应着力发展休闲娱乐、购物、餐饮、绿色乡村旅游等，尤其发挥水资源的优势，发展乡村旅游，开发农家乐旅游，例如开发水产品、水上娱乐项目和水上餐厅等，发展绿色生态旅游。

（二）发挥优势文化品牌的带动作用

持续发展演艺业，将地方戏曲花鼓灯、泗州戏等融合到旅游项目里，提升文化旅游项目的吸引力。蚌埠市在开发旅游资源时，应采用现代的声、光、电等科技手段，打造精彩的演艺节目。将旅游业与演艺业结合起来，实现共同繁荣，同时带动其他行业发展。大力引进人才等战略和措施，实现文化产业发展的良性发展。找准文化资源优势，强化项目谋划，充分论证，避免无创新创意项目。在城市竞争中寻求错位发展，发挥本土资源优势与特色，打好“高铁牌”、生态牌、特色牌和创新牌。

（三）引进和培养高素质创意人才

加大力度引进人才，加快文化产业专业人才队伍建设。建立政府、产业界、学术界与高校之间的制度化联系，加强产学研合作。坚持引进与自身培养并举措施，加强在职在岗培训，实现人才就地转化升级。重点引进和培养文化产业急需的科技创新、文化创意与经营管理人才，尤其要培养既懂经营管理、又具有深厚文化底蕴的复合型人才，发挥人才的智力优势，促进蚌埠文化产业发展。大学科技园和星宇文化产业园应该建立创意孵化基地，培养创意型人才。政府在出台人才引进政策的同时，做好创意人才的生活所需的交通、娱乐等配套设施，对人才做到“引进来”和“留得住”。

第四节　安徽省宿州市特色文化产业发展情况

近年来，随着宿州市经济社会快速发展和群众文化生活需求的不断增长，全市文化产业呈现较快发展趋势。其中，以马戏、奇石、书画为代表的地方特色文化产业发展较快，取得了显著的发展成绩，在满足群众需要、促进社会就业、提升宿州知名度等方面发挥了积极作用。然而，与国内其他文化产业先进区域相比，还存在一定差距。为了进一步摸清宿州市特色文化产业发展情况，提出相应的发展战略和发展对策，调研组对宿州市文化产业发展情况进行了相关调研，并撰写如下调研报告，供参考。

一、发展现状

（一）发展优势

1. 文化资源丰富。宿州市拥有悠久的历史，早在七八千年前的新石器时期，这里就燃起了人类文明的篝火。宿州文化底蕴深厚，人文资源丰富。在这块土地上，相继走出了闵子骞、刘裕、朱温、马皇后等历史名人。宿州是著名的“中国酥梨之乡”“中国书画艺术之乡”“中国书法艺术之乡”。宿州的泗州戏入选“第一批国家级非物质文化遗产名录”，与黄梅戏、徽剧、庐剧并称“安徽四大剧种”。当地的“梅花篆字”历史文化悠久，可追溯到商朝时期。宿州灵璧奇石被誉为中国“四大奇石”之一，磬石工艺品远销 20 多个国家和地区。

2. 区位交通优越。宿州位于安徽省北部，地处江苏、山东、河南、安徽四省交界处，是淮海经济区的核心城市之一，也是安徽省距离出海口最近的城市。宿州区位优越、交通便利，京沪、陇海铁路，连霍、合徐高速公路纵横贯穿，与国内各大城市均可实现高速公路互联互通，距徐州观音国际机场 75 公里。京沪高速铁路、宿淮铁路和泗许高速公路也从境内穿过。

图 1-1-4　调研组在宿州市调研

3. 经济环境良好。在经济新常态宏观背景下，江苏全省逐步形成了工艺美术、文化旅游、演艺娱乐、动漫制作、文物古玩等独具特色的文化业态和产业优势，文化创意设计、文化产品展示、文化产权交易、动漫影视制作等新业态迅速发展。目前，宿州亟需推动重点产业，尤其是宿州灵璧奇石文化产业转型升级，大力发展特色文化产业等战略性新兴产业，努力打造多点支撑的消费增长格局，加快融入“一带一路”经济带战略，从多个层面提升文化产业整体竞争力。

4. 政策红利支持。为了促进文化产业更快更好地发展，国家连续出台了《关于推动文化创意和设计服务与相关产业融合发展的若干意见》（国发［2014］10 号）、《进一步支持文化企业发展的规定》（国办发［2014］15 号）、《关于支持小微文化企业发展的意见》（文产发［2014］27 号）等十多份文件，对文化企业发展的政策正由单一扶持政策向构建全面服务体系方向转化，强调平台化、金融化、跨界化。这样前所未有的多元化、体系化、长期化的政策支持将是宿州市发展特色文化产业所享有的政策红利。

（二）宿州文化产业发展问题与不足

1. 文化产业整体实力不强。宿州文化产业起步较晚，且规模较小，文化竞争力偏弱，产业内容单一，文化产业体系尚未形成，缺乏龙头企业、产业园区及重大项目等载体的强力支撑，文化产业对经济和社会发展贡献率有待提高。

2.文化产业投入相对不足。文化产业发展过分依赖政策性投入，对社会资本的引进力度不高，缺乏灵活的投入机制；且文化产业基础设施相对薄弱，城乡文化发展不够均衡，文化产业市场发育不足，健全的文化产业投融资体系亟待建立。

3.文化资源开发利用度不够。宿州市文化资源丰富，但缺乏有效整合，具有地域特色的文化产品和服务供给不足，具有代表性的文化精品力作较少，国家、省、市级著名文化品牌缺乏，文化资源优势尚未转化成文化产品和文化产业优势。

4.文化产业发展活力不够。文化产业生产要素集聚程度不高，文化产业人才队伍整体素质偏低，高端创意创新人才和经营管理人才严重缺乏，创新创意水平较低。文化与科技融合度不高，导致文化产业存在技术落后、科技含量不足及创新和供给能力较弱等问题。

二、发展战略

（一）项目集聚战略

以高标准、高起点规划建设一批重点文化产业园区，比照实行经济开发区、工业园区优惠政策，引导资源、资金、技术、人才向文化产业园区集聚，鼓励相同产业链上的文化企业按产业流程在园区内合理布局、抱团发展，形成优势互补、特色鲜明的文化产业集群，提升文化产业规模化、集约化、专业化水平。

（二）科技引领战略

加快文化与科技的深度融合，利用数字化、网络化技术改造传统文化产业，培育新兴文化产业，提高文化产品和企业装备的科技含量，发挥现代科学技术对文化产业发展的促进、支撑和引领作用。坚持招商引资与招才引智并举，加强与高等院校、科研机构、文化单位的交流合作，健全以企业为主体、市场为导向、政产学研相结合的文化科技创新体系。

（三）协调发展战略

根据宿州文化资源禀赋，加强分类指导，突出地方特色，整合社会资源，努力形成以城带乡、城乡一体、区域协调的文化发展布局。鼓励优化产业结构，加大文化创新，提升文化品质，实现文化产业跨越发展。支持集中创新产业政策，扩大文化消费，规范文化市场秩序，加快文化产业崛起。

（四）品牌提升战略

引导文化企业牢固树立品牌意识，建立健全品牌建设推进和激励机制，强化品牌的价值和市场影响力。鼓励龙头文化企业制定品牌培育计划，加快形成一批在省内外具有广泛影响力和持久竞争力的产品品牌、企业品牌、园区品牌和节庆活动品牌。建立宣传、文化、旅游、商贸联合推广和县市区联动、捆绑营销机制，在省内外主流媒体、主要客源集散地加大宣传力度，实现宣传营销的聚合效应、整体效应和放大效应。

（五）文旅融合战略

增加景区开发中文化、科技、创意元素，建设一批富含民俗文化、地域特色的文化旅游项目，培育一批特色文化游、参与体验游等新业态。加强对自然、文化遗产和非物质文化遗产的保护利用，打造世界遗产游、历史文化游、奇石文化游、红色旅游等一批精品旅游线路。结合文化保护、文化展示与文化精品工程，鼓励文化创意、演艺、工艺美术与旅游资源整合，开发具有安徽、江苏文化精髓和浓郁地方特色的节庆文化活动、旅游演艺精品和旅游商品。

三、宿州灵璧·奇石文化产业建设运营思路

（一）提升文化科技融合水平

大力实施科技带动战略，提高娱乐演艺、工艺美术、节庆会展、创意设计等传统文化产业的科技含量，促进动漫游戏、网络文化、数字印刷、数字雕刻等新兴文化业态发展。提升文化企业的文化科技创新能力，重点扶持2—3家具有自主知识产权、优势品牌和市场占有率高的骨干文化科技企业，争创省级文化和科技融合示范基地。依托县内外科研力量，联合开展文化科技攻关行动，形成一批文化科技攻关成果，提高科技在文化产业发展中的贡献率。

（二）健全奇石文化产业链

加大灵璧石资源保护力度，坚持依法管理、有序开发、合理利用，实现灵璧石资源可持续开发利用。以磬云山国家地质公园、奇石文化园为平台，着眼于灵璧石深加工，完善灵璧石的采掘、洗刷、创意、设计、加工、配座、展览、仓储、运输、营销、

交易产业链，系统开发磬石乐器、磬石文具、磬石工艺品、磬石纪念品，培育一批特色鲜明、市场潜力大的龙头企业。充分利用大数据、互联网等技术，打造灵璧石网上展示交易平台，拓展线上线下互动渠道。推动奇石文化产业与旅游、演艺、创意设计、家居装潢等业态融合，形成以灵璧石为核心，集赏石、展销、设计、娱乐、休闲为一体的奇石文化产业园区。

（三）塑造文化旅游品牌

以奇石文化、楚汉文化、钟馗文化为核心，提升磬云山国家地质公园、奇石文化园、虞姬文化园、垓下古战场遗址公园、古运河遗址、钟馗文化园等重要载体运营水平，带动三山蒋庙遗址、玉石山遗址、潼郡遗址、龙山汉墓群、张氏园亭、灵璧古城、花石纲遗址、老营湖遗址、白龙庙、齐眉山古战场遗址、正学书院等若干景点联动发展。整合县内外饮食、节庆、婚嫁、舞蹈、戏剧、游戏、交通、贸易、服饰、手工艺等地域特色文化资源，打造具有灵璧特色的奇石文化游、历史文化游、民俗文化游、科学考察游、乡村生态游等文化旅游品牌。抓好泗州戏《霸王别姬》《钟馗嫁妹》的生产和创作，打造一支磬乡乐坊，编排一台集灵璧历史文化、风土人情、现代文明于一体的大型综艺歌舞节目《文化·灵璧》，加快旅游与演艺融合。

四、保障措施

（一）强化组织实施

各地、各部门要建立工作推进机制，切实加强组织领导，制定配套文件，建立督查推进机制，定期组织督查，抓好工作落实。进一步捋顺文化产业发展的情况，确立优先发展、重点发展的园区、基地和企业，发挥好优势龙头产业的引领示范作用，进而明确新兴辅助业态的发展方向。建立完善创意设计业统计制度和统计指标体系，及时跟踪、监测和分析创意设计业的发展状况，对各部门、各县市区工作情况进行绩效考核评价，每年对成绩显著的部门和区县给予“优秀单位”“先进单位”“专项工作先进单位”等荣誉表彰。

（二）加大政策扶持

增加文化产业发展专项资金规模，设立文化产业投资基金，积极引入社会资本参与，支持文化产业发展。对从事创意设计、科技服务等类型的小微企业，改制成功、办理上市辅导备案登记并成功上市的中小企业，以及文化企业品牌建设，按有关规定给予政策扶持。对获批国家级和省级文化产业示范基地的文化企业，在安排企业发展专项资金时优先考虑。对宿州市著名商标的文化企业，由市、县财政给予配套奖励。加强省级文化产权交易平台建设，完善文化产业创业投资基金。

（三）强化金融服务

鼓励金融机构创新金融产品和服务，增加适合文化创意和设计服务企业的融资品种，拓展贷款抵（质）押物范围。制定知识产权、文化品牌无形资产评估、动产抵押、质押、登记、托管、流转和变现办法，支持文化创意和设计服务企业以商标、专利等知识产权抵押融资。支持符合条件的企业上市，支持发行公司债、企业债、集合信托和集合债、中小企业私募债等非金融企业债务融资工具。对守信企业提高信贷的融资额度，支持适合保险资金投放的文化企业和文化项目。探索建立符合文化创意和设计服务企业特点的信用评级制度，鼓励各类担保机构对文化企业提供融资担保。

第二章

“十三五”时期山东文化产业调研报告

为推动山东“十三五”时期文化事业和文化产业发展，加快文化强省建设，2014年12月，山东省文化厅“十三五”时期文化发展规划重点研究课题组面向全省委托调研。2015年3月3日，省文化厅“十三五”时期文化发展规划重点研究课题专家评审工作已经结束，专家组从全省23个大专院校、科研机构申报的35个项目中遴选公示，确定四个课题委托承担单位。

其中，山东大学文化产业研究院昝胜锋作为课题负责人，中标承担“十三五时期山东文化产业发展研究”。课题将全面分析山东区域文化发展现状、存在问题；研究、借鉴文化发达区域发展举措及经验；调研、分析山东区域文化发展挑战及机遇；提出“十三五”时期系统推进山东区域文化发展的目标定位、重点领域等；提出进一步推动山东区域文化发展的相关政策和重点工作建议。

2015年3月5日，课题组成员在山东大学知新楼A座1011会议室，召开“十三五时期山东文化产业发展研究”课题启动动员会，课题负责人昝胜锋就该课题的研究思路、方法、成果体系等问题与大家进行了深入广泛的交流，全面介绍了开展专题研究的产业背景和前期研究准备情况，并针对下一步研究工作提出了具体要求，强调充分发挥自身优势，深入分析省情，密切联系山东实际；认真调研，充分学习借鉴省内外文化产业先进经验；研究成果要突出山东特色，具有高度的可操作性；建立课题研究质量跟踪管理体系，保证成果质量。

11月16日下午，《山东省文化厅“十三五”时期文化发展规划》专家评审会召开，本次评审会邀请了山东省艺术研究院王晓家研究员、山东社会科学院历史研究所吕世忠副所长组成评审组，参加评审的还有山东建筑大学艺术学院院长陈华新教授、山东建筑大学艺术学院副院长王胜永教授、曲阜师范大学历史文化学院院长成积春教授、曲阜师范大学历史文化学院李先明教授、山东省艺术研究院赵艳喜研究员等各项目编制单位专家。山东大学文化产业研究院昝胜锋团队一行参加本次评审会。

昝胜锋副院长就山东大学文化产业研究院编制的《“十三五”时期山东文化产业发展研究报告》设计方案进行了详细汇报，并对专家评审组提出的问题进行了答疑。各评审专家对规划方案进行了综合评述，并提出了针对性的意见建议，以便做好进一步的修改完善。昝胜锋副院长就山东省文化产业发展目标、推进思路、重点领域、主攻方向进行了详细点评，得到与会专家一致认同。其他各项目编制单位也分别就《“十三五”时期山东构建中华优秀传统文化传承体系研究》《“十三五”时期利用数字技术推动我省文化发展研究》《“十三五”时期山东新型城镇化进程中文化发展重大问题研究》进行了详细汇报。

会议强调要加强调查研究，全面掌握山东省文化发展情况，充分调动各方面的积极性和主动性，共同抓好文化发展规划编制工作，努力通过科学规划、有效实施，确保山东省文化又好又快发展。协调好经济发展与文化传承的关系，明确文化产业化目标，利用数字技术推动文化发展，厘清文化对新型城镇化发展的重要性，优化山东省文化资源开发格局，营造山东省未来展示地区形象与文化品牌的窗口。

本报告作为《十三五时期山东文化产业发展研究报告》课题的重要组成部分，摘录如下，以飨读者。

第一节　现状与竞争力评价

"十二五"期间，山东围绕"文化强省"建设目标，以扩大总量、优化结构、提高层次为核心要求，文化产业规模持续扩容，产业结构趋于合理，文化品牌建设成效显著，文化消费能力持续走强，配套政策体系逐步健全，产业集约化、规模化、专业化水平不断提升。同时，山东省文化产业区域性、结构性问题较为突出，总体仍存在较大的提升空间。

一、总体概貌

2012年，山东省按照国家《文化及相关产业分类（2012）》统计标准调整统计口径。根据该标准，文化产业（即文化及相关产业）包括新闻出版发行服务、广播电视电影服务、文化艺术服务、文化信息传输服务、文化创意和设计服务、文化休闲娱乐服务、工艺美术品的生产、文化产品生产的辅助生产、文化用品的生产、文化专用设备的生产等10个行业大类，工业设计等一批新行业被纳入统计范围。山东省文化产业增加值将按照新口径进行统计，本报告体现的数据支撑也基于此。

（一）总体现状

1.文化产业持续快速发展。按照最新统计口径，2010—2012年，山东文化产业增加值分别达1983.6亿元（按原统计口径为1230亿元）、2306.9亿元、2730.7亿元，2011—2012年同比增速分别为16%、18.4%，连续5年平均增幅高于同期GDP增长幅度；近三年来，文化产业增加值对经济贡献率分别为6.1%、7.2%、8.9%，一直维持在较高水平；2013年前三季度，文化产业增加值达到2224.2亿元，同比增长18%，占同期GDP的比重达到5.6%。据初步测算，2013年全年文化创意产业增加值有望首次迈入3000亿元时代，占全国文化产业增加值（预计2.1万亿）的14.3%，总量规模位居全国前列，文化产业增长幅度高于生产总值和服务业增长幅度，新兴文化产业增幅高于整个文化产业增幅。文化产业法人单位及从业人员数量快速扩容，2013年底，全省文化产业法人单位 5.9 万家，从业人员 130 万人。

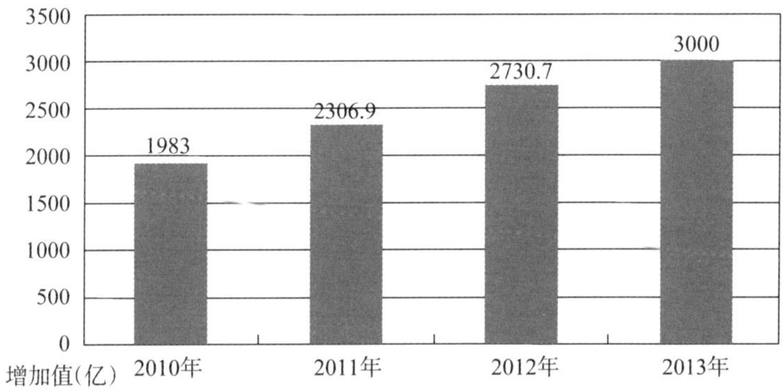

图 1-2-1　2010—2013 年山东文化产业增加值与增速

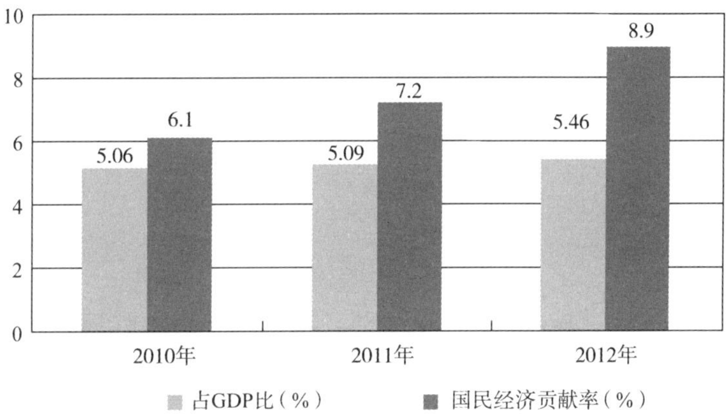

图 1-2-2　2010—2012 年山东文化产业增加值占 GDP 比率及对国民经济贡献率

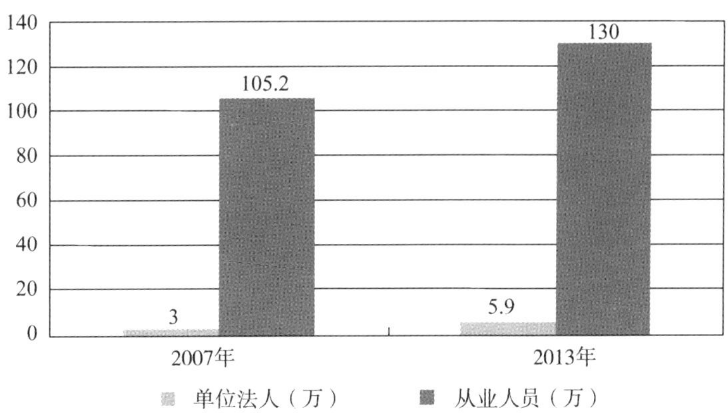

图 1-2-3　2007 年及 2013 年山东文化产业法人单位及从业人员数量

2. 文化产业结构持续优化。文化产业制造业占主导地位，2012 年全省文化产品制造业、批零贸易业、文化服务业法人单位分别实现增加值 1250.4 亿元、191.4 亿元、938.8 亿元。

3. 文化产业固定资产投资与文化贸易规模持续扩大。2011 年，全省文化产业固定资产投资累计完成 1434 多亿元，增长 22.8%，全省文化产品服务出口企业达到 1600 多家，形成 15 家年出口额过千万美元的文化产品出口企业，全省文化产品实物出口 13.5 亿美元，同比增长 16%，位居全国前列。2014 年，山东文化产业完成投资 2615.9 亿元，按当年价格计算增长 18.0%，文化产业投入增幅高于固定资产投入增幅。

（二）重点行业

近年来，山东文化演艺、工艺美术与艺术品业、节庆会展、新闻出版、广播影视等传统行业基础优势不断凸显，行业整体规模实力进一步增强。文化创意与设计服务业、软件和信息技术服务业、版权服务业、数字相关产业等新兴文化产业快速增长，有效带动产业结构优化升级。

1. 文化演艺业

演艺产业形成了以专业艺术表演团体、演出场馆以及演出经纪机构为主体，以民营演艺团体、演艺机构为补充的发展格局。文艺院团改革稳步推进，截至 2013 年，全省拥有各类艺术表演团体 104 家，艺术表演场馆 93 个，演出经纪机构 29 个。行业运营模式和组织形式不断创新，民营资本进入演艺产业领域，成为演艺产业发展的新亮点。2013 年 2 月，山东演艺集团联合近 40 家艺术院团、剧场院线、演出经纪机构成立了山东演艺联盟，实现演艺运营、宣传环节的互联互通；2014 年 5 月，山东演艺联盟发起成立中国华北演出剧院（区域）联盟，成员遍布北京、山西、河北等地，旨在打破区域界限，加强跨省剧场演艺资源共享。

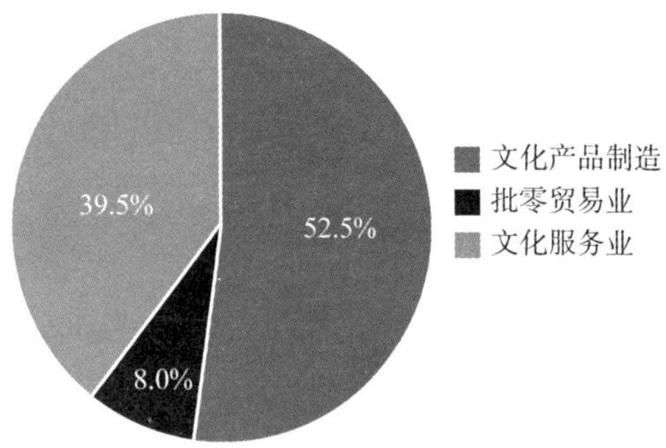

图 1-2-4　2012 年山东文化产业结构比例

产业载体平台及重大项目驱动效应显著。2013 年 9 月成立的山东剧场院线，着力建设集学术研究、项目运作、人才培养、票务服务、文化交流等于一体的剧场行业发展综合服务平台，目前成员单位 35 家，院线成员坐席总数占全省演出场馆坐席数的 40.2%。2013 年，山东举办“第十届中国艺术节”，有力推动了山东文化建设和文化惠民事业。自筹备“十艺节”起，全省创作优秀舞台剧目 62 台，其中 15 台重点剧目入围“文华奖”评比展演，3 台剧目获“文华大奖”，10 台剧目获“文华优秀剧目奖”，1 台剧目获“文华剧目奖”，33 台节目获“文华单项奖”等，创下了历届国家艺术节单一省份参赛和获奖数量之最。

2.工艺美术与艺术品业

山东省工艺美术与艺术品产业取得长足发展，培育形成淄博艺术陶瓷、无棣艺术贝瓷、潍坊木版年画及风筝、曲阜楷木雕、鲁西南鲁锦、嘉祥石雕、威海地毯、莱州草编、临沂柳编、德州和日照黑陶等一批特色产业集群。2011 年，山东工艺美术业拥有省级工艺美术特色产业基地 10 个，中国工艺美术之乡（区）8 个，全行业国家级技术中心 1 个，省级技术中心 1 个，拥有国家级大师 17 人，省级大师 156 人，特色产品展馆 30 余个，专家工作室 1000 余个，以非物质文化遗产生产性保护项目为依托的企业和经营业户达到 3 万余家，打造形成了一批非物质文化遗产示范基地。

艺术品行业市场水平不断提高。截至 2012 年，山东省在文化部门备案的艺术品经营机构达到 986 家，从业人数 4300 余人，资产总计 10.86 亿元，实现年增加值 3.94 亿元。逐步健全艺术品交易平台，成立潍坊文化产权交易中心、泰山文化艺术品交易所，以打造具有齐鲁特色、在全国具有影响力的艺术品生产和销售基地为契机，不断推动艺术品产业集聚化。

表 1-2-1　山东省工艺美术特色产业基地

基地名称	所在地域
山东省龙山黑陶产业基地	济南市章丘市
山东省风筝产业基地	潍坊市
山东省年画产业基地	潍坊市杨家埠
山东省石雕工艺产业基地	济宁市嘉祥县
山东省陶瓷工艺产业基地	淄川区昆仑镇
山东省陶瓷琉璃工艺产业基地	博山区山头镇

续表

基地名称	所在地域
山东省工艺家纺生产基地	威海市文登市
山东省桐、柳制品产业基地	菏泽市曹县
山东省蒲草编织工艺产业基地	滨州市博兴县
山东省工艺雕塑产业基地	潍坊市临朐县

3. 节庆会展业

山东会展产业规模持续扩大。2013 年，山东省举办展会 504 场，位居全国第六。会展市场承载能力显著提高，全省现有主要会展场馆 32 个，总建筑面积 228.5 万平方米。2010 年“第四届世界太阳城大会”、2012 年“海阳第三届亚洲沙滩运动会”、2013 年“济南第十届中国艺术节”和 2014 年“青岛世界园艺博览会”相继落地山东；2015 年“第 22 届国际历史科学大会”在济南召开，山东会展业的知名度和影响力进一步扩大和提升。

培育形成一批具有影响力和知名度的会展品牌，如“山东省文博会”“青岛国际啤酒节”“泰山国际登山节”“曲阜孔子文化节”“寿光国际蔬菜科技博览会”“烟台国际果蔬食品博览会”“青岛中国国际电子家电博览会”等。其中，山东“文博会”历经五届成长培育，逐渐成为东部地区文化交流和文化产品交易的重要平台，对山东省经济、社会、文化发展产生了巨大的推动作用。此外，还形成了一批具有竞争力的会展城市。以青岛为例，曾先后荣获“中国会展业年度大奖”“中国十大影响力会展城市”“中国十大品牌会展城市”“全国会展业‘金五星’优秀会展城市”等荣誉称号，品牌效应逐步凸显。

表 1-2-2　　2010—2011 年山东会展业行业效益情况

年度	场次	直接收入（亿元）	拉动收入（亿元）
2010 年	1744	35.63	320
2011 年	571	42.48	383

4. 新闻出版业

山东省新闻出版产业获得长足发展。据国家新闻出版广电总局公布数据显示，山东省新闻出版业的总产出、增加值、资产总额等 7 项指标均位居全国前列。2013 年，全省新闻出版业总产出达到 1400 亿元，同比增长 25%。截至 2013 年底，全省新闻出版各类企事业单位和经济组织达到 20396 个，新闻出版从业人员 40 多万人，全省年销售额过亿元的印刷企业达 40 多家，现有 2 家出版集团和 13 家报业传媒集团；山东出版集团连续四年入选全国"文化企业三十强"。民营书企取得长足发展，全省民营书企 150 多家，发行量过亿元的民营书企有 28 家，6 家公司占据了全国民营书企十强中的前六强。山东成为全国重要的出版物印刷基地和包装装潢印刷基地。

数字出版、网络出版、绿色印刷等新兴业态蓬勃兴起，一大批新闻出版单位积极开展网络出版业务。目前，山东省具有网络出版资质的出版单位 14 家，介入数字出版的单位多达 700 多家，已有 23 家印刷企业获绿色认证。"手机出版基地项目""出版物数字化工程项目""'桥＋云'数字融合出版系统项目"等 8 个数字出版项目入选国家新闻出版改革发展项目库。2013 年，国家新闻出版广电总局批准成立了青岛国家级数字出版基地，潍坊、济南也相继成立了省级数字出版基地。

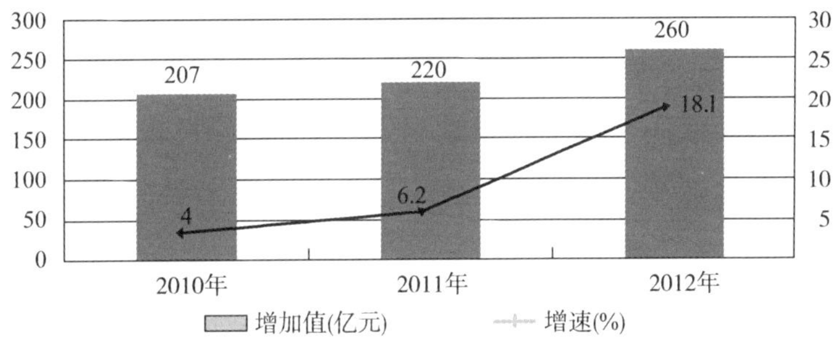

图 1-2-5　2010—2012 年山东新闻出版业结构增加值与增速示意图

5. 广播影视业

山东广播影视业产业效益稳步提升。2013 年，全省广播影视资产规模达到 364 亿元，从业人员 5 万多人，产业创收 136 亿元，比上年增长 14.6%，创收数额位居全国第 7 位。其中，省级单位实现创收收入 94 亿元，比上年增长 35.6%。截至 2013 年底，全省经批准的广播电视台共 125 家，实现广播电视广告收入 61.31 亿元。山东省加入城市电影院线的影院达到 278 家，银幕达到 1348 块；票房收入 7.61 亿元，同比增长 34%；具备电视剧制作资质的社会制作机构达到 146 家；完成电影制作备案的社会制作机构达到61家。

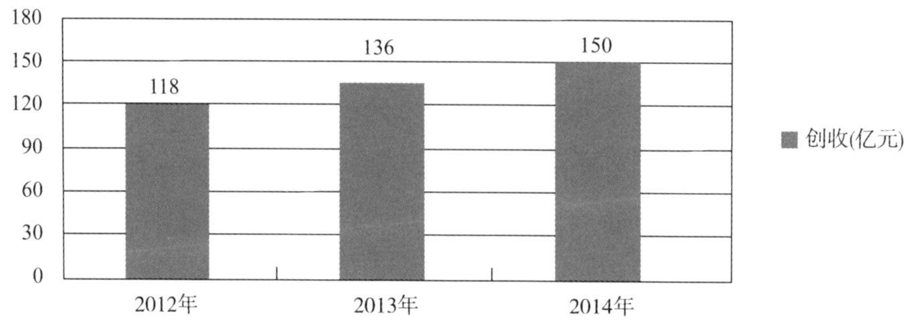

图1-2-6 2012—2014年山东广播影视产业创收示意图

影视剧产品形成较完善的影视创作、生产、销售体系，以鲁剧为代表的影视作品获得广泛的社会影响力和良好的经济效益。2012年，山东影视传媒集团正式挂牌成立，标志着鲁剧创作生产进入提速发展时期。集团成立后，每年都推出一部或多部力作，《沂蒙》《南下》《生死线》《钢铁年代》《知青》《温州一家人》《父母爱情》《槐树花开》《老农民》《琅琊榜》等剧目陆续播出，赢得多方高度评价。传统媒体和新兴媒体的融合发展逐步深化，三网融合工作取得重大进展，全省共有网络媒体及分支机构152家，实现网络收入51.31亿元，同比增长24%。

6.文化创意与设计服务业

(1)动漫设计产业发展初具规模。目前，山东省现有动漫企业600余家，主营业务收入26.978亿元，从业人数1.7万人，拥有济南、青岛、烟台3家国家级动漫产业基地，15家企业通过国家动漫企业认定，4家动漫企业列入《2011—2012年度国家文化出口重点企业目录》，1家动漫企业连续三年获得国家进口动漫开发生产用品免税资格。截至2013年底，动漫企业年产动画分钟数55590分钟，动漫制作时长和播出时间均有大幅增长。一批立意新颖的本土原创动漫产品广受欢迎，其中电视动画片《孔子》获“戛纳电视节首届亚洲展映会最佳作品奖”，《泰山》获行业最高奖“全国动漫游戏行业优秀动画片金手指奖”，3D立体动画电影《崂山道士》入选“2011国家动漫精品工程”动画电影精品工程创意奖。

表 1-2-3　2012、2014 年山东动漫企业发展情况

年度	动漫企业（家）	国家级动漫企业（家）	国家文化出口重点企业（家）
2012 年	447	6	1
2014 年	600	15	4

表 1-2-4　2011—2013 年山东电视动画作品数量、时长及占全国比重

年度	电视动画片（部）	占全国比例（%）	时长（分钟）	占全国比例（%）
2011 年	1	0.22	572	0.21
2012 年	8	2.0	3006	1.3
2013 年	6	1.6	2286	1.1

（2）广告设计业整体水平不断提升。截止 2013 年底，全省广告经营单位、从业人员、经营额分别达到 3.8 万户、21.6 万人、218.2 亿元，同比增长 43.9%、40.1%和 23.47%。培育形成 10 余家广告企业集团和青岛、潍坊、烟台等 3 家国家广告产业园，吸引了一批国内外知名广告企业入驻，潍坊广告创意产业园已集聚各类广告业户 220 家，专业设计人员 2000 人，实现营业收入 4.5 亿元；烟台广告创意产业园区逐步形成融广告设计、动漫影视、工艺美术、出版印刷等为一体的创意产业链条。持续推出“山东省广告节”、山东文化创意产业博览交易会，建立集广告展示、资源拍卖、融资、信息交流等功能于一体的山东广告交易中心。

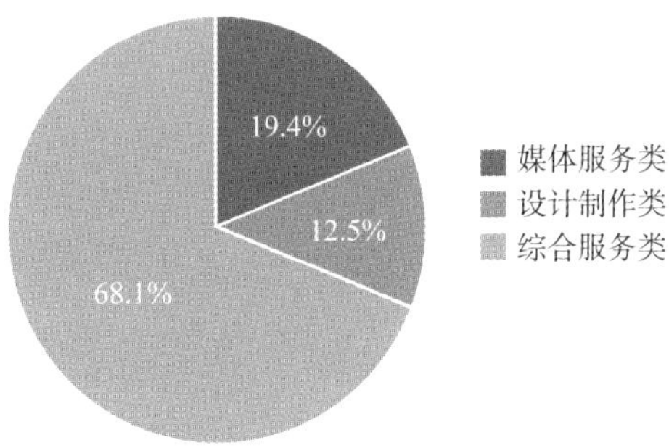

图 1-2-7　山东广告企业资质结构及服务范围比例

（3）工业设计注重“山东创造”品牌建设。据统计，“十五”以来，山东省工矿企业授权专利总量为 38804 件，其中实用新型 21415 件、外观设计 14537 件；授权专利总

量、实用新型、外观设计分别年均增长 19.91%、24.13%、10.95%；完成新产品、新技术开发 7 万多项，年均增长 17%；在山东省 45 所本科院校中，有 28 所设置了工业设计专业；涌现出了海尔、海信、九阳、金王、福田雷沃等一批工业设计优秀企业。截至 2014 年，全省省级工业设计中心达到 62 家，金猴集团、九阳股份、山东亚光、海尔集团、海信集团等 5 户企业入围国家级企业设计中心（全国共 26 户）。2013 年，开始培育山东省工业设计创新专项、工业设计中心和工业设计示范基地，不断完善山东省工业设计大奖赛、“山东设计”知识产权运用能力培育工程等平台建设。

7. 软件和信息技术服务业

软件和信息技术服务业规模持续扩大，加快向网络化、服务化、体系化方向融合演进。截至 2013 年底，山东省软件业统计范围内企业共 2172 家，比 2012 年增加 299 家；累计完成软件收入 2263 亿元，同比增长 30.2%，完成利润总额 86.3 亿元，实现软件业务出口 7.4 亿美元。信息技术服务类企业共实现收入 1194.3 亿元，同比增长 31.1%。其中，信息系统集成服务、信息技术咨询服务和数据处理咨询服务分别实现收入 463.2 亿元、418.4 亿元和 283.1 亿元，共占全省软件业务收入比重的 51.5%。产业布局日益优化，济南“中国软件名城”效应凸显，青岛大力实施“东园西谷北城”软件产业发展战略。2013 年，济南、青岛分别完成软件业务收入 1300.3 亿元和 701.3 亿元，同比增长 28.6%和 32%，骨干企业、园区自主创新能力进一步提升。2013 年，山东省入围 6 家软件百强和 7 家规划布局内企业，其中浪潮、中创在 2009 年以来已连续 4 年入围全国自主品牌软件十强。齐鲁软件园、青岛软件园企业超过 1000 家，软件收入占全省比重超过 40%。

8. 版权服务业

山东省以版权保护和管理为基础，大力发展版权服务产业。积极培育版权交易中心、版权示范城市、版权示范园区建设，数量居全国首位。目前，已建成国家级版权贸易中心 3 个，省级版权交易中心 2 个，创建国家版权示范城市 1 个，国家级版权示范单位、园区（基地）8 个，国家级版权示范企业 1 个。授予山东出版集团等 56 家单位为省级版权示范单位、园区（基地）、省级版权保护示范单位、园区（基地）和省级版权科研基地。截至 2013 年底，山东省全年版权作品登记数量达 30292 件，登记作品类型主要是以文字、美术、摄影、工程设计图、产品设计图、计算机软件等产品为主。版权作品登记数量和质量位居全国前列。2014 年，山东云计算版权登记交易平台和数字版权登记网络平台上线运营，成立山东文化产权交易所，提供版权登记及信息发布、版权交易、版权金融服务。2015 年，山东举办“中国青岛·东北亚版权创意精品展示交易会暨正版优秀图书展”、第十一届中韩著作权研讨会两大国际性版权交流会议。

表 1-2-5　　　　山东版权贸易中心建设一览表

国家级版权贸易中心	青岛国际版权交易中心西区、青岛国际版权交易中心东区、台儿庄国家版权贸易基地
省级版权交易中心	潍坊云计算版权交易中心、山东文交所版权交易中心

9. 数字新媒体产业

数字新媒体产业发展迅猛，推动传统媒体与新兴媒体加速融合。2011 年，山东广电形成了涵盖齐鲁网、山东手机台、IPTV、互联网电视、地面数字电视等五大新媒体产业板块，同时投资 1.7 亿元新建媒体融合发展技术新平台，并在 2014 年主导成立山东省新媒体研究院。以网络数字技术为支撑的移动新媒体发展迅猛，传统纸媒纷纷发展网站、手机报、微信、微博、手机客户端、手机 WAP 网站的多元化数字型媒体。截至 2012 年，山东移动手机阅读使用客户数达 500 多万，手机电视和手机视频客户数 140 多万，无线音乐客户数 700 多万，走在了全国的前列。截至 2013 年底，全省 11 家省市两级党报、10 家专业类报刊推出手机客户端，营业收入过亿元。大众网手机报收费用户突破 220 万，实现营业收入 1568 万。手机杂志开始起步，《妈妈宝宝》杂志社开辟手机版，每期订阅数超过 4000 户。2014 年，山东推出 4G 时代“山东 24 小时”新闻客户端等移动新媒体产品。

（三）区域发展

根据《山东省文化产业发展专项规划（2007—2015)》关于“与全省‘一体两翼’‘五大板块’战略规划”相适应的布局方案，山东省初步形成东、中、西特色鲜明、优势互补、结构合理、效益显著的文化产业发展格局。

1. 空间分布

山东东部文化产业集聚区形成了以青岛为龙头，以烟台、威海、日照、潍坊、东营等为支撑，辐射半岛城市群的发展格局。滨海文化和海洋经济特色显著，文化旅游、演艺娱乐、出版发行、影视制作、艺术品交易、海洋节庆与会展业等传统产业持续发展，文化创意、数字出版、动漫游戏等新兴产业迅速崛起，以海洋文化为内涵元素、以蓝色经济为资源特色，门类齐全、功能完善、布局合理的半岛蓝色经济区文化产业体系正在形成。

山东中部文化产业集聚区形成了以济南为中心，以泰安、淄博、德州、莱芜、滨州为支撑，辐射省会城市群的发展格局。齐文化、泰山文化、黄河文化、泉水文化特色突出，新闻出版、古玩书画与艺术品、文化旅游业等传统优势行业稳中有升，广播影视、演艺业等正迈向突破性发展阶段，会展、动漫游戏、创意设计等新型业态增势迅猛，不断发展壮大。

山东西部文化产业集聚区形成了以济宁为支点，以临沂、枣庄、聊城、菏泽为支撑的发展格局。儒家文化、运河文化、红色文化特色显著，出版印刷业、影视业、文化旅游业、工艺美术业等已经形成较大规模，传统产业与现代创意产业的融合发展水平不断提升，地域文化品牌战略初见成效。

2.发展层次

截至目前，青岛、济南、烟台三市文化产业发展速度和规模处于全省领先位次，文化产业占 GDP 的比重均已超过 6%，属于第一梯队。其中青岛、济南发展尤其突出。2013 年，青岛市文化产业实现增加值 530 亿元，同比增长 20.6%；济南市文化产业实现增加值 370 亿元，同比增长 15.3%。2014 年，青岛市文化产业实现增加值 641.8 亿元（初步统计），占地区生产总值的比重为 7.4%，同比增长 20.3%。

潍坊、临沂、淄博、威海、济宁、泰安等市文化产业增加值处于 100 亿—200 亿元之间，占 GDP 的比重均已接近或超过 5%，属于第二梯队。其中潍坊、淄博、泰安较为突出。2013 年，潍坊市实现文化产业增加值 232 亿元，占全市 GDP 的 5.3%；淄博市文化及文化创意相关产业增加值预计达到 212.8 亿元，约占全市 GDP 比重的 5.6%；泰安市文化产业增加值达到 142 亿元，占 GDP 比重达到 5.09%。

德州、聊城、滨州、东营、菏泽、枣庄、日照、莱芜等八个市属于第三梯队。其中，枣庄、日照等六市文化产业增加值占 GDP 的比重已超过 4%；聊城、滨州等市增幅较快，2013 年聊城文化产业实现增加值 108 亿元，同比增长 20%，滨州文化产业 8 年间（2004—2012 年）年均增长高达 28.19%。

表 1-2-6　　2012 年全省十七地市文化产业统计表

地市	文化产业增加值		占国内生产总值比重（%）		同比增幅（%）	
	数值（亿元）	位次	数值	位次	数值	位次
济南	341.1	2	7.1	2	13.55	13
青岛	439.2	1	7.6	1	21.0	9
淄博	160.3	6	4.5	9	2.76	16
枣庄	79.6	15	4.7	7	20.97	10
东营	84.1	13	2.8	16	13.74	12
烟台	318.6	3	6.0	4	7.21	14
潍坊	197.5	4	4.9	6	71.74	6
济宁	136.1	8	4.3	13	148.81	1
泰安	114.9	9	4.5	9	4.45	15
威海	146.4	7	6.3	3	52.50	7
日照	64.1	16	4.7	7	78.06	5
莱芜	17.1	17	2.7	17	−44.12	17
临沂	160.5	5	5.3	5	20.68	11
德州	93.8	10	4.2	14	33.62	8
聊城	90	11	4.2	14	96.94	2
滨州	89.7	12	4.5	9	92.90	4
菏泽	81.1	14	4.5	9	95.42	3

（四）产业载体

山东省持续推进文化企业、产业园区、文化设施、文化市场等产业载体建设，文化企业稳步发展，园区建设成效显著，产业集聚效应日益凸显，公共文化服务设施建设扎实推进，文化要素市场体系逐步完善。

1. 文化企业

（1）文化企业规模快速增长。截至 2012 年，山东从事文化及相关产业单位达 4.2 万家，从业人员 100 余万人。龙头骨干企业稳步发展，主营业务收入亿元以上骨干企业总数2102个。特色小微文化企业活力凸显，截至2014年底，山东省非遗项目经营业户39170多个，从业人员达265万余人；动漫企业达到556家，从业人数1.7万人；文艺表演团体、演出经纪机构、娱乐场所、上网服务企业、艺术品经营机构等文化市场经营单位15810家，从业人员7.7万人。

（2）形成以公有制为主体、多种所有制共同发展的格局。国有文化企业呈现良好发展趋势，尤其是“四大龙”（大众报业、山东出版、山东广电网络、山东广电台）、“四小龙”（齐鲁传媒、山东演艺、山东影视、山东互联网）等省属国有骨干文化企业形成了文化产业发展的“第一梯队”。积极鼓励文化企业跨地区、跨行业、跨所有制兼并重组，大众报业集团半岛传媒有限公司与潍坊报业集团实行了以资本为纽带的联合，共同成立潍坊晚报传媒公司；山东出版集团与江苏凤凰出版传媒集团打破区域限制，实行跨地区、跨行业合作经营。

（3）文化企业发展环境不断优化。2014年，山东省政府出台《关于加快发展文化产业的意见》，支持重点文化企业发展，每年评选一次“山东省文化企业三十强”，给予首次获评企业适当奖励，并对获评企业在项目审批、资金补助、政策扶持、贷款授信等方面给予优先支持。大力引进世界500强文化企业地区总部和全国100强的文化企业及其研发基地、销售中心。扶持小微文化企业孵化器建设，发起“金种子计划”，吸纳各类文创企业进驻。

2.园区基地

（1）文化产业园区（基地）建设规模与运营水平不断提升。国家级、省级文化产业示范园区基地总体经济规模已经从2008年的75亿元迅速扩大到2011年的300多亿元。截至目前，全省共有国家级文化产业示范园区（基地）16个，国家级动漫产业基地4个，省级文化产业示范园区10个，省级文化产业示范基地126个，全省园区（基地）主营业务收入达到1202.6亿元，带动就业15.2万人。

（2）孵化功能显著增强，成为创新创业重要基地。一大批文创园区通过搭建公共服务平台体系，不断完善园区孵化功能，成为聚集和培育文化企业特别是中小初创型文化企业的重要载体。2011年，山东省7家国家级、省级园区累计投入各类孵化资金10亿元，孵化各类文化企业1500余家。青岛创意100产业园自成立以来，已培育创意文化企业26家，园区总入驻率达98%，其中文化创意类企业比例达93%，园区累计实现总产值近 5 亿元，拉动相关产值达 60 亿元，带动就业 3600 余人。

表 1-2-7　　山东省国家级文化产业园区（基地）统计表

国家级文化产业示范园区（基地）	1. 曲阜新区文化产业园区；2. 台儿庄古城文化产业园；3. 山东华夏文化旅游集团有限公司；4. 山东华艺雕塑艺术有限公司；5. 山东省儒源文化集团有限公司；6. 山东爱书人音像（集团）有限公司；7. 青岛市文化街；8. 蓬莱八仙过海旅游有限公司；9. 淄博东夷齐文化发展有限公司；10. 嘉祥石雕文化产业园；11. 周村古商城旅游发展有限公司；12. 威海刘公岛实业发展有限公司；13. 潍坊杨家埠民俗艺术有限公司；14. 山东金宝集团有限公司；15. 东平水浒旅游开发有限责任公司；16. 诸城中国龙城旅游投资有限责任公司

3. 公共文化设施与服务

（1）文化基础设施建设突飞猛进，基本实现了五级公共文化服务网络全覆盖。2014 年，全省公共文化服务体系建设投入 63 亿元，“十艺节”举办期间投入使用的演出场馆达到 61 个，率先在全国建成山东省盲人数字图书馆；5 个县（市、区）被评为“全国文化先进单位”，总数达到 40 个，位居全国第二。大力推动公共文化服务标准化、均等化建设，确立济南市等 6 个公共文化服务标准化试点城市，探索制定公共文化服务保障标准、农村文化大院建设服务标准、公共电子阅览室建设服务标准、山东剧场地方标准，以及省级非遗项目、传承人管理办法，为全国相关标准的制定提供了重要参考。

（2）加强优秀传统文化传承创新。“四味良方”传承弘扬优秀传统文化经验，受到文化部的充分肯定；创新推进“图书馆＋书院”的公共文化服务模式，山东省图书馆“尼山书院”举办国学讲堂 32 场，受众达 1.2 万人次。大力实施乡村儒学和社区儒学推进计划，在全省 1300 多个乡镇综合文化站和 7 万个农村文化大院有序推进“乡村儒学讲堂”，在尼山圣源书院培训首批 500 名乡村儒学骨干，将“乡村儒学”建设纳入农村基层公共文化服务体系。

4. 文化市场

文艺演出市场受山东“后十艺节效应”的积极影响，演出活动组织市场化、规范化水平大幅提升，文化消费水平逐年提高。2013 年，全省艺术表演团体演出 2.1 万余场、收入 5416 万元，艺术表演场馆演出场次 1.1 万余场、收入 2630 万元，演出经纪机构主营业务收入 6737.2 万元，文化旅游演艺市场实现营业收入 1 亿元。

文化艺术品市场获得蓬勃发展。书画、文物等交易量在全国名列前茅，形成了济南英雄山书画古玩市场、青州书画市场等一批特色文化市场，近年对外艺术品投资资金数以亿计，吸引了荣宝斋等诸多一线拍卖行渐次进入。

文化休闲娱乐市场是山东“十二五”期间重点发展产业之一。目前，在互联网经济模式冲击及市场消费习惯的引导下，山东传统的游览、休闲、娱乐、购物场所积极创新商业模式，体验式综合体等业态形式不断创新，拉动山东社会消费呈现向好态势。

（五）发展环境

1.氛围环境

推动齐鲁文化走出去，使山东文化建设融入党和国家工作大局，以获得前所未有的重大机遇。党的十八大提出，要坚持社会主义先进文化前进方向，树立高度的文化自觉和文化自信，加强社会主义核心价值体系建设，丰富人民精神文化生活，增强文化整体实力和竞争力，向着建设社会主义文化强国的宏伟目标阔步前进。新时期，山东省将紧紧围绕弘扬中华优秀传统文化、塑造社会主义核心价值观、牢固树立以人民为中心的工作导向，着力构建优秀传统文化传承创新体系，着力创新文化市场管理，着力推动文化产业提质增效，着力提升对外文化开放水平，努力实现各项文化工作走在全国前列，加快建设山东道德文化高地，打造全国重要的区域文化中心。在党和国家宏观战略导向下，孔子及儒家思想研究传播体系、“乡村记忆工程”、实施区域文化发展战略、发展特色文化产业等相关重大举措将为山东新时期文化建设及文化产业发展营造良好的氛围环境。

2.体制环境

通过深入推进文化体制改革，适应山东文化产业发展要求的宏观管理体制和统一高效的微观管理秩序正在形成。

（1）建立文化行政权力清单制度。2014 年，山东省行政权力由初始的 6 大类 107 项，压缩到 6 大类 47 项，其中行政审批 8 项、行政处罚 28 项、行政确认 1 项、行政奖励 1 项、行政监督 2 项、其他权力 7 项，压减 56.1%。稳步推进文化企事业单位机构改革，着力理顺文化行政部门与所属企事业单位关系，国有文艺院团转企改制取得实效。

(2) 有序推进文化立法、执法体制改革。2014 年,《山东省非物质文化遗产保护条例》列入省地方立法计划二类项目,2015 年出台实施;完成《关于加快构建现代公共文化服务体系建设的意见(草案)》及《山东省公共文化服务保障标准》,为制定《山东省公共文化服务保障条例》打下良好基础。文化执法体制改革有序推进,文化市场综合执法机构与文化行政部门深入整合。

3.经济环境

目前,山东省经济正处于从旧常态向新常态过渡中,正处于经济增速的换挡期、结构调整的阵痛期,亟需全面落实重点产业转型升级实施方案,大力发展文化产业等战略性新兴产业,实现经济的持续、健康、协调发展。另外,山东省文化消费水平、文化消费能力、文化消费意愿位居全国中上水平。据《中国省市文化产业发展指数(2013)》显示,山东省文化消费综合指数位列全国第六位,文化消费环境、文化消费意愿、文化消费能力、文化消费水平指数分别位列全国第八、第十、第九、第二位。但总体看,山东省潜在文化需求仍未得到有效满足,文化消费存在着巨大的市场空间。

“十三五”时期是我国全面建成小康社会、实现第一个一百年奋斗目标的冲刺和决战时期。我国经济发展进入“新常态”后,人们的消费需求更加趋于个性化和多样化,文化消费将成为新的经济增长点,为推动文化领域形成大众创业、万众创新的局面,壮大文化产业规模创造了有利条件,为小微文化企业发展提供了巨大市场空间。同时,文化产业自身亟需转型升级,打造“升级版”。这需要进一步创新理念,增强文化创意,推动文化产业与科技、金融、旅游、农业、制造业等多领域的深度融合,促进经济发展提质增效。特别是大数据、移动互联网、云计算、物联网等信息技术广泛应用,深刻改变着文化建设的方方面面,迫切需要加快数字化建设,大力推行“互联网+”,加快推进文化科技创新。

4.政策环境

(1) 文化产业发展型、结构型、组织型政策体系逐步健全。覆盖财政、税收、投资、管理、土地、人才、社会保障等政策保障体系不断完善,推动重点门类发展、促进文化与相关产业融合的政策意见相继出台,文化产业发展管理及专项工作的办法、意见着力完善,多层面、多角度构建形成促进文化产业发展的政策环境。

表 1-2-8　　山东省文化产业相关政策统计表

发展型政策	《关于深化文化体制改革加快文化产业发展的若干政策》《关于加强公共文化服务体系建设的实施意见》《关于进一步繁荣发展少数民族文化事业的意见》《关于促进文化产业振兴的意见》《关于促进文化企业及文化产品和服务“走出去”的意见》《关于鼓励和支持文化企业上市融资的意见》《关于大力发展农村文化产业的意见》《山东省人民政府关于加快发展文化产业的意见》《关于大力支持小微文化企业发展的实施意见》等
结构型政策	《关于加快工艺美术产业发展的意见》《关于进一步促进文化和旅游融合发展的意见》《关于促进文化与科技融合发展的意见》《关于加快发展体育产业的实施意见》《关于加快服务业发展的若干意见》《关于支持电影发展若干经济政策》等
组织型政策	《山东省社会资本投资文化产业指导目录》《山东省重点文化企业认定管理办法（试行)》《山东省重点文化产业项目认定管理办法（试行)》《山东省重点文化产业园区基地认定管理办法（试行)》《关于发挥工商职能进一步促进全省文化产业发展的意见》等

（2）强化规划引领作用。配合全省重大区域发展战略实施，省文化厅与省发改委联合编制印发《省会城市群经济圈文化产业发展规划》《西部隆起带文化产业发展规划》。按照省领导要求，省文化厅联合省旅游局、鲁信集团等单位开展我省文化产业与旅游产业融合发展课题研究，编制《山东文化产业转型升级实施方案》，编制完成文化创意和设计服务与相关产业融合发展行动计划，筹备启动《曲阜优秀传统文化传承发展示范区发展规划》编制工作，进一步明确“曲阜优秀传统文化传承发展示范区”的规划范围、目标任务、空间布局、发展重点、运行机制以及保障措施等，推动“曲阜优秀传统文化传承发展示范区”的建设。

二、问题诊断

（一）产业内部生态系统

1.产业结构有待优化

山东省文化产业结构现状与本省宏观经济结构、经济体制改革进程密切相关。传统行业居多，制造业比重较大，文化服务业所占比重小，仅占30%左右（2010年），而同期上海市文化服务业占文化产业的比重高达64%。文化创意不足，科技含量低，使用传统技术的文化产业占比大，与新媒体融合相对缓慢，应用数字、网络等现代信息技术的新兴文化产业大多处于起步阶段。核心竞争力不强，缺少全国叫得响的产业品牌。文化产业与金融、旅游、科技融合水平有待进一步提高，产业转型升级存在较大空间。民营文化产业竞争力较弱，对整个文化产业发展贡献较低。

2.区域发展不平衡

山东文化产业虽已初步形成东、中、西的基础区域格局，但整体上看仍存在区域发展不平衡、发展水平差距明显等问题。我省区域文化产业发展呈现从东部到中部再到西部的梯形递减规律，呈现出不均衡发展态势。以青岛为核心的东部地区已成为山东文化产业的领跑者，文化产业规模及从业人员等基础数据明显高于中西部地区；中部地区以济南为中心，作为全省的政治、文化中心，吸引了周边各地市市场要素和资源，弱化了中部周边城市发展动力和资源集聚效应；西部地区长期以来作为山东经济的待增长区域，存在文化产业总量小、产业集聚力弱、资源利用率不足等问题。

3.服务平台发展滞后

山东省支撑文化产业健康发展的各类服务平台发展滞后，相较于不断增长的信息咨询、公共技术、金融服务、项目对接、人才培养、交易合作、统计分析等市场需求，文化产业平台建设进程及水平有待加快、提高。山东虽在文化、科技类企业孵化器探索中积累了相关经验，但文化产业园区发展水平参差不齐，大部分以出租房屋为主，初级园区运营模式依然占据主流；缺少针对非公有制特别是小微企业的对口服务平台，导致该类文化企业、产业项目普遍缺乏资金、信息、管理经验和业务渠道，企业培育和运营成本高，独立生存能力不强，面临市场不确定性带来的风险较高。

4.资源开发利用不足

山东省东、中、西区域发展不平衡及文化资源的部门分割、条块分割、地区分割、多头管理，导致文化资源配置不合理、流动不畅，资源整合难度较大。齐鲁文化、红色文化等极具影响力的文化资源普查力度不足，保护、开发缺乏整体规划，相关重大项目推进缓慢，导致其社会属性和共享功能没有得到充分体现；文化市场缺乏公平竞争环境和明确的权责关系，导致市场配置文化资源的作用没有得到充分发挥，大量文化资源没有得到有效利用，文化与经济协同共促效应体现不足，有待通过改进政府管理模式、加强综合执法、规范文化产业运营进一步优化文化市场发展环境。

5.文化产业人才匮乏

人才匮乏是制约山东省文化产业的重要瓶颈。虽然专业人员储备基数很大，但创意人才匮乏，真正能从其中脱颖而出的人很少，能够达到高端要求的有效人才更少。总体来看，缺乏既通晓创意产业内容又擅长经营管理的管理者，理论研究队伍中复合型人才较少，对文化产业的属性和规律没有完全把握，很多理论工作者知识结构不合理、学科规范不足、视野狭窄，在知识储备上难摆脱偏见、成见；创意氛围不足，无论是专门人才还是全民创新意识都较为匮乏，缺乏一套激励全民创意的机制及评判标准。虽然从 2004 年山东省开始拥有文化产业学科教育的高等院校并且到目前为止数量较多，但教学科研的收效不能满足发展需要，培养文化产业人才的机制尚不成熟。

（二）产业外部环境系统

1.产业发展理念相对滞后

经过 30 多年改革开放实践，尽管大家在观念上已经发生了翻天覆地的变化，但计划经济时代的文化观念仍然束缚着很多人的头脑。人们对于文化的理解依然主要关注于文化的意识形态功能，认识不到随着社会富裕程度的提高，人们可支配的闲暇时间增多，文化的意识形态功能已日渐淡化，经济的生长点已经从实物产品的产业领域转向精神产品的产业领域，不能用大市场概念来发展文化产业，这导致山东省文化产业发展与南方发达省市相比还有较大差距。

2.产业体制不活，机制不畅

尽管山东省文化领域的改革已经取得了阶段性成果，基本完成了文化体制改革试点任务，但行政权力清单制度有待完善落实，简政放权空间较大，文化行政部门与综合执法部门关系还未完全理顺，事中事后监管机制不健全；文化管理体制和文化生产经营机制有待完善，有文化特色的现代企业制度和法人治理结构有待进一步培育；管人、管事、管资产、管导向相统一的国有文化资产管理体制有待健全，国有文艺院团转制还未完全到位，事业单位理事会制度建设还未迈出实质性步伐；基层农村公共文化服务机制不健全，有的地方经费保障、人员编制不足的问题还十分突出，离群众需求、离全面建成文化小康的目标还有很大差距；文化政策法规与基层文化企业之间缺乏有效桥梁，政策难以落地。

3.文化消费驱动能力弱

从目前看，山东省居民文化消费满意度和文化消费环境不理想，导致文化内容的生产、销售、消费、服务环节尚未实现良性循环，潜在的精神文化需求亟待唤醒；文化体制改革滞后，有关文化事业内容和产业内容的消费平台众多但缺乏整合，消化吸收不足；文化消费的时间相对较多，支出较少，文化消费价值链尚未形成，消费集聚现象不明显；文化消费结构失衡，电视、书报、上网等基础类文化消费比重较大，收藏、参展、观演等发展类文化消费比重较小，导致文化产品边际叠加效益不显著，文化消费驱动产业发展能力较弱，市场与产业联动效应有待增强。

4.金融财税支持力度不足

山东省金融资本介入力度略显不足，尚未形成政府、银行、企业、社会多元化的投融资格局。文化产业金融服务体系、平台有待健全，文化金融市场主体有待培育，金融支持文化产业积极性不高，文化企业从初创期到成熟期各发展阶段的融资方式和金融产品严重不足，重点项目、重点行业、重点企业急需信贷资金支持。我省文化产业发展专项资金、文化企业税费政策等财税支持力度与北京、上海、广东等文化产业发达省市相比明显不足，生产、消费环节扶持资金规模有待提高，政府采购应成为促进产业发展的重要工具，财税支持手段有待创新。

5.相关产业支撑有待加强

山东省文化产业全产业链发展虽初具规模，但支撑文化产业发展的产业生态体系仍较为传统，产业活力有待激活。在推动经济结构调整和转型升级背景下，我省文化产业与其他产业的融合密度和速度亟待提升，传统农业、工业与文化产业可跨界融合发展高端生产性服务业，以缩减山东与其他发达省份产业发展层次结构与质量效益间的差距；文化与交通物流、教育研发、商务金融等行业和领域的融合发展潜力有待挖掘；新一代信息技术、新材料、新能源和节能环保等新型产业科技成果与文化产业结合转化空间巨大，文化产品到达消费者的途径有待拓展丰富。

三、产业竞争力评价

根据山东省文化产业发展情况，结合国内学者对相关要素代表指标的研究以及指标数据获取的可能性和可行性，建立了地区文化产业竞争力评价指标体系。

（一）文化产业竞争力评价指标体系

表 1-2-9　　　　文化产业竞争力指标体系表①

一级指标	二级指标	三级指标
企业要素	企业素质	企业数量、规模以上企业数量
生产要素	公共文化资源	艺术团数、每百人拥有藏书量
	人力资源	产业从业人员占比
	资本资源	企业市场融资
	基础设施资源	文化场馆数
需求要素	人均收入	城市居民人均收入
	消费者行为	人均文化消费支出
产业支撑	产业环境	第三产业增加值
	旅游业	旅游收入
	教育业	每万人拥有高校学生数
	金融业	金融服务业增加值
环境要素	政府支持	政府补助
	固定资产投资	固定资产投资
	产业政策	政策完善程度

（二）山东省文化产业竞争力分析

1. 横向竞争力比较

（1）绝对指数分析

根据文化产业竞争力指标体系及各省市统计数据，山东的文化产业总体规模以及产业效率竞争力持续提升。据《中国省市文化产业发展指数》显示，2012 年，山东文化产业发展综合指数位列全国第八，生产力指数位列第六，影响力和驱动力指数不甚

① 选自山东省艺术科学重点课题项目“山东省文化产业竞争力与发展战略研究”。

理想，与广东、上海、北京等发达省市相比具有较大的差距；2013 年，山东文化产业发展综合指数位列北京、广东、上海、浙江、江苏之后，上升至第六位；2014 年，山东文化产业综合指数虽同样位列第六，但生产力核心指数位居第三，仅次于广东、江苏。

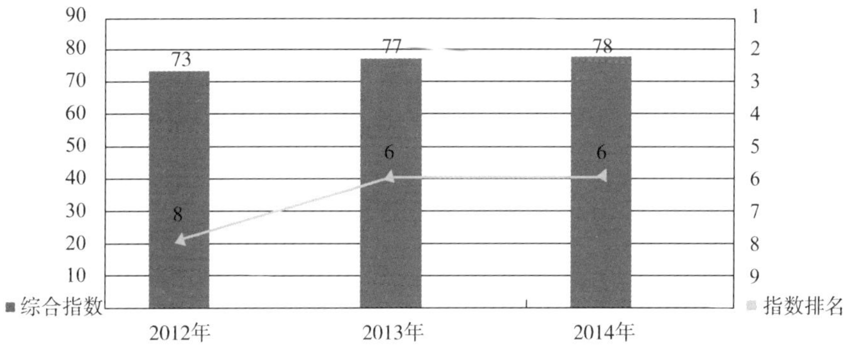

图 1-2-8　2012—2014 年山东文化产业发展综合指数及全国排名

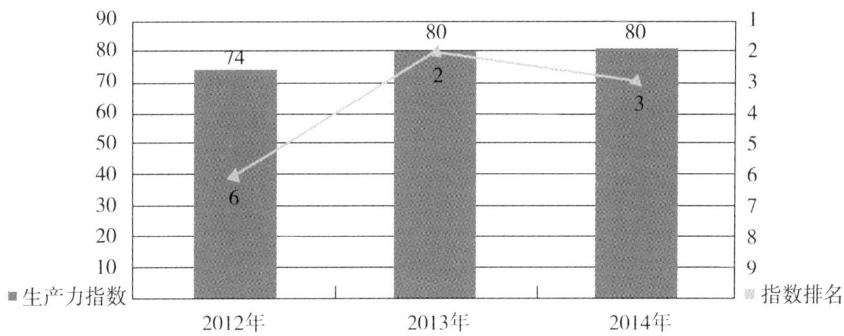

图 1-2-9　2012—2014 年山东文化产业发展生产力指数及全国排名

在文化产业各项竞争力要素比较中，2012 年，山东省生产要素、需求要素、相关产业要素分列国内第三、第十和第九位，产业规模位列全国第五位。① 在相关产业支撑要素层面，山东省具备较强的基础优势，第三产业所占比重逐年增加，第一产业所占比重逐年减少，第二产业则保持基本稳定，高新技术产业发展保持了较高的速度，总体发展势头良好，为文化产业、旅游产业发展提供了非常有利的产业基础，但与广东、

① 参见牟艳芳：《山东省文化产业竞争力研究》，山东财经大学硕士学位论文，2012 年。

浙江、江苏等省份相比，配套及延伸产业发展依然有一定的差距。

在市场需求要素层面，2012 年山东省需求因子排名位列第十位，2014 年排名第八；受文化消费环境影响，文化消费需求相对较低，市场需求竞争力水平一般。在生产要素层面，山东具有一定的优势地位，文化资源丰富，文化底蕴浓厚，文化遗存以及现代景观众多。山东是儒家文化的发源地，拥有“三孔”、泰山两项世界文化遗产，173 项国家级非物质文化遗产，公共图书馆藏书量也是位于全国前列。2014 年，文化产业完成投资 2615.9 亿元，按当年价格计算增长 18.0%。但在人才及创新领域，山东存在文化创意力量不足，市场创新意识不强，高层次创意人才、管理和营销人才缺乏的问题。

（2）相对梯度分析

基于文化产业竞争力指标体系及近年各省市统计数据，山东省在国内文化产业发展基础、集聚效率梯度比较中具备相对优势，在文化产业发展绩效及成长潜力梯度比较中处于一般水平，提升空间较大。

表 1-2-10　　山东文化产业国内相对梯度比较

所处梯度	相对优势	一般水平	相对劣势	因子得分	同梯度省市
发展基础	√			≥0.954	广东、北京、浙江、江苏、上海
发展绩效		√		−0.48−1.31	江苏、浙江、陕西、天津等省市
集聚效率	√			≥1.207	广东、北京、浙江、江苏、陕西
成长潜力		√		−0.92−1.08	上海、湖南、浙江、云南等省市

注：指标梯度依据《中国区域文化产业竞争力实证分析》划分①

2.纵向竞争力分析

（1）“文化山东”影响力

第一，文化体制改革工作稳步推进，成绩斐然。2012 年，山东省荣获全国文化体制改革先进地区；2014 年，成立省文化厅全面深化改革领导小组、3 个专项工作小组和改革办公室，明确职责分工，制定《全省文化系统深化文化体制改革实施方案》。文化市场信息化建设加快推进，山东成为全国第一个所有市、县全面实现平台上网运行

① 胡洪斌：《中国区域文化产业竞争力实证分析》，社会科学文献出版社 2014 年版，第 284—293 页。

的省份。

第二，弘扬优秀传统文化体系走在国内前列。近年，山东精心打造世界儒学大会、尼山论坛、尼山书院、乡村儒学、社区儒学、尼山书屋、乡村记忆工程等 7 大文化品牌，“大师引进工程”、弘扬传统文化“四味良方”受到文化部肯定，2014 年的“图书馆＋书院”模式在全国推广，国家级、省级文化生态保护实验区规划建设走在全国前列。文化部首次组织 24 家中央主流媒体推出“山东弘扬优秀传统文化、建设道德文化高地”等重头报道，有效扩大了齐鲁文化影响。

第三，优势行业发展推动产业结构转型升级。积极推动传统行业发展，新闻出版业先后荣获“中国出版政府奖图书奖”“中华优秀出版物”等诸多殊荣；2013 年，率先建立工艺美术行业专业版权贸易平台，山东会展场次跻身全国前六；本土动漫作品多次荣获国内外大奖，“好客山东”荣获 2013 年中国最佳旅游口号，品牌价值达到 170 亿元。2013 年，山东旅游总收入突破 5000 亿元，位列全国三甲。

第四，文化大发展大繁荣迈入新的历史阶段。2013 年，山东以承办“十艺节”为中心，舞台艺术创作取得可喜成绩，15 台重点剧目入选参加“十艺节”文华奖评比展演，文华单项、群文类作品等创下历届国家艺术节省份参赛、获奖数量之最。舞台艺术创作“4＋1”工程成功实施，“鲁剧”在第 29 届中国电视剧“飞天奖”中斩获 7 项大奖，大大提升了山东形象。

第五，公共文化服务体系建设水平全国领先。2011 年，文化共享工程建设成为全国唯一“示范省”，荣获“文化部创新奖”，并被评为“国家十大文化创新工程”。2014 年，山东公共文化馆站建设、服务品牌打造继续保持全国领先地位，5 个县（市、区）被评为全国文化先进单位，入选数量全国第一，总数达到 40 个，位居全国第二。

（2）“齐鲁文化”战略机遇

首先，紧紧围绕弘扬中华优秀传统文化精神，推动文化产业提质增效。习总书记关于用好齐鲁文化资源丰富的优势，传承弘扬中华优秀传统文化等系列讲话精神，使山东文化建设深度融入党和国家战略大局，对焕发人民群众的文化创造力、开启文化繁荣发展的新纪元具有十分重大的思想解放意义和开创意义。山东区域文化发展与建设、文化产业重大战略、重大项目将获得前所未有的重大机遇，对提升山东省对外文化开放水平，推动文化工作走在全国前列，加快建设山东道德文化高地，打造全国重要的区域文化中心意义重大。

其次，紧紧抓住“一带一路”战略机遇，积极推动文化走出去。在“一带一路”打通中国与欧亚大陆经济文化新通道的战略目标中，山东不仅应在经济领域发展为海上战略支点和新亚欧大陆桥经济走廊重要地区，在文化领域更应成为弘扬中华优秀传统文化的桥头堡，服务于新亚欧大陆桥经济走廊沿线经济文化高地建设。山东省文化产业应围绕儒家文化发源地的核心定位，放眼“一带一路”战略架构下的全球化领域与空间，深度整合本省优质文化资源，提供更多富有齐鲁特色、体现中国气派、为国内外受众喜闻乐见的优秀文化产品和服务，培育形成一批具有国际知名度和美誉度的文化贸易品牌，增加山东省文化产品和服务在国际文化市场的份额，使之成为扩大我国和山东国际影响力的重要力量。

第二节　经验借鉴与趋势预判

一、典型经验

为了提出有效的措施和建构方案，本章选取国内外典型区域，通过分析其在文化产业中的措施与经验，为山东省文化产业的发展提供参考和借鉴。

（一）国外典型地区发展经验

1.韩国：资源匮乏区域的文化产业勃兴

（1）文化产业推动经济多元化发展

20世纪90年代末，亚洲遭受金融危机，韩国的传统制造业遭到严重打击，政府开始认识到单一的产业结构会导致经济的不稳定性，要振兴经济就要寻找新的经济增长点，走多元化战略的发展道路。韩国政府重新认识文化产业，并将其作为21世纪发展国家经济的战略性支柱产业，积极进行培育，并于1998年正式提出“文化立国”的国策。短短十几年时间里，韩国文化产业获得迅速发展，文化产业各类别得到很大发展。

2010年，韩国文化产业值超过了650亿美元，占GDP比重达到6.5%以上；2008－2011年间，韩国文化产业出口规模以每年22.5%的速度飞速增长；2012年，出口规模达43.2亿美元，同比增长34.9%。在国家的大力扶持下，韩国文化产业迅速崛起，成为继汽车后为韩国赚取外汇最多的第二产业，成为世界文化产业强国之一。

（2）文化产业发展措施

第一，建立完善政策支持机制。首先，制定“文化立国”战略和与之相应的法律法规。1998年，韩国政府颁布《国民政府的新文化政策》。1999－2002年间，韩国政府又先后颁布了《文化产业振兴基本法》《文化产业发展五年规划》《文化韩国21世纪设想》等政策。近些年又陆续修订了《电影振兴法》《著作权法》《广播法》等。2010年初，韩国文化部公布《韩国文化产业内容振兴政策》。其次，建立资金支持机制。建立多渠道资金支持体系，首先是政府财政资金支持，另外韩国政府也引导和支持社会资金投入到文化产业中；设立专项基金，专项基金据资金来源不同可以分为韩国政府设立的专项基金、地方市政府设立的基金、大企业设立的财团。最后，建立奖励激励制度。韩国政府为鼓励文化产业的发展，提高文化企业的积极性，提升文化产业的原创能力，增强文化产品的国际竞争力，还设立了一些奖项。

第二，注重发挥传统文化的教化功能。韩国视儒家文化为传统文化，并在与其他国家交往过程中始终坚持自己的文化传统。韩国非常重视传承和弘扬儒家文化中的孝道、尊老爱幼等传统美德，这对促进社会和谐起到了积极作用。而在韩国的文化产品中，非常注重韩国传统文化的表现、表达与传播弘扬，进一步反作用于社会，对优秀传统文化的传承与弘扬发挥了重要作用，在社会治理中发挥的作用不容忽视，这进一步降低了社会治理成本。例如，以偶像和韩剧为代表的韩国流行文化在让人们耳目一新的同时，为韩国带来巨大的经济利益，也增强了韩国文化在全球的影响力。

第三，重点支持特色产业发展。韩国文化产业以影视、网游和动漫产业为核心产业。影视是韩国文化产业打开世界之门的金钥匙。韩国电影也因其独特的国家文化、思维模式和剧情设计，在国际电影舞台上发挥着越来越重要的作用。韩国电影不仅在国内屡创纪录，在海外电影市场的成绩也比以往有所进步。2012年，韩国电影的海外输出总额达到416亿韩元，比2011年上升8.4%。韩国文化产业振兴院预测，2014年

图 1-2-10 弘扬传统文化

韩国游戏产业销售总额可望比去年增长 11.2%，在输出额方面，可望首次突破 30 亿美元，并占文化产业中的 60%。韩国动漫产业的产量已在全球相关产业占据一定比例，在亚洲仅次于日本，在全球市场中仅次于日本、美国，成为世界第三动漫产业大国，三大产业成为韩国文化产业的支柱。

（3）经验启示

韩国在支持文化产业发展中采取的政策措施力度比较大，政府的强力支持和巨大投入为文化企业发展提供了空间和保障；文化产业对传统文化的重视和弘扬对社会治理发挥了教化作用；核心支柱产业的打造为文化产业的发展提供了有力支撑。以此为鉴，山东省在文化产业的发展中，应积极弘扬优秀传统文化，倾力打造核心支柱产业，大刀阔斧加大政策支持力度。

2.新加坡：亚洲发展文化产业第一国

（1）弹丸之地盛开文化产业之花

受制于国土面积狭小、资源贫乏等不利因素，新加坡人很早就认识到发展文化产业的重要作用，成为亚洲第一个将发展文化产业上升为国家战略的国家。在新加坡，文化产业被定义为“创意产业”（creative culture）。目前，新加坡文化产业已成为其经济社会发展的重要产业之一。1986－2000 年，创意产业在新加坡的年综合增长率为 13.4%，高于同期国内生产总值 10.6%的增长率。在 1995－2005 年的 10 年间，创意产业的产值平均年增长超过8%，高于全国5%的年均经济增长幅度。到2010年，新加坡创意产业增加值由2000年的29.77亿新币增长到118亿美元，占GDP的比例也由2000年的1.9%增长到3.8%；从业人员实现大幅增长，由2000年的4.685万人增长到14万多人，占全国总就业人数的4.8%。

（2）文化产业发展战略

新加坡主要以文艺复兴城市、设计新加坡、媒体21三个重心来发展创意产业。为了实现创意产业的发展目标，新加坡构建了完善的目标体系和步骤，具体来说，就是在文化艺术、设计和媒体三个领域制定了发展的详细规划：《文艺复兴城市2.0》规划、《设计新加坡》规划和《媒体21》规划。

《文艺复兴城市2.0》：旨在将新加坡建成一个在艺术和文化方面具有高度创新性的国际化都市。具体措施包括：公共部门集中资源以发展文化艺术基础建设，借此培养创意人才与观众；发展创意市镇，以整合艺术、商业及科技的概念来规划地方发展；建立当代博物馆以展示各国的当代艺术设计，推广艺术与文化创新精神。

《设计新加坡》：旨在将新加坡建成一个在工作、生活和娱乐等各方面都渗透着设计意识与创造力的“全球文化和商业设计中心”。该规划重点在于以“设计能力”来增加新加坡企业与国家竞争力。具体措施包括：政府协助企业将设计视为一种工具来规划商业策略，刺激创新与经济成长；建立国家设计局以鼓励设计专才、促进设计在商界的应用。

《媒体21》：旨在将新加坡建成一个拥有繁荣的媒体生态系统、强大的国际推广力的国际化媒体城。具体措施包括：鼓励实验与创新发展高附加价值的媒体研发与制作；以各种优惠方案吸引媒体资本进驻新加坡，同时，拓展海外市场，出口“新加坡制造”的媒体内容。

（3）经验启示

山东省作为重工业大省和文化大省，在以后的发展中要将文化产业的发展与工业遗存和历史文化资源结合起来。政府部门要立足历史文化、城市文化、乡村记忆，提升内在创造力和文化空间。要鼓励市民积极参与文化艺术活动，使文化对于城镇发展起到引导作用。

3.澳大利亚：昆士兰模式

（1）昆士兰模式

“昆士兰模式”以凯尔文·格鲁夫都市村庄（Kelvin Grove Urban Village）的教育资源、历史文化资源和社会生活资源为载体，并以昆士兰科技大学创意产业学院的教学和科研为发展动力和智力支持。其教育、科研、企业和咨询的产业链同澳大利亚联邦政府和昆士兰州政府的政策及区域产业项目发展交相呼应，是文化创意产业在政府宏观政策所营造的大环境下酝酿，并在小环境中诞生、成长的集中发展模式。“昆士兰模式”表面上看是一种单纯的集聚区模式，同其他国家包括我国的文化创意产业集聚区模式并无二致，即将人才、创意和企业在特定的空间内形成集聚发展的效应。然而，“昆士兰模式”历经近十年的发展已经形成了一套自己的特殊发展模式，从官方的政策到产业实践都同其他集聚区有很大差异。

（2）昆士兰模式战略

第一，从文化政策到经济政策、创新政策。从澳大利亚的文化政策和创意产业政策的发展历程来看，澳大利亚经历了两个阶段，即以文化为主的文化政策发展阶段和以创意和创新为主的产业政策发展阶段。澳大利亚联邦政府在20世纪70年代针对国情确立了以发展文化和树立共同的文化理念及全新的国家形象为主的国家文化政策。20世纪90年代是澳大利亚早期文化政策的收获季节，文化呈现一派繁荣的景象。此时，澳大利亚联邦政府再次思考国家政策转型，转向以创意和创新为主的国家发展战略，即摆脱早期以文化为核心的轨道，注重文化对经济以及整个国家创新系统的作用。进入21世纪后，澳大利亚政府陆续出台了《澳大利亚数字内容产业行动纲领》等发展规划和战略，又进一步深化澳大利亚的政策转型，将文化进一步推向创意创新革命。至此，澳大利亚的文化创意产业政策已经实现了从“文化”到“经济”，再到“创新”的转换过程。

第二，从“龙头企业带动”到“小企业的孵化”。“昆士兰模式”的主要特点之一是其园区内的澳大利亚创意企业服务公司（CEA）对园区小型企业的孵化。CEA为小企业提供的孵化项目之一是提供创意空间，即以很低的价格为小企业提供办公场所；另外，聘请来自创意产业不同领域的专家或学者做咨询顾问，为创意企业提供咨询服

图 1-2-11　昆士兰科技大学

务；CEA 还同昆士兰州政府和昆士兰科技大学合作，帮助大学生在创意企业中寻找合适的实习或就业机会，这也同时帮助了创意企业挖掘潜在的人才，找到适合的员工。

第三，从单一人才培养模式到复合人才培养模式。2001 年昆士兰科技大学创意产业学院的建立，标志着（文化）创意产业学科在高等教育体系当中的地位正式确立。昆士兰科技大学率先打破传统的学科体系壁垒，将彼此没有关联的三个学科以新的方式结合了起来，即表演艺术业同传媒及电脑和互动媒体学科联合起来，培养全面的艺术家和创意产业工作者，而这种结合正体现了“新型大学”的发展趋势，也迎合了“在这样一个创意时代大学应该怎样发展”这个议题，在学科设置体制上也进行了大胆的创新。此外，研究机构的发展也是文化创意产业发展的推动力之一。“昆士兰模式”内涵中的研究机构包括多个，以澳大利亚研究委员会创意产业与创新研究中心为核心的文化创意产业研究机构最典型的做法是设立跨学科的新型互助研究模式。

（3）经验启示

山东省应该借鉴澳大利亚的经验，将“昆士兰模式”与文化产业发展相结合，积极调整文化政策与各类产业之间政策的关系，打破行业界限，同时不能单纯侧重文化因素，要兼顾文化产业的经济属性及其同社会创新的重要关系。在文化产业园区集聚的打造上，改变侧重硬件设施、忽视软件配套服务的局面，加强对小微企业的孵化支持和引导。

（二）国内典型省份发展经验

1.台湾：注重“生活美学”的文化创意产业

（1）社区总体营造

台湾的文化创意产业起源于台湾中华两岸文化创意产业发展协会，旨在建立社区文化、凝聚社区共识、建构社区生命共同体的“社区总体营造”。1995年，台湾“文化产业研讨会”将文化创意产业的营造意识扩展至全岛，台湾的文化创意产业步入发展初期。进入21世纪，由于国际经济形势的变化，2002年5月31日，台湾将文化创意产业发展列为“挑战2008：发展重点计划（2002—2007）”的子计划，通过行政力量推动文化创意产业发展。随后在2010年又颁布了《文化创意产业发展法》。经过不懈的努力，台湾文化创意产业产值由2002年的4352.6亿元新台币增长到2010年的6615.9亿元新台币，占台湾地区生产总值的比重达4.9%；2013年，台湾文化创意产业产值突破万亿元新台币，并创造4.3万个就业岗位。

（2）文化创意产业经验解析

第一，注重凸显地方文化元素。台湾正在发展的地方特色产业，如三义木雕、美浓纸伞、白米木屐等，以地方特色吸引人们到当地消费，维持地方永续生机。台湾推动“文化创意产业”与“新故乡社区营造”计划，以文化创意为内容，从地域设计角度来重建一个地方，让都市可以再现活力，让村落可以生存下去。透过对于地方文化、环境资源与特色的寻求，建立扎根于地方土壤、地方经验的产业来发展地方经济。这样的方式不仅存在于手工艺，也存在于地方节庆民俗活动中，如元宵节的“放蜂炮”活动。地方产业与传统文化艺术相结合，加上新一代创意，成为这种内发性产业的发展策略。

第二，公私协力，政企互动。产业发展的关键在于政府与企业等经济组织的协力合作。台湾行政部门积极为文化创意产业培育人才，提供资金、技术支持、租税优惠，设置文化创意园区和文化展演设施，筑巢引凤。通过各种产官学政的交流和互动，促使生产、营销、研发等不同网络来促进文化创意产业发展。2008年，在台湾“文建会”的支持下，民间艺术经纪公司引进米勒、毕沙罗展，分别于历史博物馆、故宫博物院展出，引发热潮，创造了极大的经济潜力。

第三，开展“公民美学”运动。台湾推动“公民美学”策略，通过区块营造的策略，发掘地方创意与想象力，将艺术落实在生活中，扩大民众参与文化的深度。透过文化创意产品媒介，促使社会大众更加接近文化。此外，“文建会”还注重公共艺术设置的辅导与推广。产品的内容丰富度与文化特质、文化创意产业带来的传播效益，通过民众的文化消费行为，提升了他们的生活美学品味以及对文化内涵的理解与创造。

第四，有效推动新的运作模式。台湾的文化创意产业企业经营模式包括成立专项基金、推广企业全球化意识、产供销立足全球、重视国际性经营人才的培养、引进先进技术等等；创意产业项目运作模式包括由政府、企业和私人等筹集资金进行项目运作、选择优秀的综合实力强的企业作为项目的实施主体、树立全球化项目运作意识、着重产品的营销、建立严格的项目评估体系，对项目立项、执行和效果组织评估，并重视对项目经验的总结。

（3）经验启示

台湾发展文化创意产业的经验于山东省而言，可资借鉴的方面主要有三点：一是公私协力，必须积极营造政府和企业之间的和谐关系，只有公私协力方能造就文化创意产业发展的春天；二是物质支持与精神支持并重，有必要设置专项奖励以激励文化创意产业的从业人员，使得更多、更高层次的人才进入该产业；三是培育重点文化产业开拓新创意产业，着重培育就业人数多、产值大、成长潜力大、原创性高、附加值高的重点产业，支持开创新的产业领域。

2.广东省：文化科技融合的成功案例

（1）新型业态领军全国

2012年，广东文化产业法人单位数83477个，约占全国1/9，法人单位增加值2706.5亿元，同比增长14.8%，占全省GDP比重4.74%，总量连续10年位居全国各省市首位，已成为新的经济增长点。文化新型业态快速增长，如数字出版产值年均增长超过25%，网络游戏、网络音乐产值年均增长超过20%，成为文化产业发展的突出亮点。2012年，广东数字出版产值近300亿元，约占全国1/5；动漫业总产值241亿元，占全国1/3；网络游戏市场规模310亿元，占全国1/2；网络音乐市场规模27.5亿元，占全国2/3。广东是全国最大的游艺游戏设备生产基地，2012年产值150亿元，约占全国3/5。广东新媒体发展也异彩纷呈，移动多媒体、地铁电视、网络视频、电子阅报系统、户外媒体等在全国发展早、影响大。

（2）发展战略措施

第一，加强规划，优化产业体系和结构布局。广东出台了《广东省建设文化强省规划纲要（2011—2020年）》和《广东省文化产业振兴规划（2011—2015年）》，提出“十二五”期间全省文化产业发展的目标、要求和重点产业，规划建设了一批国家级的重大文化产业项目和产业基地，发展了一批在国内领先的文化新业态，并制定了相关的政策保障措施。

第二，构建文化交易、会展和投融资平台，完善服务体系。组建南方文化产权交易所，开展文化产权版权交易，3年来累计交易60亿元。开通运营“百川网”等为文化企业提供信息交流、产品推介的综合服务平台。努力办好深圳文博会、南国书香节等会展，交易额不断攀升，影响力逐步扩大。创新文化投融资体制，省文资办等与金融机构签订授信总规模1340亿元的战略合作协议，为文化企业实际贷款近200亿元。组建广东省文化产业投资基金、广东广电产业股权投资基金，与光大银行合作为省直文化企业发行中期票据达20亿元。

第三，规范建设文化产业园区，和基地集聚发展。加强规划统筹，确定了39家省级重点文化产业园区，在广州东圃和南沙、深圳前海、珠海横琴新区、东莞松山湖等地建设“粤港澳文化创意产业试验园区”，在中山建设“粤台两岸文化产业园”。同时，着力加强对文化产业园区的规范管理，全省建设了130多个特色鲜明的文化（创意）产业园区，入驻企业超过2万家，形成了门类齐全、发展集聚的格局，有21个园区入选国家级文化产业示范园区。

（3）经验启示

山东省在文化产业的发展中，在立足齐鲁传统文化的同时也要加强文化与科技的融合，以新型科技手段展示、表达传统文化，并支持原创影视、动漫、音乐等新型业态发展，打造山东省特色文化产业，树立品牌影响力。

3.陕西省："古韵悠长"的文化产业

（1）产业文化特色突出

陕西作为中华文明重要发祥地之一，有以十三朝古都西安为代表的历史文化、以革命圣地延安为代表的革命文化和以秦腔、信天游、剪纸、皮影等为代表的民俗文化，其丰富的资源让人艳羡不已。陕西十大文化符号包括兵马俑、大雁塔、黄帝陵、西安城墙、革命圣地延安、秦腔、碑林、秦岭、半坡遗址、羊肉泡馍。陕西省拥有文艺演出、广播影视、新闻出版、文物交流、创意动漫、民俗文化等六大文化品牌。2012 年，陕西省实现文化产业增加值 500.4 亿元，比上年增长 31.4%，占生产总值的 3.5%。形成国家文化产业的示范园区、临潼文化产业园区、楼观台文化产业园区、国际文化生态园、广播影视文化园区等六大产业园区。

图 1-2-12 西安大唐西市文化旅游项目

（2）大项目带动战略

曲江新区。"曲江模式"可以归纳为"文化＋旅游＋城市"，通过企业的聚集做大产业集群，做长产业链，培育大集团。具体来说，就是要挖掘土地的文化资源，通过市场化运作、国际化手段，通过大项目带动战略，把这种资源通过文化演绎、文化创意的方式，转化为文化产品。曲江新区以盛唐文化为品牌，以资源整合为手段，加快实施大项目带动战略，先后投资 80 多亿元，开发建设了大雁塔北广场、大唐芙蓉园、大唐不夜城、曲江池遗址公园等一批重大文化旅游项目。其中，大唐芙蓉园创下多项纪录，有全球最大的水景表演，是首个“五感”（即视觉、听觉、嗅觉、触觉、味觉）主题公园；拥有全球最大户外香化工程；是全国最大的仿唐皇家建筑群，集中国园林及建筑艺术之大成。

法门寺文化景区。法门寺文化景区依托法门古寺而建，位于陕西省扶风县，景区一期工程斥巨资打造（25亿元），占地约1300亩，是由台湾著名建筑设计大师李祖原先生主持设计的。景区由山门广场、佛光大道、法门寺寺院、合十舍利塔，以及众多艺术佛像、园林雕塑小品等几部分组成，全面展示了佛文化在哲学、政治、艺术等方面的成就，彰显了中华民族灿烂的历史文化。

（3）经验启示

就总体产业发展实力而言，陕西省文化产业排名并不靠前，但是依托其丰厚的文化资源，通过几个大型的文化产业项目，成功找到了文化产业发展突破口。山东省应借鉴其曲江模式的成功经验，规划建设大型文化产业项目，从而实现资源优势向产业优势的转变。

二、投资与消费热点预期

（一）2015—2020年文化投资热点

在对国内外文化产业投资消费趋势深入研究的基础上，课题组对山东省2015—2020年的投资热点进行分析，预计未来将在文化创意与设计服务、大数据产业、数字内容产业、3D打印产业、新视听产业等领域迎来投资热潮。

1. 文化创意与设计服务

国务院2014年常务会议部署推进文化创意和设计服务与相关产业融合发展，是新形势下建设创新型国家和推动产业结构转型升级的重要战略举措。随着经济全球化和新型城镇化的深入发展，文化与经济相互交融的程度不断加深，文化创意产业成为我国各地核心竞争力的关键要素。

新媒体互动式、体验式、植入式的营销手段，能够更精确有效地向目标消费群体传递广告信息。网络社区广告正在成为新媒体环境下蕴含巨大价值的广告业态。山东更多的电子数码、服装、快速消费等品牌也已经成为社区广告的开拓者。未来几年，企业依托大型网络社区的品牌广告投放规模将大幅增加。智能广告平台将成为各大广告主、开发者、广告公司进行移动互联网广告管理最精准、高效、便捷的支持平台。

2. 大数据产业

通过构建数据追溯系统，用户在移动互联网上的点击、浏览、支付等情况直接反映消费者的性格、偏好、意愿等，通过这些可追溯性的用户行为，优化营销决策。伴随着发达国家和国内发达城市逐步进入大数据时代，数据成为广告主、企业主进行信息精准投放的依据。平台通过长期积累的用户使用数据，利用先进的数据挖掘算法，正广泛应用于金融投资、网络营销等行业，通过时间、地域、媒体、设备型号等特性进行自主投放，锁定目标人群，将广告精准呈现在潜在客户面前，实现广告传播价值的最大化。

3. 数字内容产业

数字内容产业基于海量内容所建立起来的开放式的内容交易和管理系统平台，在内容制作者和内容播出者之间制定统一的交易标准，保护内容生产者和内容版权，买卖双方形成充分的互动，内容需求会及时反馈给内容生产者，从而可以按照需求及时调整内容生产。通过对交易过程的管理和服务，内容银行本身也将产生自己的收益，比如平台使用费、内容交易分成、服务费等，从而进一步提升内容的价值。

4. 3D 打印产业

大众消费级的 3D 打印产业正在应用于工业设计、珠宝设计等文化创意领域和文化用品生产领域。美国消费者电子协会发布的年度报告显示，伴随着市场需求的扩容，预计 2017 年 3D 打印产业市场规模将达到 50 亿美元。3D 打印应用到文化产业将带来革命性的进步，文化产品差异化、定制化市场价值将成倍放大，大众消费级领域内的 3D 照相馆、3D 创客等项目正在推开。伴随着市场预期的提升及商业模式的创新，在不久的未来，3D 打印将引领市场投资热潮，迎来爆发式增长。

5. 新视听产业

传统的视听内容服务主要由电台、电视台、影视制作机构提供，在当前媒介融合的大背景下，以互联网为核心的网状传播模式正在形成，未来视听媒体形态将朝着去中心化、开放、互动、体验的方向演进，视听新业态将不断涌现。在媒介融合背景下，很难再界定一个市场主体具体属于哪个产业领域。对于整个视听服务大产业链来说，因为从未有过的多元参与、新旧融合，产业链条变得更宽、更长。在这种趋势下，广电部门应适应媒介融合对产业发展提出的要求，重构视听产业链。

（二）2015—2020 年文化消费热点

山东省文化消费拓展的空间比较大，将形成多个消费热点。

1. 演艺消费

山东省演艺资源丰富，地方戏种众多，有山东快书、山东琴书、评书、吕剧、柳子戏、五音戏等众多群众喜爱的曲艺形式，济南有着“曲山艺海”的美誉。伴随着“十艺节”的成功举办，山东省省级及各地市文化演艺设施逐步完善，场馆建设成绩显著，这为演艺业的发展提供了良好的条件。随着“后十艺节”效应的发挥，国内外精品演艺剧目引进力度加大，演艺市场供给不断丰富，层次与水平不断提高。同时，伴随着文化惠民工程的深入实施，以及演艺业商业化运营模式的成熟，演艺消费人群规模将逐步扩大。以济南为例，目前“芙蓉馆”“茗曲阁”“明湖居”“晨光茶社”等数个传统曲艺演艺平台已经成型，并有了一定数量的固定观众群。可以预见，文艺演出领域将会成为山东文化消费的一个热点。

2. 影视消费

2014 年 1—8 月，山东城市影院电影票房达到 7.5 亿，接近 2013 年全年票房，全年有望冲击 12 亿大关。十年间，从 1000 多万到 10 亿，山东电影的发展可谓天翻地覆；十年间，从新世纪电影城泉城路店一家影城到全省 292 家，从数十块银幕到目前的 1582 块银幕，山东影院发展迅速。影院观影已经成为城市文化消费领域的一大亮点。现代化数字影院的迅速增加和广大群众观影热潮的上涨，带动济南市城市电影票房快速增长，连创新高，2014 年，济南市城市电影票房收入实现 2.34 亿元。大中城市发展不错，济南、青岛以及大部分地级市影城发展迅速，绝大部分县级市影院建设还处在发展中。

为满足观众的不同需求，影院未来将继续走多元化的亲民发展道路，从观影方式到票价定位均会打破传统的经验思路，会有更多的电影院线与电视台、银行合作开展促销活动。通过和民间团体联系，以微博互动宣传开展一系列关于观看电影的优惠活动。小众观影、主题观影、私人定制等新兴观影模式也会悄然兴起，多元化的观影服务也必然会吸引更多的人走进影院参与消费。

3. 文化旅游消费

2014 年，全省旅游业发展平稳，全年旅游总消费额突破 6000 亿元，同比增长 14％；其中，乡村旅游总消费额突破 1400 亿元，同比增长 30％以上。文化旅游目前已经成为老百姓消费的一大热点，发展潜力巨大。山东旅游资源应加快整合，充分发挥济南、泰安、济宁等周边区域文化旅游资源密集的优势，彰显“山、水、圣人”精品旅游景区的独特魅力，打造山东文化旅游产业发展高地；而沿海 7 市可以抱团发展，加快推进半岛滨海观光大道建设，打造滨海休闲度假观光带；大运河沿线地市应加强合作与联合，打造国内大运河经典旅游线路。山东旅游纪念品应加强创意研发，推出既能代表山东地域和文化特色、又具有收藏馈赠价值的纪念品。同时，拓展文化旅游产业链，形成完整的文化产业体系。

4. 休闲消费

互动式休闲、体验式休闲、慢休闲等新兴休闲方式是都市消费的一个主要发展趋势。在未来的休闲领域中行业界限将越来越模糊，静态文化消费样式将逐渐淡出，取而代之的是动态化的、互动式的休闲样式。年轻群体正在成为山东文化消费的主力人群，新兴休闲方式的人气逐渐高涨，休闲消费也将大幅推动山东文化消费的增长。

5. 信息消费

伴随着“宽带中国”战略的实施，加快发展第四代移动通信，推进城市的百兆光纤工程和宽带乡村工程，大幅提高互联网网速，在全国推行“三网融合”，鼓励电子商务创新发展，维护网络安全。未来几年，信息消费是国家重点培育的消费点，甚至是经济增长的驱动器。“宽带中国”战略的政策落地，将是未来几年推动信息消费发展的重要举措。而通过 4G 牌照发放、移动互联网产业的发展、改善消费环境，信息消费将成为新的热点。

第三节　总体定位与路径研究

一、总体定位

（一）发展定位

1. 指导思想

坚持以邓小平理论、“三个代表”重要思想、科学发展观为指导，全面贯彻落实党的十八大和十八届三中、四中、五中全会以及习近平总书记系列重要讲话精神，牢牢把握社会主义先进文化的前进方向和建设社会主义核心价值观这一主线，坚持把社会效益放在首位，大力弘扬中华传统美德和齐鲁优秀传统文化，实现社会效益与经济效益相统一。以建设文化强省为目标，以提高发展质量和效益为中心，以改革创新实现文化产业自身转型升级，通过跨界融合推动文化产业向高端、高质、高效方向发展，提高文化产业集约化、规模化、专业化水平，推动文化产业成为国民经济支柱性产业，建立健全现代文化市场体系，加强文化遗产保护利用，拓展区域文化发展空间，推动齐鲁文化走出去，全面提升我省文化软实力。

2.发展原则

政府调控与市场导向相结合。通过规划引导、资源统筹、政策集成、公共服务、规范运营、依法管理，推动市场主体创新文化生产、传播、流通和消费方式，为文化产业发展创造良好的体制机制和政策环境；充分发挥市场配置资源的决定性作用，以促进文化资源货币化为主线，以满足个性化、多样化文化需求和用户体验为出发点，促进创新创意与市场需求、文化资本的有效对接。

传承保护与合理开发相结合。坚持“在保护中开发、在开发中保护”的原则，凸显文化产业在全省经济社会中的重要作用，综合统筹“一带一路”山东片区、京杭大运河山东段等区域的传统文化保护和生态环境保护工作；对各地区保护主体的功能、内容和重点进行科学划分，对儒家文化、齐鲁文化、特色民间艺术等实施传承性保护，保障齐鲁文化生态系统良性循环。

项目引领与重点提升相结合。加大招商引资力度，围绕曲阜优秀传统文化传承发展示范区、潍坊文化金融合作试验区等标志性项目，实施项目引领战略，发挥山东设计国际创意产业园、东方神画非遗博览园等文化项目的带动作用，促进山东省文化产业实现跨越式发展；重点提升新闻出版、广播影视、影视制作、演艺、文化旅游、创意设计、数字内容等传统优势行业，通过创新驱动与集聚发展，推动特色产品进一步提升品牌影响力。

区域联动与协调发展相结合。拓展文化产业区域发展空间，发挥济南、青岛优势产业辐射带动作用，构建覆盖省会城市群经济圈、蓝黄两大战略经济区、西部经济隆起带、曲阜优秀传统文化传承发展示范区的一体化发展格局；坚持城乡、区域文化产业协调发展，深化产业跨界融合，推动文化产业与新型工业化、信息化、城镇化、农业现代化同步发展。

产业导向与品牌示范相结合。不断加强重点产业导向与品牌建设示范力度，积极培育文化企业、园区，突出抓好关联度高、带动性强的项目，建构大产业发展格局；实施品牌引领战略，积极构建文化品牌、节庆品牌、旅游品牌为主体的地域品牌形象系统，放大品牌效应和示范带动作用，最大限度地促进资源优势向产业优势和经济优势的转化。

3.定位参考

关于山东省的文化产业发展定位，各级领导、专家学者及社会人士从不同角度做过前瞻性解读：

习近平总书记视察山东时强调，对历史文化特别是先人传承下来的道德规范，要坚持古为今用、推陈出新，有鉴别地加以对待，有扬弃地予以继承。他还指出，国无德不兴，人无德不立。必须加强全社会的思想道德建设，激发人们形成善良的道德意愿、道德情感，培育正确的道德判断和道德责任，提高道德实践能力尤其是自觉践行能力，引导人们向往和追求讲道德、尊道德、守道德的生活，形成向上的力量、向善的力量。

山东省省委副书记、省长郭树清指出，山东是文化大省，文化产业已经渗透到群众衣食住行和经济社会活动的各个方面，发展潜力巨大。文化产业的发展关系到全省经济转型升级，必须把文化创新提升到与科技创新同等重要的位置来抓，充分发挥文化产业对经济社会发展的支撑作用，努力打造新常态下新的增长点。

山东师范大学文学院副院长孙庆文认为，文化产业是一个温暖的产业，是一个循序渐进的产业，而不是一个火爆的产业。只有经济整体发展了，文化产业的发展才能顺其自然。

山东工艺美院院长潘鲁生认为，山东海岱文明久远深厚，有包容开放的齐文化和稳重厚朴的鲁文化。但山东传统产业由于设计创新缺位，文化优势不明显，品牌意识缺乏而面临发展瓶颈。就山东省而言，首要的是构建以文化传承为核心、分类发展的设计教育体系。

北京新元文智集团董事长刘德良认为，山东一直被称为文化大省，但山东所谓的文化是“中国文化”，乃至世界文化，流传了几千年，不具有“原创性”和“排他性”。而文化创意产业提倡“原创性”，同时需要通过技术创新把文化形态表现出来，并通过技术终端传递给消费者。这些方面山东都比较缺乏。山东不能只守在传统文化上，而应该想如何去创新，做基于传统文化基础上的原创内容。

本课题组在综合分析山东省历史地位、现实条件及未来发展潜力的基础上，结合专家学者的观点，认为山东省文化资源丰富，文化积淀深厚，齐鲁文化特色鲜明，具有独特的文化资源和文化市场优势。齐鲁文化在中国历史上发挥了重要作用，对世界文明也产生了深远影响，是山东省文化产业发展定位中的核心要素，山东文化产业发展定位必须也应当建立在“齐鲁文化”之上。

同时，发展文化产业既要根植深厚的地域文化土壤，也应当强调“无中生有”的创意性思维。“齐鲁文化”是对山东省历史人文资源和自然文化资源的深度总结，包含着对人文与自然两个层面的关注，由此延伸开去，山东文化产业可以两手抓：一是重在对传统的传承弘扬，即以道德弘扬为导向，以文化传承为核心，循序渐进地推动山东省建成全国道德文化高地、全国重要的区域文化中心；二是强调对未来的开拓，即以文化民生为主线，以创新融合为路径，努力将山东省建成全国重要的文化产业高地、全国重要的文化众创空间。

（二）战略目标

“十三五”时期是全面建成小康社会的决定性阶段，“十三五”规划必须紧紧围绕实现这个奋斗目标来制定。对于“十三五”时期山东省文化产业应该达成的目标，各级领导从不同战略层面分别提出了要求：

习近平总书记提出，要深入推进中华优秀传统文化研究阐发，重点做好创造性转化和创新性发展。加快改造提升传统产业，深入推进信息化与工业化深度融合，着力培育战略性新兴产业，大力发展服务业特别是现代服务业，积极培育新业态和新商业模式，构建现代产业发展新体系。

2012 年 6 月 1 日，山东省委书记姜异康提出，今后五年，我省要加快发展文化产业，不断提高整体实力和竞争力，文化产业增加值大幅增长，成为国民经济支柱性产业；文化发展主要指标居全国前列，努力成为全国重要的区域性文化中心。

2015 年 4 月 14 日，山东省委副书记、省长郭树清指出，要加快文化产业与旅游业、制造业、农业等产业的协同融合发展，改造提升传统文化产业，大力发展新兴文化业态。各个行业都需要文化素养高、懂文化的人才，要通过多种方式加快培养高层次、复合型的文化产业人才。要不断完善文化产业金融支持体系，拓宽融资渠道，积极探索运用产业投资基金、互联网金融、私募、众筹等融资形式。政府相关部门要做好服务工作，加大政策扶持力度，切实为推动文化产业转型升级创造良好环境。

2012 年 6 月 4 日，山东省委宣传部部长孙守刚指出，推动文化产业跨越式发展，以扩大总量、优化结构、提高层次为重点，一手抓传统文化产业转型升级，一手抓新兴文化产业培育发展，确保文化产业增长幅度高于生产总值和服务业增长幅度、文化产业投入增幅高于固定资产投入增幅、新兴文化产业增幅高于整个文化产业增幅。

在 2015 年 1 月 16 日的山东省文化金融合作推进会上，山东省副省长季缃绮表示，文化产业是智力资本密集的绿色产业和战略性新兴产业，产业关联度高，对于带动产业发展、催生新兴业态具有很强的促进作用。文化金融深度合作，不仅为文化企业输血，催生其发展动力，助力文化产业发展，而且也创新了金融机构的发展模式、拓展了业务空间。

本课题组结合各级领导关于文化产业发展目标和要求的讲话，综合山东省文化产业发展的现状，对我省“十三五”期间文化产业发展提出如下目标：

1. 总体目标

（1）定性目标

至 2020 年，文化产业规模化、集约化、专业化水平进一步提升，成为山东省国民经济支柱性产业。文化引领支撑经济社会发展的作用更加明显，文化市场体系不断完善，现代文化企业制度建立健全，文化企业创新能力和发展活力显著增强；文化产业结构明显优化，文化交流合作不断扩大，文化产品和服务供给能力大幅提高，人民群众精神文化生活需求得到更好保障；文化产业总体实力和竞争力走在全国前列，山东成为全国重要的文化产业高地。

（2）定量目标

到2017年，力争全省文化产业法人单位达到13.1万家，从业人员达到260万人。培育发展一批掌握核心技术、拥有原创品牌、具有较强市场竞争力的骨干文化企业和企业集团，力争全省实现在境内外上市文化企业10家以上。

到2020年，确保文化产业产值实现翻一番，山东文化产业增加值占GDP的比重超过6%，对经济增长的贡献率超过4.8%，文化产业增长幅度高于生产总值和服务业增长幅度，文化产业投入增幅高于固定资产投入增幅，新兴文化产业增幅高于整个文化产业增幅，文化产业总体实力位居全国前列。

2.阶段要求

（1）近期目标

到2017年，全省文化产业实现文化市场主体进一步壮大、文化产业结构进一步优化、文化创新能力进一步提升、现代文化市场体系进一步完善繁荣的近期目标。

文化市场主体进一步壮大。孵化培育一批原创能力强、商业模式新颖的中小文化创意企业，着重发展一批掌握核心技术、拥有原创品牌、具有较强市场竞争力的骨干文化企业和企业集团，规划建设一批文化创意产业重大项目载体，形成富有活力的优势企业群和具有特色的优势产业集群。

文化产业结构进一步优化。出版发行、印刷复制、影视制作、演艺、文化旅游、创意设计、数字内容和动漫等重点行业对经济的拉动效应增强，形成布局结构更加合理、市场主体更加完善、品牌优势更加明显的现代文化产业格局。

文化创新能力进一步提升。文化原创能力普遍提高，数字化、网络化技术广泛运用，文化企业装备水平和科技含量显著提高，文化体制机制创新取得实质性进展，文化产业发展活力明显增强，以企业为主体、市场为导向、产学研相结合的文化创新体系初步形成。

现代文化市场体系进一步完善。市场在文化资源配置中的积极作用得到更好的发挥，文化产品和生产要素合理流动，城乡文化市场协调发展，文化流通领域以现代流通组织和流通形式为主，文化消费领域不断拓展，在城乡居民消费结构中的比重明显增加。

（2）远期愿景

到 2020 年，全省文化引领支撑经济社会发展的作用更加明显，文化产业发展质量和效益显著提升，文化产业发展的主要指标位居全国前列，实现文化品牌化、产业主导化、创新常态化、平台国际化。

文化品牌化：形成一批国内一流、国际知名的文化创意企业和企业集团，打造一批在国内外有重要影响的文化品牌，文化市场主体活力和竞争力明显增强，山东省成为具有世界水平的创意产业集聚区。

产业主导化：传统文化产业转型升级，新兴文化业态发展成熟，文化创意对产业整体的拉动效应显著增强，文化产业成为推动全省产业结构优化升级和经济发展方式转变的主导产业之一。

创新常态化：以企业为主体、市场为导向、产学研相结合的文化科技创新体系更加完善，文化原创能力和研发能力显著提升，山东省成为重要的文化创意产业创新中心和应用研发高地。

平台国际化：国家级的文化产业发展平台建立健全，文化产品和服务出口规模效益大幅提升，海外文化市场广泛拓展，山东省成为国际文化贸易的重要基地。

二、发展战略

（一）跨界融合：分业发展转向初步融合

在不同业态独立发展的基础上，强化融合发展理念，打破由文化产业内部各个行业主管部门主导的发展模式，突出“传媒汇流”“混业经营”和“融合发展特色，支持发展高端、高质、高效文化产业，推动文化创意和设计服务与制造业、信息产业、建筑业、旅游业、特色农业、体育产业等融合发展，探索运用‘互联网＋’”的发展模式，服务传统文化传承创新与文化生态建设，提高相关产业的文化含量，延伸产业链，提高附加值，拓展发展空间。加深山东省文化、旅游等核心产业与支撑产业、延伸产业间的融合，实现资源端、产业端、平台端、产品端深度融合。加强国有与民间法人单位间的合作、科研机构与地方政府的对接、跨行业文化联合项目设计，以利于形成文化强省建设向区域和纵深发展。

（二）空间聚合：地域竞争走向区域协同

鼓励各地市依托现有资源和产业优势，建立区域文化产业融合发展机制。稳步推进“两区一圈一带”战略，实施重点区域带动战略，形成山东横跨东西、纵贯南北、覆盖全省的发展格局；建立文化旅游城市联盟，在山东省内打造多处区域旅游文化集散中心，设计区域文化旅游精品线路，集中展示区域文化旅游产品，不断提升文化旅游辐射能级，实现经济效益、社会效益协同发展。打破行政区划界限和条块分割，打通区域产业市场，推动产业要素自由流动，建立区域间合作博弈关系，构建现代流通网络，建立统一开放、竞争有序的市场流通体制。发挥“蓝黄”两区便捷出海通道的优势，加大投入要素，抓住“一带一路”战略机遇，积极参与国际区域经济一体化合作，加强与海内外友好城市的文化协作。

（三）转型升级：规模优势转为范围优势

完善文化产业发展机制，形成自身特色和竞争优势。实施多路出击、占领市场的战略，促进山东省文化产业加快从制造向创意转型、从低端向高端转型，增强文化产业的带动力和竞争力。提升文化产业的结构布局和整体层次，依托数字化技术的优势，有效整合企业价值链，提高工作效率和经济效益，提供更专业化的配套服务。建立统一、开放、有序的文化市场体系，以现有的产品和市场为中心，拓展上下游产业链，延伸相关生产、经营范围，推动产业品牌延伸，提升品牌美誉度。把握市场需求，因势利导，选择比较优势明显、经济效益好、增长速度快、关联效应强的主导产业，建设文化产业集群及文化产业基地，逐步发展企业集群，形成具有联动效应的文化产业片区。

（四）产城一体：产城联动服务城镇建设

推动产业体系与城镇体系的高效融合，实现产业化与城镇化的协调发展。将城镇开发与项目更新相结合，重视历史积淀，延续地域文脉和历史记忆，充分挖掘城镇内涵和本土文化特色，巧妙借用城镇地脉文化，使文化产品集中体现城镇的地域特征，使产品本身成为城镇地脉文化的组成部分。依托城市完善的功能、宜居宜业的环境，吸纳高端人才、集聚高端产业，提供全覆盖、均等化的公共服务。注重产业引导，推动城镇功能的有序演进，努力形成互为依托、互相协调、互相促进的良性运作态势，围绕产业要素合理布局城镇功能，统筹建设旅游环线，精心打造旅游景区和景点。加快旅游基础设施和配套体系建设，引导城镇功能的不断优化升级。

三、产业生态系统构成与建议

2014 年，山东省政府《关于加快发展文化产业的意见》中提出，坚持把重点项目作为引领文化产业发展的着力点，以创意设计、影视制作、出版发行、印刷复制、演艺娱乐、广告会展、文化旅游、数字内容和动漫等产业门类为重点，加快建设一批具有较强示范效应和拉动作用的重点文化产业项目。省文化厅“十三五”规划工作专题研讨会提出，改造提升演艺、娱乐、文化旅游、文化会展、工艺美术等传统文化产业，加快发展动漫、游戏、创意设计、网络文化、数字内容等新型文化业态，推进文化产业与金融、科技、旅游、制造业、农业等相关产业融合发展。

课题组认为，按照国家统计局《文化及相关产业分类（2012）》，结合山东省文化产业发展实际情况，科学界定山东省文化及相关单位的生产活动，有助于为当前的社会主义文化建设、文化产业宏观管理提供参考。我们将山东省文化产业整合成一个“6＋4＋4＋X”的产业系统，该系统由主导产业、战略新兴产业、跨界融合业态、配套及支撑服务体系构成。

主导产业业态，即传统优势文化业态，包括新闻出版业、广播影视业、文化演艺业、工艺美术与艺术品业、文化旅游业、节庆会展业。这些行业是山东省文化产业发展的支柱，通过转型升级、融合跨界，将形成巨大的发展优势，成为山东省未来文化产业发展的主力军。

战略新兴产业，即新兴培育业态，侧重于现代文化服务方向，包含两个产业层面：一是以文化创意与设计服务业、软件和信息技术服务业为代表的潜在主导性新兴文化产业业态，这类业态具有需求弹性大、产业分工链条长的特点，对相关产业拉动效应明显，在产业结构优化中发挥重要作用。重点发展这一类业态，将大幅提升山东省文化产业体系和经济运行的深度和广度。二是以数字内容产业和版权服务业为核心的战略性新兴文化产业业态，这一类业态强调创意创新，注重融合与跨界。精心培育这一类业态，将显著提高山东省文化产业的综合竞争力和国际影响力。

跨界融合业态，即文化与农业、体育、商贸、制造业等产业融合延伸出的混合业态，包括创意农业、文化体育产业、文化贸易服务业和文化制造业。这些行业体现了文化产业跨界融合的发展趋势，对产业结构调整、国民经济发展、人民收入增长将发挥出更加重要的作用。

在本章，我们重点从主导产业、战略新兴业态和跨界融合业态三方面进行阐述。

<table>
<tr><td rowspan="2">主导产业</td><td colspan="2">传统优势文化业态</td></tr>
<tr><td colspan="2">新闻出版、广播影视、文化演艺、
工艺美术与艺术品、文化旅游、节庆会展</td></tr>
<tr><td rowspan="2">战略新兴产业</td><td>主导性新兴文化业态</td><td>战略性新兴文化业态</td></tr>
<tr><td>文化创意与设计服务业
软件和信息技术服务业</td><td>数字内容产业
版权服务业</td></tr>
<tr><td rowspan="4">跨界融合产业</td><td>文化+农业</td><td>文化+体育</td></tr>
<tr><td>创意农业</td><td>文化体育产业</td></tr>
<tr><td>文化+商贸</td><td>文化+制造业</td></tr>
<tr><td>文化贸易服务业</td><td>文化制造业</td></tr>
<tr><td rowspan="2">配套及支撑服务体系</td><td colspan="2">扶持政策、政府荣誉、专项资金、财税补贴等</td></tr>
<tr><td colspan="2">产业综合服务平台、市场体系平台、自主创新技术平台等</td></tr>
</table>

图 1-2-13　山东省“6＋4＋4＋X”文化产业系统图

（一）传统优势领域

1. 新闻出版业

（1）加快推进数字化技术升级。推动传统出版发行企业积极运用大数据、云计算、移动互联网、物联网等新技术，完成鲁版图书资源数字化、出版流程数字化改造，积极发展数字出版、网络出版、手机出版等新兴业态。加强内容数据库和用户数据库的建设，支持电子纸、阅读器等新闻出版新载体的技术开发、应用和产业化，加快各类出版物的数字化、网络化、电子商务化进程。加强关键技术的研发和应用，以及生产技术体系和相关标准的建设，全面推进数字绿色印刷发展，引导印刷复制加工向综合创意和设计服务转变，推动新闻出版数字化转型和经营模式创新。

（2）合理推进企业兼并重组。推进报网融合，形成一体化发展的组织结构、管理体制和传播体系，大力发展全媒体企业集团。整合十七地市新闻出版资源，支持大众报业集团、山东出版集团等龙头企业加快进入资本市场、跨媒体经营及跨行业发展，打造实力雄厚、主业突出、核心竞争力强的大型传媒集团。保持民营书业发展在全国的优势地位，扶持世纪金榜、星火图书等一批具有竞争力的民营企业上市融资，引导和规范民营书业公司与国有出版企业进行深度合作，创新突破混合所有制形式。鼓励一批特色书店在城市综合体、高等院校周边开设，营造“书香山东”文化消费氛围，推动全民阅读深入开展。

（3）实施重点项目带动战略。实施山东省新闻出版“走出去”工程、出版品牌打造工程、报纸期刊整合工程、数字出版突破工程、印刷业集群建设工程、发行业国有民营并进工程、农家书屋惠民工程、鲁版出版物推广工程和新闻出版人才培育工程等重点任务。继续发挥全国重要的出版物印刷基地和包装装潢印刷基地优势，推动山东（潍坊）数字出版基地、济南数字出版创意产业园区、山东手机出版基地等重点项目建设，强化辐射功能，将青岛国家级数字出版产业基地建成为国内领先、国际知名的数字出版产业基地。

2.广播影视业

（1）加强舆论宣传阵地建设。创新提升广播影视宣传内容、形式、载体、手段和方法，充分发挥山东广播电视台等各级广播电视台的舆论导向作用，扩大省、市级广播电视台的有效覆盖。推动广电多媒体、大平台联动传播，推进优秀广播影视节目创作生产，培育一批导向正确、特色鲜明、效益显著的品牌栏目，提高广电主流媒体的传播力、影响力和竞争力。推进网视联盟分、支站建设，办好山东网络台，形成一体化发展的组织结构、管理体制和传播体系，大力发展全媒体，抢占网上舆论引导主动权。

（2）加强数字内容与媒介创新。顺应媒体融合新常态，加速数字媒体技术升级、平台拓展、内容创新，继续实施地面数字电视覆盖工程，加快三网融合建设，打造安全高效和服务广泛的下一代广播电视网。加快广播电视有线网络的数字化转换和双向化改造，提高数字电视制作生产能力，实现广播电影电视产业的升级换代。加快发展移动多媒体广播电视、交互式网络广播影视、数字多媒体广播、公共视听载体等新兴媒体，开发互联网接入及信息服务、视频点播、数字娱乐产品、远程教育等增值业务，全面实现广播电影电视数字化、网络化。鼓励电影院线跨所有制、跨地区发展，大力发展城乡电影院线数字化，实现电影制作、发行、放映、存储、监管等环节的数字化装备。

（3）构建现代视听全产业链。以“鼓励原创、多出精品、推动出口”为目标，加强对“鲁剧”创作生产的正向引导，推动山东影视传媒集团从节目创作、内容服务、网络传输到衍生产品的全产业链开发，开拓影视产业新领域。以“支持国有、扶优民营”为工作思路，鼓励民营文化企业和社会力量采取参股入股、联合出品或独家购买等方式参与影视产品的创作生产。加强与中央电视台跨区域战略合作，促进山东成为全国重要的影视剧创作、生产和交易中心，实现从影视创作生产大省向影视产业强省的转变。积极发展广播影视相关产业，推动青岛灵山湾影视文化产业区、威海呼雷汤影视文化创意产业区等重点项目建设，发展具有广播影视特色的旅游、演艺、会展等广电延伸产业，形成多种产业经营格局。

3.文化演艺业

（1）实施原创演艺精品工程。以“第十届山东文化艺术节”为契机，扶持各类艺术院团提高自主创新能力，坚持弘扬传统文化与繁荣文艺事业并重，推进地方戏曲、濒危剧种等优秀传统艺术传承创新，构建优秀传统文化传承创新体系。坚持以人民为中心的创作导向，继续实施“齐鲁文化传承传播工程”“山东省舞台艺术精品工程”“山东地方戏振兴与京剧保护扶持工程”“山东省优秀保留剧目工程”“山东省艺术英才培育工程”，结合地方特色与时代元素，打造一批思想精深、艺术精湛、制作精良的文艺精品。

（2）优化文化演艺消费环境。着眼于山东演艺市场的可持续发展，健全投融资体系，探索成熟的整合营销模式，借助互联网、户外广告以及传统媒介如报纸、电视、广播等多种手段拓宽演艺产品宣传营销渠道。进一步推动山东演艺联盟、剧场院线、票务系统建设与发展，加速剧场运营职业化、规范化，积极引进国内外优秀商业演出团队，提高省会大剧院、山东剧院等新老剧院的利用率。探索采取政府购买文艺演出服务的方式，推出“山东文化惠民卡”“折扣票”等惠民低价票，培育良好的票务市场。支持健康的群众性演艺活动和经营性演出活动，发展文化经纪、演出策划、咨询评估、市场调查、票务代理等演出中介机构，提高文化演艺产品和服务的市场化程度。

(3) 发展文化演艺复合业态。加快舞台设备、剧场运营、艺术培训、衍生产品销售、新媒体产业的产业化步伐，开发与演艺活动相关的道具、文具、游戏、影视、动漫、出版、休闲、体育等类型多样的衍生产品，不断延伸演艺产业链条。推动演艺与科技、旅游、会展等产业跨界融合，转变演艺产业生产和消费模式，打造一批集科研、开发、生产、经营为一体的演艺高新技术文化企业，策划一些具有现代时尚、能够体现城市品位和国际接轨的旅游演出项目，构建山东特色文化演艺产业体系。

4. 工艺美术与艺术品业

(1) 实施“一地一特”工程。通过举办民间活动、开展艺术创作、建立传承人培训基地、民间投资文博馆等方式，加强对山东省非物质文化遗产工艺美术项目的挖掘、抢救、收集、整理、研究和保护。鼓励挖掘、保护、发展中华老字号等民间特色传统技艺和服务理念，建设老字号公共服务平台。推动创作集聚化发展、产品融合化发展，与商务、生活等紧密结合。扎实推进“一地一特”工程，加大山东省特色民间工艺品、纪念品研发力度，在保护传承的基础上加快创新发展，促进艺术衍生产品、艺术授权产品的开发生产，加快工艺美术产品、传统手工艺品与现代科技和时代元素融合，做大做强一批工艺美术特色品牌，构建山东省特色工艺美术差异化发展格局。

(2) 推动核心业态转型升级。依托山东省深厚的人文传统，以工艺美术、艺术品拍卖、艺术品交易、艺术品会展、收藏等为重点方向，提升传统工艺美术与艺术品产业的核心竞争力，完善工艺美术与艺术品创作、展示、交易的产业链。重视保护艺术家合法权益，鼓励各类工艺大师、艺术家致力创作艺术精品，发展有影响的工艺美术品拍卖行和中介机构。鼓励民间资本进入工艺美术品生产流通、艺术品收藏领域，扶持民间收藏和民间博物馆的发展，健全鉴定、鉴价、确权、保险、保管与运输等相应的配套服务体系。促进艺术品销售与家居装饰、文化旅游、城市规划等领域的结合，开拓艺术品新的消费市场，推动交易规范化。

图 1-2-14 泰山文化旅游区

（3）强化重大项目载体效应。扎实推进山东华艺雕塑艺术有限公司工艺雕塑项目、青岛国际工艺品城创意设计产业园公共服务平台、博山陶琉艺术创意服务平台建设项目、文化艺术品电子交易平台项目等重点载体建设，促进工艺美术与艺术品业与创意设计、互联网等产业的深度融合。以特色化、高端化为导向，结合县市旅游项目、存量资源，规划建设一批集原材料供应、信息沟通、文化技艺交流、物流营销为一体的大型工艺美术流通平台和有影响力、特色显著的工艺美术产业园，构建集古玩艺术品交易、传统手工艺制造、文化会展业、都市文化旅游业、文化娱乐业为一体，艺术人才、创作信息汇聚的历史文化街区，吸引国内外艺术家、收藏家和文化机构入驻。

5.文化旅游业

（1）构建齐鲁特色文旅产品体系。依托山东丰富的历史文化资源，挖掘融入地方风情、现代科技等文化元素，打造文化遗产游、海岛游、修学游和乡村游等特色鲜明的山东文化旅游拳头产品。整合黄河、运河、海洋等水资源，设计类型多样、差异互补的亲水文化旅游项目，带动沿河、沿海地区文化旅游业快速发展。探索建立非物质文化遗产保护开发和文化旅游融合发展的模式，以民俗文化展演丰富文化旅游内容，以文化旅游带动草柳编工艺、桐杨木加工、农民工笔绘画等传统工艺美术产业发展。通过建立名人纪念馆（园），举办纪念、研讨活动等形式，扩大齐鲁名人文化的影响力。综合养生、运动、娱乐、体验等内容，策划工业旅游、红色旅游、文化时尚旅游、都市风情旅游等主题产品。

(2) 拓展文化旅游融合发展空间。紧紧抓住山东省在文化与旅游方面的双重优势，以文化提升旅游的内涵质量，以旅游扩大文化的传播消费，促进文化旅游与其他产业的深度融合。鼓励发展“一区（县）一特”会展节庆活动，开发标志性文化旅游演艺项目，强化创意设计参与旅游纪念品开发力度，引导旅游纪念品企业特色化、规模化发展。鼓励传统与现代的结合与创新，积极发展收藏鉴赏、品茗阅读、花鸟养趣、饮食养生、运动健身等领域。积极弘扬鲁菜文化，促进鲁菜文化与旅游融合发展。

(3) 提高“好客山东”品牌影响力。以内涵丰富的齐鲁文化为核心，规划建设山水圣人旅游区、齐文化旅游区、黄河文化旅游区、运河文化旅游区、潍坊民俗文化旅游区、临沂红色文化旅游区、滨海文化旅游区、水浒文化旅游区等，全力构建“好客山东”文化旅游品牌，努力打造济南、青岛、曲阜、泰安等世界级文化旅游目的地品牌。以“一带一路”建设为契机，组织举办一批具有国际影响力的大型文化旅游节庆活动，集中打造“贺年会”和“国民休闲汇”两大活动品牌。持续做好济南《粉墨》、青岛《蔚蓝青岛》、济宁《杏坛圣梦》、泰安《封禅大典》、威海《神游华夏》、临沂《蒙山沂水》等大型旅游演艺品牌，进一步提升城市文化影响力。

6. 节庆会展业

(1) 完善行业内生增长机制。通过收购、兼并、控股、参股、联合等形式，组建具有先进办展理念、管理经验和专业技能的大型会展企业集团。以交通、物流、通信、金融、旅游、餐饮、住宿为支撑，完善策划、广告、印刷、设计、安装、租赁、现场服务等配套服务，增强产业链上下游企业协同能力。充分发挥全省各级各地经贸组织的功能与作用，向企业提供经济信息、市场预测、技术指导、法律咨询、人员培训等服务，提高行业自律水平。

(2) 推动参展办展模式创新。坚持“政府引导、企业主办、市场运作、行业自律”的原则，促进办展方式由单一财政资金、行政参与向资金来源多元化、社会广泛参与转变，推进会展服务专业化、承办市场化。借助云计算、大数据、物联网、移动互联等现代信息技术，发展网络虚拟会展等新兴会展业态，创新会展服务、管理、市场和商业模式。通过政府与社会资本合作等方式，加强会展业基础设施建设，推动馆展互动、信息互通、兼顾公益、体制改革、机制创新，通过品牌输出、管理输出、资本输出等形式提高场馆使用率和运营效益，构建多元化、宽领域、高层次的参展办展新格局。

（3）提升本土会展品牌影响力。抓住实施“一带一路”、中韩自贸区等重点发展战略的机遇，鼓励本土会展企业与国际知名的会展业组织、行业协会、展览企业等建立合作机制，引进国际知名品牌展会到境内合作办展，提高本地节庆会展的质量和效益。进一步扩大泰山国际旅游文化登山节、中国曲阜国际孔子文化节、青岛国际啤酒节、潍坊国际风筝会等品牌会展的影响力，实现“以展扬名，以展兴城，以展创牌，以展促展”。围绕产业办展会，促进会展业与旅游、体育、金融、制造等产业深度融合，加快形成专业化、特色化的会展活动品牌。

（二）新兴领域

1. 文化创意与设计服务业

（1）提高创意设计核心竞争力。增强工业设计创新能力，培育一批具有国际国内领先水平的工业设计中心，重点提升抽纱刺绣、草柳织品、地毯、艺术陶瓷及工艺玻璃、金属工艺及首饰、龙山黑陶和特艺品七类文化产品设计水平。依托三个国家级广告产业园区，加快培育一批广告行业龙头企业，形成以广告创意策划、设计制作为核心的全产业链条。加强国家和省级动漫基地建设，打造一批立足山东特色资源、具有自主知识产权和核心竞争力的知名动漫品牌，推动形成布局结构合理、产业链条完整、技术水平先进、效益显著的山东动漫产业发展格局。健全创新、创意和设计激励机制，活跃创意设计类知识产权交易。健全文化创意和设计服务人才使用、流动、评价和激励体系，推进职业技能鉴定和职称评定工作，规范和鼓励举办国际化、专业化的文化创意和设计会展、竞赛活动。

（2）推进设计服务与相关产业融合。以“创意山东、山东创造”为品牌导向，大力发展工业设计、时尚设计、建筑设计、多媒体艺术设计、展览展示设计，促进创意设计服务领域延伸和服务模式升级。依托齐鲁文化资源，丰富创意和设计内涵，打造区域性创意中心和成果转化中心，促进我省文化遗产资源在与产业和市场的结合中实现传承和可持续发展。加强科技与文化的结合，促进创意和设计产品服务的生产、交易和成果转化，创造具有山东特色的现代新产品，实现文化价值与实用价值的有机统一。着力推进文化软件服务、建筑设计服务、专业设计服务、广告服务等文化创意和设计服务与装备制造业、消费品工业、建筑业、信息业、旅游业、农业和体育产业等重点领域融合发展。

2.软件和信息技术服务业

（1）深化文化科技融合发展。深入实施国家文化科技创新工程，坚持“技术领先、特色突出、行业支撑”的发展方向，培育一批行业特色鲜明、技术创新能力强的骨干企业。抢占云计算产业发展先机，加大云计算领域龙头企业扶持、引进力度，鼓励浪潮集团、烟台智慧云谷云计算有限公司等企业加强云计算的终端产品研制生产。发挥软件产品和服务对信息服务业的支撑作用，加快研发具有自主知识产权的软件产品和技术，提升软件产业核心竞争力。培育信息服务业新业态、新模式，探索基于云计算的电子政务公共平台顶层设计模式，发展中间件、工业行业应用软件、移动互联网、电子商务、智慧社区等产业链。

（2）打造科技创新集聚高地。围绕软件和信息技术服务于工业经济科学快速发展的主题，以建设高水平中国软件名城为主线，加快推动齐鲁软件园与青岛软件园两大产业集聚区提档升级，力争形成一批专业性强、行业优势显著、产业带动效应明显的信息服务业产业集群。支持对产业具有扩散带动效应的重点企业与高校、科研院所联合，共同建立高层次软件工程中心，探索“技术＋服务”的新型经营模式，完善软件和信息技术服务业支撑载体。

（3）提高智慧城市服务效能。高起点构架智慧城市的顶层设计，高标准构建智慧型的城市基础设施，高规格建立智慧型城市发展协调机制，高效率推进智慧城市的示范作用，通过试点探索、总结、提炼创新的城镇化发展模式，形成以济南、青岛为核心，以烟台、威海、潍坊、淄博、济宁、东营、日照等地区为若干节点，服务民生、智慧应用、重点突出、优势互补的“智慧山东”发展格局。充分发挥地方智慧型产业的优势，选择物联网应用基础较好的领域，加强信息资源共享，围绕交通、能源、物流、工农业生产、金融、智能建筑、医疗、环保、市政管理、城市安全等重点行业，分期分批建设应用示范工程和项目。

3.数字内容产业

(1)加强精品化数字内容生产。推动文化产品和服务的生产、传播、消费的数字化、网络化进程，支持利用数字技术、互联网、软件等高新技术支撑文化内容、装备、材料、工艺、系统的开发和利用，提升新闻出版、广播影视、演艺娱乐、印刷发行、网络动漫等产业领域的技术装备。加强数字内容关键技术的设计研发，重点推进数字内容版权保护、内容集成、存储、分发及传输等技术攻关，推动数字内容技术应用和产业化。加强虚拟现实技术在设计、制造等产业领域中的集成应用，建设数字媒体技术与虚拟现实系统开发平台，促进虚拟会展、在线体验等新业态发展。

(2)延伸数字内容产业链条。优化创新机制，将先进技术与山东省文化资源相结合，强化文化对数字内容产业的内容支撑、创意和设计提升，创作和生产出拥有更多自主知识产权和丰富文化内涵的数字内容产品。增强知识产权保护力度，规范数字内容产业市场，保护企业主体与消费主体的合法权益。依托国家级和省级高新技术园区建立文化和科技融合示范基地，完善以人才为动力、以企业为主体、以市场为导向、产学研相结合的文化科技创新体系，建设一批产学研战略联盟和公共服务平台。鼓励和引导社会力量投入数字内容产业领域，打造一批功能定位合理、独具特色的数字内容产业集群，发挥示范、集聚、辐射和推动作用，促进数字内容产业品牌化、规模化发展。

4.版权服务业

(1)鼓励引进优质文化版权产品。鼓励发展现代版权贸易，提高版权引进的科学性，对拟引进版权的经济性、合理性和适用性进行分析，选择适销对路的版权内容，将引进版权作为新的经济增长点。培育一批知识产权及版权理论研究、培训中心(基地)和著作权登记、版权维权服务的机构公司，健全版权输出渠道。鼓励发展文化领域的知识产权代理、推介、交易和法律保护等服务产业，创新服务方式、服务手段和组织形式，规范版权许可、转让等贸易行为，逐步构建覆盖全省的版权贸易体系。

(2)完善版权与金融对接机制。积极探索知识产权、文化品牌等无形资产的评估、质押、登记、托管、投资、流转和变现等方式方法，完善无形资产和收益权抵(质)

押权登记公示制度。鼓励山东省各地市商业银行开辟版权金融服务业务，通过回购、担保、发行信托、基金等形式，推动中小微文化企业、轻资产企业以创作成果、知识产权评估、抵押质押融资和贸易。加强版权法规宣传，增强企业版权保护意识，建立健全文化产品著作权登记保护制度和版权经纪人制度，培养一批知法懂法、持证上岗、专业过硬、服务高效的版权服务人才，促进山东省版权产业持续发展。

（3）建设版权交易服务平台。以“服务山东、辐射全国、连接世界”为宗旨，支持枣庄台儿庄国家版权贸易基地、青岛国际版权交易中心发展为综合性版权交易平台。建设山东文化创意版权信息平台，建立健全版权评估、版权质押、版权转让、作品登记和合同登记备案制度，提高服务水平。支持山东鸿儒集团发展成为集版权交易、数字出版、印刷物流于一体的国家版权示范基地和绿色印刷物流配送中心。支持山东（潍坊）云计算版权交易园区建设成为国家级“文化产权交易集散中心”，促进山东省的版权服务产业集聚发展。

（三）混合业态领域

1. 创意农业

（1）分类打造创意农业产品。充分发挥山东农业大省的优势，围绕农业生产、农事劳动、农民生活和农村风貌，推进农业与文化创意、科技发展、设计服务、生态建设、风貌旅游的融合，推动都市休闲农业向创意农业转型升级。注重农村文化资源挖掘，不断丰富农业产品、农业景观、农业饮食、农业文化、乡土文化等创意和设计，提升农产品文化附加值。强化乡村农业旅游经营场所的创意和设计，支持专业农产品市场建设特色农产品展览展示馆，推进特色农产品文化宣传交流。全面推进农产品绿色环保标志、地理标志商标的注册与申报，鼓励应用信息技术创新农产品营销模式，大力发展农产品电子商务。

（2）培育特色乡村文化品牌。重视农副产品的品牌培育和包装宣传，提高传统特色工艺产品的品牌知名度，培育一批特色乡村旅游品牌，塑造一批自主创新能力强、国内影响力大的创意农业知名品牌。推进农村手工艺产业基地、特色文化产品市场、特色文化村镇建设，推动特色农业集群式发展。以产业链为纽带，重点培育特色文化产品生产企业、产品销售和服务企业、专业配套企业，构建分工明确、协作配套、优势互补、共同发展的乡村企业组织体系。

（3）建设特色文化名镇（村）。强化市域城乡统筹发展，推进新型城镇化，建设美丽乡村，推进乡村旅游富民工程。加强对历史文化名镇（村）、传统村落的文化遗产、原始风貌和自然生态的保护，突出地域特色，提升文化品位，加强城乡规划、景观风貌规划和建筑装饰设计，建设功能完善、布局合理、形象鲜明的特色村镇。依托“好客山东”旅游品牌，着力培育一批“靠山吃山，靠水吃水”的乡村休闲旅游主体，推动集农耕体验、田园观光、教育展示、文化传承于一体的农业旅游集聚区建设，形成城乡联动、配置合理的休闲生态农业旅游格局。

2.文化体育产业

（1）统筹开发体育文化资源。依托青岛帆船之都、日照水上之都、淄博蹴鞠之都等城市体育文化资源，加强对具有山东地方特色的中华武术等民族传统体育项目和体育文化遗产的挖掘、整理和推广工作。充分发挥各地社会组织的作用，切实开展体育文物、体育文化藏品、对外交流藏品等的收集、整理和归档。结合全民健身、体育赛事、体育产业等活动，鼓励各类文化艺术团体创作体育题材的文化作品。加强和改进体育文化传播和推广工作，鼓励打造体育文化精品工程和体育文化品牌活动，发挥网站、微博、微信、客户端等新媒体的线上线下互动的作用，广开渠道传播山东体育文化，将具有山东独特气质的体育精神和文化内涵推向全社会。

（2）拓宽场馆产业化运营渠道。积极承办国内外大型体育赛事、举办国内联赛、全省各单项省级比赛、全省大中小学生体育联赛、全民健身运动会、各市举办的品牌赛事等，推动济南奥体中心、青岛奥帆中心等各地场馆成为山东省文化体育产业、文化创意产业与金融创投对接的文体产业孵化平台。组织举办全国和省内的体育文化专题展览、展销活动，盘活、用好青岛奥帆博物馆、临淄足球博物馆、海阳亚沙会展览馆等体育展馆，加快山东体育博物馆、山东体育产业展厅（济南、青岛）等重点项目的规划建设。继续办好潍坊国际风筝节、泰山国际登山节等一批特色文化体育活动，提高山东城市文化体育知名度和影响力。

（3）培育新兴体育消费市场。牢固树立“大体育文化观”，以引导大众体育休闲消费、推广新兴体育业态为主，支持体育产品生产及销售产业稳步发展，推动体育彩票业发展壮大，促进体育教育培训、设施装备、新闻传播、管理服务等领域与创意设计服务业的深度融合。加强体教结合，以“普及知识、培养兴趣、健康运动”为基本要求，有计划地逐步把足球基本知识、基本技能和现代信息纳入中小学（中职学校）的体育课程必修内容，提高足球教学质量，有序推动中小学足球、竞技足球和社会足球全面发展，构建以足球为主要特色的山东体育培训体系。推动体育健身与医疗、文娱、养老等融合发展，大力发展体育旅游、休闲养生、运动康复、健身培训等体育服务业，在德州乐陵、潍坊峡山等地打造一批重点体育休闲养生产业基地。

3.文化贸易服务业

（1）开发齐鲁特色贸易产品和服务。抓住中韩自贸区建设契机，面向国际市场大力开发外向型文化产品，优化文化贸易结构，形成对外文化贸易新的增长点。培育一批在国际文化市场具有较强竞争能力的外向型骨干文化企业，参与国际文化市场竞争，扩大出口贸易，壮大文化“走出去”力量。围绕创意设计、影视制作、出版发行、演艺娱乐、数字内容、动漫游戏等重点产业领域，打造一批拥有自主知识产权、自主品牌的文化产品和服务项目，塑造一批具有国际知名度和美誉度的文化贸易品牌，增加山东省出口文化产品和服务在国际文化市场的份额，提升我国和山东国际影响力。

（2）构建新型贸易平台、营销渠道。借助山东文化产业博览交易会、海外项目展示会、投资洽谈会等平台，宣传推介山东文化产品和服务，鼓励文化企业在境外参展、培训研讨和境外投标等市场开拓活动。以济南、青岛、潍坊等地的综合保税区为载体，加快省级文化贸易出口基地建设，推动文化贸易服务与现代商业流通方式、综合商业服务设施深度融合。加强与国际著名文化制作、经纪、营销机构合作，大力拓展境外文化市场，培育对外文化中介机构，广开境外业务，鼓励有条件的文化企业设立海外营销部门，提高国际市场营销能力。推动文化贸易服务线上线下互动，打造“齐鲁文贸网”等对外文化贸易的综合平台。

（3）深入实施“齐鲁文化走出去”工程。开展“孔子文化世界行”“齐鲁文化周”、友好城市艺术节等文化交流活动，继续办好世界儒学大会、“孔子文化奖”评选活动等，加强山东省对外文化交流与合作。以文化演艺、工艺美术、书画艺术品等为媒介，鼓励各类艺术团体境外演出交流、艺术品境外展览展销，提高优秀文化产品和服务在对外文化交流和文化外宣项目中的比重。依托中国驻外文化中心、孔子学院等机构，策划举办具有齐鲁文化特色的展览、展演，打造“孔子故乡，中国山东”文化外宣品牌，加快齐鲁文化“走出去”步伐。

图 1-2-15　曲阜三孔景区

4. 文化制造业

（1）强化创意能力与创新技术支撑。以“高端化、集约化、服务化、融合化”为要求，充分发挥文化创意与设计服务引领制造业转型升级的作用，加强文化用品制造相关新材料、新技术、新工艺等的研究和应用，提升产品设计创新能力和技术水平。聚焦科技与制造业的结合点，通过开展原始创新、集成创新和引进消化吸收再创新，加大社会各类研发设计资源的整合力度，鼓励发展基于互联网的众包设计等新模式，促进文体用品生产、文体设备生产、演艺设备制造、工艺美术品制造、包装装潢印刷品和其他印刷品等领域的转型升级。

（2）推动优势要素资源与链条集聚。以“大平台、大产业、大项目、大企业”为目标，充分发挥山东省作为制造业大省的资源、人才、装备基础，利用已有产业集聚优势，推动文化产品制造块状经济向现代产业集群转变。加快文化用品、乐器玩具、体育休闲用品等领域的转型升级，推动工艺美术品、视听设备、影视器材等领域的高端化发展，大力提高文化产品档次和技术含量。通过独资、合资、控股、参股、并购等方式，推动优势企业开展市场化的兼并重组，培育泰山体育、淄博陶瓷等若干个区域品牌，形成一批综合实力强的自主品牌，提高整体效益和国际竞争力。

（3）创新发展体验型商业模式。顺应市场需求和现代生活方式，融入传统文化和现代时尚元素，强化创意和设计在产品创新、品牌建设、营销策划和质量管理等方面的作用。打破传统文化制造业的经营管理模式，提升“中华老字号”品牌的文化传承力和影响力，将文化用品与装备与各地特色文化街区建设相结合。加强互联网、新媒体等渠道的广告营销策划，以创意和设计引领文化产品物流方式创新，实行新型代理配送制度，重塑和提升产业竞争力，将规模经济优势转化为范围经济优势。

四、区域布局与空间整合

（一）“十二五”以来的区域布局战略

1.《山东省文化产业发展专项规划（2007—2015）》布局及评判

《山东省文化产业发展专项规划（2007—2015）》，在空间布局上按照“三大文化产业集聚区、三大文化产业园、三大文化产业带”的框架展开，目的在于构建具有鲜明区域特色、结构合理、效益显著的文化产业发展总体格局。“三大文化产业集聚区”即形成东、中、西特色鲜明、优势互补的山东文化产业发展长廊。强调突出地方特色，发挥区域文化资源优势，重点建设三个文化产业集聚区：第一，东部文化产业集聚区。以青岛为龙头，包括烟台、威海、日照、东营、潍坊，突出滨海文化和近现代文化资源与产品特色。第二，中部文化产业集聚区。以济南为中心，包括泰安、淄博、德州、莱芜、滨州，突出齐文化、泰山文化、黄河文化、泉水文化资源和产品特色。第三，西部文化产业集聚区。以济宁为支点，包括临沂、枣庄、聊城、菏泽，突出儒家文化、运河文化、水浒文化、红色文化资源和产品特色。“三大文化产业园”即鲁文化产业园区、齐文化产业园区、红色文化产业园区。“三大文化产业带”包括黄河文化产业带、运河文化产业带、滨海文化产业带。

因《山东省文化产业发展专项规划（2007—2015）》制定比较早，当时山东省文化产业发展还处于起步阶段，对全省的规划布局比较粗犷，缺乏对宏观构架的搭建和细部的精心谋划。经过几年的发展，这一规划越来越不能适应山东省文化产业发展的需要，对产业实践的指导意义比较小。在这一背景下，“十二五”期间，山东省启动并制定出台了四个区域性文化产业发展规划。

2.区域性规划

（1）黄河三角洲高效生态经济区文化产业布局。在《黄河三角洲高效生态经济区文化产业发展规划》中，文化产业空间战略格局是“一轴、双核、三带、四组团”。“一轴”指九曲黄河，为本经济区文化产业发展的中轴线；“双核”包括东营黄河水城文化产业核心区、魅力滨州文化产业核心区；“三带”指环渤海海洋文化产业带、京津冀生产型文化产业带、半岛城市群消费型文化产业带；“四组团”指观光农业休闲文化产业组团、休闲度假文化产业组团、孙子文化产业组团、杨家埠非遗文化产业组团。进一步优化区域布局，以滨州、东营为双核心，联结带动德州、淄博、潍坊、烟台相关县市，推动本区文化产业区域联动、优势互补、差异化发展。

（2）山东半岛蓝色经济区文化产业布局。在《山东半岛蓝色经济区文化产业发展规划》中，文化产业布局按“一区三带”展开。“一区”，即构建半岛文化产业集聚区。以青岛为龙头，以烟台、潍坊、威海等沿海城市为骨干的胶东半岛高端海洋产业集聚区是山东半岛蓝色经济区的核心区。“三带”，即胶东半岛新兴文化产业带、沿黄河特色文化产业带、半岛民俗文化产业带。胶东半岛新兴文化产业带，形成新兴文化产业集聚带；沿黄河特色文化产业带，整合开发黄河沿线文化资源和民俗资源，用现代理念策划包装，加强沿黄河文化产业区域协作，推动文化产业规模效益快速提高，使之成为文化生产力高度聚集的带状经济区；半岛民俗文化产业带，以潍坊为中心，以半岛城乡民俗文化资源、非物质文化遗产资源的开发利用为重点，打造以民俗文化产业为特色、覆盖周边的半岛民俗文化产业集聚区。

（3）省会城市群经济圈文化产业布局。在《省会城市群经济圈文化产业发展规划》中，着力构建“一核辐射、两圈联动、三带贯通、四轴协同、十二大集聚区支撑”的文化产业格局。“一核”即济南一个核心；“两圈”即紧密圈层和协作圈层两个圈层；“三带”即沿黄河、京杭大运河和大汶河三条文化产业发展带；“四轴”即聊城—济南、济南—淄博、德州—济南—泰安、滨州—淄博—莱芜四条文化产业发展轴；“十二大集聚区”即济南“天下第一泉”文化休闲娱乐集聚区、济南高新区文化科技集聚区、济南英雄山文化休闲商业集聚区、济南创新谷文化创意产业集聚区、济阳澄波湖文化产业集聚区、临淄齐文化产业集聚区、淄博陶瓷文化产业集聚区、泰安泰山文化集聚区、莱芜雪野湖文化旅游集聚区、齐河黄河国际生态城文化产业聚集区、滨州西王印台山玉米文化产业园集聚区和聊城中华水上古城文化产业园集聚区。

(4) 西部经济隆起带文化产业规划布局。在《西部经济隆起带文化产业发展规划》中，着力构建“三轴带动、四大高地辐射、五大集聚区支撑”的文化产业格局。“三轴”即京杭大运河文化遗产展示轴、临枣济菏鲁南文化产业发展轴、德聊菏鲁西文化产业发展轴；“四大高地”即文化产业转型高地、文化商贸物流高地、生态文化发展高地、手艺乡村发展高地；“五大集聚区”即曲阜优秀传统文化传承发展示范区核心区、蒙山沂水红色文化产业集聚区、二战文化产业集聚区、水浒文化产业集聚区、艺术品产业集聚区。

（二）空间整合思路一：“一核、双城、四区、六带、若干城市节点”

依托山东资源禀赋和齐鲁文化特色，充分打好“孔子牌”，念好“山海经”，奏响“忠义曲”，唱响“正义歌”，突出齐文化、鲁文化、莒文化、泰山文化、海洋文化、红色文化，建设一批特色文化示范区，充分发挥地方特色文化优势，推动形成区域文化竞相发展的良好局面。

“一核”即“齐鲁文化”这一核心；“双城”指济南和青岛两个城市；“四区”指黄河三角洲高效生态经济区、山东半岛蓝色经济区、省会城市群经济圈和西部经济隆起带；“六带”包括“三纵”“三横”六条产业带，“三纵”指京沪高铁文化产业带、京杭大运河文化产业带、滨海文化产业带，“三横”指胶济铁路文化产业带、黄河文化产业带和日兰高速文化产业带；“若干城市节点”主要是指除了济南和青岛以外文化产业发展潜力较大的主要地级市。

1. “一核”统领。齐鲁文化，是齐文化和鲁文化的统称。春秋时期的鲁国，产生了以孔子为代表的儒家思想学说，而东部滨海的齐国却吸收了当地土著文化（东夷文化）并加以发展。两种古老文化存在差异，在发展中逐渐有机地融合在一起，形成了具有丰富历史内涵的齐鲁文化。一个缺少文化自信的民族是无法从过去走向未来的。

在中华民族艰难而辉煌的发展历程中，优秀传统文化薪火相传、历久弥新，始终为国人提供精神支撑和心灵慰藉。2013 年 11 月，习总书记在视察山东时特别强调，要“继承弘扬传统文化的合理成分，创造性转化，创新性发展，形成我们的新文化，提高民族自信心，创造中华文化的新辉煌”。对待传统文化，要“有鉴别地加以对待，有扬弃地加以继承”，“要加强对中华传统美德的挖掘阐发。要因势利导、深化研究，使我国在东亚儒家文化圈中居于主动，在世界儒学传播和研究中始终保持充分话语权”。山东作为儒学文化的发源地和儒学研究的核心地域，在儒学文化的传播与交流、传统文化的创新与发展方面具有先天的优势和义不容辞的责任。山东省在文化产业的发展中要以齐鲁文化为根基和核心精神，紧紧围绕这一文化核心而展开。

2.“双城”辐射。济南和青岛是山东文化产业发展的两大龙头城市，对区域文化产业的发展具有较强的辐射带动作用。济南和青岛文化产业在全市经济社会发展和文化建设中的重要作用日益凸显，与相关产业融合发展的步伐不断加快，已成为支柱性产业，以其产业基础和发展实力引领全省文化产业发展是济南和青岛两市责无旁贷的使命。济南是山东省省会城市，政治、文化、教育中心，中国历史文化名城，也是国家批准的十五个副省级城市之一。济南拥有 2700 多年的历史，是中华文明的重要发祥地之一。着力将济南建设成为具有较强国内竞争力和国际影响力的区域经济文化中心、科教人才中心、旅游会展中心。充分发掘利用济南深厚的历史文化资源，将历史文化、生态文化、名人文化与泉水文化有机结合，不断提升“天下泉城”的内涵品质，扩展品牌外延，努力打造济南特色文化标志，铸造“天下泉城”品牌，夯实传统优势文化业态，做大做强新型文化业态，大力发展大学创意产业园区，培育一批龙头文化企业，做大做强一批辐射力强的文化品牌。

青岛是中国的副省级城市、计划单列市和区域中心城市，是世界性区域贸易中心、东北亚国际航运中心、国际滨海旅游度假胜地、中国优秀旅游城市。以青岛为山东省文化产业发展的东部核心，协同烟台、潍坊、威海、日照等沿海城市，充分发挥山东半岛海洋文化资源丰富的优势，彰显海洋文化特色，大力发展与海洋文化有关的文化创意、文化会展、动漫游戏、数字出版、数字传输、新型文化用品及设备等新兴文化业态，打造海洋文化品牌。推动文化与科技的融合，充分运用现代科技手段改造传统文化产业，发展新型文化业态。推动文化与旅游的融合，重点开展滨海休闲度假、历史遗迹探寻、海岛观光、湿地生态旅游、海滨城市旅游、水上运动体验等文化旅游形式，提升产业层次，辐射带动形成全国最大的休闲度假半岛，打响山东半岛“蓝色文化旅游”品牌。

3.“四区”协同。黄河三角洲高效生态经济区、山东半岛蓝色经济区、省会城市群经济圈和西部经济隆起带是山东省四个区域性经济文化发展片区，文化产业作为新兴产业和未来国民经济支柱型产业，在区域经济的发展中发挥着举足轻重的作用。四个区域关于文化产业的专项规划《黄河三角洲高效生态经济区文化产业发展规划》《山东半岛蓝色经济区文化产业发展规划》《省会城市群经济圈文化产业发展规划》和《西部经济隆起带文化产业发展规划》已经出台，在未来一段时间应根据规划指导文化产业发展，加强规划的落地实施工作，确保将规划落到实处。

（1）黄河三角洲高效生态经济区：立足于地方独特文化资源和区位优势，凸显后发优势，快速实现传统文化产业升级优化，鼓励电子信息技术应用和推动新兴文化产业业态形成，统筹经济社会和生态文化一体化发展。依托山东，对接京津冀，服务环渤海，面向东北亚，吸引和加强长三角、京津冀地区文化产业梯度转移和文化项目合作。探索建立“低碳环保、黄河特色、质量效益”的文化产业发展新模式，力争到2020年，基本建成文化产业发达、生态环境优美、文化消费旺盛的文化产业示范园区。

（2）山东半岛蓝色经济区：到2020年，文化产业增加值平均增长速度明显高于全省平均增速，文化产业成为山东半岛的特色产业、重点产业和优势产业，半岛文化产业综合实力走在全省前列，成为我省重要的区域性文化产业中心。通过实施蓝色经济战略，大力推进文化产业发展，为社会提供多层次、多样化的文化产品和文化服务，满足人们对文化消费的需求，促进和谐社会建设，为和谐社会营造良好的文化氛围，提升文明水平。

（3）省会城市群经济圈：努力建设成融汇齐鲁、开放创新的文化型城市群、经济文化强省建设的重要片区、东部沿海地区重要的中国传统文化传承和创新集聚区、全国重要的文化创意和现代科技融合发展示范区。到2020年，产业结构优化升级，区域布局协同合理，文化品牌建设成效显著，培育一批外向型文化企业，支持文化企业到境外开拓市场，推动中华文化走向世界。

（4）西部经济隆起带：依托西部地区传统文化资源，推动文化产业创新发展，努力将西部地区建设成为山东省文化产业跨越发展隆起带、京沪高铁沿线文化产业重要片区、全国重要的传统文化传承创新集聚区。综合实力不断增强，文化产业增加值力争到2020年翻一番，占全省文化产业增加值的比重大幅提升。产业发展层次不断提高，园区基地和企业稳步发展，品牌带动能力明显提高。

4.“六带”贯通。“三纵”——京沪高铁文化产业带、京杭大运河文化产业带、滨海文化产业带，“三横”——胶济铁路文化产业带、黄河文化产业带和日兰高速文化产业带，六条产业带作为山东文化产业发展的大动脉，起到了贯通南北、连接东西的作用。京杭大运河文化产业带、滨海文化产业带、黄河文化产业带以文化为纽带，将沿岸地区串联起来，实现文化资源的整合开发与协同发展。京沪高铁文化产业带、胶济铁路文化产业带和日兰高速文化产业带以交通干线为纽带，成功将山东和首都经济圈、长三角经济圈串联起来，打通山东内陆与海上丝绸之路的通道，将山东沿海与中西部地区串联起来，将山东文化产业与国内外联通起来。

5.“若干城市节点”支撑。山东省除济南和青岛外，其他地市在区域文化产业发展中发挥着重要作用。根据各地市的文化特色，确定其文化产业发展定位，因地制宜，重点打造一批特色文化品牌，形成特色鲜明的差异化文化产业发展格局。例如，济宁市以曲阜为核心发展成为全国乃至全世界的儒家文化中心，泰安发展成为以泰山为引领的文化旅游休闲高地，临沂发展成为中国红色文化示范区，枣庄发展成为国内“二战”文化品牌示范区，淄博市打造齐文化品牌，聊城市打造“江北水城，运河古都”文化品牌，东营市建设黄河文化产业核心区。

（三）空间整合思路二：“双核、双轴、五大文化片区、多区域中心”

“双核”指济南和青岛两个副省级城市；“双轴”指京沪高铁文化产业发展轴和胶济铁路文化产业发展轴；“五大文化产业片区”指儒家文化产业片区、红色文化产业片区、泉水文化产业片区、齐文化产业片区和海洋文化产业片区；“多区域中心”指区域性中心城市。

1.“双核”辐射。济南和青岛两个副省级城市，也是山东省文化产业发展的龙头城市。以济南和青岛分别为西、东核心，辐射带动周边区域文化产业发展。着力将济南打造成为文化产业业态齐全、产业链条完整、新型业态发达、核心竞争力强的山东省文化产业的西部核心，将济南建设成为具有较强国内竞争力和国际影响力的区域经济文化中心、科教人才中心、旅游会展中心。以青岛为山东省文化产业发展的东部核心，协同烟台、潍坊、威海、日照等沿海城市，充分发挥山东半岛海洋文化资源丰富的优势，彰显海洋文化特色，大力发展与海洋文化有关的文化创意、文化会展、动漫游戏、数字出版、数字传输等新兴文化业态及新型文化用品、文化设备，打造海洋文化品牌。

2. “双轴”贯通。京沪高铁和胶济铁路既是发达的交通线路，也为沿线地区的发展提供了便利，形成文化产业发展轴线。京沪高铁加速了现代服务业的空间要素流动，扩大了要素集散度的空间分异，形成了不同形式的空间组织形式。京沪高铁进一步夯实了北京和上海的中心地位，加速东部发展轴的快速形成，提升京津冀和长三角城市群的地位，提升山东的对外辐射能力。京沪高铁开通后，北京—青岛的通达时间为4个小时，比原来缩短了1.5小时，拉近了山东与北京的时空距离。同样，与上海的时空距离也大大缩短，均在半日经济圈内。由此，山东在接受京津冀都市圈和长三角城市群辐射和带动的同时，自身的辐射范围也明显扩大，向北扩散到东北地区，与京津冀、辽东半岛城市群共同构筑环渤海地区的经济增长极，向西辐射和带动整个黄河经济协作区，成为黄河流域的经济中心和龙头带动区域，向南将会促进与皖中城市群和浙中城市群经济、社会的联系。山东省的文化产业借助高铁优势，将得到极大发展。

3. “五大文化产业片区”协同。儒家文化产业片区、红色文化产业片区、泉水文化产业片区、齐文化产业片区和海洋文化产业片区构成山东省五大特色文化产业片区。儒家文化产业片区在世界层面定位为全球儒家文化圣地与世界文明对话平台、儒家文化国际交流合作示范区、国学文化体验旅游与修学度假首选目的地；在国家层面定位为中华民族先祖先圣先哲纪念地、国家级文化经济特区、弘扬优秀传统文化的“首善之区”。红色文化产业片区以红色文化为核心，集中打造红色文化品牌，重点发展红色旅游、生态旅游、乡村旅游、影视等文化业态，成为与延安、井冈山等并驾齐驱的红色文化圣地。泉水文化产业片区以趵突泉、百脉泉为中心，打造“西则趵突，东则百脉”的泉水双核心景区，打响“天下泉城”品牌。齐文化产业片区整合齐商文化资源，策划一批优质文化项目，形成齐文化产业集聚区，打造齐文化品牌。海洋文化产业片区通过实施蓝色经济战略，大力推进文化产业发展，为社会提供多层次、多样化的文化产品和文化服务，满足人们对文化消费的需求，促进和谐社会建设，营造良好的文化氛围，提升文明水平，力争到2020年，文化产业综合实力走在全省前列，成为山东省重要的区域性文化产业中心。

4.“多区域中心”支撑。以重点地级市、发展实力较好的县市区为中心，带动周边地区文化产业发展，成为文化产业发展的支撑点和落脚点。

（四）空间整合思路三：“一核、两城、十五大集聚区、三十大园区、五十大企业”

“一核”指齐鲁文化；“两城”指济南和青岛两个文化创意城市；“十五大集聚区”是根据空间集聚发展现状培育形成十五个文化特色鲜明、竞争力强的文化产业集聚区；“三十大园区”是重点培育发展三十个文化产业园区，成为文化产业集聚化发展、产业链条打造、品牌培养的示范园区；“五十大企业”是重点培养五十个大型文化企业，参与国内国际竞争，打造企业品牌，积极推动企业上市融资，从而带动中小微企业发展，形成繁荣的文化市场局面。注重微观实体运营，实现文化产业由政府主导向企业运作转变，提高文化产业内生增长动力，提升文化产业质量和效益。

（五）重要节点

1.曲阜优秀传统文化传承发展示范区

积极推动“曲阜优秀传统文化传承发展示范区”建设上升为国家战略，列入国家“十三五”规划。在儒家文化研究和传播、文物保护、历史名村名镇名城保护、项目建设、红色旅游开发、基础设施建设等方面，在国家层面上为示范区争取更大的支持。

以曲阜、邹城两座国家级历史文化名城为中心，以曲阜国家级文化产业示范园为载体，以儒家文化资源为核心，以构建公共文化服务体系建设为抓手，以文化大项目建设为带动，以创新管理体制机制为动力，以特殊优惠政策为支持，加快推进文化经济融合发展，快速提升山东济宁文化实力和竞争力，努力把“曲阜优秀传统文化传承发展示范区”打造成为中华民族共有精神家园、儒家文化传承创新区、公共文化服务体系先进区、文化经济融合发展示范区、文化创意创业人才聚集区和国际旅游目的地。

加强优秀儒家文化遗产的挖掘和保护。以文化生态体系为核心，贯彻实施曲阜片区文化遗产保护总体规划。积极争取国家和省级文物保护资金，加强对“三孔”、“三孟”、曾庙等历史文化遗产的保护，丰富文化内容，不断完善展示服务功能，促进文化遗产保护与人们生产生活和谐共处，与自然环境、经济社会发展相依相存，创建国家级文化生态保护区。

支持重点文化项目做大做强。依托孔子故里及周边地区特有的人文与自然景观，在曲阜规划设立孔子学院总部体验基地，将其打造成为国际知名的文化体验和休学度假的首选目的地。加强对曲阜明故城儒家文化体验园、文化产业示范园、文化创意综合体、城前镇红色文化生态游项目、五宝庵山旅游区等的招商引资工作，形成大项目集聚，将曲阜优秀传统文化传承发展示范区打造成为文化产业集聚区，发挥集聚效应。

打造完整的儒家文化产业链条。加强传统文化与现代创意的有机结合，形成以传统文化为灵魂、以现代创意为载体的文化产品体系，支持孔子研究院、山东儒源文化集团等儒家文化教育培训机构发展，推动衍生品开发、动漫、演艺剧目等发展。突出教育培训、旅游度假两大主导产业，培育会展节庆、文化创意、健康养生三大潜力产业，提升演艺娱乐、艺术品、影视传媒、数字动漫等新兴产业，构建文化与经济高度融合的产业体系。

在保障措施方面，制定出台文物旅游体制改革方案，理顺完善曲阜文化产业园管理委员会机构设置，形成高效顺畅的管理机制。按照“集团引领、项目带动、资本运作、科技支撑、金融服务”的思路，对曲阜文化旅游发展投资集团有限公司进行资本整合，作为曲阜文化产业资本运作、项目开发的投融资平台，成为文化部组织的中国文化产业协会常务理事单位。同时，进一步加强文化事业建设，致力建设“首善之区”，大力创建“全国文明城市”，深化“彬彬有礼道德城市”建设，出台实施“勤善公和”四大工程建设意见，策划启动“百姓儒学节”，让“全民学儒学，百姓好活法”主题理念深入民心。

2.“一带一路”在山东

自 2013 年习总书记提出“一带一路”战略构想以来，今年“一带一路”战略已经进入实质性推动阶段。山东省在 2014 年政府工作报告中三次提到“一带一路”战略，强调要抓住战略机遇、加强与沿线国家地区合作、主动融入其中。山东已被确定为国家“一带一路”规划海上战略支点和新亚欧大陆桥经济走廊沿线重点地区。融入“一带一路”战略，山东省应把握方向，依托便利的海陆大通道、优良的海港优势和重点特色园区平台，将世界与中国的机遇，变成自身发展机遇。

2014 年，山东省积极参与“一带一路”战略实施，与沿线国家经贸合作取得积极进展，与“一带一路”沿线国家实现外贸进出口 676.4 亿美元，增长 3.7%，占全省的 24.4%。其中，出口 373.5 亿美元，增长 11.8%，高于全省 3.9 个百分点，占全省的 25.8%。引进“一带一路”沿线国家投资项目 113 个，合同外资 9 亿美元；实际到账外资 14 亿美元，增长 86.4%，高于全省 78.3 个百分点。境外投资占比近五成。在“一带一路”沿线国家设立境外企业（机构）124 家，中方投资 28.1 亿美元，增长 106.5%，占全省的 44.7%。对“一带一路”沿线国家新签合同额 68.7 亿美元，完成营业额 49 亿美元，分别占全省的 64.8%和 52.9%。

当前，山东省已形成了“两区一圈一带”的区域发展总体战略。山东省区域发展战略的核心，就是突破“陆海对立、区域分割”的思维。开发海洋、寻找飞地、集聚产业、联动区域等为山东省在“一带一路”战略中打下了“自身硬”的承接基础。在融入“一带一路”战略进程中，“一蓝”应利用海洋资源，面向东北亚扩大开放，打造高端海洋产业，突出战略支点地位；“一黄”则依托生态经济和低碳循环发展，突出生态文明示范建设；“一圈一带”要发挥圈层经济体向心协同发展和临边经济互联互通特点，通过城市间的联动增强辐射能力，强化专业化园区建设，充分挖掘文化内涵，在新亚欧大陆桥经济走廊沿线经济文化高地建设中走在前列。

节点城市应充分发挥作用。在国家多部委联合发布的《推动共建丝绸之路经济带和 21 世纪海上丝绸之路的愿景与行动》中，青岛和烟台与国内多个沿海城市并列其中，这让青岛、烟台一举站上中国对外开放的最前沿。作为货物和集装箱吞吐量“双料世界第七”的青岛港，在海陆丝绸之路“十”字结点位置优势明显：北接京津冀，南达长三角及珠三角，西连中西部地区及中亚五国，东临东北亚，面向整个环太平洋地区，具有深化全球合作、集聚生产要素、吸纳各方投资和带动区域发展的区位条件。加快建设国家级青岛西海岸新区，争取青岛获准开展自贸区试点，提升参与国际竞争与合作的能力尤为关键。烟台的港口发展、经济建设面临全新的契机和空间，东方海上丝路首航地将整装再出发。

山东省文化产业要在融入“一带一路”过程中发挥产业优势，实施品牌、资本、市场、人才和技术的国际化战略，在“一带一路”沿线建设资源基地、生产基地、综合服务基地、研发设计基地和布局营销网络，逐步控制产业价值链分工的高端环节，占据全球产业分工的主导地位。

五、重点突破

（一）传统文化资源的创意利用

1.传统文化资源景观化

挖掘地域性传统文化资源，通过实施山东省各地市基础设施建设工程、游客服务系统建设工程、公共景观与环境建设工程、营销促销工程，增强文化景观、旅游核心吸引物的可感知性、可理解性和可参与性，促进资源“活化”；完善基础设施景观系统建设，提升旅游交通、接待、休憩点人文景观建设水平，丰富文化内涵，打造主题景观广场，延长游客滞留时间。完善集散节点游客服务中心系统；完善公共景观与环境建设系统。优化建筑景观布局，推进旅游目的地、文化产业特色区整体环境建设及区域风貌建设。

充分挖掘山东省厚重的文化底蕴、文化元素，在城市建设上，为创意人才提供多元、开放、富于创造力的自然与人文环境；营造创意生活氛围，增强城市创意生活方式的吸引力，发展富含文化品位的建筑景观小品、影视拍摄现场、创意集市、创意产品制作与展示街区等特色文化空间，促使创意工作者与旅游文化消费者的融合互动。

2.传统文化资源符号化

加强对山东省文化艺术品资源的分类梳理，加快文化衍生品创意开发、打造特色文化产业体系，推动带有齐鲁文化元素、刻有山东地域文化符号的文化产品走进千家万户。建立传统文化资源生产性保护基地，鼓励非遗衍生品开发，推动非遗资源与文化产业融合，提升非遗的发展动力，实现非遗“活”态传承。积极推动传统文化与现代文化融合发展，将山东省弘扬优秀传统文化纳入公共文化服务体系建设之中，组织开展传统文化表演展示活动，创作生产一批传统文化题材的优秀剧（节）目；将吕剧、风筝、年画等山东文化元素打造成山东文化的“代言人”，挖掘山东文化能量。重点扶持山东杂技、地方歌舞、地方戏曲、工艺美术等非物质文化遗产类产品等开拓国际市场。在搞好商业演出、商业展览的同时，努力扩大工艺品、艺术品、影视剧等产品的出口。加强与国外知名文化企业、文化机构的联系合作，借助其销售网络、传输渠道和贸易平台，推动更多文化产品和服务走出国门。

3.传统文化资源体验化

提炼山东省各地市文化符号，塑造文化品牌，探索“传统文化资源＋创意＋情感＋生活体验”的现代化开发模式，提升历史文化价值。在开发利用历史文化资源中，适当注入现代元素，并与现代科技结合推陈出新。例如，梳理山东省各地市名士文化，选定当代知名人士作为地域“形象大使”，使名士与创意生活融为一体；整合各地名人故居游、修学游、风情游等多种产品，不断推出既有文化内涵、又有参与功能的旅游项目。留住乡村记忆，建设美丽乡村。依托山东省内不同类型的具有鲜明特色的小城镇区位与生态环境条件，以乡村为核心，充分激活山、水、田、人、文、宅等资源，融入民俗歌舞演艺、民俗服装、地方特色餐饮、传统节庆等元素，创建涵盖现代化的农业生产、生态化的田园风光、园林化的乡村气息和市场化的创意内容为主体的美丽乡村。

（二）文化消费市场的迭代升级

1.培育现代文化消费理念

（1）树立积极向上的文化消费理念。正确的文化消费观，要以科学发展观为指导，引导消费者树立以人为本，全面、协调、可持续的发展理念。首先，要确立正确的文化观。先进的文化观源于先进的文化教育和文化引导，应该大力吸取我国传统文化精华，从小树立先进的文化观念。其次，要树立科学的消费观。提倡节约消费和适度消费，反对铺张性消费和炫耀性消费。最后，推行文化惠民卡，举办文化消费季活动。

（2）提高城市文化消费者的素质。科技的迅猛发展以及产品的极大丰富，使人们在面对眼花缭乱的文化产品和服务时难免会不知所措。通过提高文化消费者的素质，不断提升居民的文化消费水平和消费层次，提高审美标准，正确地鉴别文化的雅与俗，从根本上摒弃那些不健康、不积极而且有害于个人以及整个社会的低俗文化，吸收并弘扬有利于人的自身发展以及能够促进整个社会文明进步的高雅文化。

（3）激发农民参与文化消费的积极性。引导农民参与文化消费，一方面要改变农民的主体意识，使他们从主观意识上接受文化消费所带来的价值和意义，主动去了解更多的文化产品和服务，积极提高自身文化消费的品位和层次；另一方面还要使农民从文化消费中摆脱愚昧、盲从、跟风，不断增强他们的文化科学知识和文化修养，提高他们的文化鉴赏力，培养高雅、健康的文化消费方式。

2.构建全方位消费激励机制

（1）建立时间消费激励机制。通过完善休假制度，如实行“N＋X”的形式，其中N为法律规定假期，X则为“文化假期”，以保障居民文化消费的时间需求。在此机制下持续实施文化惠民工程，推动政府成为健康文化消费的倡导者，让市场成为推动文化惠民的主阵地，支持文化企业成为推动文化消费的主力军，实现文化建设成果全民共享。

（2）建立空间消费激励机制。通过不同区域多层次、多渠道的文化产品或服务的供给，满足消费者文化消费的空间需求。在此基础上通过多举措提升“文化山东”消费水平，通过教育、媒体等大众传播方式，拓展文化消费的层次，通过实行专家讲评、权威部门推介、消费者示范等方式组织读书会、社区游艺等群众性、集体性消费活动。

（3）实施票价优惠机制。通过实施文化消费鼓励政策，对居民进行文化产品或服务的消费给予优惠；通过政府补贴、政府采购降低文化产品或服务的费用，降低消费者文化支出成本。建立面向终端文化消费者的激励机制，强化带薪休假制度的管理和执行，鼓励相关部门、企事业单位试点推行文化消费福利制度，在国家和省级重大、特定的文化节日期间给予票务减免、弹性休假等优惠。

（4）建立文化消费表达机制。在确保主流意识形态安全的情况下，突出大众文化消费特点，在依法监管、健康消费的基础上，平衡产业发展方向，建立大众文化消费需求的表达机制，理顺文化的供给与需求。加强文化消费信息的反馈与引导，及时获取公众对文化产品和服务的意见和建议，完善大众文化需求的表达、意见搜集和社会评估等环节，提升文化产品市场满意度。积极开展丰富多彩的群众文化活动，建立以需求为导向的文化进社区、文化下乡等文化服务内容，营造良好的社会氛围，激发大众文化消费活力，加大公益性、体验式文化活动举办次数，吸引城乡居民广泛参与文化消费。

3.优化文化产品和服务供给环境

（1）丰富文化消费品种和类别。首先，提供多元化、个性化、大众化的文化产品和服务，满足不同收入阶层、不同文化层次居民的文化消费需求，为人们提供通俗易懂、雅俗共赏的文化产品和服务。其次，提高文化产品的质量。不断推出高质量、特色鲜明、民众喜闻乐见的文化产品，加大文化产品的文化内涵和韵味，使文化消费者在消费文化产品和服务的同时，能够感受到产品所传达出的文化气息和社会历史背景。同时要加强文化市场的监管力度，遏制低俗文化产品的生产和传播，净化文化消费环境。最后，通过科技创新，提高文化产品的功能和用途，提高文化产业链效应。培植文化消费热点，满足不同群体的文化消费需求，从而促进消费结构升级，带动文化消费健康、有序发展，推动文化消费创意发展。

（2）打造多层次、跨地域文化消费圈。建立常态化的文化消费营销体系，加大财政投入，统筹山东省各地市剧场、影院、书店、音乐厅等公共文化资源，统筹各市的规划布局，打造一批特色文化消费综合体，建立“两小时”文化消费圈，探索建立驻场型、长期型的专业化的演出展示中心，打造消费窗口。推动山东省各地市影院走亲民发展路线，从观影方式到票价定位打破传统的经验思路。推动电影院线与电视台、银行合作，开展促销活动。通过和民间团体联系，以微博互动宣传开展一系列关于观看电影的优惠活动。逐渐发展小众观影、主题观影、私人定制等新兴观影模式，通过实施多元化的观影服务推动影院发展。

（3）建立文化消费大数据分析系统。从市场的角度探讨消费者的文化需求，以文化消费需求引领文化产业发展，提供适销对路的文化消费产品和服务。关注高新科技创造的新业态带来的巨大消费需求，发展数字化文化消费产品和服务。提高文化产品质量和服务水准，融合电影、地方戏剧、互动休闲、乡村旅游等山东省文化消费热点项目，集中开发一批品位高、形式多、层面广、影响力大的文化产品和服务。针对消费对象的群体差异、层次差异和背景差异，打造更具个性化和差异化的产品服务体系，积极培植符合山东人收入水平、文化特色的文化消费习惯。

（三）商业模式的“再创新”

加强文化领域技术集成创新、商业模式创新与自主创新，推进文化领域大众创业、万众创新。

1. 实施文化金融合作“众筹模式”

（1）众筹＋非遗文化资源

将众筹模式融入到非遗博物馆或者非遗展览馆中，在宣传的同时推动非遗产品的流通。比如，在济南、青岛等地举办一场展览会的时候，通过众筹模式来售卖门票，基础回报是门票，不同的支持金额可以得到不同的回馈，比如博物馆里原件的复制品，又或者请非遗的传承人为支持者单独制作作品等。

（2）众筹＋视听产业资源

通过山东省内鲁剧、微电影、动漫作品众筹，为艺术品创作者们带来资金与人脉，用互联网的模式向大家宣传推广自己的作品。通过众筹，推动创作者们可以在网上展示自己的作品，集聚志同道合的群体，组建自己的艺术品融资圈。

（3）众筹＋特色文化项目

坚持“人无我有”，开发特色众筹项目，比如针对山东省特色艺术品，可以发起一个慈善艺术品项目，众筹为自己的母校或者为自己的故乡制作一座雕塑或者一套陶瓷；针对网络文学作品，可以择其传播最广的作品，众筹为其改编为漫画或者动漫作品；针对传统手工艺品，可以将众筹与在线教育相结合，制作一部简易教学视频，教导有想法的人设计自己的作品；针对书法或绘画，可以通过众筹与画廊或文交所合作，推出众筹展览项目；针对歌曲演艺，可以策划现场众筹，实现线下与线上的结合。

（4）建设文化艺术金融试验区

探索设立“艺术品银行”，组建文化银行和演艺股权引导基金，推进文化艺术金融试验区建设。将山东省内参与的艺术家的作品存入“银行”，与企业、网站或机构合作，通过出售、转让、租赁作品实现运转。“艺术品银行”本身既可以作为一个公司，与其他公司展开合作，也可以作为一个交流社区，自组圈子进行文化上的交流；公司做大做强以后，甚至可以做成交易所的形式，满足产品的流通。

2.实施“互联网+文化”发展模式

“互联网+”代表一种新的经济形态，即充分发挥互联网在生产要素配置中的优化和集成作用，将互联网的创新成果深度融合于经济社会各领域之中，提升实体经济的创新力和生产力，形成更广泛的以互联网为基础设施和实现工具的经济发展新形态。

(1) 互联网+创意型农业

推动山东各地特色农业区信息互联网进程，加强农产品生产与市场需求的有效对接，把握农业生产的重点，同时通过大数据掌握农产品最新价格走势，或使用低成本、标准化、开放的移动物联网业务，促进农民随时监控农业生产、生长过程，与第三方物流联合跟踪商品销售过程；吸引创意人才积极投身农业品牌打造，培育具有互联网思维的“新农人”群体，推动农民建立农产品品牌意识，提升产品价值，从农产品大品类中细化出独立品牌，建立品牌培育系统；推动创意生活与现代时尚节庆相结合，带动人气聚集，提升品牌知名度，创造更为多样模式的“时尚农业”；推动农业电商全面化发展，有效减少中间环节，实现农民收益最大化。

图 1-2-16 时尚农业

(2) 互联网+服务型金融

优化互联网服务平台，促进线上线下服务一体化。通过渠道的协同，实现线上线下的打通与互动，使银行服务随时随地满足客户需求；利用大数据、开放合作的方式，打造网络服务平台，通过跨界融合的方式重构商业模式和业务流程；推动山东省内各大银行充分整合现有数据资源，通过大数据管理，实现银行内部数据共享。创新互联网金融服务平台模式，推动由“支付＋信用”中介向“支付＋信用＋信息”中介的转变。推动第三方支付、众筹融资、新型电子货币以及其他网络金融服务平台“诚信系统”建设，建立社会征信系统；建立健全移动金融服务体系，组合运用智能设备和新技术，增强用户体验，实现线上线下无缝连接和闭环运行，推动银行网点从“业务处理型”向“营销服务型”转变。

（3）互联网＋体验型教育

有效整合教育资源和互联网技术，推出高互动性与鼓励个性化学习的在线教育服务创新产品，避免跟风与概念化投资。大力开发移动端应用，增强互动答题等手机应用软件的娱乐性，同时运用高科技手段研发幼教领域针对学龄孩子的教育应用系统；加强产品及服务的互动性，强化学校和家长的沟通，通过家庭教育的合力提升教学效果，满足信息不对称需求，为学生群体构建一个自由抒发感想、培养兴趣的平台；加强后期服务，完善智能题库、在线解答以及学习讨论社区等模式，解放机构线下人力，促进效率和效果提升，增加定制化增值服务。重点推出师徒在线的主营业务，实现学生家长与学校之间的信息交流。

3.业态融合引领发展模式

（1）文化＋旅游

打造技术支撑的文旅互动新型体验项目。充分发挥信息化技术对文化旅游产业的引领作用，利用新技术创新产品和服务，加强旅游线路设计，增加互动性、情境化活动，延伸并增强文化旅游产业链。

塑造标志性界域融合的新兴旅游业态。延伸文化旅游的产业边界及领域，在山东省逐步发展农业采摘与观光旅游、工业参观与体验旅游、动漫与影视旅游、体育旅游、表演与演出旅游、会展旅游和商业旅游等新兴业态，促进文化旅游与地区经济的共同发展，促进地区产业结构的转型与升级。

营造宜居宜游的“好客山东”共存空间。提升历史街区、购物广场、桥梁、主题景观等设施的文化价值与艺术张力，赋予资源新价值，促进休闲娱乐、文化熏陶、精神享受等功能融合，打造常态的宜居与宜游共存空间。

共建典型性地域融合的园区、景区、城区。在山东省文化旅游产业融合发展过程中，着力避免重复性建设，加强园区、景区与城区三者的空间地域融合共建，增加山东省文化旅游空间竞争能力。

（2）文化＋科技

建设一批产学研战略联盟。完善以企业为主体、以市场为导向、产学研相结合的文化科技创新体系，建设一批产学研战略联盟和公共服务平台。在山东济南、青岛等地积极发展非遗项目的研究与研发、展览展示、体验和交易的“政、产、学、研、销”专业平台。将资源整合、发展文化产业与城市更新结合起来，积极倡导“非遗＋科技”“非遗＋旅游”的经营理念。

打造“齐鲁文化”数字内容产品。挖掘山东省具有标识性的文化元素，发展数字音乐、数字广告、数字出版和数字学习、数字游戏，开展民生应用、电子政务、电子商务、娱乐游戏、视频通信等基于电视、电脑、手持终端等各种网络服务，加快数字内容产业发展。

建构完善“山东文化艺术云”智库平台。整合全省文化艺术资源，提升齐鲁文化科技水平，建设“山东文化艺术云”平台，建立健全数字化文化艺术资料库，实现齐鲁文化全省共建、全球共享的新格局。

（3）文化＋制造业

塑造工业设计新形态。推动山东省具有传统优势的文化艺术产品和设备制造业的发展，提高创新能力，培育自主品牌，实现由加工型向精密制造型升级，由产品制造型向内容研发、衍生产品开发升级，将山东省打造成为高端文化艺术产品和设备制造基地。探索发展研发新型影院系统、数字多媒体娱乐设备、流动演出系统、多功能集成化音响、游戏游艺设备等。

（4）传统媒体＋新兴媒体

鼓励发展全媒体。持续支持山东省新闻媒体利用大数据和云计算技术推进新闻生产，优化媒体内容制作、存储、分发流程，提升数据处理能力，综合运用图片、文字、图表、动漫、音视频等形式展示新闻内容。推进报网融合、台网融合，形成一体化发展的组织结构、管理体制和传播体系，大力发展全媒体。对媒体融合的技术升级、平台拓展、内容创新等项目，在立项审批、资金支持等方面给予重点支持。

增强传统媒体融合的主动性。传统媒体要坚持用户至上理念，增强用户获取新闻的便捷度，整合既有新闻素养又懂互联网技术的新闻团队，改变僵硬的新闻运作和采编流程，不断提供“稀缺”内容、“增值”新闻服务的供给；掌握新的商业模式，有的放矢，避免自说自话、自娱自乐，更好地扩展读者群，增强用户粘度，为媒体自身拓展“地盘”提供坚实的物质保障。

（四）载体平台的建设与运营

1.深入实施乡村记忆工程

倡导“现代+传统”的传承方式。在全省倡导人人参与“乡村记忆工程”，建设多个乡土博物馆。在乡土博物馆建设中，动员民众参与山东民俗、工艺、生产生活等实物的征集活动，展示村史、村情，保护齐鲁传统文化遗产的“新模式”。以“现代+传统”的传承方式延续乡村记忆。坚持原生态保护原则，对农村历史街区、传统民居院落等物质文化遗产和生产、生活民俗等非物质文化遗产实施保护。推动文化城镇建设，将传统文化与新型城镇化建设相结合，凸显文化特色，彰显文化魅力。

开拓数字化的展示渠道。以高科技为手段，探索建设“乡村记忆·数字博物馆”“乡村记忆·5D体验馆”等形态，活化传统文化。同时，在积极塑造“乡村记忆名镇”“乡村记忆博物馆”“乡村记忆名村（名街）”“乡村记忆传统民居”的基础上，融入地域性文化元素，丰富展示形式。

坚持项目引领作用。建设山东省“乡村记忆”重点文化产业项目，坚持把重点项目作为引领文化产业发展的着力点，逐步融合创意设计、影视制作、出版发行、印刷复制、演艺娱乐、广告会展、文化旅游、数字内容和动漫等产业门类，加快建设一批具有较强示范效应和拉动作用的重点文化产业项目。

2.强力推进“金种子”工程

扶持小微文化企业孵化器建设。在山东全省选取50家拥有发展前景的小微企业实施“护苗计划”，推出“种子基金”，对小微企业进行投资。建立小微文化企业孵化器，通过奖励、项目补贴、物业费用减免、金融信贷等方式加大对小微文化企业的扶持力度。中小企业创业补助的资金重点支持小微文化企业创业基地、省级及以上各类园区文化企业孵化器的建设。对小微文化企业免征管理类、登记类、证照类行政事业性收费。在创客空间、创新工厂等孵化模式的基础上，大力发展市场化、专业化、集成化、网络化的“众创空间”，实现创新与创业、线上与线下、孵化与投资相结合，为小微创新企业成长和个人创业提供低成本、便利化、全要素的开放式综合服务平台。

发挥人才与项目的驱动作用。充分发挥山东省高层次人才库对文化产业发展的内生驱动力，以山东省艺术与设计产业创新战略联盟、山东省文化创意产业研发基地等为战略平台，在济南、青岛等地文化产业核心集聚区内，组织基础性、引导性重大工程和重点项目入驻，大力发展创意设计、旅游服务、衍生品开发等行业，帮助形成自身特色和产业亮点；在济南、青岛、淄博等城市各大重点高校，驱动实践教学、学生创业、企业孵化等有机结合，加强相关部门的沟通与协调、工作对接，促进创意资源的转化。推动大众创业，不断培育和催生经济社会发展新动力，支持山东省个人创业创新，厚植创业创新文化。

打造文化航母型企业。在全省每年遴选10个左右产业优势明显、发展后劲足、持续增长能力强的文化产业项目列入省重点建设项目，建立领导包保责任制，加强跟踪服务和定期调度；积极推动山东省内文化企业跨行业兼并重组，努力提高文化企业的规模化、专业化水平。培育壮大骨干文化企业，鼓励山东省内有实力的国有骨干文化企业把转企改制与资源整合、结构调整结合起来，打破区域限制和行业壁垒，以资本为纽带，实行跨地区、跨行业、跨所有制兼并重组，培育文化产业领域战略投资者；通过注入资金、资助项目开发、划转相关资产等方式，支持重点文化企业发展，支持符合条件的文化企业通过上市融资和发行产业基金、股权投资基金、企业债券等方式壮大实力规模，打造文化航母。

培育外向型文化企业。充分利用区位和资源优势，开发更多体现山东风格、齐鲁文化特色、国际国内水准的产品和服务，加快培育一批外向型文化企业和对外文化中介机构，把更多的文化产品和服务输送出去；支持国外文化装备企业、行业领军企业来山东省设立区域性或功能性总部，鼓励外资企业在鲁进行文化科技研发和服务外包；深入实施对外文化交流重点工程，重点落实齐鲁文化走出去工程、齐鲁文化港澳台传播工程、文化贸易促进工程，打造“孔子故乡·中国山东”系列文化品牌，组织“齐鲁文化走向世界”系列活动，制定完善文化贸易政策，加大对外向型文化企业扶持力度，培育一批重点文化贸易企业。

3.建设文化产业综合服务平台

加强原有服务平台建设。持续提升山东文化产业信息服务平台建设，完善文化产品电商平台、山东省文化项目投融资网、山东省文化人才网和山东省文化版权服务网四个子平台。加强与山东文化产业创意征集平台的资源整合和信息共享，加强与全国性、地区性产业服务资源、服务平台的对接整合，重点提高“互联网＋”创业项目、众筹项目、创意成果转化、投融资对接等重点领域的服务效率。

打造创新型服务平台。打造创业创新公共平台，建立创业政策集中发布平台，加强创业创新信息资源整合，完善专业化、网络化服务体系，增强创业创新信息透明度，鼓励开展各类公益讲坛、创业论坛、创业培训等活动，丰富创业平台形式和内容。针对文化产业融资难问题，建设山东文化产业投融资数据分析服务平台，使之成为山东文化金融研究、决策支持、投融资信息对接以及文化企业资本运营决策信息分析平台。建设体育产业资源交易平台、科学健身指导服务平台和“线上线下”体育消费平台3个网络平台，助力“互联网＋体育”的发展。

第四节　对策与建议研究

一、创新体制机制

（一）完善文化产业管理体制

按照政企分开、政事分开原则，推动政府部门由办文化向管文化转变，推动党政部门与其所属的文化企事业单位进一步理顺关系。建立党委和政府监管国有文化资产的管理机构，实行管人、管事、管资产、管导向相统一。健全坚持正确舆论导向的体制机制。健全基础管理、内容管理、行业管理以及网络违法犯罪防范和打击等工作联动机制，健全网络突发事件处置机制，形成正面引导和依法管理相结合的网络舆论工作格局。整合新闻媒体资源，推动传统媒体和新兴媒体融合发展。

（二）建立健全现代文化市场体系

完善文化市场准入和退出机制，鼓励各类市场主体公平竞争、优胜劣汰，促进文化资源在全国范围内流动。继续推进国有经营性文化单位转企改制，加快公司制、股份制改造。对按规定转制的重要国有传媒企业探索实行特殊管理股制度。推动文化企业跨地区、跨行业、跨所有制兼并重组，提高文化产业规模化、集约化、专业化水平。鼓励非公有制文化企业发展，降低社会资本进入门槛，允许参与对外出版、网络出版，允许以控股形式参与国有影视制作机构、文艺院团改制经营。支持各种形式的小微文化企业发展。在坚持出版权、播出权特许经营前提下，允许制作和出版、制作和播出分开。建立多层次文化产品和要素市场，鼓励金融资本、社会资本、文化资源相结合。

（三）构建现代公共文化服务体系

建立公共文化服务体系建设协调机制，统筹服务设施网络建设，促进基本公共文化服务标准化、均等化。建立群众评价和反馈机制，推动文化惠民项目与群众文化需求有效对接。整合基层文化宣传、党员教育、科学普及、体育健身等设施，建设综合性文化服务中心。引入竞争机制，推动公共文化服务社会化发展。鼓励社会力量、社会资本参与公共文化服务体系建设，培育文化非营利组织。以公共文化服务体系的建设与完善培育文化消费人群，培养文化消费习惯。

（四）建立社会效益评价体系

从文化内容和受众两大方面来建立社会效益测评体系。通过对传统文化含量、创意创新程度、思想意识的积极性、技术手段的专业性等相应指标的定性分析来评估文化内容生产水平，通过对文化产品和服务的到达率、范围指标、到达率指标、认知度和接受度测评社会反馈。根据社会效益评价体系对社会效益较好的文化产品和服务给予奖励和支持，对社会效益差且造成不良社会影响的文化产业和服务给予查处和惩戒。

二、优化营商环境

（一）深化行政审批制度改革

1. 进一步取消和下放行政审批事项

继续做好政府“瘦身”、取消审批权的改革，最大限度地向市场、向社会放权，把市场能自行调节的交给市场，把社会组织能自行承担和自律管理的交给社会组织；同时，坚决把有利于发挥地方政府优势、有利于提高管理服务效率和方便服务的事项下放给地方政府。不仅应进一步减少审批事项的数量，而且应注重取消和下放更多“含金量”高、对市场和社会影响大的审批事项，特别是逐步减少对投资项目的层层审批，以激发社会投资创业的积极性。

2.严格规范行政审批程序

推行各级政府及其部门权力清单制度，并依法公开权力运行流程。保留的行政审批事项一律向社会公开，各部门和地方政府还在实施的审批事项应尽快公布目录清单。在目录之外，一律不得实施行政审批。适应情况的发展变化需要新设的行政审批事项，应遵循法律程序，经过严格论证才能设立。对于一些地方和部门不符合法律规定设立的各种名目的行政管理事项，应切实加以清理和废止。为规范行政审批的实施，应对审批程序、条件和标准、时限等作出明确规定，并向社会公开。

（二）加强知识产权保护

1.落实法律法规，完善制度体系

落实打击侵犯知识产权违法行为的法律法规和规章，明确定罪量刑标准，配套完善相关检验、鉴定标准，为依法有效打击侵犯知识产权行为提供法制保障。

2.加大侵犯知识产权打击力度

围绕侵权行为多发的重点地区，关系群众切身利益的重点商品和著作权、商标权、专利权等重点领域侵犯知识产权的突出问题，依法集中开展专项整治。加大对侵权犯罪行为的打击力度，依法及时立案侦破、审查批捕、审查起诉、受理审理各种侵权犯罪案件。

3.营造知识产权保护氛围

推进知识产权文化建设，加强知识产权宣传普及，不断提升全社会知识产权保护意识和权利人自我维权的意识和能力。完善政府主导、媒体支撑、社会公众广泛参与的知识产权保护宣传工作体系。加强社会监督，鼓励社会公众踊跃举报投诉侵权行为。

（三）弱化非市场化行为

加强文化市场培育与管理，加强文化产品市场、要素市场、人才市场建设，为市场主体发展创造良好条件。加强文化市场技术监管体系建设。建立全省性文化市场技术监管与服务平台，加快市、县相关平台建设，初步实现省市县三级审批数据和执法数据实时共享。在省内各地市之间扎实开展文化市场执法交流合作工作，并加强省级层面与其他省市区的合作交流。积极推进文化市场平安建设，强化对文化娱乐、营业性演出、网络文化、美术品等重要领域执法检查，搞好暑假、国庆、“两节”“两会”等重要节点专项整治，着力营造良好市场环境。严令禁止送票、要票、行政摊派等非市场行为，加强政府购买文化服务投入力度。通过政府购买服务、项目补贴、以奖代补等方式，鼓励和引导社会力量提供公共文化产品和服务，促进文化产业发展。

（四）加强法规政策的宣传

1. 开展政策法规知识培训、宣讲等活动

适时组织全系统和文化企业、园区、行业协会等开展文化产业政策法规知识培训，切实提高本系统干部、职工依法行政的能力和为民服务水平。开展文化产业政策法规宣讲、知识竞赛、咨询日等活动，提高企业、园区等对文化产业政策法规的知晓率。

2. 充分发挥宣传平台作用

通过厅、局门户网站，地方政府官方网站、门户网站，《大众日报》及各地市报纸，山东电视台、广播电台，各地市地方电视台、广播电台以及手机短信、微信等途径宣传文化产业相关政策法规，充分利用好各种媒体平台。借助文化产业园区、文化广场等平台宣传栏和LED显示屏，全面宣传国家、省及各地市出台的关于支持文化产业发展的政策法规，切实发挥其应有作用。不断扩大宣传效果，努力营造舆论环境。

3. 组织开展宣传月活动

适时组织文化产业政策法规宣传月活动，集中宣传相关政策法规。将文化产业政策法规编印成册，开展“三进三送”活动，在全省范围内深入企业、园区、基地，送政策、送法规、送服务，扩大宣传覆盖面。

三、完善专项政策

（一）财税金融政策

1. 财税政策

增加财政专项投入力度。增强文化产业主管部门对产业发展的引导和扶持职能，支持具有示范带动作用的重大文化产业项目建设，加大对公共技术、投资融资、人才培养、展示交易、信息咨询等公共服务平台建设的支持力度。进一步扩大省级文化产业投资基金规模，鼓励市、县（市、区）设立文化产业投资基金。加大投入力度，整合各类文化专项资金，重点支持文化产业发展平台建设和新兴业态及骨干文化企业发展。文化企业缴纳的土地出让金，优先用于文化基础设施建设。鼓励社会资本改造、新建面向公众开放的文化设施，根据其规模和功能，按照“不叠加优惠”原则，省、市、县（市、区）分级负担，省级从服务业发展引导资金中安排资金补贴，市、县级从现有各类支持文化产业发展的资金中统筹解决。进一步加大对剧场及其运营管理的扶持力度，对中小剧场根据演出场次进行补贴，用于支持其开展低票价惠民演出。进一步加大政府文化资助和文化采购的力度。

积极落实、完善相关税收政策。落实《财政部、国家税务总局关于延续宣传文化增值税和营业税优惠政策的通知》《财政部、海关总署、国家税务总局关于继续实施支持文化企业发展若干税收政策的通知》《财政部、国家税务总局、中宣部关于继续实施文化体制改革中经营性文化事业单位转制为企业若干税收政策的通知》以及《山东省人民政府关于加快发展文化产业的意见》等关于支持文化产业发展的税收优惠政策，加大宣传力度，切实将政策实施到位，助推文化产业发展。针对山东省文化产业发展情况策划出台文化产业专项税收政策，完善文化产业税收政策体系，为文化产业的发展提供政策支持。

2.金融政策

拓宽融资渠道。按照文化部关于创建文化金融合作试验区的部署要求，与中国人民银行济南分行、省财政厅、省金融办等部门合作，选取基础条件较好的市县，建设“文化金融合作试验区”，试点文化金融政策，创新投融资机制，建设文化金融服务中心。鼓励各市积极探索、先行先试，坚持稳妥推进，切实防范金融风险。积极探索证券、基金、租赁等多种投融资模式，筹备设立省级文化产业股权投资基金和行业子基金，强化财政资金的撬动作用，吸引更多社会资本投资文化产业。支持文化企业拓宽直接融资渠道，积极推动文化企业进入境内外资本市场上市融资，支持中小文化企业到股权交易市场挂牌交易和发行债券，探索开展文化产业项目的资产证券化试点。发挥现有商业银行的融资主渠道作用，引导银行加大对骨干文化企业的信贷支持，在文化企业共同投资，相互参股，跨媒体、跨地区、跨行业兼并重组和上市融资等方面提供“一揽子”综合金融服务。推动银行加强对重大文化产业项目和文化产业园区的信贷支持，重点支持一批成长性好、竞争力强的文化产业项目。进一步改进授信管理体制，加大信贷投放力度。

搭建文化金融服务平台。将文化金融工作纳入文化系统日常工作，为企业提供及时、有效、适当的服务。落实《关于深入推进文化金融合作的实施意见》，建立文化金融合作厅际会商机制。各级参照省里模式，相应建立文化金融合作部门会商机制，共同研究制定文化金融政策，研究解决具体问题，破解文化企业融资瓶颈。实施“文化金融扶持计划”，摸清文化企业融资需求，建立完善文化企业融资项目库，定期开展文化产业银企对接会、“文化项目社会办”等活动，提供合作平台。按照国务院、省政府关于清理整顿交易场所政策规定，引导扶持山东文化产权交易所、山东泰山文化艺术品交易所、潍坊文化产权交易中心规范健康发展，加强要素市场平台建设。

完善融资担保体系。鼓励银行机构探索专利权、著作权、商标权以及艺术品、应收账款、仓单质押等多种质押贷款方式。积极发展专业性担保机构，有条件的设区市可成立文化产业发展担保公司，重点支持小微文化企业融资。拓宽文化企业贷款抵质押物的范围。对于具有稳定物流和现金流的企业，可发放应收账款质押、仓单质押贷款；对于演艺租赁、展览、动漫、游戏、出版等行业的采集、加工、制作、出版物物流、印刷复制相关企业，以及广播影视节目的制作、传输、集成及放映等相关企业，可发放融资租赁贷款；对于融资规模较大、项目较多的文化企业，鼓励商业银行以银团贷款等方式提供金融支持，有效降低单个金融机构的信贷风险；对处于产业集群或产业链中的中小文化企业，鼓励商业银行探索提供供应链金融服务；积极试办专利权、商标权、电影制作权、著作权、版权等无形资产权利质押贷款，逐步扩大收益权质押贷款适用范围。

创新文化金融产品和服务类型。除常规性文化金融产品和服务外，积极鼓励金融业发展文化产业保险业务、金融支持文化消费业务、文化债券业务和文化外贸相关业务等。积极引导保险业机构在研发保险新产品、提高服务水平、建立配套机制等方面给予文化企业更多支持和帮助。鼓励金融机构开发演出院线、动漫游戏、艺术品互联网交易等支付结算系统，鼓励第三方支付机构发挥贴近市场、支付便利的优势，提升文化消费便利水平，完善演艺娱乐、文化旅游、艺术品交易等行业的银行卡刷卡消费环境。支持文化企业通过银行间债券市场发行短期融资券、中期票据、集合票据等融资。推动中小文化企业发行区域集优债券和中小企业私募债券。对于具有一定规模，经营稳健，有稳定现金流的文化企业和文化产业项目，积极开展以优质文化资产的未来现金流、收益权为基础的资产证券化融资。积极支持文化企业海外并购、境外投资，进一步深化服务贸易外汇管理改革，简化购付汇单证审核手续，坚持一企一策，推进文化贸易投资的外汇管理和结算便利化。完善金融机构为境外文化企业提供融资的规定，探索个人资产抵质押等对外担保的模式，提高文化企业外汇资金使用效率，防范汇率风险。积极发挥文化金融在自由贸易区、海上丝绸之路等建设中的作用。

鼓励非公有资本投资文化产业。支持非公有制文化企业发展。鼓励社会资本和外资通过独资、合资、合作等途径合法进入文化产业领域。加强和改进对非公有制文化企业的服务和监管，鼓励非公有制文化企业做大做强。在政策许可范围内，探索实行股权多元化，发展混合所有制文化企业。允许社会资本参与对外出版、网络出版，允许以控股形式参与国有影视制作机构、文艺院团改制经营。鼓励社会资本进入文化艺术、广播影视、出版发行、艺术品交易等文化主导行业，发展内容创作、交易传播等重要环节。

（二）人才培育政策

吸引聚拢创意创新人才。一是要理顺机制，激活现有人才，通过机制体制的构建，出台提高工资福利待遇水平、实施按生产要素分配、增加科研仪器设备和办公设施的购置经费等激励措施。设立高层次人才特殊津贴，进一步完善人才奖励政策，加大奖励力度，为现有人才的成长创造更有利的条件与环境。二是要大胆吸引和引进人才。要尽快实施发展文化产业的人才工程，大批量培养和引进各种层次文化产业专家和经营管理人才。积极利用高校和科研机构人才资源，建立完善山东省文化产业智库，切实发挥指导作用。三是要积极引进海外高层次人才。简化外籍高层次人才居留证件、人才签证和外国专家证办理程序。建立外国人就业证和外国专家证一门式受理窗口，对符合条件的人才优先办理外国专家证，放宽年龄限制。出台在鲁外国留学生毕业后留鲁就业办法。

拓展人才培养渠道。一是要集中培养，建立文化产业人才培训基地。要积极推进山东大学、中国海洋大学、山东师范大学、山东工艺美术学院等国家级和省级文化产业基地建设，定期开办适合文化产业发展的各种特色培训班，培养文化产业人才。二是努力培养和造就高层次、创新型文化领军人才，建立文化产业高端专家人才队伍。培养造就一批文化产业专业领域的领军人物，使其在推动文化产业人才队伍建设中起到积极的引领和推动作用。三是充分利用山东省高校教育资源进行高端文化产业人才的集中培养。支持建设创新型大学，在自主招生、经费使用等方面开展落实办学自主权的制度创新。根据山东未来发展需求，在高校建设一批国际一流学科，培育一批有重要影响力的人才。推进部分普通本科高校向应用技术型高校转型，探索校企联合招生、联合培养模式。改革基础教育培养的模式，强化兴趣爱好和创造性思维培养。尊重市场经济规律和人才成长规律，改革人才计划选拔机制。探索建立全省统一的人才资助信息申报经办平台。

健全人员双向流动机制。鼓励科研人员在职离岗进行文化创业。允许高校和科研院所等事业单位科研人员在履行所聘岗位职责前提下，到科技创新型文化企业兼职兼薪。科研人员可保留人事关系离岗创业。鼓励高校拥有科技成果的科研人员创办科技型创意企业。允许企业家和企业科研人员到高校兼职，试点将企业任职经历作为高校工程类教师晋升专业技术职务的重要条件。制定实施高校大学生创业办法，支持在校学生休学创办科技创意型企业，创业时间计入实践教育学分。扶持大学生以创业实现就业，落实各项鼓励创业的政策措施。

完善人才选拔任用及激励机制。文化产业优秀专业技术人才参加享受国务院特殊津贴专家和高技能人才的选拔，同等条件下予以优先推荐；承担重大研发课题，予以优先立项。根据文化产业人才的特点，建立和健全专门的文化产业人才信用和评价政策与体系，为文化产业人才的发展和流动提供可参考的标准。支持文化企业建立健全重点人才与特殊人才激励机制，探索资本、知识、技术、管理等生产要素按贡献参与分配方式，对新领域新实体的创意、创新型人才探索实行股权激励、岗位分红、项目分红等。支持企业加强福利体系建设，根据实际情况为员工建立企业年金、补充医疗保险、体检、住房补贴等福利性项目。允许高校和科研院所科技成果转化收益归属研发团队所得比例不低于70%，转化收益用于人员激励的部分不计入绩效工资总额基数。对高校和科研院所以科技成果作价入股的企业，放宽股权激励、股权出售对企业设立年限和盈利水平的限制。积极落实国家关于高新技术企业和科技型中小企业科研人员通过科技成果转化取得股权奖励收入时，可在5年内分期缴纳个人所得税的税收优惠政策，并积极争取进一步完善股权奖励递延缴纳个人所得税办法。妥善解决创意创新人才住房、医疗、子女入学等现实问题。

（三）土地利用与资源开发政策

1.土地利用政策

保障产业配套用地需求。将文化产业用地纳入土地利用总体规划和城乡规划，年度计划指标优先支持文化产业项目。在国家土地政策许可范围内，优先安排国家级和省级重点文化创意产业园区、基地建设用地。优先保障文化创意产业重大项目和龙头企业新增建设用地需求。对非营利性公共文化设施用地，经县级以上政府批准，可以划拨方式供地。充分调动社会各界力量兴建文化创意产业基础设施，对民营机构投资兴办剧场等文化创意产业基础设施，给予土地等方面的支持。对城镇数字影院建设使用国有土地，符合土地利用总体规划和城乡规划的，给予土地供应支持，对只有一个意向用地者的，可按法律法规规定以协议方式供地；投资者要专地专用，不准改变用向。

提高存量建设用地利用效率。鼓励利用存量建设用地发展文化产业项目，原土地使用单位利用现有工业厂房和仓储用房兴办文化产业，涉及原划拨土地使用权转让或改变用途的，经批准可采取协议出让方式供应。支持利用工业厂房、仓储用房、礼堂、剧场、影院、老旧商业设施等存量房地资源转型兴办文化创意企业。有条件的市、县（市、区）可建立节约集约用地专项奖励资金，对项目建成达产后节约集约用地成效显著、亩均税收贡献大或安置吸纳就业人数多的文化企业或文化产业园区实施奖励。

2.资源开发政策

分类指导文化资源开发。对文化资源的产业价值进行分层次、分行业界定。文化产业行业众多，不同的行业需要不同的文化资源，对文化资源的价值界定要充分显示出行业类别。如对历史文化资源，要根据有关规定进行级别审定。完善文物古迹等历史文化资源开发与保护政策，要充分认识文物古迹等文化资源的历史价值，在保存历史文化资源的基础上，做服务性和保护性开发。针对历史文物等文化资源编制历史文化资源数据库，扎实推进历史文化资源的研究，借助科技支撑，提高文物古迹等历史文化资源的开发水平。健全现代文化资源开发政策。鼓励现代文化资源申报文化遗产，强化对现代文化资源的科学研究和理论研究，支持文化资源开发主体投入研究资金。

创新文化资源开发策略。要对各类文化资源的产业价值进行系统调研、科学定位。文化资源开发是将文化资源进行加工转化，实现其市场价值的过程，包含产品开发和市场开发。文化资源的创新开发分为产品创新开发与市场创新开发，前者包括主题开发、区域整合开发、多层次开发、氛围营造开发，后者包括体验式开发、新媒体开发、错位开发、精品带动开发等创新策略。

（四）对外文化交流贸易政策

完善对外文化交流机制。研究制定《山东省对外文化交流整体规划》，积极整合文物、非遗、演艺、杂技、图书、书画、文化科技产品等资源，统筹各类交流主体、交流平台、交流途径，建立“政府主导、企业主体、市场运作、社会参与”的对外文化交流机制。大力开展对外、对港澳台文化交流活动，积极参与“一带一路”工程建设，加强与沿线沿岸国家、地区的文化交流，启动山东境内“海上丝绸之路”文化遗产调查研究，实施“海上丝绸之路”文化遗产保护工程。

完善文化贸易支撑体系。制定完善鼓励文化产品和服务出口的政策措施，加大对文化企业、文化产品和服务“走出去”扶持力度。鼓励文化企业参加国家重点支持的各类展会和文化宣传交流活动，对文化企业参加经审定的境外展会或境内国际性展会的，开展国际资质认证及境外商标注册、专利申请和版权登记的，发生的费用给予适当补助。鼓励文化贸易企业增加研发投入，开发具有自主知识产权的核心技术，创新文化贸易的业态和模式。支持文化贸易企业参加对外文化交易会、图书展、影视展、艺术博览会、演艺交易会、音像展、艺术节、动漫游戏节等国内外大型文化交流活动。建设和认定一批具有一定出口规模、出口潜力较大、出口配套条件较好的省级文化贸易示范园区及基地，享受省级文化产业园区及基地相关政策。

第三章

山东省文化艺术产业调研报告

2015 年下半年，泺尚有道文化创意产业规划设计院受山东省文化厅委托，承接《山东省文化艺术产业“十三五”规划》的编写工作。在指导地方文化艺术产业发展的过程中，力求准确地摸清本区域内文化艺术产业结构，准确地把握文化艺术产业内涵和外延，厘清文化艺术产业的布局问题，将山东省文化艺术产业规划布局与山东省经济社会发展情况相结合，与山东省历史文化资源、文化特色相结合，并在实际工作中认真研究如何才能做好结合文章。

为进一步贯彻党的十八大和十八届三中、四中、五中全会关于推进文化改革发展的精神，认真落实山东省委、省政府关于转变经济发展方式、加快文化产业发展的部署要求，推动山东省文化艺术产业的发展，服务文化强省建设，特编制《山东省文化艺术产业“十三五”规划》。

作为此次规划编制的顾问专家，山东大学文化产业研究院昝胜锋博士表示，《山东省文化艺术产业“十三五”规划》是山东省文化艺术产业发展的顶层设计，继 2015 年《“十三五”时期山东文化产业发展研究报告》之后，为山东省文化产业细化领域的深入研究提供了新的借鉴。

本研究报告是项目组在现场调研、头脑风暴、编制规划过程中撰写，摘录以飨读者。

第一节　总体现状和问题诊断

一、总体现状

“十二五”以来，山东演艺业、动漫设计业、艺术品业、非物质文化遗产保护等优势行业快速发展，推动文化艺术产业成为山东文化产业发展的核心领域。据不完全统计，全省文化艺术法人单位超过1.8万家，固定资产721亿元，从业人员超过10万人，创造增加值590亿元（据2012年文化厅统计年报）。产业投资及项目建设力度不断加大。2012年，文化艺术产业固定资产投资额达到498亿元，建设总投资额为913.8亿元，施工项目619个，新开工项目521个，已拥有多个国家级、省级文化产业示范（试验）园区、示范基地。

（一）重点行业

演艺业持续稳步发展。我省演艺产业形成了以专业艺术表演团体、演出场馆以及演出经纪机构为主体，以民营演艺团体、演艺机构为补充的格局。截至2013年，全省拥有各类艺术表演团体104家，艺术表演场馆93个，演出经纪机构29个。演艺剧目创作成果丰硕，成功举办第十届中国艺术节，创作优秀舞台剧目62台，其中15台重点剧目入围文华奖评比展演，3台剧目获文华大奖等，创下历届国家艺术节一个省份参赛和获奖数量之最。文艺院团改革稳步推进，行业运营模式和组织形式不断创新，民营资本进入国有演艺产业领域，成为演艺产业发展的新亮点。2013年，山东演艺集团联合近40家艺术院团、剧场院线、演出经纪机构成立山东演艺联盟，实现演艺运营、宣传环节的互联互通；成立山东剧场院线，着力建设集学术研究、项目运作、人才培养、票务服务、文化交流等于一体的剧场行业发展综合服务平台，目前成员单位35家，院线成员座席总数占全省演出场馆坐席数的40.2%。演艺业与文化旅游实现深度融合，演艺进景区成为旅游景区的发展亮点。“神游华夏”“封禅大典”“泰山千古情”等一批实景演出和室内演出剧目成为演艺业市场化运营的成功典范。

动漫设计业初具规模。我省动漫产业发展初具规模，现有动漫企业 600 余家，涵盖动漫制作、图书、报刊、手机动漫、网络游戏、人才培训及衍生产品开发等多个分支门类。其中 15 家企业通过国家动漫企业认定，4 家动漫企业列入《2011—2012 年度国家文化出口重点企业目录》，1 家动漫企业连续 3 年获得国家进口动漫开发生产用品免税资格。产业载体建设成效显著，现有济南、青岛、烟台 3 家国家级动漫产业基地。截至 2013 年底，我省动漫企业主营业务收入 26.978 亿元，从业人数 1.7 万人，年产动画分钟数 55590 分钟。各类动漫产品数量不断增多，动漫制作时长和播出时间均有大幅增长。本土原创动漫产品崭露头角，其中电视动画片《孔子》获戛纳电视节首届亚洲展映会最佳作品奖，《泰山》获行业最高奖“全国动漫游戏行业优秀动画片金手指奖”，3D 立体动画电影《崂山道士》入选“2011 国家动漫精品工程”动画电影精品工程创意奖。

艺术品业市场化水平持续提升。我省艺术品创作水平与人才队伍建设走在全国前列。截至 2012 年，在文化部门备案的艺术品经营机构达到 986 家，从业人数 4300 余人，资产总计 10.86 亿元，举办展览 6.18 万余场，年创造增加值 3.94 亿元。济南英雄山文化市场、青州书画市场、博兴书画市场、德州齐鲁古玩城等专业艺术品市场在国内外具有较高知名度，形成了淄博艺术陶瓷、无棣艺术贝瓷、巨野农民画等一批特色产业集群，在传承优秀文化、促进经济发展、扩大就业和农民增收等方面发挥了重要作用。“艺术品＋金融”探索初见成效，艺术品投资、信托、保险、抵押、交易等市场环节逐步健全，2014 年首家艺术银行落户青岛，潍坊银行在艺术品融资方面作出了积极的探索。民间艺术馆联盟成立，加强了艺术品经营机构、艺术家、收藏家之间的联系协作。

非物质文化遗产保护卓有成效。非物质文化遗产名录及保护体系不断完善。截至目前，我省共有联合国教科文组织认定的人类非遗代表目录项目 8 个，国家级非遗生产性保护基地 1 个，国家级文化生态保护实验区 1 个；国家级名录 153 项，省级名录 555 项，市级名录 1872 项，县级名录 6241 项；国家级非遗传承人 60 名，省级传承人 262 名，市级传承人 1460 名，县级传承人 3821 名；各类非遗博物馆、传习所 1010 个。其中，省级非物质文化遗产生产性项目 144 项，民间美术类 48 项、传统技艺类 87 项、传统医药中的药物炮制技艺类 9 项；省级文化生态保护实验区 8 个，省级非遗生产性保护基地 13 个。通过扶持引导全省开展非物质文化遗产生产性保护，非物质文化遗产项目在扩大内需、增加就业、繁荣文化市场等方面发挥了积极作用。以非物质文化遗产生产性保护项目为依托的企业和经营业户达到 3 万余家，从业人员 75 万人，营业收入 237 亿余元，纳税额 17.38 亿元，出口额达到 5.8 亿元。

图 1-3-1　济南英雄山文化市场

（二）发展环境

政策环境日趋成熟。我省旨在促进文化艺术产业发展的政策体系不断健全，陆续出台《山东省重点文化企业认定管理办法（试行）》《关于进一步推动山东艺术创作繁荣发展的意见》《山东省重点文化产业项目认定管理办法（试行）》《山东省重点文化产业园区基地认定管理办法（试行）》《关于发挥工商职能进一步促进全省文化产业发展的意见》《关于促进文化企业及文化产品和服务“走出去”的意见》《关于鼓励和支持文化企业上市融资的意见》《关于大力发展农村文化产业的意见》《山东省人民政府关于加快发展文化产业的意见》等，为山东省文化艺术产业发展提供了较为完善、成熟的政策环境。

经济环境复杂严峻。一方面，在经济新常态宏观背景下，我省亟须推动重点产业转型升级，大力发展文化产业等战略性新兴产业，努力打造多点支撑的消费增长格局，加快融入“一带一路”经济带战略，从多个层面提升文化艺术产业的整体竞争力。另一方面，我省城乡人民文化需求尚未得到有效满足，文化消费水平、文化消费能力、文化消费意愿均存在较大的提升空间。城镇居民文化消费依然在我省文化消费中占据主导地位。受生产生活方式的影响，农村居民的文化消费时间占可支配时间的比重和实际文化消费时间数量均略高于城镇居民。

二、问题诊断

尽管我省文化艺术产业发展形势整体向好，但与先进省市相比仍存在一定差距和不足，主要存在以下问题：

重点领域市场化水平较低。演艺市场运作经验不足，消费市场有待进一步培育；动漫业以外包服务为主，自主创新能力较弱，原创作品所占份额较低；艺术品交易拍卖机构未能充分发挥应有作用；非遗项目生产性保护缺乏有效的营销和产品包装，产品特色和创意不足，市场认可度不高。

金融要素市场发展滞后。我省尚未形成政府、银行、企业、社会多元化的投资格局。文化艺术与金融融合发展迟滞，无法为市场提供多元化的现代金融产品；文化艺术企业融资渠道不畅，企业建设与项目投融资困难；公共文化艺术服务投入基本是以政府专项资金投入为主，部分领域民间资本进入存在壁垒。

创新人才基础有待夯实。高端文化创意人才、高水平专业艺术人才、高级管理运营人才匮乏，无法满足文化艺术产业的企业运营和市场开拓需求。产业发展缺少整体规划。区域特色发展、协同发展程度较低，同质化现象较为严重，缺乏差异化竞争优势。

第二节　发展路径分析

一、指导思想和主要目标

（一）指导思想

高举中国特色社会主义伟大旗帜，以邓小平理论、“三个代表”重要思想、科学发展观为指导，全面贯彻党的十八大和十八届三中、四中、五中全会精神，贯彻落实习近平总书记系列重要讲话精神，深入落实中央、山东省委关于深化文化体制改革要求，以推进“文化强省”建设为统领，紧紧围绕打造全国重要区域性文化中心的目标，坚持把社会效益放在首位、社会效益和经济效益相统一，以不断满足人民群众精神文化需要为出发点和落脚点，繁荣发展社会主义文化艺术，推动体制机制创新，解放和发展文化生产力，增强产业发展活力，推动文化艺术产业转型升级和提质增效，不断提升特色产业品牌影响力和竞争力。

（二）发展原则

1. 政府引导与市场导向相结合

强化规划引导、资源统筹、政策集成、公共服务、规范运营、依法管理，为文化艺术产业发展创造良好的体制机制和政策环境；充分发挥市场配置资源的决定性作用，以满足个性化多样化市场需求为出发点，积极对接国内和国际市场，进一步优化文化艺术产品结构，推动文化艺术生产与市场需求的有效对接。

2. 传承保护与合理开发相结合

综合统筹“一带一路”山东片区、京杭大运河山东段等区域的传统文化保护和生态环境保护工作，对齐鲁文化影响下的文化艺术历史遗存实施传承性保护，加快具有齐鲁文化特色的工艺美术产品、传统手工艺品等资源与现代科技和时代元素的融合，推动新时代齐鲁文化的传承与创新。

3.项目引领与品牌示范相结合

强化重大文化艺术产业项目的集聚引领作用，以点带面推动优势产业资源与市场要素的合理布局。实施优势文化品牌引领战略，紧密衔接地域文化特色，凸显品牌效应和示范带动作用，最大限度地促进资源优势向产业优势和经济优势的转化。

4.区域联动与错位发展相结合

发挥省会城市群经济圈、蓝黄两大战略经济区、西部经济隆起带、曲阜优秀传统文化传承发展示范区等区域辐射带动作用，拓宽资源联动开发与产业协同发展路径，加强各区域、地市协作与交流。坚持错位化、差异化发展，高起点培育优势产业集群，提升区域文化艺术产业竞争力。

（三）发展目标

“十三五”期间，山东省文化艺术产业总体实力明显增强，产业增加值年均增速力争达到20%以上，在全省文化产业增加值中的比例逐年提高。市场主体总量和竞争力大幅提升，产业要素体系日臻完善。到2020年，文化艺术产业特色化、集群化、网络化、品牌化水平达到新的高度，全行业创新能力和技术水平走在全国前列，形成具有山东特色的现代文化艺术产业发展格局。

演艺业形成健全的市场体系。到2020年，市场要素与支撑体系建设成效显著，营商环境大幅改善；围绕山东演艺联盟着力培育山东演艺集团等一批行业的龙头企业；演艺业实现深度跨界融合，打造一批具有现代时尚，能够体现城市品位，与国际接轨的旅游演出项目，山东特色演艺产业体系趋于完善。

动漫产业实现全方位提质增效。构建覆盖动漫制作、图书报刊、手机动漫、网络游戏、人才培训及衍生产品开发的全产业链。到2020年，培育一批骨干动漫企业，创作生产一批富有山东特色的动漫产品，创建1—2个具有山东原创特色和国际影响的动漫品牌；形成科学合理的动漫产品评价体系和激励机制，山东动漫“走出去”成效显著。

艺术品业保持稳步发展。重点针对高端艺术品、民俗地方特色艺术品门类培育艺术品总部经济。到2020年，培育和认定20个以上省级工艺美术特色区域，培育一批行业名人、名店，涌现一批行业珍品；依托“互联网＋”“金融＋”建立一系列评估、拍卖、交易、质押等行业服务平台，文化艺术特色门类争创更多中国名牌和国家地理标志保护产品。

非遗保护传承形成系统体系。推动“六个一”保护行动持续深化，构建形成山东省优秀传统文化传承体系。到2020年，建设一批非物质文化遗产馆、数据库及网络共享平台；实施全省典籍整理工程，发展一批特色非遗保护项目，创建一批国家级、省级生产性保护示范基地，培育一批龙头企业，助推形成一批著名品牌，非物质文化遗产的生产性保护取得良好效益，保护成绩走在全国前列。

二、主要工作任务

（一）健全文化艺术管理体制

深化文化事业单位分类改革。理顺各文化事业单位的公益性、非公益性和兼公益性性质，国有文艺院团转制到位，积极探索公共图书馆、博物馆、美术馆、文化馆等理事会改革试点。加强国有文化资产监督管理，落实谁主管谁负责和属地管理原则。根据各单位不同情况，确定不同的管理和沟通工作策略。

加快文化艺术市场化进程。强化文化艺术市场主体培育，完善法人治理结构，建立责任明确、行为规范、富有效率、服务优良的文化生产经营机制，重点探索人事、收入分配、社会保障制度改革路径，建立有文化特色的现代企业制度，最大化激发从业人员的创造性和能动性。

完善创作评价与监督机制。正确处理市场效益与艺术创作的关系，建立科学、公正、合理的文艺作品评价机制，积极发挥文化政策、文化法规和文化经费对文化艺术产业的调控、监督、指导、服务功能，营造法规健全、规划科学、政策配套、机制健全、健康有序的文化艺术市场环境。

（二）创作文化艺术市场精品

鼓励文化演艺精品创作。聚焦“中国梦”的时代主题，深入发掘齐鲁文化资源，学习借鉴世界各国人民创造的优秀文艺作品，打造具有山东地域文化特色的、文质兼美的演艺作品，提升作品的文化艺术品位及社会影响力。积极发挥市场在文化资源调配中的基础性作用，采取将财政补贴与企业演出收入挂钩扶持的方式支持演艺院团进行商业演出，积极探索采取政府购买文艺演出服务的方式支持文化企业进行商业演出。对长年演出且具有一定品牌影响的精品力作及获得国际、国内重要奖项的优秀出版产品，根据获奖等级给予奖励。

引导网络艺术精品创作。抓好网络文艺创作生产，加强正面引导力度，联动民营文化工作室、民营文化经纪机构、网络文艺社群等新的文艺组织资源，发挥网络作家、签约作家、自由撰稿人、独立制片人、独立演员歌手、自由美术工作者等新的文艺群体的创新能力，创作网络艺术精品力作，引导他们成为繁荣社会主义文艺的有生力量。高度重视和切实加强文艺评论工作，引导作品创作方向，提高作品质量；发挥粉丝经济效应，引入大数据分析系统，辨析网络文艺作品的商业价值，推动优质的版权资源改编为动漫、影视、网络游戏、工艺品等多元艺术形态。

支持原创动漫产品创作。深入挖掘和利用独特的齐鲁文化资源，打造一批具有自主知识产权和核心竞争力的知名动漫品牌，对原创优秀动漫创意和动漫产品、动漫网游按“从高不重复”原则给予奖励。行业协会充分引导、鼓励创新，利用现有成熟动漫品牌打造衍生产品链条，发展市场品牌授权，创新“互联网＋动漫＋服务”模式，持续拓展应用动漫市场。

（三）传承弘扬优秀传统文化

创新孔子及儒家思想研究传播体系。深入实施大师引进、传统文化课题研究、传统文化研究基地建设、文化传承阐发展示“四大工程”，完善推进“图书馆＋书院”模式，稳步实施乡村儒学、社区儒学推进计划，适时建立全省尼山书院联盟。加快规划建设“曲阜优秀传统文化传承发展示范区”，推进曲阜片区文化遗产保护，打造国内外儒学研究高地。

实施乡村记忆工程。加强文化遗产保护利用，筹划建设一批民俗生态博物馆、社区博物馆、乡村博物馆，评选一批传统民居、传统街区、古村落和传统名镇，实施县及县以下历史文化展示工程。健全完善非遗保护项目、传承人、传习所、生产性保护基地、生态保护区“五位一体”保护传承体系，筹划建设山东非物质文化遗产馆、数据库及网络共享平台，积极推进传习所、展示馆建设。

实施区域文化发展战略。对鲁文化、齐文化、莒文化、红色文化、泰山文化、运河文化、黄河文化、潍水文化、滨海文化等优秀文化传承创新区域提出规划意见，大力推进七大文化遗产保护区建设，促进协调发展。重点梳理挖掘鲁中山区、胶东半岛、京杭大运河沿线等文化资源富集地区文化风貌和特色，实现地域文化开发的差异化与协同化。

（四）完善现代文化市场体系

强化文化市场主体培育。加强文化市场培育与管理，推进文化产品市场、要素市场、人才市场建设，为市场主体发展创造良好条件。重点培育一批规模大、效率高、文化辐射力大、品牌竞争力强、管理科学、运行规范的现代化文化艺术企业。

健全文化市场监管体系。理顺文化市场综合执法体制，依法推进文化市场执法，建立统一、开放、竞争、有序的现代文化市场体系。加大知识产权保护力度，实施文化市场综合执法能力提升工程，加强文化市场技术监管体系建设。进一步完善全国文化市场技术监管与服务平台北方分中心、省级中心功能，加快市、县中心建设。

加强要素市场平台建设。积极推动“互联网＋”平台建设，推动互联网与传统文化艺术行业融合创新，协同增效，共同创造新的价值。推动文化艺术市场要素与零售业、商场、银行、文化服务等有机结合，创新经营模式，拓展经营范围。持续推进文博会、主题展会等传统线下交易平台建设。完善文化金融中介服务平台，积极鼓励文化艺术产品评估、担保机构发展，积极开展文化产权转让、文化艺术项目推介等活动。

（五）构建产业综合服务平台

完善知识产权保护体系建设。增强知识产权保护力度，规范内容产业市场，保护文化艺术企业主体与消费主体的合法权益。培育一批知识产权及版权理论研究、培训中心（基地）和著作权登记、版权维权服务的机构公司，健全版权输出渠道。鼓励发展文化艺术领域的知识产权代理、推介、交易和法律保护等服务产业，创新服务方式、服务手段和组织形式，规范版权许可、转让等贸易行为，逐步构建覆盖全省的版权贸易体系。

打造文化艺术服务云平台。大力推进文化艺术与科技融合发展，提高文化艺术服务的信息化水平，重点研发推广文化内容集成制作、新媒体内容资源管理与搜索、基于融合网络的文化传播与终端展示技术，向广大群众提供丰富、便捷的“一站式”公共文化服务。整合全省公共文化服务资源，搭建集数字图书馆、数字博物馆、数字美术馆、数字文化馆、数字化非遗等于一体的综合服务平台。

健全企业、园区文化艺术平台建设。充分发挥企业、园区的创新主体作用，鼓励和支持有条件的大型企业发展创业平台、投资并购小微企业等，支持企业内外部创业者创业，增强企业创业创新活力。加强创业创新信息资源整合，建立创业政策集中发布平台，完善专业化、网络化服务体系，增强创业创新信息透明度；探索发展“互联网+”创业网络体系，建设一批小微企业创业创新基地，促进文化艺术市场主体创业与创新、创业与就业、线上与线下相结合，降低全社会创业门槛和成本。

（六）提高对外文化开放水平

融入国家重大区域发展战略。积极响应中央“参与世界文明对话”的号召，利用多种形式对外传播文明成果，着力推动以孔子和儒家思想为代表的中华文化成为世界文明对话的重要力量。积极融入“一带一路”战略，筹办“丝路梦·齐鲁情——山东首届丝绸之路文化活动周”，打造“一带一路”重要文化艺术中心。加强与京津冀协同发展示范区的文化交流合作，建立舞台艺术精品剧目交流演出、非遗文化展演机制。

推动文化艺术产品“走出去”。积极整合文物、非遗、演艺、杂技、图书、书画、文化科技产品等资源，推动山东特色文化艺术产品“走出去”。鼓励文化艺术企业参加国家重点支持的各类展会和文化宣传交流活动，支持有条件的企业在境外设立交流平台和分支机构。对文艺演出、广播影视、新闻出版等核心文化领域的重大境外营销渠道和落地平台建设项目给予支持。

完善对外文化交流机制。研究制定《山东省对外文化交流整体规划》，不断开创文化交流新局面，鼓励和支持文化艺术产业各门类、各种所有制文化企业积极开拓国内外市场，统筹各类交流主体、交流平台、交流途径，建立“政府主导、企业主体、市场运作、社会参与”的对外文化交流机制。

第三节　发展布局研究

《山东省文化产业发展专项规划（2007－2015）》从全产业和全域化的视角布局“三大文化产业集聚区、三大文化产业园、三大文化产业带”的空间体系，此后陆续出台的《黄河三角洲高效生态经济区文化产业发展规划》《山东半岛蓝色经济区文化产业发展规划》《省会城市群经济圈文化产业发展规划》《西部经济隆起带文化产业发展规划》等对各区域进行了产业细分布局。

基于上下级规划紧密衔接的原则，山东省文化艺术产业的空间布局确定为："一核"统领、"双城"辐射、"四区"协同、"六带"贯通、"若干城市节点"支撑。"一核"即山东地域文化的核心——"齐鲁文化"；"双城"指济南和青岛两个城市；"四区"指黄河三角洲高效生态经济区、山东半岛蓝色经济区、省会城市群经济圈和西部经济隆起带；"六带"包括"三纵""三横"六条产业带，"三纵"指京沪高铁文化艺术产业带、京杭大运河文化艺术产业带、滨海文化艺术产业带，"三横"指胶济铁路文化艺术产业带、黄河文化艺术产业带和日兰高速文化艺术产业带；"若干城市节点"主要是指除了济南和青岛外文化产业发展潜力较大的主要地级市。

一、"一核"统领

立足齐鲁文化根基，以传承和弘扬包容互鉴、慎思笃行的科学精神，崇尚气节、自强不息的爱国精神和德法互济、讲信修睦的基本主张为主旨，积极挖掘、整理齐鲁文化资源，创作一批具有齐鲁风格、中国气派的精品力作，实现对齐鲁文化的发扬光大和传承发展，为山东文化艺术产业发展提供强大精神力量。

图 1-3-2　青岛

二、“双城”辐射

强化济南、青岛对山东文化艺术产业发展的辐射带动作用。将济南打造成为文化艺术业态齐全、产业链条完整、新型业态发达、核心竞争力强的山东省文化产业的中西部核心城市，有效辐射带动山东中西部地区。以青岛为山东省文化产业发展的东部核心，辐射烟台、潍坊、威海、日照等沿海城市，依托山东半岛海洋文化资源丰富的优势，大力发展与海洋文化有关的演艺、艺术品、动漫和非遗项目，打造海洋文化艺术品牌。

三、“四区”协同

依据《黄河三角洲高效生态经济区文化产业发展规划》《山东半岛蓝色经济区文化产业发展规划》《省会城市群经济圈文化产业发展规划》和《西部经济隆起带文化产业发展规划》，将黄河三角洲高效生态经济区、山东半岛蓝色经济区、省会城市群经济圈和西部经济隆起带作为山东省文化艺术产业发展的四大片区。黄河三角洲高效生态经济区未来着力打造具有黄河文化和民俗文化特色的沿黄文化艺术产业长廊，将滨州、东营建成本区文化艺术产业中心和全国重要文化艺术产业基地。山东半岛蓝色经济区打造以青岛为龙头，以烟台、潍坊、威海、日照等沿海城市为骨干，大力发展与海洋文化有关的文化演艺、动漫游戏、艺术品创作等核心业态，打造以潍坊为中心，以民俗文化产业为特色、覆盖周边的半岛民俗文化产业集聚区。省会城市群经济圈重点发展济南英雄山文化休闲商业集聚区、临淄齐文化产业集聚区、淄博陶琉文化产业集聚区、聊城中华水上古城文化产业集聚区。西部经济隆起带重点打造曲阜优秀传统文化传承发展示范区、蒙山沂水红色文化产业集聚区、二战文化产业集聚区、水浒文化产业集聚区、艺术品产业集聚区。

四、“六带”贯通

“三纵”——京沪高铁文化艺术产业带、京杭大运河文化艺术产业带、滨海文化艺术产业带，“三横”——胶济铁路文化艺术产业带、黄河文化艺术产业带和日兰高速文化艺术产业带，六条产业带作为山东文化艺术产业发展的大动脉，起到了贯通南北、连接东西的作用。京杭大运河文化艺术产业带、滨海文化艺术产业带、黄河文化艺术产业带以文化为纽带，将沿岸地区串联起来，实现文化资源的整合开发与协同发展。京沪高铁文化艺术产业带、胶济铁路文化艺术产业带和日兰高速文化艺术产业带以交通干线为纽带，推动山东与京津冀协同发展区、长三角经济圈实现互联互通，以德州市为桥头堡全面对接国家京津冀一体化战略。打通山东内陆与海上丝绸之路的通道，将山东沿海与中西部地区串联起来，积极推动山东与东亚、东南亚等地区的文化艺术交流合作与贸易流通。

五、“若干城市节点”支撑

我省除济南、青岛外的其他地市根据各自文化艺术特色，确定其产业发展定位，因地制宜打造一批特色文化艺术品牌，形成特色鲜明的差异化文化艺术产业发展格局。济宁市以曲阜为核心发展成为全国乃至全世界的儒家文化艺术中心，泰安市发展成为以泰山为引领的文化艺术高地，临沂市发展成为中国红色文化艺术示范区，日照市发展成为特色新兴海洋文化示范区，枣庄市发展成为国内二战文化艺术品牌示范区，淄博市打造齐文化艺术品牌，潍坊市打造潍水文化品牌，聊城市打造运河文化艺术品牌，东营市建设黄河文化艺术产业核心区，等等。

第四节　保障措施研究

一、优化组织领导机制

（一）强化部门协同作用

加强文化艺术行业协会的组织建设，发挥行业组织作用，提高行政效能和市场监管水平，促进产业健康发展。加强部门协同，各级发改、经信、国有资产管理、科技、财政、国土资源、住房城乡建设、商务、税务、工商、人事、统计、旅游、金融、海关等部门要按照职能分工加强协作配合，共同促进文化艺术产业发展。文化、新闻出版广电、发展改革、财政、税务、国土资源、金融等部门，要立足本部门职责，运用多种形式加强文化艺术产业政策的培训和解读，大力促进信息公开、政策透明，提高文化企业对政策的知晓率、利用率。

（二）完善科学发展考评体系

山东省各市、县（区、市）要切实把加快推进文化艺术产业发展作为重要任务，纳入当地经济社会发展总体规划和科学发展考评体系，把文化艺术产业发展情况作为评价地区发展水平、衡量发展质量和领导干部工作实绩的重要内容。以文化内容生产和受众反馈两个角度建立文化艺术产业社会效益测评体系，综合测评文化内涵、创新水平、意识形态、认可程度、舆论导向等指标，对社会效益较好的文化产品和服务给予奖励和支持，对社会效益差且造成不良社会影响的文化艺术产品和服务给予查处和惩戒。

二、创新资金扶持体系

（一）设立文化艺术产业发展基金

设立山东省动漫精品建设专项资金，对优秀原创动漫产品创作生产、动漫公共服务技术平台建设、动漫产业园区和基地建设、重大动漫产业项目建设、动漫创意人才建设、动漫产品“走出去”等进行扶持。设立全省非物质文化遗产生产性保护引导资金，用于对全省非遗生产性保护项目的挖掘、整理和数字化保护，以及对全省非遗生产性保护企业或业户的扶持等。设立演艺产业发展引导资金，用于演艺产业技术服务平台建设、演艺综合体建设、演艺业科技提升及演出补贴、人才培养、项目支持，对全省演出团体演出进行分级补贴，对每年演出不低于 100 场的大型演出场馆给予一定补贴，为大型文化旅游演出项目提供项目打造和推广的专项资金支持等。

（二）建立文化艺术产业资金激励机制

加大金融产品创新力度，增强产品开发针对性和适应性，积极对接中小微企业有效需求。构建以债券市场、小贷公司、融资担保机构等融资形式以及 P2P 和股权众筹等新型融资模式为主的投资体系。鼓励各级财政安排相应资金，加大奖励扶持力度，出台扶持和奖励政策，建立社会资本等多种形式的资金筹措机制，构建多渠道、多元化的奖励基金体系，通过政府采购、项目补贴、定向资助、以奖代补等方式鼓励转制文化企业、文艺院团参与公共文化服务。设立艺术品产业发展专项奖励资金，在扶持艺术品产业园区（基地）和重大项目建设基础上，对参加国内外各种艺术品展销博览会、企业开设境外艺术品销售网点实施补助，重点奖励优秀艺术家、工艺美术大师等。

三、完善政策支撑体系

（一）深入落实财税优惠政策

针对山东省演艺、动漫、艺术品、非物质文化遗产生产性保护等文化艺术领域发展实际，落实《关于在全国开展交通运输业和部分现代服务业营业税改征增值税试点税收政策的通知》的有关规定。如：国有文艺院团转制后原有的正常事业费继续拨付，可按现行税收政策规定享受有关优惠政策；经国务院有关部门认定的动漫企业自主开发、生产动漫产品，可申请享受国家现行鼓励软件产业发展的有关增值税、所得税优惠政策；需要进口的商品可享受免征进口关税及进口环节增值税的政策；对经认定的国家级、省级文化产业示范园区（基地）及其重点项目，执行 3 年内按规定减免行政规费；对园区（基地）内新创办文化企业，根据企业税收缴纳和同级财力情况，给予重点扶持。建立与山东省经济发展相适应的金融风险防范机制和绩效激励政策机制，切实为金融持续有力支持文化企业的发展提供体制机制的保障。

（二）认真贯彻产业发展专项政策

各级政府要把文化艺术产业发展用地纳入土地利用总体规划和城市规划，为文化艺术产业加快发展预留用地空间；每年新增建设用地指标酌情向文化艺术产业倾斜，优先安排文化企业和项目用地指标；推进经营性文化事业单位转制涉及的原划拨土地，转制后用途符合《划拨用地目录》的，可继续以划拨方式使用，不符合《划拨用地目录》的，应当依法实行有偿使用。经省级以上人民政府批准，经营性文化事业单位转制为国有企业的，原生产经营性划拨用地，经批准可采用国家出资（入股）方式配置。

四、深化文化科技融合

（一）鼓励科技成果转化

大力推动文化与科技融合，促进文化科技成果在传统业态中的转化应用。推动艺术品企业研发和制作数字艺术品、有声艺术品，提升艺术品的科技含量和附加值。推动数字、网络、3D 等高新技术在演艺、艺术品等传统文化艺术产业领域的运用，提升演出场所、演出设备和演出形式的科技含量，鼓励对舞台表演进行数字化采集。在非遗生产性保护过程中充分利用高新技术，鼓励和支持传承人在传承传统技艺、坚守传统工艺流程和核心技艺的基础上有所创新和发展。

（二）积极培育新兴业态

推动文化艺术产业与科技的深度融合发展，发展与数字创意相关的网络游戏、在线娱乐、电脑特技、软件设计、数字节目制作、户外新媒体等新兴业态，支持有条件的企业成立技术研发中心，提高新产品开发能力，推动产学研相结合的技术创新体系建设。着力打造多家形态多样、手段先进、具有竞争力的新型文化艺术宣传媒体，在全省打造具有传播力、公信力、影响力的新型媒体集团；加大政府对基础研究、前沿技术、社会公益技术、重大共性关键技术的投入，健全公共科技服务平台，完善科技重大专项实施机制。改进与加强科研项目和资金管理，鼓励科研人员创办企业。持续举办“山东省文化创新奖”评选工作。

五、强化人才智力保障

（一）加强文艺人才建设

将文艺队伍建设摆在更加突出的重要位置，努力造就一批有影响的各领域文艺领军人物。充分发挥省内高等院校和艺术职业学校的作用，加强后备艺术人才培养。鼓励高等院校开设文化艺术产业及相关专业，推动文化艺术产业学科建设，重点培养文化艺术产业创意策划、经营管理、资本运营、创新研发、经纪代理等方面的人才；完善文化艺术职业技能培训，支持、鼓励高等院校、培训机构与文化企业联合创建人才培养、研发、实训基地，开展产学研合作，培养实用型、复合型技术人才。定期举办各种艺术专业培训班，选送优秀艺术人才到高等院校进修学习，提高艺术人才综合素质。同时，文化艺术工作者应该根植人民生活，提高艺德修养，创作富有山东本土特色的文化艺术品牌，营造良好的社会文化氛围，推动文化艺术产业不断发展。

（二）完善人才使用、引进和激励机制

结合文化体制改革和机制创新，构建科学的人才使用、引进和激励机制。充分发挥现有在职艺术人才骨干作用，通过艺术资源合理配置，调动艺术人员积极性，形成人尽其才、才尽其用的良好机制，建立专业结构合理、素质优良、充满活力的艺术人才队伍；将文化艺术产业创意研发、高级管理、经纪、技术人才引进纳入各地高新技术人才引进计划，在落户、住房、子女教育、医疗、出入境等方面提供便利服务，营造引进优秀艺术人才的良好环境；建立文化艺术领域经营管理人才库，完善人才选拔、聘用、激励机制，对为文化艺术产业发展做出突出贡献的集体和个人按照规定给予表彰和奖励。

第四章

济南市“十三五”科普文化产业调研报告

为深入贯彻落实党的十八大、十八届五中全会及全国科技工作会议精神，全面对接济南“打造四个中心，建设现代泉城”的发展战略，加快推动济南市科普文化产业发展，济南市科学技术协会委托山东大学文化产业研究院昝胜锋博士团队，组织编制《济南市“十三五”科普文化产业发展规划》。

《济南市“十三五”科普文化产业发展规划》以服务济南市“区域性科技创新中心”建设为中心任务，以中共中央、国务院《关于深化科技体制改革加快国家创新体系建设的意见》《关于加快科技服务业发展的若干意见》《国家中长期科学和技术发展规划纲要（2006—2020年）》《全民科学素质行动计划纲要（2006—2010—2020年）》，山东省《关于贯彻国发〔2014〕49号文件加快科技服务业发展的实施意见》《山东省文化科技中长期发展规划》，济南市《关于加快推进文化产业科技创新的实施意见》《济南市区域性科技创新中心建设指标体系三年行动纲要》为依据实施编制。

《规划》明确了济南市“十三五”时期发展科普文化产业的现实基础、总体要求、重点任务及保障措施，规划范围为济南6区3县1市，规划期限为2016—2020年，是济南“十三五”时期推动科普文化产业发展的重要依据。

本研究报告是项目组在现场调研、头脑风暴、编制规划过程中撰写，摘录以飨读者。

第一节　发展基础研究

“十二五”期间，济南市加快实施创新驱动发展战略，不断深化科技体制改革，科普资源配置趋于合理，科普服务效能逐步提高，公益性科普事业与经营性科普产业双轮驱动格局初步形成。

一、发展成绩

（一）科普产业结构趋于合理

依托出版印刷、广播影视等优势产业基础，济南市科普图书、科普影视、科普展教品等传统业态稳步发展；依托互联网、数字化、新媒体技术，催生出科普动漫、科普会展、科普旅游、科普游戏等一批新型业态。科普、文创产业融合进程加快，齐鲁文化产业园、济南市动漫游戏产业园成为科普动漫业和科普影视业发展的重要支撑。

（二）科普服务水平显著提升

依托科技馆、科普教育基地、科普体验中心等一批服务载体，济南市常态化开展科普展示、讲座等活动。科普出版发行面逐步扩大，社会科普服务需求得到有效满足。构建基于互联网平台的科普服务体系，大力推进“科普惠农兴村计划”，科普惠农项目、科普大篷车、科普产业项目推进顺利。

（三）科普载体建设成效显著

建设运营科普场馆、科普教育基地等一批科普产业载体，已初步形成较为完善的科普教育基地网络。全市现有济南动物园、济南泉城公园等国家级科普教育基地 11 家，省级科普教育基地 24 家，市级科普教育基地 65 家，各级科普教育基地达到 100 家。截至 2015 年，济南市共建成国家级科技园区 6 个、“863” 成果转化基地 2 个。

图 1-4-1　济南动物园

（四）相关产业支撑稳步增强

2015 年，济南市高新技术产业产值比重达到 42.58%，居全省首位。截至 2015 年上半年，全市高新技术企业总数 514 家，国家火炬计划重点高新技术企业总数 31 家，共建成各类企业研发机构 806 家，形成山东信息通信研究院、国家超算济南中心、济南云计算中心、山东量子技术研究院等一批重大科普支撑平台。

二、存在问题

济南市科普文化产业发展虽然取得了一定成绩，但从总体看，发展观念、市场主体培育、科普产品供给、外部环境等均有较大提升空间。

（一）科普发展观念有待创新

科普文化产业发展理念较为滞后，双轮驱动观念尚未深入人心。科普资源转化思路较为陈旧，科普内容生产仍局限于自然科学领域，人文社科领域产业化运作有待加强。科普消费观念较为落后，尚未形成消费科普文化产品的氛围。

（二）市场主体培育有待加强

科普文化企业普遍“弱、小、散”，行业市场竞争力整体较弱。科普文化企业的自主核心技术、高端研发人才匮乏，与高等院校、科研机构、高新技术企业等组织机构缺乏有效战略合作，市场拓展、需求对接与商业模式创新能力明显不足。

（三）科普供给质量亟待提升

科普产业发展基础相对薄弱，科普产品、服务的内容、形式较为单一，供给结构中传统科普展教品的比重较大，优秀科普文化创意产品匮乏。科普服务模式较为陈旧，现代新型科普服务模式创新不足，缺乏优势竞争力和品牌影响力。

（四）产业发展环境亟待改善

科普文化产业相关的生产要素体系亟待完善，资本、技术、信息、人才等要素流通有待激活，相关财政、金融、税收等专项政策覆盖面较窄。与市场经济相适应的科普管理体制和运行机制有待健全，多渠道、社会化的科普发展合力尚未形成。

三、发展机遇

（一）目标指引

《中共中央关于制定国民经济和社会发展第十三个五年规划的建议》中，明确提出了提高人民科学文化素质的目标要求和深化科技体制改革、普及科学知识等关键路径，为济南市科普文化产业的发展提供了明确的目标导向。

（二）政策保障

围绕加快发展科技服务业的迫切任务，国务院、山东省、济南市逐级加强政策对接，从创新科技服务模式、延展科技创新服务链、加强文化与科技深度融合等层面，为济南市科普文化产业的发展提供完善的政策保障。

（三）战略导向

济南市提出建设“区域性科技创新中心”的战略目标，为科普文化产业体系构建、市场品牌培育、科普产品“走出去”提供了有力的战略支撑，尤其将在科技创新惠及民生等领域不断拓展发展空间，最大限度释放科技创新服务社会的外部效应。

（四）科技支撑

以移动互联网、大数据、云计算、物联网等高新技术为代表的新一轮科技革命，将成为新常态下推动科普文化产业发展的新动力。“互联网＋”等新型业态的不断涌现，将加快推动文化科技融合发展和科普商业模式的创新。

第二节　发展方向研究

一、指导思想

坚持以邓小平理论、“三个代表”重要思想、科学发展观为指导，全面贯彻落实党的十八大、十八届五中全会及全国科技工作会议精神，围绕提高人民科学文化素质的目标要求，坚持以创新、协调、绿色、开放、共享的发展理念，不断开创公益性科普事业与经营性科普产业并举的发展格局。培育壮大科普文化产业，全面提升产业发展质量和效益，加强科普市场主体培育，推动科普供给侧改革，提高科学知识普及效能，引导、扩大科普文化消费，为济南打造“区域性科技创新中心”提供坚实的产业支撑和良好的科普氛围。

二、发展原则

（一）坚持自主创新原则

将增强自主创新能力作为济南科普文化产业发展的战略基点，加大对科普自主创新的投入，加强科普内容原始创新、科普渠道集成创新，加强科技成果转化与有效利用。

（二）坚持市场导向原则

发挥市场机制在科普资源配置中的基础作用，推动区域内新技术、新知识的生产、流通、更新和转化，强化企业在科普创新中的主体地位，推动形成科普创新的内生动力和整体合力。

（三）坚持重点突破原则

依托省会优势科创力量，集中在科普研发、应用领域突破一批具有全局性、战略性的关键共性技术，研发一批具有自主知识产权和市场竞争力的战略产品，抢占科普文化产业发展的制高点。

（四）坚持统筹推进原则

坚持重点突破和整体推进相结合，以科普研发体系建设为核心，结合全市“四个中心”战略，促进产业整体水平的提升。着力提高全市人民整体科学素质，实现社会效益与经济效益相统一。

三、战略目标

（一）总体目标

到“十三五”末，基本形成覆盖全市、辐射周边的科普服务体系和全产业链条，济南市科普原创能力大幅增强，科普服务市场化水平和竞争力明显提升，培育形成一批科普文化骨干企业和服务机构，涌现一批新型科普服务业态，科普文化产业成为推动济南市经济提质增效的重要引擎。

（二）具体目标

构建业态体系与产业组团。到 2020 年，济南市重点发展培育 6 大核心产业业态，科普文化产业集约化、规模化水平大幅提高。顺应“互联网＋”发展趋势，规划、实施 3—5 个产业辐射和带动力强的科普文化产业组团。

加快产业载体与平台建设。到 2020 年，济南市依托文化单位、科研院所、高校、企业设立 3—5 个科普文化产业研发基地，建设 5—6 个科普产业创新研发平台，重点培育 3—5 家科普文化龙头企业，认定 3 家科普产业与其他产业融合发展示范基地。

加强重点课题研究与技术研发。到 2020 年，济南市组织实施 2—3 项国家级科技服务重点项目，完成 20 项服务济南“科技创新中心”建设的科普攻关课题，制定 1 套科普文化行业技术标准，完成 10 项科普服务领域重要核心技术、关键技术和集成技术攻关。

提高服务效能与供给能力。到 2020 年，济南市社会科普资源得到有效利用，企业展览馆、生产线等新型科普教育平台实现有序开放，推出一批群众喜闻乐见的科普文化精品，建设完成数字科普资源库，全市公共场所科普全媒体阅览屏数量达到 1000 台。

提升科普文化品牌影响力。到 2020 年，“泉城科普”品牌影响力大幅提升，济南市科普普惠水平走在全国前列，全市公民具备基本科学素质的比例超过15%。产业信息化水平走在全国前列，形成若干基于互联网技术的线上、线下互动服务模式和商业模式品牌。

第三节　发展路径研究

一、构建产业核心业态体系

“十三五”期间，济南市重点巩固科普图书出版业、科普影视业、科普制造业等传统产业业态，发展科普动漫游戏业、科普旅游业、科普会展业等新兴产业业态。

（一）巩固传统产业业态

科普图书出版业。积极发挥济南科普创作协会的组织协调作用，鼓励高校、科研院所、行业协会、自由撰稿人积极创作生产精品科普内容，持续推出一批立足济南、面向全省、服务全国的科普系列精品丛书。设立济南科普出版基金，鼓励济南出版社、世纪金榜、星火图书等实力雄厚、主业突出、核心竞争力强的大型骨干出版企业支持科普图书出版发行。提高科普图书数字化出版水平，推动网络出版、电子书、手机报等科普阅读终端的研发、推广与应用。鼓励科普精品IP资源的版权保护与流动开发，以IP为纽带联动济南科普图书、科普影视业发展。

科普影视业。提升济南市科普电视节目的整体制作能力、创意策划水平、文化内涵，增强娱乐性、观赏性与互动性，打造科普真人秀等电视节目。加强纪录片、宣传片、微电影、系列剧等各类科普影视作品的拍摄、制作与发行。鼓励本地企业加大应用型科普视频的创作力度，以科技馆、展览馆、5D/9D等高科技体验项目为载体，推动科普影视与娱乐体验、休闲旅游市场相结合。提高科普影视产品本地IP转化、生产供给比重，鼓励济南市影视、传媒企业提高科教影视产品的制作生产能力。打造济南科普影视研发中心，培育若干科教影视制作基地，搭建济南科技人才与影视创作人才合作平台。

科普制造业。加快发展智能科普制造业，提升科普展教品生产的智能化水平，加快推动云计算、物联网、智能工业机器人、增材制造等技术在科普模型、教具、展品的生产应用。引进国内外顶尖创意、技术，推动成立科普玩具研发中心，大力发展可穿戴游戏设备，加强工艺流程改造和基础数据共享，提高科普玩具的外观设计水平与人机交互技术。依托新材料产业园、浪潮华光产业园、北车风电园、济南药谷、九阳工业园等高新技术产业园区，提高新材料、半导体、高端装备、生物医药、智能家电、精密仪器、机器人等领域的科普展教能力。培育本土科普制造龙头企业，服务“济南智造”品牌建设。

（二）培育新兴产业业态

科普动漫游戏业。鼓励科普动漫精品创作，融入泉水文化、齐鲁文化元素，创作科学知识与故事性、娱乐性完美融合的动漫精品，提升作品数量与质量。依托三大动漫游戏产业基地，鼓励一批有活力、有竞争力的骨干动漫企业加大科普动漫原创力度，支持在科普动漫领域开展众创、众包、众扶、众筹。充分利用省、市级电视台及大众网、齐鲁网等媒体及新媒体平台，对接动漫市场分众化需求，推动科普动漫向“全产业链”和“全年龄段”发展，服务“动漫泉城”品牌创建战略。大力发展科普游戏业，拓展“严肃游戏”市场空间，支持开发集科普性、教育性、趣味性于一体的网络游戏和线下单机游戏，推动网络游戏互动与科学表演、科学实验相结合，鼓励围绕优质游戏 IP 开发科普读物、仪器设备等衍生产品。

科普旅游业。推动科普文化产业与文化演艺、休闲度假、民俗体验、宗教旅游等旅游业态相融合，鼓励旅游景区利用动漫展示、9D 技术、虚拟漫游等现代科技手段，提升老商埠、古城区等历史文化遗产的互动性与吸引力。进一步拓展提升体育场馆、演艺场馆、科普教育基地、博物馆、纪念馆、美术馆、文化馆、图书馆、科技馆的科普体验功能，开发文博体验旅游产品。提高科普服务智慧旅游能力，建设一批智慧旅行社、智慧景区、智慧酒店、智慧街区、智慧购物商场。支持非物质遗产博览园、海尔兄弟乐园等一批集科学普及、文化展示、互动参与、休闲游乐为一体的科普旅游项目建设运营。

科普会展业。支持利用“互联网＋”线上线下有机融合的新模式，组织一批拉动消费效果好、群众参与度高的科普会展活动，举办网络虚拟科普展览会。引导会展企业运用云计算、大数据、物联网、移动互联等现代信息技术，升级科普展览产业链。提高会展场馆利用效能，支持组建科普会展联盟，促进科普会展资源在全市范围内的优化配置和流动。培育济南特色科普会展品牌，推动国际信博会、山东农科会、山东文博会、山东艺博会等成为国家级品牌展会，积极服务全国“会展名城”建设工作。

图 1-4-2　山东文博会

二、分类推进行业主体培育

（一）激活公益性供给主体

整合资源，扩大供给主体规模。充分利用好济南作为省会城市的高校、科研院所及相关设施资源优势，进一步发挥济南市已建市、区（县、市）博物馆、图书馆、科技馆、展览馆等的公益性科普效用，支持济南市气象台、济南市地震监测中心、济南市中心医院及其他专业性机构等完善科普职能，实现常态化对外开放，通过专业领域文化科技知识展示体验、衍生品销售等开拓产业化发展空间。

拓展公益性科普单位业务职能。利用国家加快推进建设现代公共文化服务体系的契机，推进县（市、区）科普文化场馆、设施建设，加强与文化广电新闻出版局的合作，借助“送文化下乡”“送戏下乡”“送电影下乡”等活动，开拓科普文化发展渠道。支持公益性科普单位在坚守公益性主业的同时，在管理上采用企业化管理模式，提高运营效率，发展科普体验、衍生品开发等业务，拓展衍生服务及产品的广度和深度。

（二）培育经营性市场主体

加强行业骨干企业培育。扶持一批具有较强实力和较大规模的科普展览以及科普图书出版、科普影视、科普动漫等行业龙头企业发展。重点支持鲁商传媒集团有限公司、济南舜耕国际会展中心、济南出版有限责任公司、山东世纪金榜科教文化股份有限公司和山东世博文化传播有限公司等扩大科普经营业态比例。加大招商引资力度，吸引国内外知名科普文化企业、区域总部落户济南，不断提升济南科普文化产业企业市场竞争力和影响力。

扶持行业小微企业发展。围绕“大众创业、万众创新”发展战略，积极利用济南各大创业孵化器、创客空间等，加快发展“互联网＋”创业网络体系，建设一批科普创业创新基地，培育小微科普文化企业发展。完善孵化器、创业基地配套的企业管理、财务咨询、市场营销、人力资源、法律顾问、知识产权、检验检测、现代物流等第三方专业化服务，为小微文化企业发展创造良好环境。

三、提高科普产业供给效能

（一）提高科普产品质量与服务水准

实施全市科普精品示范工程、优秀传统文化科普扶持计划、科普内容创作扶持计划、科普动漫品牌培育计划、科普产业数字振兴计划。创新各类科普文化产品内容和艺术的表现形式及表现手段，丰富科普产品创作的体裁与手段。积极发展数字化科普消费产品和服务，进一步推动图书、画报、影像、信息栏等传统科普产品的数字化、网络化进程，提升数字科普产品的质量和文化内涵。结合公益性文化惠民活动，集中开发科普电影周、科普泉城游等一批品位高、形式多、层面广、影响力大的科普文化产品和服务。

（二）拓展科普产品供给与服务渠道

推动实施科普市场供给侧改革，持续推动市域各级科技馆、博物馆、图书馆等公共场所免费开放，开展公益性科普服务。逐步扩大政府购买科普文化产品和服务的范围，引导科普服务机构采取市场运作方式，加强产品研发，拓展传播渠道，开展增值服务。推动科研机构、高校向社会开放科研设施，鼓励企业、社会组织和个人捐助或投资建设科普设施。整合科普资源，建立6区3县1市区域合作机制，逐步形成全市范围内科普资源互通共享的格局。支持各类出版机构、新闻媒体开展科普服务，积极开展青少年科普阅读活动，加大科技传播力度，提供科普服务新平台。

（三）加强共性关键技术研发

顺应新一轮科技革命发展大势，鼓励济南科普文化企业依托各自行业技术基础与平台资源，以研发品牌产品、突破关键技术为核心目标，重点加强科普云应用、语音科普应用、科普产品标准化与认证、智能识别科普应用、科普展示与人机交互应用等领域的共性关键技术研发，重点突破科普智能语音交互技术、科普云平台搭建的超高清视频压缩技术、智能视频处理技术，制定科普产品相关标准。发挥现代高科技研发与互联网传播优势，加强现代技术研究，提升科普艺术作品创作、创意、内容编排、活动策划、受众互动和展演、展映、展播、展览等方面的表现力。

四、引导和扩大科普文化消费

（一）改善科普文化消费环境

适应供给侧改革要求，营造全社会齐抓共管改善科普文化消费环境的有利氛围。主管部门从深入调研、发布信息、强化指导、项目推动等多个角度为促进科普文化消费提供支撑。探索搭建政府O2O大数据平台，实现文化消费数据的信息化、集成化，准确、及时捕捉文化消费数据，增强居民文化消费的便利性，改善文化消费环境。鼓励科普文化服务机构成立行业协会，发挥其在行业自律、行业管理、行业交流等方面的重要作用。加快推进科普文化行业协会与行政机关脱钩，将适合由社会组织提供的公共文化服务事项交由社会组织承担。

（二）培育科普文化消费习惯

在现代公共文化服务体系中加大科普文化产品和服务供给，引导群众形成科普文化消费习惯。在统筹考虑群众基本科普文化需求和多样化文化需求的基础上，推动公共科普文化服务向优质服务转变，实现标准化和个性化服务的有机统一。广泛开展公益性科普文化活动，培养健康向上的科普文化爱好，扩大和提升文化消费需求。完善公益性科普展览、演出补贴制度，鼓励在商业演出和电影放映中安排低价场次或门票，鼓励出版适应群众购买能力的图书报刊，推动经营性科普文化设施、场所等向公众提供优惠或免费的公益性科普文化服务。

（三）大力倡导科普志愿服务

弘扬志愿服务精神，坚持志愿服务与政府服务、市场服务相衔接，奉献社会与自我发展相统一，社会倡导和自愿参与相结合，构建参与广泛、内容丰富、形式多样、机制健全的科普文化志愿服务体系。动员组织专家、学者、医生、教师、律师等专业人才参加志愿科普服务。创新服务内容、工作方式和活动载体，探索具有济南地方或行业特色的科普文化志愿服务模式。完善科普文化志愿者注册招募、服务记录、管理评价和激励保障机制。加强对文化志愿队伍的培训，提升科普文化志愿者的服务意识、服务能力和服务水平。

五、实施重大科普文化工程

（一）济南“科普云”平台

联动政府、高校、企业资源筹建济南“科普云”平台，收集整理历史文化、生活百科、科技发展、自然科学等各个领域的科普影视、动画短片、图书期刊、展教具等20余种科普资源成果形式，为广大科研科普工作者提供进行科普创作、传播与交流的云平台。

（二）“泉城科普数字终端建设工程”

优化提升“泉城科普数字终端建设工程”，提升科普文化价值，形成集泉城科普网站、科普微信、科普微博、科普全媒体阅览屏为一体的“泉城科普”科学传播平台，推动济南科普产业向互联网、新媒体领域衍生新链条。

（三）济南科普产品研发中心

联动驻济高校、科研单位等科普人才力量与技术资源，筹建济南科普产品研发中心，搭建科普产品设计与研发、技术集成、标准制定、人才培养、行业指导服务平台，重点提升数字化科普产品、信息化科普服务研发水平。

第四节　保障措施研究

一、加强组织领导

建立完善产业发展协调推进机制，保障产业发展的规划实施、政策研究制定、公共服务技术平台升级改造和重大项目推进。加强市、区（市、县）联动，积极引导各级政府形成有利于科普文化产业发展的有效沟通机制。加强上下级规划间的衔接，做好重大任务的分解和落实。发挥好相关行业协会、产业联盟、社会团体在整合行业资源、协调行业利益、加强行业自律等方面的重要作用，共同促进科普文化产业的健康快速发展。

二、强化政策扶持

细化落实国家、省、市有关鼓励支持高新技术产业、科普文化产业发展的政策措施，在财税、信贷、投融资、市场准入等方面，进一步完善促进科普文化产业发展的扶持政策，特别是济南市关于促进企业自主创新、高新技术产业和文化产业发展的优惠政策。加大宣传力度，加强知识产权保护力度，为科普文化产业创新发展营造良好环境。探索建立完善科普文化产业发展评价指标体系，客观评价产业发展速度、水平、潜力和效益。

三、拓展投融资渠道

加大公共财政投入力度，将科普文化产品和服务纳入政府采购范围。加大对具有重要示范、引导和带动作用的项目和平台的公共财政支持力度。搭建银企合作平台，为中小微科普企业量身定制金融服务产品，研究细化科普文化科技企业营业税差额征收等税收优惠政策。鼓励社会资本投资科普文化产业，支持条件成熟企业通过上市、新三板挂牌、发行短期融资券等多种渠道筹集发展资金。

四、夯实人才基础

整合高等院校、科研院所及社会资源，以科普文化重点领域的研发为依托，加快推进科普文化人才培养，培养一批科普文化研究与应用人才，引进一批科普文化领军人才。依托高校、科研院所，加强理工学科与人文、艺术学科的交叉融合，支持高校设立文化科技交叉学科与专业，培养科普文化后备人才。通过实施重大科研项目，完善科普文化人才考评管理机制，建立科普文化人才数据库，营造有利于发挥各类人才才智的发展环境。

五、完善平台体系

构建技术创新平台。开展现代科普文化市场体系构建与技术监管所需的新技术开发与集成应用，提升现有的重点实验室、科普场馆、博物馆等的展览水平，利用科普信息技术构建文化资源、对外文化交流、知识产权保护、文化贸易等领域传承传播服务的新途径与新渠道。健全科普服务平台。加快“互联网＋”智慧服务平台建设，实施“科普云”信息建设工程，联动政府、高校、企业资源筹建“济南科普云”，同时全面提升“泉城科普数字终端建设工程”的服务能力，打造全市共享的科普交流互动平台，提升科普产品研发水平。

第五章

烟台芝罘区“十三五”动漫广告创意产业调研报告

2015 年 9 月 23—25 日，山东大学文化产业研究院眢胜锋博士团队赴烟台市芝罘区就《动漫、广告创意产业发展规划》《文化事业发展规划》进行全面调研。烟台市芝罘区文化广电新闻出版局产业发展科科长孙杰、综合科郝苗，烟台广告创意产业园区管理委员会综合科张小鹏等陪同调研。调研期间，烟台市芝罘区文化广电新闻出版局局长常洁、副局长薛兰就规划编制工作与课题组进行了深入的交流与探讨。

项目组先后考察了烟台 1861 广告创意产业园区、烟台动漫基地、朝阳历史文化街区等重点文化产业项目，重点考察了大学生创业孵化区、创业服务中心等动漫广告产业服务平台和设施。项目组还对黄务街道、东山街道文化产业及文化事业发展情况、重点项目以及芝罘区文化馆等公共文化设施进行了考察。对芝罘区文化产业及文化事业发展现状以及发展优势、发展问题进行了深入的了解。

调研期间，烟台广告创意产业园区管委会召开了规划编制调研座谈会，会议由芝罘区文化广电新闻出版局产业发展科科长孙杰主持，参加座谈会的有山东智慧广告传媒有限公司、蓝石头文化创意有限公司、烟台金山文化传媒有限公司、元奥信息技术有限公司、烟台时光坐标传媒有限公司等企业及园区负责人。各企业负责人结合企业及行业发展情况,对芝罘区文化产业发展规划提出了宝贵的建议。

此次调研收集了大量的图文资料,为规划高质量完成打下了良好的基础。目前,规划编制工作正在顺利进行中。

据悉,芝罘区《动漫、广告创意产业发展规划》《文化事业发展规划》是芝罘区“十三五”发展规划重点招标项目。在规划项目招标会上,山东大学文化产业研究院昝胜锋博士团队提供的方案符合芝罘区文化产业及文化事业发展实际,得到了专家评委的一致认可。

本研究报告是项目组在现场调研、头脑风暴、编制规划过程中撰写,摘录以飨读者。

第一节 基础研究与问题诊断

近年来,芝罘区按照“加快文化强区建设”的总体要求,以深化文化体制改革为动力,以做大做强动漫、广告创意产业为目标,以实施重大项目带动为着力点,以打造特色动漫、广告创意产业园区(基地)为平台,以建立健全文化产业发展机制为关键,扎实推进文化产业发展。文化产业规模不断扩大,文化消费能力持续走强,文化市场体系趋于合理。与此同时,芝罘区文化产业发展也存在诸多不足,区域性、结构性问题较为突出,文化产业发展仍然存在较大提升空间。

一、背景分析

(一)山东省文化创意产业发展概况

1.总体现状

文化创意产业持续快速发展。“十二五”期间,山东省文化创意产业持续快速发展,文化创意产业增加值增长平稳。2013年,山东省文化创意产业增加值实现3100亿元,占全国文化产业增加值的14.3%,总量规模位居全国前列,文化创意产业增长幅度高于生产总值和服务业增长幅度,新兴文化创意产业增幅高于整个文化创意产业增幅。文化产业法人单位及从业人员数量快速扩容，2013 年底，全省文化产业法人单位 5.9 万家，从业人员 130 万人。

文化创意产业结构体系持续优化。出版发行、印刷复制、影视制作、演艺娱乐、创意设计、数字内容和动漫等产业得到较快发展，产业结构布局不断优化。2012 年，全省文化产品制造业、文化产品批零贸易业、文化服务业法人单位分别实现增加值 1250.4 亿元、191.4 亿元、938.8 亿元，三者之比为 52.5∶8.0∶39.9。

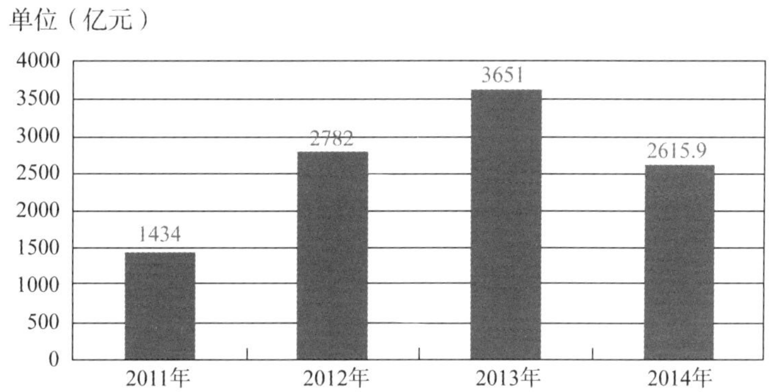

图 1-5-1　2011—2014 年山东文化创意产业固定资产投资示意图

文化创意产业投资与贸易规模持续扩大。2014 年，山东文化创意产业完成投资 2615.9 亿元，按当年价格计算增长 18%，文化产业投入增幅高于固定资产投入增幅。文化产业外向度增强。2013 年，全省核心文化创意产业出口额为 17.65 亿元，文化创意产品服务出口企业达到 1600 多家，年出口额过千万美元的出口企业达 15 家，文化创意产品实物出口 13.5 亿美元，同比增长 16%，位居全国前列。

2. 行业发展

动漫产业初具规模。一批涵盖动漫制作、图书报刊、手机动漫、网络游戏、人才培训及衍生产品开发等多行业门类的动漫企业已经形成。目前，山东已有动漫企业 600 余家，拥有济南、青岛、烟台 3 家国家级动漫产业基地，15 家企业通过国家动漫企业认定，4 家动漫企业列入《2011—2012 年度国家文化出口重点企业目录》，1 家动漫企业连续 3 年获得国家进口动漫开发生产用品免税资格。截至 2013 年底，我省动漫企业主营业务收入 26.978 亿元，从业人数 1.7 万人，年产动画分钟数 55590 分钟，各类动漫产品数量不断增多，动漫制作时长和播出时间均有大幅增长。近年来，山东创作出一批立意新颖、广受欢迎的本土原创动漫产品。其中电视动画片《孔子》获戛纳电视节首届亚洲展映会最佳作品奖，《泰山》获“全国动漫游戏行业优秀动画片金手指奖”，3D立体动画电影《崂山道士》荣获国家首批动漫精品工程精品创意奖。充分利用国内国外两个市场，通过信息共享、宣传推广、境内外参展等方式，推动动漫企业、产品和服务“走出去”。

表 1-5-1　　2012、2014 年山东动漫企业发展情况

年度	动漫企业	国家级动漫企业	国家文化出口重点企业
2012 年	447	6	1
2014 年	600	15	4

表 1-5-2　　2011—2013 年山东电视动画作品数量、时长及占全国比重

年度	电视动画片（部）	占全国比例（%）	时长（分钟）	占全国比例（%）
2011 年	1	0.22	572	0.21
2012 年	8	2.0	3006	1.3
2013 年	6	1.6	2286	1.1

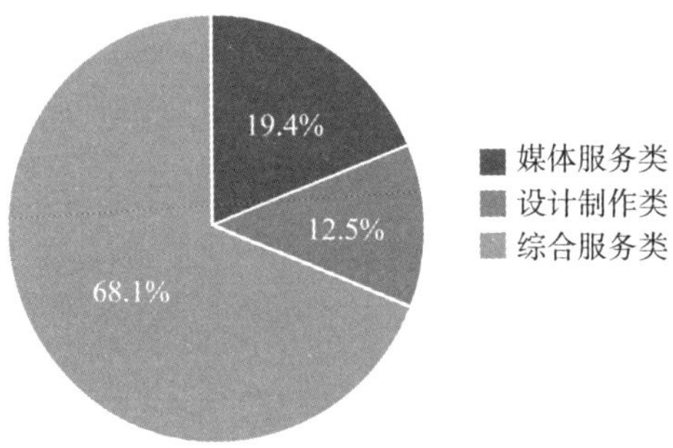

图 1-5-2　山东广告企业资质结构及服务范围比例

广告业综合竞争力稳步提升。广告业整体创意、策划、设计、制作水平不断提升，网络、数字等新兴广告媒体蓬勃发展。截至 2013 年底，全省广告经营单位、从业人员、经营额分别达到 3.8 万户、21.6 万人、218.2 亿元，同比分别增长 43.9%、40.1%和 23.47%。目前，青岛、潍坊、烟台各有一家园区被认定为国家广告产业园，中央扶持资金额在全国各省市中名列榜首，吸引了一批国内外知名广告企业入驻。山东培育了10余家广告企业集团，舜网已经在新三板上市，推出了“好客山东”等知名品牌。此外，山东还推出“山东省广告节”、山东文化创意产业博览交易会，建立集广告展示、资源拍卖、融资、信息交流等功能于一体的山东广告交易中心，2012年交易额突破5000万元。

3. 区域发展

目前，山东省初步形成东、中、西特色鲜明、优势互补、结构合理、效益显著的文化创意产业发展格局：东部以青岛为龙头，以烟台、威海、日照、潍坊、东营等为支撑，辐射半岛城市群，创意设计、数字出版、动漫游戏等新兴业态引领全省，以海洋文化为内涵元素、以蓝色经济为资源特色，门类齐全、功能完善、布局合理的半岛蓝色经济区文化创意产业体系正在形成；中部以济南为中心，以泰安、淄博、德州、莱芜、滨州为支撑，辐射省会城市群，会展、动漫游戏、创意设计等新兴业态增势迅猛，不断发展壮大；西部以济宁为支点，以临沂、枣庄、聊城、菏泽为支撑，传统产业与现代创意产业的融合发展水平不断提升，地域文化品牌打造初见成效。

根据文化创意产业的发展速度和体量规模划分，山东省文化创意产业发展分为三大梯队。青岛、济南、烟台3市文化产业发展速度和规模处于全省领先位次，属于第一梯队。潍坊、临沂、淄博、威海、济宁、泰安6市属于第二梯队。德州、聊城、滨州、东营、菏泽、枣庄、日照、莱芜8市属于第三梯队。

表1-5-3　　　　2012年山东省17地市文化产业统计表

地市	文化产业增加值		占国内生产总值比重（%）		同比增幅（%）	
	数值（亿元）	位次	数值	位次	数值	位次
济南	341.1	2	7.1	2	13.55	13
青岛	439.2	1	7.6	1	21.00	9
淄博	160.3	6	4.5	9	2.76	16
枣庄	79.6	15	4.7	7	20.97	10
东营	84.1	13	2.8	16	13.74	12
烟台	318.6	3	6.0	4	7.21	14
潍坊	197.5	4	4.9	6	71.74	6

续表

地市	文化产业增加值		占国内生产总值比重（%）		同比增幅（%）	
	数值（亿元）	位次	数值	位次	数值	位次
济宁	136.1	8	4.3	13	148.81	1
泰安	114.9	9	4.5	9	4.45	15
威海	146.4	7	6.3	3	52.50	7
日照	64.1	16	4.7	7	78.06	5
莱芜	17.1	17	2.7	17	−44.12	17
临沂	160.5	5	5.3	5	20.68	11
德州	93.8	10	4.2	14	33.62	8
聊城	90.0	11	4.2	14	96.94	2
滨州	89.7	12	4.5	9	92.90	4
菏泽	81.1	14	4.5	9	95.42	3

（二）烟台市文化创意产业发展概况

1.总体现状

（1）总体成绩

“十二五”期间，在烟台市委、市政府的正确领导下，烟台市文化创意产业发展取得了显著成效。2012年全市文化创意产业增加值实现337.56亿元，同比增长13.6%，占GDP比重约为6.24%。截至2011年，全市拥有文化及相关产业企业3730家，文化及相关产业从业人员达到9.3万人。

产业投资增速较快。2011年，文化及相关产业总投资272.40亿元，同比增长21.7%,高于全市同期总投资增幅3个百分点；文化及相关产业总资产超过300亿元，其中达到亿元以上的企业有27个，1000万元以上的有229个；文化及相关产业主营业务收入超过300亿元，其中超过亿元的企业有48个，超过1000万元的有352个。

发展环境不断优化。加大政策扶持力度，先后出台了《关于进一步加快文化建设的意见》等一系列配套文件，营造了良好的产业发展环境。截至2012年，已安排市级文化产业发展专项资金1500万元，扶持各类文化企业、文化项目和文化产业园区（基地）83个，引导带动社会资金投入262亿元。

产业载体建设突出。截至2012年，全市建成国家级动漫产业发展基地1处，国家级文化产业示范基地1处，中央财政扶持广告业试点园区1处，省级文化产业示范基地7处，省级重点扶持广告产业园区1处。此外，在建拟建大型文化产业项目91个，总投资2502.05亿元。其中，2012年当年累计完成投资额为226.54亿元。

（2）优势行业

重点行业提挡升级。依托海洋文化、红色文化、胶东民俗文化、仙道文化、开埠文化、葡萄酒文化为突出代表的地域特色文化资源，烟台市突破发展现代传媒、广告设计、影视制作、印刷发行、文艺演出、动漫创意等文化业态，积极培育葡萄酒文化、开埠文化、红色文化等特色文化品牌，推动文化创意产业提挡升级。在载体建设上，烟台市以国家动漫基地建设为契机，积极构建融动漫制作、网络游戏开发和影视后期制作为一体的产业链，打造了滨海文化创意产业发展新格局。

产业融合程度不断提高。烟台市以创意为核心，积极推动文化创意设计和服务与其他产业融合，鼓励发展工业设计、软件设计、研发设计、建筑规划设计等创意设计业态，培育了一批专业设计公司和团队。

2.发展优势

自然人文资源优势突出。烟台无论在文化资源还是在旅游资源方面，都具有深厚的积淀，为其文化创意产业发展提供了必要的基础条件。烟台依山傍海，风光秀丽，气候宜人，全年平均气温12℃，冬无严寒，夏无酷暑，是理想的滨海生态旅游度假胜地，素以“黄金海岸”“人间仙境”的美誉著称于世。据有关资料统计，烟台共有各类历史文化遗存3000余处，其中古遗址700余处，古墓葬400余处，古建筑600余处，石刻100余处，近现代遗址1000余处。

经济实力较为雄厚。烟台市GDP连年提高，增速保持稳定，为文化创意产业发展提供了良好的经济基础。2013年，烟台市GDP达5613亿元，居中国内地城市第二十位，山东省第二位，被评为中国最具竞争力城市之一。据初步核算，2014年，烟台市全年实现地区生产总值6002.08亿元，按可比价格计算，比上年增长9.1%。其中，第一产业增加值441.27亿元，增长3.9%；第二产业增加值3212.35亿元，增长8.8%；第三产业增加值2348.46亿元，增长10.4%。三次产业结构由上年的7.5∶54.8∶37.7

调整为7.4∶53.5∶39.1。全市人均生产总值85795元（按年平均汇率折合13967美元），比上年增长8.9%。

公共文化事业发展较快。截至2014年年末，全市文化系统拥有各种艺术表演团体10个，艺术表演场所8个，公共图书馆14个，群众艺术馆和文化馆14个，博物馆和纪念馆18个，文物保护管理机构5个。年末拥有县级以上广播电台10座，国内广播节目12套；县级以上电视台13座，电视发射台和转播台12座。全市广播电视人口综合覆盖率达到100%。

高端人才梯队结构合理。2015年年内全市引进培养高技能人才5.3万人，其中引进博士、硕士等高层次人才2523人，引进海外留学人才344人。31人入选省级以上人才工程，其中5人入选国家千人计划和国家创新人才推进计划。2015年年末全市拥有两院院士3名，国家千人计划专家30名，国家创新人才推进计划专家5名。

3.存在问题

（1）市场主体竞争力有待加强

就全省范围来看，烟台市文化创意产业实力较强，但与济南、青岛以及国内其他省份的同级别城市相比，经济总量偏低，规模以上的文化创意产业生产企业数量偏少，总体仍以中小企业为主，有影响的重点企业和大型文化集团企业相对较少，直接影响了烟台文化创意产业集约化、规模化水平的提高，也影响了文化创意产业增加值的GDP占比。

（2）文化创意融合度有待提升

烟台文化资源创新开发意识和市场占有意识薄弱，如张裕葡萄酒文化、长岛妈祖文化、蓬莱仙境旅游文化、福山饮食文化、招远黄金文化等文化资源创新开发能力有待提高；文化创意产业没有与数字技术、信息产业实现全面接轨和有效融合，仍以文化娱乐、文化旅游等传统业态为主，文化创意产品和服务的科技含量和附加值较低。

二、基础研究

（一）发展成绩

1.总体成绩

近年来，芝罘区以动漫、广告创意产业为突破口，巧借外力发展新兴产业，深挖内力优化传统产业，助推文化创意产业健康快速发展。

文化产业初具规模。芝罘区建成了辛庄街、朝阳街、广仁路商业步行街等特色文化街区，培育建设了齐鲁古玩文化城、万光古玩文化城等以古玩、字画、旅游服务等为特色的文化市场，初步形成了图书报刊、音像制品、互联网服务、文化娱乐、广告传媒等多种业态并存的综合性文化产业。目前，全区列入区文化统计范围的文化企业总数近3000家，全区传统文化服务企业稳定在1700家左右，注册资本100万元以上的文化经营场所达600多家，民营企业和个体业户占经营单位总数的90%以上，文化企业固定资产投资总额达到8.5亿元，实现利税近3亿元，形成庞大的发展群体。

文化品牌建设成效显著。芝罘区挖掘整合开埠文化、白石文化、葡萄酒文化、海洋文化、所城文化、塔山和毓璜顶庙会民俗文化等特色文化资源，促进文化资源优势向产业优势、市场优势、品牌优势转化。通过资助项目开发、支持符合条件的文化企业上市融资、发行企业债券等方式，集中力量培育了20家重点文化企业，打造了飞翔动漫、屹林广告等一批动漫、广告品牌企业。在重点领域实施了一批重大项目，打造了东和科技园、烟台动漫基地、烟台市广告创意产业园区等品牌园区、基地，产业集聚效应初显。连续举办五届烟台国际动漫艺术节，有500多家企业先后参会参展，40多万人参加了艺术节的各项活动，烟台动漫的品牌逐步叫响。

国际交流活动日益频繁。借助与日、韩两国临近的区位优势，芝罘区与中日动漫游戏交流促进会等机构合作，设立外国专家高端人才实训中心，建立外国专家专业管理团队，并与日、韩10余家机构合作，开展了中日动漫游戏研究中心、韩国动漫外包制作中心等项目的研究。同时，芝罘区积极举办中日韩动漫产业高峰论坛等节展活动，帮助10多家孵化器企业与日韩企业达成合作项目30多个，项目金额超过500万美元；搭建推广服务平台，设立中国版权保护中心北方中心（CCCS平台），为创意作品版权保护、创意剧本买卖、创意作品交易等提供权威、专业的服务，取得了良好的效果。

2.行业发展

在巩固壮大广告、演艺、娱乐等传统文化产业的同时，芝罘区加快推动创意设计、动漫游戏等文化创意产业发展，行业整体规模实力和竞争力进一步增强，带动产业结构优化升级。

（1）动漫行业

动漫游戏产业发展迅速。芝罘区网络游戏产业年制作能力已超过4000分钟，年制作费用投入在1亿元以上，烟台烽火网络科技有限公司、新加坡大型网页游戏公司等多家规模在30人以上的游戏企业在园区优惠政策扶持下快速发展，企业竞争力不断提升。烟台都百特网络科技有限公司完全自主开发的客户端网游《龙神大陆》目前已经完成产品开发，进入市场运营阶段。烟台飞翔动漫有限公司重点发展二维动漫外包业务，目前企业员工超过50人，拥有角色设定、背景原画、分镜、配音配乐一整套完整的二维后期制作部门，年产动画片能力超过2000分钟。

优秀动漫作品不断涌现。烟台阳光文华数字传媒有限公司制作的三维电视动画片《晶莹小子》入选国家广电总局推荐的第一批国产优秀动画片，并与其他3部作品分别在中央电视台、山东电视台播出，时长超过700分钟。烟台影动圣火动漫有限公司牵手国内名企，联合斥资4000万元，打造片长超过4500分钟的动画片，其中动画电影《快乐星球大拯救》填补了山东动漫电影的空白。烟台影动动漫有限公司的《守卫蚂蚁村》获得2010年度全国优秀国产动画片大奖，该片通过宣传推广在国外也有了一定的知名度，境外多家电视台购买了该片的播放权；《阿古登巴》《童言无忌》《光合宝贝》等多部动漫作品均在国内外获奖。此外，基地内诸多企业与法国、瑞士、加拿大、韩国、日本、新加坡等国家合作的《漂流瓶》等5部漫画作品也已在国内外出版发行。

（2）广告行业

产业规模全市领先。2011年，烟台市广告经营单位达到1435家，从业人员7322人，广告经营额4.7亿元。其中，我区广告经营单位774家，占全市总数的54%；各类创意设计、策划制作和管理人员3105人，占全市的42.4%；广告经营总额2.4亿元，占全市的50%左右。全区广告企业数量、从业人员数量、经营额分别增长11.2%、12.5%和10.1%。此外，我区广告市场经营规模占GDP的比重为0.38%，位于全市前列，相比于欧美成熟期2%以上的比例，发展潜力巨大。

市场主体发展壮大。2013年，从事广告产业及与广告产业直接关联的企业达到323家，经营额达到1.85亿元，年纳税额超过2000万元，吸收就业人员超过3000人，包括北京华夏酒报、优众广告、点石投资、智慧传媒等在内的多家年营业额在1000万以上的大型创意企业纷纷落户芝罘区。其中，新印象广告设计公司等10余家企业的设计作品获得国内知名设计大赛金奖，15家入驻企业的50多部作品入选《中国设计年鉴》《亚太设计年鉴》。

（二）发展载体

2007年以来，芝罘区先后着力打造了国家级动漫产业发展基地——烟台动漫基地、1861广告创意产业基地等产业载体，积极发展高端文化产业，并根据新兴文化产业发展的形势要求，加大资源整合力度，组建成立了烟台广告创意产业园区。

1.广告产业园

2007年，芝罘区政府投资建设了集文化艺术创作、创意设计服务、动漫影视制作、广告数字传播等高新业态于一体的烟台文化创意产业园区，总规划面积10平方公里，建筑面积60万平方米，总投资47亿元。园区分为五大板块：烟台广告动漫基地、烟台1861广告创意产业基地、烟台广告服务外包基地、烟台创意产业园人才培训中心和烟台广告创意产品展示及交易平台。其中，以广告创意设计为主的1861广告创意产业基地建于2011年，投资600万元，目前共有34家企业签约入驻。2012年，园区入驻企业近300家，其中日韩企业16家、香港企业4家，总注册资本超过2亿元。2013年，新增知名创意企业近40家，从业人员近600人，创意作品投资总额超过4.2亿元，引进了法治中国传媒动漫频道、杭州时光坐标等多个年营业额在1000万以上的大型创意企业。

烟台广告创意产业园区先后被认定为“山东省重点广告扶持产业园区”和“中央财政支持广告业发展试点园区”，获得了国家、省、市一系列政策和资金支持。为了有效推动文化企业上市，园区给文化企业提供了全方位的菜单式服务——搭建了政策平台、公共服务平台、公共技术平台、互动交流平台及宣传推广平台，其中6个公共技术平台、烟台文化创意网、园区广告战略联盟等在国内处于领先地位；加快推进新载体创客部落、草根创意集市等建设，其中，东林电脑广告创意有限责任公司已在齐鲁股权交易中心上市。此外，园区设立了专项资金，搭建了投融资服务平台，提供“金种子”专项资金、小额贷款专项基金、平台运营公司股权投资、投融资推介会等多项服务和扶持。其中，每年设立200万“金种子”创业专项资金，用于“金种子”项目奖励、创意人才获奖作品奖励等，并向企业提供贷款贴息、贷款担保补贴等扶持，进一步优化了园区金融生态环境。

2. 动漫产业园

烟台动漫基地建立于2007年，位于芝罘区南部新城，总建筑面积7万平方米，首期启动1.7万平方米。2010年底，基地仅有入驻企业26家，制作投资总额不足2000万元，本土动漫画原创企业有4家，其他均为综合性企业，规模多在10人以下，20人以上的企业仅4家。到2012年底，基地入驻企业49家，注册资本3886万元，从业人员453人，基地内企业共完成动漫作品投资总额4306万元。2013年，时光坐标、每日视界、宙隆钢结构设计、汉高科技、烽火科技等公司，影动动漫等国内知名动漫企业入驻，基地规模不断扩大。截至2014年6月，动漫基地拥有各类入驻企业75家，其中规模超过50人企业12家，企业注册资本超过1.25亿元，从业人员超过1200人，基地企业共完成作品投资总额2.2亿元，在央视播出时长超过4000分钟，在省级电视台播出时长超过2万分钟。

图 1-5-3　烟台动漫体验馆

动漫基地始终坚持以动漫原创为主导，动漫服务外包、漫画、游戏等相关产业融合发展，充分利用烟台的地域优势打造烟台动漫特色品牌，制作发行了一批优秀的动漫作品，先后被认定为“国家动漫产业发展基地”“全国科普教育基地”“山东省文化产业示范基地”。通过与相关单位合作，从国内外积极引进一批掌握现代高新技术和理念、善于运用科技手段推动创意产业发展的创新型人才定期到园区指导、参与人才的培训，目前外国专家高级研修实训班已经开班；同时，与北京每日视界、杭州时光坐标两个国内知名的创意企业达成合作意向，两家企业将参与烟台创意人才培训平台的建设，每年可以为企业提供超过500名高端创意人才。

（三）发展环境

1.政策环境

“十二五”以来，国家先后出台了《文化产业发展专项资金管理暂行办法》《国务院关于加快发展对外文化贸易的意见》《关于推进文化创意和设计服务与相关产业融合发展的若干意见》《关于深入推进文化金融合作的意见》《关于支持小微文化企业发展的意见》等众多政策措施。山东省适时出台了《关于促进全省广告产业发展的意见》《关于促进文化与科技融合发展的意见》《关于支持电影发展若干经济政策》《山东省重点文化企业认定管理办法（试行）》等相关意见措施。烟台市也相继出台了《关于进一步加快文化建设的意见》《关于加快文化建设责任分工的意见》《烟台市“十二五”文化建设规划》以及《关于加快文化改革发展的实施意见》等一系列配套文件，为芝罘区发展文化创意产业提供了理论支撑与政策依据。

在国家、省、市出台的政策基础上，芝罘区结合自身实际，进一步制定出台了《关于认真贯彻落实党的十七届六中全会精神加快文化强区建设的意见》《关于进一步加强公共文化服务体系建设的意见》《关于鼓励和扶持动漫产业发展的意见》《文化产业发展专项资金管理办法》《关于加快推进文化强区建设的实施意见》《关于推进服务业跨越发展的意见》《关于加快烟台广告创意产业园区发展的扶持政策》《烟台广告创意产业园区招商引资奖励办法》等一系列政策文件，为动漫、广告等文化创意产业快速发展创造了良好的政策环境。

2.文化环境

文化资源禀赋优势突出。芝罘区是中国古代早期文化发祥地之一，从距今7000多年的白石人史前文化，到秦始皇三次登临芝罘岛的东巡文化、中国古代海防重镇之一的海防文化，再到中国海上“丝绸之路”重要起点的丝路文化，历史文化底蕴丰厚。近现代史上，芝罘区既是中国北方最早的对外开放口岸之一，也是中国轻工业的发祥地之一，留下了炮台、“万国建筑”博览馆、张裕酿酒公司、瑞丰面粉厂等一批独特的近代历史遗存，开埠文化、工业文化、葡萄酒文化、海洋文化、民俗文化、胶东红色文化等资源极具地方特色。

文化发展支撑要素完善。作为烟台市的老城区与中心城区，芝罘区是全市文化资源、文化人才、文化消费群体最集中的区域，是全市最重要的信息港、金融港和高科技文化创意人才的集聚地，在音乐、舞蹈、书法、摄影、广告等文化领域人才荟萃。辖区内汇聚了市歌舞剧院、京剧院、吕剧院三大专业文艺院团，烟台大剧院、京剧院、群众艺术馆、青少年宫、博物馆、美术博物馆六大场馆，拥有众多专业文化演艺人才与管理人才，实现与市级文化场馆资源共享，文化发展的支撑要素相对完善。

3. 区位环境

区位优势突出。芝罘区位于山东半岛东北部，濒临黄海，三面环山，总面积达 179 平方公里，海岸线长 55 公里，与日本、韩国隔海相望，是连接山东半岛和辽东半岛的港口枢纽城市、环渤海经济圈重要的节点城市，国际文化交流活动较为频繁，承接国际产业转移的能力较强，经济外向度较好。在人力资源、科技力量、基础设施、人流、物流、信息流、资金流等方面，具备得天独厚的优势，对全市经济、社会发展具有平台支撑作用；而烟台保税港区的获批，为芝罘区提高对外开放水平搭建了更高更好的支撑平台，进一步提升了其对外开放层次和水平，标志着其在环渤海经济圈发展格局中赢得了先行先试的开放优势。

交通便捷通达。“十二五”期间，随着烟大铁路轮渡、德龙烟铁路、青烟威荣城际铁路、蓝烟铁路电气化改造、城市轨道交通等重大基础设施项目的全面启动，烟台市由交通末端城市转变为交通枢纽城市，陆上交通便捷优势更为明显，为中心城区发展大物流、大市场、大商贸、大旅游提供了先行保障和更直接、更有利的基础条件。随着“一带一路”战略深入推进，芝罘区逐步成为全市陆地与海上连接的交通枢纽，进一步发挥对区域经济的辐射和服务作用，实现由地理位置上的“中心区”到发展战略上的“中心区”的根本性转变。

三、问题诊断

（一）产业内部条件

1. 规模效应有待凸显

虽然近年来芝罘区大力推动以动漫、广告业为代表的文化创意产业的发展，取得了显著成绩，但整体来看，动漫业以外包为主，原创能力较弱，电子网络、数字出版、动漫游戏等科技含量高、附加值高的广告创意与制作水平有待提升，产业发展活力尚未全面激发；同时，园区龙头企业数量仍比较少，大多数广告创意企业为中小企业，企业规模不足，技术水平较低，产业主体竞争力不强，缺乏大型龙头企业和品牌支撑，文化创意产业发展没有形成规模，产业链不完整，没有形成强势的产业群体和产业优势，且文化创意与科技、旅游、商贸等产业融合不够，产业关联度低，文化创意产业的拉动作用发挥得不够好。

2. 人才结构有待优化

随着人才强区战略的实施，芝罘区人才发展取得显著成效，但同时也必须清醒地看到，当前人才发展水平同发达地区相比仍有不小差距，人才发展的体制机制障碍仍然存在，人才资源开发投入相对不足。一是动漫、广告创意产业发展的急需人才短缺，创意设计、包装策划、营销宣介以及经营管理等方面的高层次专业人才不足；二是人才结构不尽合理，懂产业、善管理的复合型经营人才、创意人才相对稀缺，科技创新载体匮乏，人才创新创业能力不够强；三是人才储备相对不足，本地高校在动漫、广告创意产业领域的人才培养体系建设尚不完善，产学研联合培养模式尚未形成规模。

3. 园区配套有待完善

经过多年的持续打造，芝罘区规划建设的烟台广告创意产业园发展壮大，产业集聚效应凸显，吸引了多家大型知名企业入驻。但由于园区位于南部新城，城市配套尚处在起步阶段，与之配套的交通、餐饮、住宿、休闲等基础设施建设尚未完善，人气尚未聚集起来，在硬件支撑上相对较弱，在招引优质企业入园上存在一定困难，园区整体配套服务水平有待进一步提升。

（二）产业外部条件

1.文化消费驱动能力弱

目前，芝罘区通过开展文化惠民活动、实施文艺创作精品工程、大力发展文化创意产业等形式，不断丰富城乡居民文化生活，但居民文化消费驱动产业发展能力较弱，市场与产业联动效应有待增强。表现在三个方面：第一，文化消费满意度与消费环境不理想，文化内容的生产、销售、消费、服务环节尚未实现良性循环，文化需求潜力尚未开发；第二，文化消费结构失衡，电视、互联网、教育培训等基础类文化消费比重较大，观演、参展、艺术品收藏等发展类文化消费比重较小，文化产品边际叠加效益不显著；第三，文化消费集聚现象不明显，可用消费时间相对较多，但人均消费支出较少，且消费类型多以单一形式发生，文化消费价值链尚未形成。

2.金融财税支持力度不足

在文化金融方面，芝罘区文化创意产业金融服务体系、平台有待完善，缺少适用于本地文化企业从初创期到成熟期各发展阶段的金融产品，重点项目、重点行业、重点企业急需信贷资金支持，金融资本介入产业发展的力度略显不足，尚未形成政府、银行、企业、社会多元化的投融资格局。在财税支持方面，与发达城市中心城区相比，我区财税支持力度相对不足，生产、消费环节扶持资金规模有待提高，政府采购行为偏重于文化事业，尚未向产业发展方面倾斜，财税支持手段有待创新。

3.相关产业支撑有待加强

在推动经济结构调整和转型升级背景下，芝罘区动漫、广告创意产业的发展初具规模，但支撑其发展的产业生态体系所处层级较低，且与其他产业的融合密度和速度亟待提升，产业活力尚需进一步激活。第一，传统农业、工业与文化创意产业经过融合发展所产生的高端生产性服务业数量及规模都较小，且产业发展层次结构和质量效益与同级别城市中心城区存在一定差距；第二，文化创意服务于交通物流、教育研发、商务金融等领域的新兴业态发展相对缓慢，融合发展潜力有待进一步挖掘；第三，新一代信息技术、新材料、新能源和节能环保等最新科技成果与文化创意产业结合转化空间巨大，文化产品到达消费者的途径有待拓展丰富。

第二节　经验借鉴与趋势判断

一、国际文化创意产业发展趋势

（一）总体趋势

由于文化创意产业具有高附加值、可持续发展性、大容量的就业机会和高于国民经济的增速等特点，近年来，众多国家和地区将其作为发展方略，文化创意产业发展呈现三大发展趋势。

1.以场馆集合为特点的协同发展趋势

完整的产业链现已成为文化创意产业发展的主要依托。为此，一些大城市在发展文化创意产业过程中，着力打造具有特色的创意产业园区。文化创意企业在园区中不仅能享有基础设施、教育培训等外部服务，降低成本，还可利用集群内部的资源、品牌、设施、资金、信息、技术等要素进行优势互补，进一步提升产品的品质和价值，实现“1＋1＞2”的协同发展效应。

2.以个性化为核心的小规模市场趋势

文化创意产业的本质是个性化产品和服务的集合，因此更注重针对性、人性化的“定制”环节。处于价值链高端的定制产品，难以通过规模化生产获得更大的经济效益。但信息技术的快速发展提供了条件和可能，使得小规模生产可以取得与大规模生产一样的低成本。众多的小规模市场汇聚起来，就成了可与规模市场相匹敌的强大力量。这同时也增强了文化创意产业产品的针对性和多样性，促进了城市文化的创新发展。

3.以创意集聚区为中心的结构融合趋势

文化创意产业具有高度的融合性和渗透性，在纵向上能通过销售渠道延伸到目标客户，第一时间获取市场信息，在市场经营战略上做到快速响应；在横向上可延伸到产业集群内部的关联企业，构建企业战略联盟，形成合力以抵御市场风险。还可与政府以及高校、研究机构、中介咨询机构、教育培训机构、金融服务机构等进行合作。这种企业之间在生产经营过程中所构建的产业网络和企业与政府、高校、研究机构或中介服务组织等所构建的社会网络，共同组成了文化创意产业集群中的创新网络。

（二）案例分析

近年来，以文化创意集聚区为中心的结构融合形式在世界各地发展得有声有色，本章选取 3 个国外经典案例，以更宽阔的视野，去了解国外文化创意园区的发展模式及其成功之道，供芝罘区文化创意产业发展借鉴。

1. 德国杜塞尔多夫媒介港

德国杜塞尔多夫媒介港由一个废弃的莱茵河内港改建而成，位于杜塞尔多夫城市中心西南方，距离城市中心 15 分钟车程，临近德国 57 号高速公路，总占地面积 15 公顷。1989 年策划开发，经过 18 年建设完善，成为德国著名的以广告、媒介、企业顾问、时装服务为主的创意产业园区。它不仅为企业提供办公空间，同时配备餐饮、娱乐、休息设施和部分住宅。

（1）发展经验

根据创意园区特有的性质，媒介港在统一规划下进行了单栋独立设计，每栋建筑风格不一、独具个性。邀请了国际著名的事务所对媒介港的单体建筑进行设计，并实现了出租率 100%。媒介港在 2007 年已入驻 580 家企业。进驻企业利用莱茵河的水景优势和媒介港的历史资源来提高企业价值，使媒介港迅速成为与柏林 Adlershof 产业园错位发展的园区之一。

园区内主要构成企业为创意产业服务业企业，广告媒介企业占 17%，企业咨询顾问占 15%，时装占 14%，计算机、网络系统占 9%，餐饮娱乐占 9%，建筑师事务所占 8%，其他占 28%。随着园区的发展壮大，媒介港逐渐成为城市独特的风景线和新建筑游览地，以及众多中小型文创企业的总部基地。随着大企业入园，服务和配套设施相继完成，莱茵河河岸休闲沙滩成为园区最受欢迎的休闲场所，港区员工可以选择喜欢的餐厅、酒吧、咖啡厅、影院等进行休闲娱乐，周边人口的休闲娱乐需求也得到了满足。

（2）经验启示

德国杜塞尔多夫媒介港的发展主要依靠三点：第一，统一规划，经过 18 年分期开发完成，不仅给建设资金的周转带来好处，也为产品的准确定位提供了足够的缓冲时间，降低了建设风险；第二，完善园区各项配套，分区清晰合理，更为精准地契合园区企业发展的基本需求，包括孵化器建设、市政设施建设等；第三，有效利用地理资源，统筹设计分配私有空间，规划别样的景观特色，实现园区资源最大化，营造园区最优组合。

2.日本东京杉并动画产业中心

东京杉并区动画产业中心，是日本著名的动漫产业集聚地。杉并区位于东京西郊，这里以文化博物馆为核心，聚集了日本17%的动漫产业。自1995年发展至今，已经形成了一个相对稳定、成熟的制作、宣传与销售网络，产生了良好的经济效益和社会效益。

（1）发展经验

2000年，杉并区发表了《卡通森林杉并构想》，开始实施日本第一个卡通产业扶持政策。2001年，创办了“2001杉并卡通节”。随即，逐步建立了完整的创意产业财务支持系统，设置了四大板块：创意办公区，包括宫崎骏剧作室、传媒策划公司、高档画廊、艺术工作室和广告公司等；文化交流区，包括文化博物馆、购物中心、商务酒店和生态公园等；休闲娱乐区，包括动漫影剧院、俱乐中心和玩具城等；配套区，包括高档餐饮一条街、投资机构和银行等。发展至今，日本拥有430多家动漫制作公司，其中71家位于杉并区。

园区除了有从日本动画的历史，到动画制作的现场以及最新的数码制作技术的多彩展示之外，还设有可以亲身体验动画制作的工作间，游客可以系统地学习动画的相关知识，并亲身体验动画制作，加深理解。在活动主题馆，借由电脑软件，游客可以成为动画作家，尝试替动画配乐的乐趣，也可以使用馆内特殊电脑替动画主角换装。在主题展览区，定期展示各部著名动画片的幕后制作，如角色设定、对话剧本等。在动画播放厅，配合每次的主题展，会在固定时间播放动画片。

（2）经验启示

东京杉并动画产业中心的成功，离不开政府的支持。第一，日本动画协会以活动支持其发展，承担了东京杉并区的杉并动画博物馆的运营活动和筹办事宜；第二，为了发展杉并区从而带动日本动画产业的发展，政府进行了以杉并区博物馆为中心的城市规划，吸引了周边很多动画工作室的创作基地和漫画艺术家入驻；第三，为了带动产业发展，2003 年 8 月开始，政府举办了多届漫画节，参观人数超过 46 万人次；第四，为了实现杉并动画产业中心人才培养目的，将杉并动画博物馆内的设施和机械材料无偿提供给动画制作人员使用，一切收益、损失由政府承担。

3. 加拿大 BC 省动画产业园区

不列颠哥伦比亚省（British Columbia，简称“BC 省”）位于加拿大西部，是北美通向亚太地区的重要门户。BC 省的温哥华风景优美、气候宜人，一直是北美影视拍摄和制作的重要基地，被列为北美三大影视制作中心之一。除传统的影视拍摄及后期制作外，BC 省近年来也致力于发展动画及相关产业，目前其动画制作水平、规模及发展速度引人注目，已成为北美动画产业的中心。

（1）发展经验

BC 省政府对动画产业采取了文化艺术和商业市场严格分开的鼓励政策，除设立各项优惠政策外，通过半官方机构如“BC 省电影协会”“BC 省电影署”等，在创意启动、资金筹措、制作加工、人才、市场、税率优惠等方面为其提供周到的信息服务和资金支持，鼓励并支持动画艺术家的艺术创新、探索和对外交流。当地各专业协会及会员定期邀请各界精英人士和此领域的经营管理者，通过举办讲座、聚会等形式，密切动画业者和商界及其他相关领域的沟通。协会还通过专门网站向会员和动画业者定期提供世界各地产业资讯、合作项目等一揽子服务，并以互联网为交流平台，向动画投资人及制作人推荐当地新创意和新作品，在动画业者和投资方架起了畅通的桥梁，建立起了健全的信息沟通机制。

BC 省动画产业园区中集中了大量的从事文化创意活动的企业，它们在业务范围、经营方式、产业种类等方面都具有很强的共性，甚至是完全相同的，引发这些企业之间的竞争。为了避免技术溢出导致竞争优势的丧失，园区内的企业必须不断创新，在吸纳众家所长的同时竭力寻求超越，以保持技术上的领先地位。

（2）经验启示

第一，政府的服务、协调角色及其鼓励政策。联邦政府和 BC 省政府采取的是“一臂之距”的政策，分别从不同渠道提供资金，并设立专门非官方、独立核算的民间服务机构，支持动画产业发展。第二，行业协会独特的功能及作用。成立了BC省动画协会，新媒体协会，作曲家、词作家及音乐发行人协会，动画配音者协会等涉及动画产业的行业组织，集中并网罗了当地及北美周边邻近地区在此领域的顶尖人才。

二、中国文化创意产业发展趋势

（一）总体趋势

目前，我国文化创意产业正进入“升级版”的转型与融合发展新阶段，呈现以下四大趋势。

1. 从依靠政策效应转向激活市场主体

直接介入文化创意园区、街区等集聚区的建设与运营管理是我国推动文化创意产业发展的主要形式，但园区发展方向、发展模式的定位乃至发展动力的来源，在很大程度上主要依赖地方政府政策效应。而且，外源推动模式可能导致动力不可持续性、扩张发展盲目性和运行机制低效性等问题。因此，北京、上海、深圳、杭州等一些区域特别是先行发展地区的地方政府，积极推进政府职能定位和政策导向的转换，进一步培育和强化市场机制及市场主体的作用，着眼于更大程度上激发市场活力和主体动力，从而逐步探索以内生动力为主的政府与市场协同驱动模式。

2. 从园区建设转向园区运营

在“政府政策＋市场机制＋园区机构＋企业主体”构成的运行体系中，园区组织成为文化创意产业体系运行中的重要行为主体。在从园区建设进入园区运营优化发展阶段后，园区组织将成为集成产业群系统资源更为关键的因素，并在文化创意产业园区的潜在功能发挥和可持续发展中具有推动作用。当前，一些地区在政策导向的着眼点上已经在推进从园区建设向园区资源的整合、质量和功效的提升、市场化运营组织的培育等方面的转化，并且对园区运营机制模式的优化进行了有益探索和创新。这种创新和探索的成效也已初步显现，北京“尚8模式”、上海“德必模式”、深圳“灵狮模式”等一批典型的园区运营模式涌现。

3.从单一发展转向融合发展

在国内先行发展文化创意产业的基础上，文化创意产业与科技融合而相得益彰，与传统产业融合而促使其新生活力和价值倍增，与新兴产业融合而促使其业态更放异彩。这一融合特性已经超越了单纯的产业现象，而是一种与新时代相适应的新生发展范式。2014 年 3 月，国务院发布《关于推进文化创意和设计服务与相关产业融合发展的若干意见》，进一步强化创意经济时代融合发展理念，将文化创意产业发展作为地区创新驱动的重要抓手和经济发展的推进引擎，以此促进经济发展的转型升级和小康社会战略目标的全面实现。

4.从多部门分业管理转向跨机构协同共管

基于文化创意产业的融合发展特性，在我国文化创意产业不断探索发展的进程中，先期发展的许多地方已经意识到以往传统管理体制难以适应如今创意经济时代融合发展的范式。北京、上海、杭州等地为克服原有体制的弊端，在整体的管理体制机制上积极进行创新探索，成立由地方党政主要领导负责、相关职能管理部门负责人参加的推进文化创意产业发展或协调领导小组，并下设办公室或类似机构负责承担日常统一管理协调工作，正在形成“北京模式”“上海模式”和“杭州模式”等独具地方特色的管理协调体制。

（二）案例分析

1.常州高新区：国家级动画产业基地

常州国家动画产业基地位于常州国家高新技术产业开发区软件园，原创动画片现年生产能力达到 10000 分钟以上，基本形成了动画原创、动画产品生产加工、动画衍生产品开发、动画人才培训的产业链。

（1）发展经验

基地不仅具备优良的环境、优质的服务、优惠的政策，而且为入驻企业着力构建了“六大平台”：以 icic 剧本中心为载体，构建了动画剧本制作平台。打造在全国具有较强集聚效应的动画后期制作基地，减轻企业投资成本、生产成本，提高工作效率。充分发挥民营企业投资动画产业的积极性，建设 8 万平方米的卡通数码娱乐城，打造具有一定规模的动画产品及其相关衍生产品交易平台。聘请全国 40 位动漫、网络游戏专家，组建了专家咨询委员会，对基地申请立项的项目，从题材规划、形象开发、市场分析等方面进行全方位评估，形成产品评估咨询平台。以常州大学城为依托，引进国内外品牌院校产学研联合构建人才培育平台。通过持续举办“中国国际（常州）动漫艺术周”，每年一次免费参加韩国“春川动漫节”，与美国迪斯尼公司联合举办中华民族原创动画产品创意征集展等方式，为入驻企业打造了三条通往国际市场的通道。

（2）经验启示

一是强力的政府推动。常州市委、市政府十分重视动画产业的发展，把它作为21世纪战略产业重点推进，积极为动画产业的发展创造良好的环境。二是优惠的政策扶持。常州市政府在2005年制定《关于鼓励和扶持动画产业发展若干规定》文件，对影视动漫、数字游戏产业的生产用房、税收、动画原创、制作播放、创优获奖、科技经费方面都有明确的优惠和奖励条款。三是众多的交流渠道。常州市政府整合国内外多方力量，为入驻基地企业打造了三条通往国际市场的通道。四是雄厚的人才支撑。常州大学城是全国第一个以高等职业教育为显著特色的联合体，多数学校都设有影视动画、软件工程、动漫艺术设计等10个专业，每年可培养动画企业所需的各类人才300多名。

2.泉州丰泽区：福建海西国家广告产业园区（泉州园）

目前以SHOW天地创意园为基础的海西国家广告产业园（泉州园）已初具规模，2013年被福建省工商局认定为第一批“福建省广告产业园区”，2014年4月获批为国家级广告产业园区，为园区未来发展提供了全面的政策支撑，发展优势十分明显。

（1）发展经验

在推进广告产业园区建设方面，出台《促进福建海西广告产业园区（泉州园）发展的暂行规定》，安排专项资金，用于完善园区基础设施、公共配套设施和公共服务平台建设。支持泉州地区高校有针对性地设立一批创意设计、艺术设计、数字媒体、动画动漫、工艺美术、广播影视、传播策划、出版印刷等相关学科专业，鼓励有关高校与台湾高校联合开设相关专业，开展创意专业教育和技能培训。主动承接台湾创意转移，在与台湾合作方面，依托创意产业基地，创造条件引进台湾优势企业和人才，引进台湾创意产业发展理念，主动承接台湾网游动漫、文化传媒、工业设计、规划设计、文化旅游等创意产业转移和延伸；在与港澳合作方面，要重点在人才与信息交流、园区建设、公共服务平台构建及资源共享等方面加强合作。泉州实现多方面、多渠道筹集创意产业发展资金，积极发挥资金引导作用，扶持创意产业发展。

（2）经验启示

一是资金扶持。连续三年提供不少于3800万元的专项扶持资金。二是政策支持。由泉州市政府出台《促进福建海西广告产业园区（泉州园）发展的暂行规定》，共包含园区投资运营管理、入园企业扶持措施等六方面内容。丰泽区政府成立园区管委会，负责编制园区建设总体规划、基础设施配套、招商选资、管理服务等工作。三是运营管理。市政府鼓励多元化投资建设，支持各类投资主体以设立经营主体、厂房租赁、土地入股等方式参与园区建设和旧厂房的改造利用。四是招商引资。市政府积极引进国内外知名的广告园区运营商参与园区的管理运营，不断提升园区综合运营水平，扩大园区影响。

3. 无锡滨湖区：无锡广告产业园＋无锡国家动画产业基地

无锡广告产业园由无锡市政府于2012年8月批准设立，是无锡及新区推进经济社会转型升级的最前沿阵地。先后获评国家动漫游戏产业振兴基地、国家动画产业基地、国家数字出版基地、国家文化产业示范基地、江苏省首批文化科技产业园。iPark被江苏省工商局认定为著名商标。

（1）发展经验

无锡广告产业园以iPark为主体园区，通过创意载体建设和规划，形成“一园多区”的星状架构，逐步形成以新媒体广告、移动互联网广告、新型业态广告、电子商务广告、动漫游戏企业、传统广告、数字广告制作、广告人才培训为方向的产业生态系统。先后引进和培育了一批广告创意龙头企业，形成较大产业聚集发展效应，聚集各类创新企业500余家、创意人才3万人，综合排名持续位居无锡Park首位。借助自身良好的产业基础，依靠汇集无锡城市云计算中心、中国（无锡）国际数据中心等公共服务平台的优势，产业园着力打造符合发展趋势的互联网广告产业，并成为全国唯一一家定位于互联网广告产业的园区。

无锡国家动画产业基地着力提升园区企业原创能力，制作了《东方神娃》等一批动画原创作品，先后十多次获得国家、江苏省的各类奖项，其中长度为100集、2300分钟的偶型动画片《秦汉英杰》，首次出口到动画片大国日本。园区通过与国家新闻出版广电总局中国版权保护中心合作，成立中国动漫作品版权服务平台南方中心，并与中华民族文化促进会合作，成立动画动漫考级中心，为动漫产业的发展提供了较好的平台支撑。园区通过宣传本土原创动漫，加快传统的经典文化与现代的创意文化的有机结合，承办了中国经典文化创意系列活动，如“演绎三国”动漫设计大赛、“撰水浒”动漫设计大赛等。

（2）经验启示

一是出台产业扶持政策。近几年来，无锡市委、市政府先后出台了《市政府关于加快文化产业发展的实施意见》《无锡市政府关于鼓励扶持动漫产业发展的若干政策》等一系列文件。二是着力推动载体建设。以动漫、广告为主要业态，构建“一个基地、多个园区”的大框架格局，园区组合建筑面积达到100多万平方米，为创意企业研发、创作、经营等提供了良好的条件和环境。三是加大活动平台支撑力度。通过举办“吴文化节”“惠山庙会”“中国动漫卡通高层论坛”“无锡国际动漫版权交易及投融资洽谈会”“全国影视动画工作会议”等大型活动，营造了无锡文化创意产业发展的良好氛围。

第三节　总体定位与路径研究

一、总体要求

（一）指导思想

以邓小平理论、“三个代表”重要思想、科学发展观为指导，全面贯彻党的十八大和十八届三中、四中、五中全会精神以及习近平总书记系列重要讲话精神，认真执行山东省文化强省、烟台市文化强市建设要求，按照建设文化强区的总体要求，以改革创新和科技进步为动力，以创新型人力资源开发为核心，以扩大总量、优化结构、提高层次为重点，牢固树立绿色节能环保理念，充分发挥市场作用，促进资源合理配置，强化创新驱动，优化发展环境，切实提高动漫、广告创意产业整体水平和核心竞争力，大力推进其与相关产业融合发展，更好地为我区经济结构调整、产业转型升级以及满足居民精神文化需求服务。

（二）基本原则

市场导向，政府调控。以企业为市场主体，以政策为调控手段，充分发挥市场在资源配置中的决定性作用，通过政府的规划引导、资源统筹、政策集成、公共服务、规范运营与依法管理，为文化创意产业发展创造良好的体制机制和政策环境。

文化传承，科技融合。依托芝罘区文化资源禀赋优势，丰富动漫与广告创意内涵，促进地方文化资源在与产业和市场的结合中实现传承和可持续发展。加强文化、科技的深度融合，促进创意产品服务的生产、交易和成果转化，创造具有地方特色的现代新产品。

统筹推进，集聚发展。统筹布局推进文化创新与发展，统筹公共文化服务与文化创意产业发展，提高产业发展的全面性、协调性、可持续性。充分发挥南部新城的产业优势，打造高端文化创意产业聚集区，集聚孵化动漫、广告及相关领域的企业、机构。

创新驱动，品牌引领。促进技术创新、业态创新、内容创新、模式创新和管理创新，激发动漫、广告创意设计的持续创新能力，充分调动社会各方面积极性，推进动漫、广告创意产业专业化、集约化、品牌化发展，打造一批具有国际竞争力的创意设计企业和高端品牌。

（三）发展战略

1. 融合突破：由分业发展转向深度融合

在分业发展的基础上，强化融合发展、创新突破的理念，突出“传媒汇流”“混业经营”和“融合发展”等形态，深化主导产业与延伸产业、支撑产业的融合，实现资源端、产业端、平台端、产品端深度融合。第一，夯实动漫、广告两大主导产业基础，逐步推进动漫、广告与影视、演艺、网络、文化制造、文化商贸等延伸产业深度融合，提高相关产业的文化含量，延伸产业链条，拓展发展空间。第二，推动与制造业、信息产业、建筑业、旅游业、特色农业、体育产业等融合发展，提升农业、加工业、交通运输业为代表的支撑产业的专业化程度，发展创意农业、创意工业、创意旅游业等一批融合业态，满足文化市场多样性和特色性需求。第三，探索运用“互联网+”的发展模式，将互联网的创新成果与文化创意产业深度融合，提升文化创新力和生产力，形成更广泛的以互联网为基础设施和创新要素的文化创意产业发展新形态。

2.转型升级：由服务外包转向品牌培育

多路出击占领市场，促进我区动漫、广告创意产业加快从外包加工向自主原创转型、从低端向高端转型，加强品牌培育，形成自身特色和竞争优势。第一，把握市场需求，深入挖掘本地文化资源，结合数字化技术成果创新，提升动漫、广告创意产业的内容生产水平，在主业领域做大做强一批重点项目、骨干企业和区域品牌，全面提高我区文化创意产业的结构布局和整体层次。第二，以现有的产品和市场为中心，有效整合各类资源，向上游或下游产业链扩张延伸，推动动漫、广告业衍生产品的创新研发，促进一批新产品、新业态涌现，扩大主导产业辐射带动效应，提升本地品牌影响力与美誉度。第三，组建以产品为龙头、资本为纽带的文化企业集团，允许其通过资本运营，实行跨地区、跨行业、跨所有制的兼并重组，实现优势互补、强强联合，实现资源和生产要素的优化配置，提升企业品牌竞争力。

3.模式创新：由无序竞争转向错位发展

在区域一体化深入发展背景下，实现交通、产业园区及旅游的全面对接，摆脱产业领域同质化竞争现象，加快从无序竞争向错位发展、良性互动的转变。第一，通过引进世界500强的文化企业地区总部和全国100强的文化企业及其研发基地、销售中心，对本地文化创意产业进行资本、智力与业态补充。第二，通过建立市场主导的区域联盟，推进区域合作向纵深化、制度化发展，加强与济南高新区、青岛城阳区、潍坊潍城区的交流合作，通过深层互动，形成差异化发展模式。第三，发挥“蓝黄”两区便捷出海通道的优势，抓住“一带一路”战略机遇，加大要素投入，加强与国内外、海内外友好城市的协作，积极参与日韩自由贸易区战略合作，推动我区文化创意产业“走出去”。

4.空间聚合：由块状集聚转向产城联动

发挥国家级动漫基地与广告产业园区的集聚效应，让产业发展的成果服务于现代化城乡建设，促进产业体系与城镇体系的高效融合，实现产业化与城镇化的协调发展。第一，在延续地域文脉和历史记忆的基础上，充分挖掘城镇内涵和本土文化特色，将城镇开发与项目更新相结合，使项目载体兼具辨识度与地域化，成为城镇地脉文化的重要组成部分。第二，依托我区的区位优势和宜居环境，加大对高端人才、高端产业的吸引，形成文化创意人才、高端文化创意产业两大高地，进一步服务于我区新型城镇化建设。第三，以“交通一体、产城互动、环境共治、民生共享”为方向，统筹宏观与微观城市风貌塑造，注重产业功能区域对城乡规划布局的引导功能，从风格、尺度、色彩等景观要素对城镇公共建筑、住宅片区、市政设施等建筑进行整体设计。

二、目标定位

（一）发展定位

发展文化创意产业既要强调“无中生有”的创意性思维，更要根植深厚的地域文化土壤。芝罘区是烟台市的中心区、老城区，具有优越的区位优势，拥有丰厚的文化底蕴、独特的近代遗存和丰富的文化资源，如开埠文化、白石文化、葡萄酒文化、海洋文化、民俗文化等。作为齐鲁文化的重要组成部分，芝罘区文化具有典型的海岱文化特点，不仅包含着对人文历史的关注，更有对陆地与海洋两个自然生态系统的深切关注，由此延伸开去，可以指向两个发展思路。

思路一：重在对传统的坚守，即以道德弘扬为导向，以传承优秀传统文化为核心，放大文化资源优势，循序渐进地推动芝罘区建成烟台市道德文化高地、山东省重要文化传承区。思路二：强调对未来的开拓，即以文化民生为主线，以创新融合为路径，打造与中心城区经济社会发展相适应、与丰富的历史文化资源相匹配的新优势，推动芝罘区建成烟台市文化创意产业引领区、山东省文化创意产业发展先进区，以及“两区一带”重要的文化众创空间。

（二）总体目标

1.定性目标

到2020年，芝罘区以动漫、广告为核心的文化创意产业优势更加突出，文化引领风尚、教育人民、服务社会、推动发展的能力显著增强；文化创意市场体系不断完善，现代文化企业制度建立健全，文化企业创新能力和发展活力显著增强，文化创意人才支撑更加有力；文化创意产业结构明显优化，文化创意产品和服务供给能力大幅提高，文化交流合作辐射力增强，人民群众精神文化生活需求得到更好保障；文化创意产业成为全区国民经济的支柱产业，总体实力和竞争力居全市前列，建成具有突出的文化标志、鲜明的文化形象、浓厚的文化氛围、丰富的文化内涵、独有的文化特色、强劲的文化综合实力的烟台市文化创意产业引领区。

2.定量目标

到2017年，力争全区从事文化创意产业的法人单位达到700家，从业人员达到12000人。培育发展10家掌握核心技术、拥有原创品牌、具有较强市场竞争力的重点企业，打造5—8个国内知名动漫、广告品牌。到2020年，确保实现文化创意产业产值翻一番，文化创意产业增加值占GDP的比重接近8%，对经济增长的贡献率超过4.8%，文化创意产业增长幅度高于生产总值和服务业增长幅度，文化创意产业投入增幅高于固定资产投入增幅，文化创意产业总体实力位居全省县市区前列。

（三）阶段要求

1.近期目标

到2017年，我区文化创意产业实现快速发展，从市场主体、创新能力、市场体系三个方面进行提升，实现文化创意产业发展的近期目标。

提升文化市场主体竞争力。动漫、广告两大主导行业对经济的拉动效应明显增强，孵化培育5—8个原创能力强、商业模式新颖的中小文化企业，着重发展1—7个掌握核心技术、拥有原创品牌、具有较强市场竞争力的骨干企业和企业集团，规划建设1—2处文化创意产业重大项目载体，形成富有活力的优势企业群和具有特色的优势产业集群。

提升文化创意创新能力。以动漫、广告为核心的原创能力普遍提高，数字化、网络化技术广泛运用，文化企业装备水平和科技含量显著提高，文化体制机制创新取得实质性进展，文化创意产业发展活力明显增强，以企业为主体、市场为导向，产学研相结合的文化创新体系初步形成。

提升文化创意消费水平。市场在文化资源配置中的积极作用得到更好的发挥，文化创意产品和生产要素合理流动，城乡文化市场协调发展，文化流通领域以现代流通组织和流通形式为主，文化消费领域不断拓展，文化创意产品、服务的消费在城乡居民消费结构中的比重明显增加，形成居民消费为主、出口为辅、社区消费为补充、政府消费为引导的文化消费主体格局。

2.远期愿景

到2020年，全区文化引领支撑经济社会发展的作用更加明显，产业发展质量和效益显著提升，主要发展指标位居全省县市区前列，实现文化品牌化、产业主导化、创新常态化、平台国际化。

产业主导化：主导产业提挡升级，融合业态发展成熟，文化创意对产业整体的拉动效应显著增强，并成为推动全区产业结构优化升级和经济发展方式转变的主导产业之一。

创新常态化：以企业为主体、市场为导向，产学研相结合的文化科技创新体系更加完善，文化原创能力和研发能力显著提升，成为烟台市的文化创意产业创新中心和应用研发高地。

文化品牌化：培育10家国内一流的文化企业和企业集团，打造5—8个在国内外有重要影响的文化创意品牌，将烟台广告创意产业园打造成具有世界水平的创意产业基地。

平台国际化：国家级的动漫、广告创意产业发展平台健全完善，文化创意产品和服务出口规模效益大幅提升，成为山东省对接日韩的重要文化贸易区。

三、产业生态系统构成

芝罘区大力实施“服务业强区”战略，把广告作为具有产业拉动作用的高端服务业不断做大做强，制定《关于加快烟台广告创意产业园区发展的扶持政策》和《烟台广告创意产业园区招商引资奖励办法》，大力推动以动漫、广告业为突出代表的新兴文化产业的发展。

课题组认为，按照国家统计局《文化及相关产业分类（2012）》，结合芝罘区文化创意产业发展实际情况，科学界定芝罘区文化创意及相关单位的生产活动，有助于为当前的社会主义文化建设、文化创意产业宏观管理提供参考。我们将芝罘区文化创意产业整合成一个“3＋4＋X”的产业系统，该系统由主导产业、延伸产业、跨界融合业态、配套及支撑服务体系构成。在本章，我们重点从主导产业、延伸产业两方面进行阐述。

（一）主导产业

主导产业业态，即发展基础好的优势产业，包括动漫、广告、影视三大产业。这是芝罘区文化创意产业发展的支柱，通过转型升级、跨界融合，将形成巨大的发展优势，成为芝罘区文化产业未来发展的主力军。

1.动漫产业

加快数字动漫发展。将先进技术与芝罘区文化资源相结合，强化文化对数字内容产业的内容支撑、创意和设计提升，创作和生产一批拥有自主知识产权和丰富文化内涵的数字动漫精品。加强数字内容共性关键技术的设计研发，重点推进数字内容版权保护、内容集成、存储、分发及传输等技术攻关，推动数字动漫技术应用和产业化，提升以网络动漫和手机动漫为代表的新媒体动漫领域的技术装备。推动动漫内容制作全面CG数字化，深化集成渲染、互联网、大数据、3D打印等技术手段在动漫项目策划上的应用，以读、用、玩、晒四大类“图应用”丰富数字动漫产品形式。加强数字动漫技术在设计、制造等产业领域中的集成应用，建设数字动漫视听技术与虚拟现实系统开发平台，促进虚拟会展、在线体验等新业态发展。鼓励和引导社会力量投入数字动漫产业，加大知识产权保护力度，规范数字动漫市场，保护企业主体与消费主体的合法权益。

创新动漫品牌运营。在做好代工外包服务的基础上，提升动漫形象、故事、制作等多个方面的原创能力，拓宽多元化受众的市场空间，不断丰富原创动漫的题材库、类型库和形象库，以电视、电影、游戏、新媒体动漫及单体形态产品充实原创动漫IP

(IP,“intellectual property”的缩写,意为“版权”)。紧抓中韩自贸区建设契机,尽快形成由龙头动漫企业和中小微动漫企业组成的多元化市场主体,打造一批立足当地实际、创新能力强的国内动漫品牌。做大做强中国动漫产业论坛,鼓励动漫企业积极参与国内外各类展会活动,加快芝罘区动漫“走出去”步伐,提升芝罘区动漫产业的知晓度、美誉度和影响力。发挥国家级动漫基地招才引智的作用,引进国际知名动漫制作、网络游戏开发、影视后期制作类的企业入驻,加强与本地高校、科研院所产学研合作,打造以创作、创造和创新为根本手段,以品牌形象、文化内容和创意成果为核心价值,以知识产权转化为交易特征,跨行业、跨门类的动漫创意产业集群和复合型文化体验基地。

构建“动漫+”模式。支持骨干企业跨区域、跨业态整合重组,从策划、传播、宣传、销售等多个环节提高动漫品牌的商业运营能力,突破创新“动漫+玩具”“动漫+互联网”“动漫+科技”“全触点 IP”等多种运营模式。推动电子商务、视频网站、众筹等互联网商业模式与动漫产业的嫁接,支持动漫企业综合利用官方网站、社交网站、手机 APP 应用和微店等工具,发布预告片、影片花絮、首映式等影片宣传物料,开展动漫衍生商品的电子商务。借助动漫产品形态和服务类型,通过高新技术催生新兴融合业态,推动多领域 IP 的跨界改编和一体化协同发展,在文学、漫画、游戏、影视、玩具、服装等领域开展多元化、交叉式经营,实现从单纯的动漫产业链运营、让其他行业为动漫品牌服务,向联动所有相关产业、让动漫品牌为其他行业服务的跨越。

2.广告产业

支持广告企业做大做强。利用旧城旧居改造和芝罘滨河生态智慧新城建设的机遇,坚持“招商引资先行、边建设边招商、以招商促建设”,制定招商政策,开展交流推介活动,规划布局影视、印刷、包装、纪念品制作、广告技术和新材料等关联产业和商贸、金融、酒店、酒吧等配套产业,壮大烟台广告创意产业园规模,打响芝罘广告创意园区品牌。紧抓全省实施大型广告企业培育工程的机遇,在我区筛选确定一批具有较大发展潜力的广告企业,鼓励其通过参股、控股、兼并等方式扩大市场份额,培育一批具有较强市场竞争力的大型广告企业集团。鼓励引导中小微企业在咨询调查、创意策划、设计制作、发布投放、效果测定等领域做精做强,促进广告运作专门化、行业代理专门化和营销传播代理专门化。在市场准入、信用担保、金融服务、人才培训、信息服务等方面，对资质好、经营行为规范的中小微型企业加大扶持，使其以独特专长建立品牌，扩大市场份额。

推动广告产业融合发展。将广告产业与文化旅游、动漫产业、新技术新媒介等相结合，充分发挥园区集聚效应，促进产业链条向广告设备与材料研发、包装印刷、广告会展等上下游延伸。加大互联网、大数据、数字技术等高新技术产业在广告创意设计中的应用，以数字内容丰富广告创意设计展示形态，提升广告创意设计原创水平。加强与新媒体融合，创新现代广告传播媒介与营销渠道，加速网络广告、移动电视、手机终端、户外 LED 屏、楼宇视频等新兴广告媒介市场的开发。鼓励环保型广告材料的广泛应用，发展以数字化和多媒体等高新技术为依托的网络广告、新媒体广告、新型广告装备制造等科技含量高、附加值高的新兴广告业态。采用外包、众包模式，鼓励广告企业与高职院校、设计机构开展广泛合作，建立以大学生为主体的广告创意创新创业实践基地，实现人才培养与产业发展的双向互动，带动芝罘区广告创意产业提质增效。

搭建广告产业公共平台。利用辖区金融机构聚集优势，搭建专门针对广告企业特别是中小微型企业的银企洽谈会、推介会，构建银企信息沟通的长效机制，定期进行信息发布，为广告企业解决融资难题。发挥政府协调引导作用，通过建设广告展示交易平台，进行城市宣传、重大节庆规划、电视报纸广告招标、重点企业广告宣传等交易活动，搭建起市场与广告的桥梁。依托广告展示交易平台，建立广告业信息定期发布制度，为广告市场提供公平公正公开的数据，促进广告产业健康有序发展。积极搭建新业态、新技术、新媒体研发和交流平台，鼓励有实力的广告企业建立研发中心，通过技术革新支撑广告创意产业快速发展。通过建立分会、专业委员会等方式，建立区级广告产业协会组织，健全广告企业信用评价和企业资质评级体系，完善企业管理制度，规范行业秩序，提升行业形象。

3. 影视产业

创新影视内容生产制作。立足芝罘区地域文化特色，推动动漫影视企业从节目创作、内容服务、网络传输到衍生产品的全产业链开发，开拓产业新领域。整合以烟台山、朝阳街区为核心的开埠文化，以所城、东西炮台为核心的海防文化，以张裕博物馆为核心的工业文化，创作一批以芝罘区自然风物、人文历史为主题的影视作品。挖掘散落在民间的口传文学、传说故事、民间音乐、民间舞蹈、民间传承人、民间习俗等文化艺术资源及重要历史事件、历史人物等，打造一系列具有浓郁地方特色的原创影视作品。

加强影视相关领域支撑。运用移动多媒体广播电视、交互式网络广播影视、数字多媒体广播、公共视听载体等新兴媒体技术，提高动漫微电影制作生产能力。借助烟台广告创意产业园现有产业基础，完善摄影、摄像、演播、录音、后期加工和制作的设备、场所等配套设施。成立涵盖市场调研咨询、编剧、导演和演员的经纪公司，鼓励发展影视服装道具设计和制作、灯光设计、美容美发等辅助业态。大力发展影视培训业，以时光坐标影视教育北方中心山东基地为依托，以影视后期、影视三维特效制作等高端影视制作领域为特色，建成高端影视后期制作人才实训基地。

实现影视业跨越式发展。加强与市级、省级电视台以及国内外优秀的专业公司和机构跨区域战略合作，加速影视产业元素的聚集，拓展影视作品的发行宣传渠道。整合资本、影视专业制作、影视发行、影视基地、房地产、旅游等资源，打造具有较大规模的现代综合性影视传媒企业。鼓励当地有实力的民营企业和社会力量，采取参股入股、联合出品或独家购买等方式参与影视产品的创作生产。支持影视产业与婚庆、旅游、演艺、会展等相关产业深度融合，以影视拍摄景观为概念，将现代时尚消费与区域旅游观光相结合，建设以海洋文化为依托的环芝罘湾影视摄影基地。

（二）延伸产业

延伸产业业态，即主导产业上下游产业链相关业态，包含两个产业层面：一是与动漫、广告直接相关的平行业态，这一类业态强调创意创新，注重融合与跨界，是潜在主导性文化创意产业业态，对相关产业拉动效应明显，在产业结构优化中发挥重要作用；二是制造、销售文化创意产品及相关消费业态，这类业态具有需求弹性大、产业分工链条长的特点，精心培育这一类业态，将显著提高芝罘区文化创意产业的综合竞争力和国际影响力。

1. 互联网文化产业

大力发展“智慧＋创意”融合业态。围绕互联网＋文化创意产业融合发展，结合大数据、物联网等技术手段，加快发展文化创意、新兴媒体、文化电商等重点领域，推动互联网＋创意农业、创意工业、创意旅游以及服务型金融业态融合，不断催生新兴“互联网＋文化创意”业态。着重发展数字技术、动漫游戏、艺术创作等占领产业链上游高端位置的业态，突出内容创作的核心价值，拉动相关服务业和制造业发展。鼓励传统媒体借助大数据、云计算思维和技术，创新制作、发行与传播方式，促进与以数字杂志、网络、数字电视、触摸媒体等为代表的新媒体融合。依托现有电商平台，加强与国内知名电商合作，推动以动漫、广告等核心产品集中“触电上网”，搭建集合线上展示、体验、估价、销售和认证为一体的交易平台。

集中打造生态智慧重大项目载体。紧抓滨河生态智慧新城建设契机，推动只楚、卧龙两大省级高新技术产业园区提挡升级，打造辐射全市的蓝色产业服务平台。以东和科技园的提升为着力点，吸引从事软件开发、服务外包等领域的文化企业入驻，推动高端信息科技服务业快速发展，打造烟台最大的韩日企业聚集区和招商示范区。发挥烟台广告创意产业园高端文化创意产业集聚优势，鼓励数字动漫、微电影、新媒体广告、网络视听、文化电商等领域的重点企业，与园区内优秀的互联网企业协同发展、融合创新。

2. 文化制造业

塑造文化制造业发展新优势。着力提高文化领域自主创新能力，加强数字技术、数字内容和网络技术等核心技术的引进和自主开发，利用高新技术提高我区网络、动漫、印刷等领域技术装备水平。聚焦文化科技创新与制造业转型的结合点，通过开展原始创新、集成创新和引进消化吸收再创新，加大社会各类研发设计资源的整合力度，鼓励发展基于互联网的众包设计等新模式，提升动漫衍生品制作与生产、广告终端产品制作等的科技含量。顺应市场需求和现代生活方式，融入传统文化和现代时尚元素，强化创意设计在产品创新、品牌建设、营销策划和质量管理等方面的作用，将文化用品与装备和芝罘区历史文化街区建设相结合。

促进文化制造业规模化发展。以“大平台、大产业、大项目、大企业”为目标，依托芝罘区作为中心城区的资源、人才、装备基础，利用动漫、广告的产业集聚优势，推动相关文化产品制造块状经济向现代产业集群转变，推动动漫衍生品、视听设备、影视器材等领域的高端化发展，大力提高文化创意产品档次和技术含量。通过独资、合资、控股、参股、并购等方式，推动文化制造企业开展市场化兼并重组，培育一批文化制造骨干企业，形成一批综合实力强的自主品牌。加强互联网、新媒体等渠道的广告营销策划，以创意引领文化产品物流方式创新，实行新型代理配送制度，重塑和提升产业竞争力，将规模经济优势转化为范围经济优势。

3. 文化商贸业

大力发展文化创意产品对外贸易。以中韩自贸区的建设为契机，引导和扶持一批骨干企业膨胀规模，参与国际文化市场竞争，扩大出口贸易，壮大文化“走出去”力量。围绕动漫游戏、广告设计及相关的影视制作、出版印刷、演艺娱乐、数字内容等产业领域，打造一批拥有自主知识产权、自主品牌的产品和服务项目，塑造一批具有国际知名度和美誉度的文化创意品牌，优化文化贸易结构，增加我区出口文化创意产品和服务在国际文化市场的份额。加强与日本、韩国的著名文化制作、经纪、营销机构合作，大力拓展境外文化市场，培育对外文化中介机构广开境外业务，鼓励有条件的企业集团设立海外营销部门，提高国际市场营销能力。以烟台市综合保税区为载体，加速文化创意产品和服务与现代商业流通方式、综合商业服务设施的深度融合，构建现代文化商贸服务体系。

全面推进交易平台及营销渠道建设。进一步发挥朝阳街、辛庄街、齐鲁古玩市场、万光古玩文化城等传统特色街区的文化商业价值，促进商贸领域的文化创意、科技研发，加速书画交易、拍卖、展览的网络化、数字化进程。依托城区南部现已形成的汽车贸易产业带，拉动汽车精品装饰美容后市场产业链，形成集汽车商务、汽车运动旅游、休闲、娱乐等多种汽车文化功能于一体的汽车经济文化综合性生态园区。借助中国国际动漫节、山东文化创意产业博览交易会、山东省广告节、烟台国际动漫节等会展平台，鼓励本地企业积极参展交流，宣传推介芝罘区动漫、广告创意产品和服务。借助多元渠道宣传烟台广告创意产业园、动漫基地等园区，吸引广东奥飞、深圳华强等国内顶尖动漫企业落地芝罘。依托烟台市文化产权交易平台的发展优势，推动文化创意类产品贸易服务线上线下互动，打造以动漫、广告为核心业务的文化创意产业商贸平台。

4.休闲旅游业

打造“休闲芝罘”创意旅游品牌。坚持以文化引领旅游、以创意驱动旅游，围绕“吃、住、行、游、购、娱”六要素，打造芝罘区特色创意旅游品牌。精心规划文化精品旅游线路，形成“烟台山＋朝阳街区”商埠文化游、“所城＋东西炮台”海防文化游、张裕博物馆工业遗产游等若干线路组团。加快智慧旅游发展，促进旅游与互联网融合创新，支持开发具有地方特色、富含文化意蕴的旅游演艺精品和旅游纪念品，提高创意旅游综合效益。抓住烟台打造“鲁菜之都”的机遇，深入挖掘葡萄酒文化，规划建设酒吧街、红酒街、啤酒广场等酒文化消费场所，并与演艺娱乐业融合起来，完善特色旅游餐饮和主题酒店配套设施。整合民间演艺团体资源，引导演艺业走进茶馆、酒吧等休闲场所，促进休闲娱乐服务业态的发展。积极培育文艺演出经营企业、中介公司，引导演艺与旅游深度融合，培育大型实景演出，推动精品演艺剧目进景区等，拓展大众文化消费渠道。

强化创意旅游项目载体支撑。紧密结合“两旧两新”开发建设，引导兴建一批富含文化特色的城市综合体，完善烟台广告创意产业园、烟台动漫基地等园区载体的周边配套，吸引现代休闲娱乐业态入驻，提升城区休闲旅游的吸引力和承载力。深度挖掘历史文化资源，精心修缮十六国领事馆、北洋海军采办厅、克利顿饭店、芝罘俱乐部、金城有声电影院（新中国电影院）、道台衙门等历史建筑遗存，科学布局特色经营项目，开发和打造一批具有特色的博物馆、纪念馆、陈列馆，以及特色餐饮、娱乐、购物场所，形成以观光、休闲为主，配套餐饮购物、体验住宿的旅游综合体。以挖掘开埠文化为主线，加快建设朝阳历史文化街、滨海广场步行街、齐鲁古玩文化城和万光古玩文化城等一批特色文化街区，在中心城区形成以文化旅游、古玩交易、旅游商品销售、娱乐为主的大型文化娱乐场所和特色项目，提升旅游文化品位。

四、发展布局与空间整合

（一）发展布局基础

近年来，芝罘区将服务业作为自身发展的潜力所在，借势全市实施“一二四五”

战略契机，按照“城市发展引领”的总体部署，加快城区中心、芝罘滨河生态智慧新城和芝罘临港蓝色国际新城三大板块升级发展步伐，通过片区改造、项目建设等手段，培植出各板块的优势产业，推动产城深度融合。

1.芝罘区“城市发展引领”战略

按照以产兴城、以城聚产、产城互动的产城融合发展理念，芝罘区以优化城市产业、完善城市功能、提升城市内涵为抓手，三头并进，实现以城市升级引领经济社会转型发展。

第一，加大对城区中心白石、胜利、北马路、幸福西、慎礼等区片的旧城改造，推动片区从单纯的住宅区“进化”为全业态的城中城；并以红星美凯龙、中粮大悦城、万达城市广场等项目为中心，全面辐射带动周边区域加速发展，实现城市功能完善、产业提挡升级。

第二，重点推动产业发展与南部新城建设有机融合，将滨河生态智慧新城总体战略定位于“蓝色烟台中枢，生态智慧新城”，充分发挥该区域在六区融合中的“东联、西接、北承、南启”作用，全力推动蓝色经济建设，大力发展物联网、云计算等高端智慧产业，打造低碳、环保型的品质生活之城。

第三，借力城区北部海港、海岛、海岸开发，加快“环芝罘湾”建设发展，依托国家级保税港区，引进知名城市运营商，加大幸福、芝罘岛片区产业布局调整力度；依托海港路中心商贸区和滨海广场金融商务区两个省级重点服务业园区，加快推动国际金融中心建设、三站市场新区改造等项目建设，着力构建蓝色经济核心服务区；依托“滨海一线”，加快邮轮、游艇码头建设和芝罘岛、崆峒岛旅游开发，打造国家级生态旅游度假区。

2.滨河生态智慧新城的空间布局

在空间框架上，滨河生态智慧新城秉承“一心、一带、两轴、六片区”的规划原则。“一心”，即中央活力区，以黄务立交桥为中心，在周边8.5平方公里范围内打造高端商务区。“一带”，即夹河东岸现代产业带，沿夹河东岸一线，建设城市休闲走廊和现代产业聚集示范区。“两轴”，即以机场路为城市发展轴，拓展城市发展空间；以港城大街为智慧活力轴，打造联动六区、凝聚活力和智慧的高端产业轴。“六片区”，智慧创新区发展云计算、物联网等智慧产业；生态商住区营建低碳型的高端生活居住区；健康养生区发展休闲养生养老产业；文化创意区主打文化创意产业；休闲旅游区以保护性开发为主，建设以旅游为主题的城市中央休闲胜地；物联商贸区内着力发展智慧物流产业。

近两年，滨河生态智慧新城的功能布局一直在完善，高效率推进毅德商贸城、红星国际广场等 23 个总投资 300 多亿元的重大产业项目，高水平配套姜家疃完全中学、南部新城供热中心等 16 项公共基础设施，高标准建设“六横六纵”路网等基础设施，对文化创意产业、高新技术产业等的吸纳招引能力持续增强。

（二）空间整合思路

综合芝罘区城市发展布局、文化资源分布、文化创意产业发展现状、未来发展趋势和产业要素条件，课题组从两个视角切入，对芝罘区文化创意产业的发展提出两条空间整合思路：一是基于现有产业基础，以烟台广告创意产业园的集聚区域来统筹考量，强化核心支柱产业的主导地位；二是基于产城一体化的理念，以文化引领城市发展的思路通盘考量，强调核心产业的辐射带动效应，提升相关业态协同发展能力。

1. 空间整合思路一：“两园”支撑、“三大板块”共振

“两园”指烟台广告动漫基地和烟台 1861 广告创意产业基地；“三大板块”指烟台创意产业人才培训中心、烟台创意服务制作基地和烟台创意产品展示及交易平台。

“两园”支撑。动漫和广告是芝罘区文化创意产业发展的核心主导产业。以烟台广告动漫基地为芝罘区文化创意产业发展的西部核心，立足动漫影视制作、新媒体拓展，推动园区内小微企业间互动合作，加快形成抱团经营、结成产业链条共同发展的模式，提升整体竞争力，做大做强国家级动漫产业基地。以烟台 1861 广告创意产业基地为芝罘区文化创意产业发展的东部核心，促进市区广告产业融合发展，打造全产业链广告创意文化综合体；同时，充分利用山东半岛蓝色经济区的便捷优势，强化与青岛、潍坊两大国家级广告产业园区的交流合作，推动基地协同创新与错位发展。

“三大板块”共振。文化创意产业的发展离不开人才、服务及展示交易平台等配套支持，在两大国家级基地的核心集聚下，形成以烟台创意产业人才培训中心、烟台创意服务制作基地和烟台创意产品展示及交易平台为主的三大配套板块，进一步加速人

才、资本等要素的自由流动和集聚。烟台创意产业人才培训中心，通过与高校联合搭建产学研互动平台，聘请知名专家顾问弹性授课，设立大学生实训与企业培训课程等，引进知名的创意人才培训企业，为芝罘区、烟台市乃至山东省培养高素质创意人才，解决企业人才匮乏难题。烟台创意服务制作基地，以创意服务制作为核心，集中打造创意设计品牌，重点发展创意设计、新媒体、软件服务、外包服务等文化业态，吸引与创意服务相关的国内外高新技术及现代服务业企业汇聚。烟台创意产品展示及交易平台，通过完善烟台文化创意产业网、版权保护中心两大平台建设，为全区创意产业提供多层次、多样化的展示与交易服务，满足人们对文化创意产品和服务消费的需求，大力发展我区文化创意产品与服务对外贸易。

2.空间整合思路二："一核"集聚、"两带"贯通、"三大片区"协同

"一核"，即烟台广告创意产业园；"两带"，指滨海休闲娱乐产业带和高端文化创意产业带；"三大片区"，指历史文脉传承片区、滨河生态智慧片区与芝罘港文化贸易区。

"一核"集聚。芝罘区是烟台市的中心区、老城区，也是中国历史上最早的外洋通商口岸之一，因其北部有中国最大、世界最典型的陆连岛——芝罘岛而得名。在其城市发展中，应突出芝罘区作为烟台市中心城区以及海洋文化"核心"的资源禀赋，在较高层次上完成对芝罘海洋文化圈的资源整合，进而凭借地缘上和文化上贯通海陆的优势地位，获取一个更为有利的竞争优势。因为无论是从学术研究的严谨性出发，还是从突出芝罘区的历史地位出发，都应该强调海洋文化在芝罘区文化资源构成中的主体地位，及其对开埠文化、海防文化、丝路文化、民俗文化、胶东红色文化等其他文化资源的引领与协调，突出芝罘区融会海陆的文化特征。

"两带"贯通。滨海休闲娱乐产业带，整合滨海沿线景区和园区，充分利用烟台山、西炮台、张裕酒文化博物馆、毓璜顶公园、烟台市美术馆等景区场馆，结合"两旧两新"开发建设，引进建设大型休闲文化主题园区，提升芝罘休闲旅游的吸引力和承载力。高端文化创意产业带，重点发展文化艺术创作、创意设计服务、动漫影视制作、广告数字传播等高新业态，发挥烟台广告创意产业园、国际汽车文化产业城等园区的资源优势，重点吸引龙头创意企业入驻，促进产业与以数字杂志、网络、数字电

视、触摸媒体等为代表的新媒体融合，不断提升园区产业档次和水平。

“三大片区”协同。历史文脉传承片区，结合所城、朝阳历史文化街区的开发改造，深度挖掘芝罘区历史文化资源，精心修缮古代、近代历史建筑遗存，科学布局特色经营项目，开发和打造一批具有特色的文化街区，继承弘扬传统文化的优秀成分，创造性转化，创新性发展。滨河生态智慧片区，以高端商务、高新技术、文化创意、物流商贸为核心，重点发展创意设计、休闲养生、云计算、物联网、文化商贸等业态，加快推动与滨河生态智慧新城相配套的文化创意片区的建设。芝罘港文化贸易区，依托国家级保税港区，引进一批文化企业、文化贸易企业等，着力打造文化创意产品出口贸易基地；依托海港路中心商贸区和滨海广场金融商务区，引进日、韩等国文化企业集团，着力发展具有海洋文化特色的创意产业；依托“滨海一线”旅游开发，推动文化创意产业与生态旅游度假产业深度融合。

第四节　发展对策与措施研究

一、创新体制机制

（一）转变文化产业管理机制

转变政府行政管理职能。进一步推动政企分开、政资分开、管办分离，调整优化行政管理结构。强化政策调节、市场监管、社会管理和公共服务职能，在职能上从微观管理为主转变为宏观管理为主，从直接管理为主转变为间接管理为主，从“办文化”为主转变为“管文化”为主。深化文化行政管理体制改革，改变过去单一的行政管理方法，综合运用法律、经济、行政等手段，改进对文化产业的管理方式，实现文化创意产业行政管理的法制化、科学化和现代化。

健全舆论导向引导机制。融入互联网新生态，打造“政府网站＋”新格局，形成一个以政府网站为中心，政务微博、微信、APP 等新媒体个性化发展的政府网站发展矩阵。健全网络突发事件处置机制，形成正面引导和依法管理相结合的网络舆论工作格局。理顺内宣外宣体制，成立专门的外宣工作领导小组，增强外宣工作的领导力和推动力，完善对外文化交流体制。加大宣传推介力度，通过电视、报纸等传统媒体和网络、手机等新兴媒体，不断提高芝罘文化的知名度和影响力，打造“黄海明珠·魅力芝罘”外宣品牌。

（二）健全现代文化市场体系

完善文化市场准入退出机制。鼓励各类市场主体公平竞争、优胜劣汰。支持大中型企业做大做强，对条件成熟的企业进行上市辅导，提高文化创意产业规模化、集约化、专业化水平。贯彻落实鼓励和引导民间资本进入文化领域的政策，鼓励社会资本投资、兴办各类文化企业。建立多层次文化产品和要素市场，加快培育产权、版权、技术、信息等要素市场，打造一批文化产品交流、交易平台，构建覆盖广泛的文化产品流通网络。成立烟台市芝罘区1861文化产业促进会、芝罘区网吧协会，办好《创意1861》，加强行业组织建设，促进文化企业的信息交流、技术合作。

支持小微文化企业发展。深入贯彻《国务院关于进一步支持小型微型企业健康发展的意见》《关于大力支持小微文化企业发展的实施意见》等，对我区符合《中小企业划型标准规定》的小型和微型文化企业予以扶持。引导烟台广告创意园区、烟台动漫基地创新运营管理模式，提升服务小微文化企业发展的水平，组织实施文化产业发展“金种子”计划，加大对文化创意项目孵化的投入力度，增强小微文化企业的发展动力。支持本地动漫、广告小微企业参加小微文化企业投融资路演活动等各类文化产业展会、中小企业展会，加大宣传推广力度。

（三）建立考核及评价体系

建立绩效考评指标体系。建立长效工作机制，将文化创意产业发展作为评价发展水平、衡量发展质量和领导干部工作实绩的重要内容，纳入经济社会发展规划、纳入财政支出预算安排、纳入部门重点工作、纳入考核奖惩范围，每年度对文化产业工作有计划、有部署、有督导。制定出台文化创意产业发展指标体系及考核办法，加大奖惩力度。

建立社会效益评价体系。基于文化产业社会效益最大化，从文化产品和服务对受众的到达率与受众对文化内容的接受率两大方面考虑，建立科学的社会效益测评体系。

文化内容方面可以包括传统文化含量、创意创新程度、思想意识的积极性、技术手段的专业性等，受众方面可以包含范围指标、到达率指标、认知度和接受度测评等。加强文化产业统计监测和科学分析，建立文化产业统计季度上报制度。根据社会效益评价体系对社会效益较好的文化产品和服务给予奖励和支持；反之，对社会效益差且造成不良社会影响的文化产业和服务要给予查处和惩戒。

二、优化发展环境

（一）深化行政审批制度改革

简化和减少文化行政审批事项，继续减免涉企收费并清理取消各种不合规收费，做好中央和省级财政、价格主管部门已公布取消和下放行政审批项目的落实工作。严格规范行政审批行为，巩固和深化决策、执行、监督相对分离又相互协调的批管分离体制，切实保障公众的知情权和监督权。着力优化行政审批程序，清理取消一批区级设立的涉企行政事业性收费，规范涉及行政许可和强制准入的经营服务性收费。加大对向企业乱收费、乱罚款和各种摊派行为监督检查的力度，严格执行收费公示制度，加强社会和舆论监督。完善涉企收费维权机制，形成基本建设、企业注册登记等重点投资创业领域的联合审批运作机制，落实统一审批、联合审批、集中审批等制度及配套措施。

（二）加强知识产权保护力度

加大知识产权保护宣传。加强知识产权宣传普及，不断提升全社会知识产权保护意识和权利人自我维权的意识和能力。完善政府主导、媒体支撑、社会公众广泛参与的知识产权保护宣传工作体系。加快诚信体系建设，完善失信惩戒机制，落实侵权企业和企业法人、违法行为责任人的信用责任。加强文化产权、版权、人才、技术、信息等市场平台建设，探索建立文化无形资产评估及保护机制，积极培育文化中介机构。

严厉打击侵权违法行为。切实保护好企业和个人的知识产权，尤其是加强对专利、版权的保护，使文化企业的合法利益不受侵犯。组织高新技术企业、创新型试点企业、科研机构开展自查，从源头上杜绝侵犯知识产权事件的发生。有目标、有重点地开展打击侵犯知识产权行为的宣传、动员工作，积极配合知识产权行政执法部门和司法部门开展查处打击行动。严格执行《知识产权保护办法》，落实相关法律法规和保护知识产权的政策，鼓励社会公众踊跃举报、投诉侵权行为，构建全社会监督体系。

（三）加强政策法规宣传推广

借助文化产业园区、文化广场等平台宣传栏和LED显示屏，全面宣传国家、山东省及烟台市、芝罘区出台的关于支持文化产业发展的政策法规，扩大宣传效果，努力营造舆论环境。适时组织全系统和文化企业、园区、行业协会等开展文化创意产业相关政策法规知识培训，切实提高本系统干部职工依法行政能力和服务水平。开展文化创意产业政策法规宣讲、知识竞赛、咨询日等活动，提高企业、园区等对文化创意产业相关政策法规的知晓率。每年开展一次文化创意产业相关政策法规宣传月活动，集中宣传国家、省、市最新出台的年度相关政策法规。将文化创意产业相关政策法规编印成册，在全区范围内深入企业、园区、基地，送政策、送法规、送服务，扩大宣传覆盖面。

三、落实相关政策

（一）落实财税扶持政策

增加财政投入。增强对文化产业发展的引导和扶持，支持具有示范带动作用的重大文化产业项目建设，加大对公共技术、投资融资、人才培养、展示交易、信息咨询等公共服务平台建设的支持力度。修订《烟台市芝罘区文化产业专项资金管理办法》，健全文化投入稳定增长机制，对重点文化企业和“金种子”文化项目等需要扶持的对象，充分用好100万元的专项扶持资金和200万元的“金种子”创业专项资金。设立文化产业引导资金，并以10％的比例逐年增长，对获得国家、省、市资金支持的文化产业园区（基地）、文化企业、文化产业项目进行配套资助，对外围配套工程予以扶持。对重点扶持的文化企业给予落户补贴、税收补贴，对重点文化企业给予贴保、贴息、金融中介杠杆贷款等多种方式扶持，对文化科技创意产品开发的重点环节给予补贴。

落实相关税收政策。积极落实国家、山东省针对文化产业出台的税收优惠政策。符合小型微利条件的企业，减按20％的税率征收企业所得税。经国务院有关部门认定的动漫企业自主开发、生产动漫直接产品，确需进口的商品可享受免征进口关税和进口环节增值税的优惠政策。贯彻执行芝罘区《关于鼓励和扶持动漫产业发展的意见》规定，对经认定具有自主知识产权的原创性动漫影视作品，在国家、省、市电视台播出将按分钟给予奖励，并对获国家级、省级重大奖项的原创动漫作品进行一次性奖励。向市级相关部门上报，针对芝罘区动漫、广告创意产业发展情况，策划出台广告等创意设计服务业专项文件，为文化创意产业的发展提供更完善的政策支持。

（二）创新金融支撑体系

拓宽融资渠道。建立科学有效的投融资管理体制，设立文化创意股权引导资金，吸引社会资金积极介入文化创意产业，为文化创意产业投融资提供动力来源。积极探索债券发行成本补贴、保费补贴等扶持模式，支持文化企业通过银行间债券市场发行短期融资券、中期票据、集合票据等融资，推动中小文化企业发行区域集优债券和中小企业私募债券，推动金融资本和文化资源的融合对接。积极开展实物众筹，发挥实物众筹的资金筹集、创意展示、价值发现、市场接受度检验等功能，鼓励增加版权质押、股权融资、信用担保、融资租赁贷款、应收账款质押融资、产业链融资等多种促进文化企业发展的融资品种。探索建立社会资本投资的风险补偿机制，鼓励各类担保机构提供融资担保和再担保服务，加强与园区、孵化器、中小企业公共服务平台等合作，加大对动漫、广告中小微企业的支持力度，拓宽中小微企业融资渠道。

创新文化金融服务。除常规性文化金融产品和服务外，积极鼓励金融业发展文化产业保险业务、金融支持文化消费业务、文化债券业务和文化外贸相关业务等。落实《关于深入推进文化金融合作的实施意见》，参照省里模式建立芝罘区文化金融合作部门会商机制，研究制定文化金融政策，解决具体问题，破解文化企业融资瓶颈。放大中国版权保护中心北方中心服务半径，为芝罘区、烟台市创意作品版权保护、创意剧本买卖、创意作品交易等搭建权威、专业的推广服务平台。积极建立健全文化产业的无形资产评估体系和信用评级制度，鼓励银行、信贷和担保机构建立专门服务文化产业的专营机构、特色支行和文化金融专业服务团队，借助创新开发信贷产品、开展知识产权质押贷款等形式，对动漫、广告等重点领域的文化企业进行股权投资，促进文化与金融对接，形成相对完整的文化创意设计产业金融服务体系。

（三）落实土地利用政策

根据《烟台市文化创意产业发展“十三五”规划（2015—2020）》和《烟台市文化创意产业发展规划纲要（2015—2020）》的要求，向市规划、国土等部门申报，配套编制并尽快出台文化产业空间布局规划和年度实施计划，合理规划、统筹安排文化产业的项目用地，确保在国家土地政策许可范围内，优先安排国家级和省级重点文化创意产业园区、基地建设用地，优先保障文化创意产业重大项目和龙头企业新增建设用地需求。鼓励利用存量建设用地发展文化创意产业，支持利用工业厂房、仓储用房、礼堂、剧场、影院、老旧商业设施等存量房地资源转型兴办文化创意企业集聚区。建立节约集约用地专项奖励资金，对项目建成达产后节约集约用地成效显著、亩均税收贡献大或安置吸纳就业人数多的文化企业或文化产业园区实施奖励。

四、加强人才队伍建设

（一）加大人才引进和培养力度

着力引进高端人才。着眼于芝罘文化创意产业发展需要，集中引进动漫、广告、影视、创意设计等领域急需、紧缺的中、高级专业技术人才和管理人才，推行“领军人物+团队”模式，发挥文化创意产业领军人才凝聚人才、培养人才的重要作用，建立文化创意领军人物“一站式”引进制度，畅通引进绿色通道，切实解决其在住房保障、落户安置、资金补助、创业扶持等方面的相关问题。以技术和项目为载体，促进区内企业与央企、国内外500强企业、高等院校科研院所的交流合作，加强招商与引才引智的融合，通过项目引进人才，以人才带动项目实施，促进项目建设和人才开发的协调发展。加强与国家外专局的合作，积极引进一批掌握现代高新技术和理念、善于运用科技手段推动文化创意产业发展的创新型人才和一批熟悉贸易规则、善于开拓国内外文化创意产业市场的外向型人才。

完善人才培养体系。建立健全政府、社会机构、用人单位和个人相结合的多元化人才培养投入体系，加大政府在人才培养上的投入，积极引导和鼓励各类社会机构、社会团体和国际组织进行人才开发。支持烟台大学、鲁东大学、山东工商学院等高校紧跟文化创意产业发展步伐，加大本地动漫、广告、影视、文化旅游、文化贸易等领域的人才培养力度。把在职教育培训纳入单位发展规划，鼓励企业员工不断提升综合素质和专业素养。充分利用辖区内综合大学、职业高中、科研院所等机构密集的优势，搭建校企联合人才培养平台，鼓励学校在知名文化企业和园区建立人才实践和孵化基地，建立文化创意产业人才培训体系，实现文创人才培养、实践和孵化良性互动发展。推进人才国际化，积极利用国内外教育培训资源培养人才，提高本土人才国际化水平。

（二）创新人才流动及激励机制

建立市场化的人才流动机制。根据文化产业人才的特点，建立和健全专门的文化创意人才信用和评价体系，为文化创意人才的发展和流动提供可参考的标准。坚持以激励奖励为主，建立职位管理和公开招聘制度，鼓励文化创意人才合理流动，形成优化机制选人才、产业优势聚人才、高薪延揽引人才、孵化培训育人才、竞争上岗用人才的良性模式。围绕我区重点文化项目、重点企业，鼓励企事业单位采取咨询、讲学、兼职、短期聘用、技术合作、人才租赁等方式灵活招引国内外智力。建立芝罘区文化创意产业专家库，聘请专家为企业在技术开发、人才培育、项目论证等方面提供有偿服务。拓展高端人才双向流动机制，鼓励和规范专业技术人才、技能人才兼职兼薪。

建立科学有效的人才激励机制。支持文化企业建立健全重点人才与特殊人才激励机制，探索资本、知识、技术、管理等生产要素按贡献参与分配方式，对新领域新实体的创意、创新型人才探索实行股权激励、岗位分红、项目分红等。鼓励小微文化企业加强福利体系建设，根据实际情况为员工建立企业年金、补充医疗保险、体检、住房补贴等福利性项目。积极落实国家关于高新技术企业和科技型中小企业科研人员通过科技成果转化取得股权奖励收入时，可在 5 年内分期缴纳个人所得税的税收优惠政策。对高校和科研院所以科技成果作价入股的企业，放宽股权激励、股权出售对企业设立年限和盈利水平的限制。组织实施青年高端创意人才促进计划，对入选人才给予媒体宣传、培训交流、产业政策扶持等方面的优先支持。

五、支持对外文化贸易发展

（一）推动文化产品和服务出口

充分利用与日、韩隔海相望的区位优势，紧紧抓住海上丝绸之路战略发展契机，大力发展动漫、数字影视、网络出版物、广告新媒体等服务外包业务。贯彻落实国家鼓励和支持文化产品和服务出口的优惠政策，在市场开拓、技术创新、海关通关等方面给予支持。鼓励文化贸易企业增加研发投入，开发具有自主知识产权的核心技术，创新文化贸易的业态和模式。利用烟台文化创意产业网拓展对外文化服务业务，大力发展国际文化电子商务，积极培育一批具有国际竞争力的外向型文化科技融合企业。加强对国际文化市场的调研，把握世界各国特别是汉字文化圈国家和地区以及欧洲、美国、澳大利亚华人居住的主要城市的市场特点和消费趋势，量身打造适销对路的文化出口产品。

（二）加强文化贸易平台建设

针对动漫、广告两大主导产业，培育一批文化贸易骨干企业，积极引进境内外各类机构、组织来芝罘区创办文化贸易企业，扩大我区对外文化贸易企业的规模。鼓励文化企业参加动漫游戏节、文化交易会、艺术节等国内外大型文化交流活动，对文化企业参加经审定的境外展会或境内国际性展会的，开展国际资质认证及境外商标注册、专利申请和版权登记的，发生的费用给予适当补助。结合中韩自贸区建设契机，以烟台综合保税区为依托，协调上级主管部门加快烟台文化产品和服务出口基地建设。由芝罘区牵头，引入一批带动力强的外向型文化企业和机构，推动各类文化贸易企业向园区集聚，不断提高规模化、集约化、专业化发展水平。

第六章

玉树州文化产业发展调研报告

2015 年 **6** 月 **2—15** 日，山东大学文化产业研究院昝胜锋博士团队受邀赴玉树藏族自治州进行文化产业调研。玉树州文化旅游局局长昂钦拉毛、副局长索南达根、文化产业科科长常青，玉树州各县文化旅游主管县长、文化旅游广播电视局主管领导等参加调研。

本次调研范围涵盖玉树州 **5** 县 **1** 市。为了能正确反映玉树州文化产业发展状况，调研组此次调研的时间跨度近两周，先后赴囊谦县、杂多县、治多县、曲麻莱县、称多县、玉树市展开文化产业调研工作，重点考察各县文化企业、文化旅游景区、文化场馆、重点文化产业项目的建设运营情况。调研组对玉树州各县的文化产业发展现状及存在问题进行了记录、分析和总结。

调研组第一站抵达“藏黑陶之城”囊谦县，重点参观了文化馆、图书馆、囊谦藏黑陶生产基地、囊谦红陶生产加工基地、囊谦县毛庄奔康利民合作社（民间传统手工艺品妇女小组）及沿途峡谷、山河等旅游景区；第二站抵达“虫草之乡・澜沧江源”杂多县，考察了神奇的澜沧江风景、昂赛原始森林，参观了杂多县东大门、安卡大酒店及当地彩陶工艺品、冬虫夏草、手工编织等产业实体；第三站抵达“珠姆故里・文化江源”治多县，主要参观考察了珠姆广场、英雄广场、嘉洛红宫、江源游牧风情园、手工编织厂等载体；第四站抵达“民间文化艺术之乡”曲麻莱县，重点考察了格萨尔说唱藏戏团、康朵诺泽藏族工艺品有限公司、嘎觉悟角青栋然旅游服务有限公司和一些手工编织个体户等载体；第五站抵达“文化大县”称多县，重点参观考察了图书馆、文化馆、称多县通天河民间文化艺术团、青海喜旋生态移民民族文化有限公司、松当村嘎觉悟民俗家具工贸有限公司等及其他文化产业点、景区；第六站抵达“商贸大县”玉树市，重点参观了新寨那玛尼石经城、勒巴沟、文成公主庙、玉树地震遗址博物馆、康巴艺术中心、赛马场、加多宝产业园区，并走访了龙庆噶波坡仲民俗生态文化餐饮园、嘎觉悟民族工艺品有限公司、三江源藏文化艺术有限公司、安冲手工艺有限公司等文化产业实体。

在调研中，昝胜锋副院长指出，玉树州应从大文化角度解读文化内蕴，从民族、宗教、山水、商贸等角度深度挖掘、重新包装文化资源，结合玉树州地域特色，集中优势力量实现重点突破。本次调研将为州委、州政府提供文化产业宏观管理方面准确、客观的依据，为全州文化产业总体规划及未来发展提供客观的指导性建议。

本研究报告是项目组在现场调研、头脑风暴、编制规划过程中撰写，摘录以飨读者。

第一节　基础条件研究

一、发展成绩

玉树州文化产业起步较晚，整体处于培育期，灾后重建后得到了较快发展，产业规模开始扩大，产业整体实力开始壮大。受益于优质资源与新兴市场的推动作用，产业结构不断优化。自 2011 年起，玉树州文化产业年均增加值达 16%。截至 2013 年，玉树省级文化部门注册的文化事业及相关产业单位达 382 个（包括文化馆、博物馆、打字复印、歌舞团、藏服饰制作等），文化事业及文化产业从业人员数量达 1871 人，已登记注册的经营性文化企业、文化经营户达 200 余家，其中从事文化产品经营的有近 90 家。各文化产业经营户专业化、规模化经营水平不断提高，经营渠道趋向专业化、规范化。

（一）行业集群

玉树州正在形成以工艺美术、文化演艺、节庆会展、生态旅游为核心的优势行业集群。歌舞文化、民俗文化和宗教文化等地方特色文化的挖掘、继承和创新力度不断加强，文化演艺与节庆会展发展态势良好，涌现出《玉树不会忘记》《爱情的证悟》等一批大型民族歌舞精品剧和康巴旅游文化艺术节、雪原虫草节、玉树赛马节等一批特色节庆活动。以打造高原生态商贸旅游城市作为支撑点，深入推动文旅、商旅融合战略，发展“三江源”生态文化旅游大产业。2014 年，玉树接待国内外游客 30.17 万人次，实现旅游收入近 2 亿元，震后的玉树旅游逐步振兴。

（二）载体建设

玉树灾后重建带动了一批文化及相关产业载体的建设，为文化事业与文化产业发展奠定了坚实的基础。2014 年，玉树州康巴艺术中心、格萨尔广场、地震遗址博物馆、两河景观和湿地公园等新玉树十大重点工程全部落成，玉树州博物馆、格萨尔文化中心、文成公主纪念馆等文化场馆目前已进入布展、试运营阶段。近几年，商贸物流产业园区、绿色产业园区建设启动，嘉纳嘛呢—勒巴沟—文成公主庙、结古镇、拉司通古藏村、隆宝滩等重点旅游景点、景区建设有序开展，康巴文化风情园、玉树安冲藏刀锻造项目、原生态民俗村等藏区国家级文化产业项目稳步实施。

图 1-6-1　玉树州博物馆

（三）消费市场

随着灾后重建全面完成，玉树州消费市场趋于活跃繁荣，居民收入大幅提升，城乡居民购买力明显增强。2013 年，玉树州城镇居民人均可支配收入达到 20783 元，增速达10%；农牧民人均收入达到4551元，增长30%；全州实现社会消费品零售总额46008万元，同比增长13%，在全省市州总量排名中名列第七，在青南三州中名列第二，消费水平为近年来最高。其中，农牧产品、日常生活用品、藏医药等占较大比例，传统民族服饰、首饰、藏刀、打字复印、茶艺、铜器等特色文化产品销售情况良好，推动了民族手工艺、音像电子、图书、文艺演出等市场的繁荣。总体来看，玉树重建后完善的基础设施、合理的空间布局和完备的城市功能，为发展商贸流通、繁荣消费品市场奠定了坚实基础；居民收入的快速增长及生活方式的变化，推动着居民文化消费需求的不断释放。

二、问题差距

（一）发展理念亟待创新

玉树州在文化产业与文化事业的关系上，过去一直存在二元对立的思维误区，过分强调文化经营单位的事业性质及其公益性，而忽略了文化的产业性质，给文化产业发展带来思想障碍。正是由于过去一直回避文化产业化的提法，认为跟市场联系起来，就会削弱文化的宣传功能，导致玉树州文化产业发展消极被动，成长速度慢，创新力度小，被抢占了市场先机。重文化事业而轻文化产业，忽视了文化的产业性质，抑制了文化产业的市场发育，影响了文化产业经营管理人才的自我成长，致使文化产业整体发展不充分。

（二）市场主体亟待培育

玉树州文化产业市场主体呈现总量少、规模小、集约化程度低等问题。整体经营性文化单位的体制创新进展缓慢，以个体经营户、合作社为主的市场主体竞争力较弱，创新意识不足，市场推广与品牌培育意识和能力有待提升。市场主体分布不均衡，未形成有效的产业集聚效应，缺乏在国内具有影响力的骨干文化企业集团。中小微文化企业缺少专业指导和优惠扶持的渠道信息，获取的政策、资金等的扶持力度有限。部分行业存在企业准入退出机制不完善、主体认定资格不规范、市场管理混乱等问题。

（三）产业要素亟待健全

玉树州文化产业资金、人才、政策等相关产业要素系统不健全。文化产业发展资金匮乏，融资渠道单一，投融资模式不健全，导致企业扶持、园区建设及资源开发难以落地。文化产业的领军人物、专业人才严重不足，相关特色专业人才培训渠道少，导致众多行业在内容生产、经营管理等环节市场化水平较低，资源优势难以转化为经济优势。在市场培育、品牌塑造、行业规范、产业融合等方面缺乏相关配套政策，管理体制、配套服务、经营模式都需进行优化与变革。

（四）基础要素亟待保护

玉树州自然生态、历史人文等基础资源要素面临严峻挑战。受人为因素影响，玉树州自然环境、生态承载能力、生态保护建设工作面临极大挑战，山地、林地、草地、湿地功能不断退化，生态保护形势日益严峻。伴随生活方式及社会观念的转变，传统生活方式与文化传承面临挑战，民族文化、传统技艺保护受到冲击，部分非物质文化遗产面临失传或即将失传的危险。震后一批文化遗产虽得到抢救性保护，但总体上玉树文化遗产遭受到前所未有的破坏和损失。

另外，从总体上看，玉树州文化产业政策体系还不够完善，特别是在投融资、高端人才引进和培养等方面明显不足。有些文化产业政策缺乏实施细则，没有及时出台相关配套政策，没有提供保障措施，在文化产业发展过程中难以贯彻落实。

第二节　机遇环境研究

一、资源优势

玉树州历史悠久，人文资源禀赋极佳，生态资源独具魅力，素有“江河之源、中华水塔、名山之宗、唐蕃古道、动物王国、史诗之乡、歌舞之地、艺术之都”的美誉，已初步形成了以民族文化、宗教文化、山水文化、生态文化、医学文化、历史文化为支撑的地域文化资源体系。玉树州是以康巴藏族为主的少数民族聚居区，以藏族语言、服饰、饮食等为主的民族文化资源外化为民族节庆、土风歌舞、民族服饰、民族工艺、民间文学等文化形态。宗教文化浓郁，作为藏族聚居的全民信教区，宁玛、萨迦、噶举、格鲁等教派汇聚于此，寺院、经卷、绘画、建筑、佛像、节事活动等宗教文化资源丰富。玉树州拥有雪山、江河、湖泊、湿地、草原等多种地形地貌，自然生态资源富集，形成了长江源流生态、黄河源流生态、澜沧江源流生态、内陆湖泊生态、原始森林生态、野生动物生态、极地冰川生态七大生态文化系统。藏医药文化价值丰厚，是中国和世界传统医学宝库中珍贵的文化遗产，形成了藏医理论、藏医师承、藏药加工、藏式养生等藏医药文化体系。玉树州是青藏高原的古代文化——南部卡若文化与北部卡约文化交汇之地，属于古羌文化范畴，唐蕃古道文化、二十五族部落历史文化、格萨尔文化等历史文化资源均起源于此。

二、机遇环境

玉树灾后恢复重建全面改善提升了交通、能源、通信、水利、市政等基础设施，为玉树州树立新形象、实施招商引资、实行区域合作创造了优势条件。“中国香格里拉生态旅游区”、香格里拉生态旅游圈、格萨尔文化长廊等区域战略合作的开展，为玉树州开展区域内“一城多站”联合营销，实现无障碍旅游，进一步打造互补产品，走特色化、品牌化发展道路创造了有利条件。

各项有力政策为文化发展提供了坚实保障。《关于加快构建现代公共文化服务体系的意见》《中共中央关于繁荣发展社会主义文艺的意见》《关于支持戏曲传承发展的若干政策》《关于推进基层综合性文化服务中心建设的指导意见》《国务院关于推进文化创意和设计服务与相关产业融合发展的若干意见》等政策文件的出台，为玉树州加快文化改革发展提供了坚强有力的政策保障。

图 1-6-2　新玉树景象

“新丝路经济带”战略推动区域文化协同发展。玉树将依托区位及资源优势紧密融入国家战略发展格局中。国家“新丝绸之路经济带”战略将为玉树与其他地区和国家在商贸合作、文化交流、市场开发、资源整合等领域提供全方位、多层次、高水平的交流合作空间，“藏羌彝文化产业走廊”将高效整合唐蕃古道、南丝绸之路等线性文化遗产，为玉树州文化产业跨越发展提供重要机遇。

第六次西藏工作会议提供政策保障。中央第六次西藏工作座谈会为玉树等藏区经济、社会、文化发展提供了特殊的财政、税收、投资、金融等政策支撑，为进一步加强生态保护、开展公共文化建设、改善文化民生、发展特色产业提供了良好的政策机遇。在统筹推进经济、政治、文化、社会和生态文明建设进程中，玉树未来有条件、有空间推动政策红利转化为发展红利。

“文化名省”建设统筹文化繁荣发展。青海“文化名省”战略提出要牢牢把握加快文化改革发展、建设文化名省这一主线，牢牢把握文化事业和文化产业“两手抓”的基本思路，全面建设小康社会、建设富裕文明和谐新青海的要求，将为玉树在统筹推进公共文化服务、产业发展、市场建设、品牌培育、文化交流、文化软实力建设等领域提供明确的发展导向。

“生态立州”战略驱动产业转型升级。玉树州“生态立州”战略与新常态主题下的经济转型需求高度契合，为玉树文化发展提供了形成自身新常态的基础条件，“生态立州”战略将有力推动“三江源”自然与文化生态建设和玉树康巴文化传承创新。

高新技术成果驱动文化创新发展。在文化与科技加速融合的态势下，移动互联网、大数据、云计算、物联网等高新技术将成为新常态下增强文化整体实力的新优势、促进经济发展的新动力。把握高新技术带来的发展机遇，积极利用“互联网＋”等新型业态创新文化服务、艺术生产、文化产业模式和空间，文化科技融合业态必将成为未来玉树州文化发展的制高点和核心增长点。

第三节　对策建议研究

一、推进文化体制改革，加快文化产业发展

从玉树州文化产业发展的实际需要出发，深化文化体制改革，破除制约文化产业

发展的体制性障碍，调动文化工作者积极性，推动文化创新，打造文化精品，逐步建立适合玉树州发展的文化管理体制和运行机制。将公益性文化事业和文化产业区分开来。发展公益性文化事业，应坚持以政府为主导，最大限度地发挥公益性文化事业单位的社会效益。经营性文化产业的主要任务则是繁荣文化市场，满足人民群众多方面、多层次、多样性的精神文化需求。发展经营性文化产业，应坚持面向市场的原则，充分发挥市场在资源配置中的基础性作用，着力推动经营性文化单位转企改制，在市场竞争中发展壮大。

二、提升服务能力，强化高端配套服务体系

挖掘高端旅游发展的政策潜力，强化财政、金融、税收、科技、市场开发等方面的倾斜政策和支持措施，健全高端旅游产业发展的政策保障体系；完善支持小微文化企业发展的政策措施，在财税、培育、创业等方面向小微文化企业适当倾斜，为社会资本投入文化旅游产业创造宽松的发展环境。发挥政府主导作用，强化重要旅游节点间道路规划建设、旅游景区通用航线开发及旅游车辆运营管理，强化户外高端探险项目的医疗救护、后勤保障和相关配套服务，强化境内旅游活动智慧服务体系，无缝对接餐饮、住宿、交通、医疗等配套服务信息。强化高端旅游景区、线路中的旅游行为引导、监督和管理，最大限度消除生态破坏和文化冲突隐患。

三、加强职业教育，培养文化产业对口人才

提升职业技术培训质量。全面对接青海省“农村劳动力转移培训工程”“农村实用人才培训工程”“技能型人才培养培训工程”“成人继续教育和再就业培训工程”实施要求与办法，全面提高教育培训质量。推进“玉树文化人才培养工程”，强化文化创意型、市场开拓型、文化活动型等多种人才培养力度。完善工艺美术、歌舞曲艺等重点专业技术职务聘任制，促进传承人、工艺大师等稀缺人才资源的合理配置和有序流动。综合利用电视学校、互联网课堂等渠道优势，降低培训成本，提高培训效率。拓宽人才引进渠道。以重大项目、重点工程为载体，引进一批熟悉市场运作、善于经营管理的优秀专业人才；建设玉树州文化产业人才市场和玉树州文化旅游人才数据库，对各

类人才的创作活动、学习深造、区域外交流等进行奖励和资助。

四、培育精品节庆品牌，打造青海文化节庆高地

培育精品节庆品牌，创新节庆策划理念，切实将节庆活动与历史文化、民族风情、产业特色、自然风光有机结合，强化节庆品牌内生增长能力。根据突出重点、分级分层次原则，州级重点打造玉树赛马会、康巴文化艺术节、三江源母亲河水公祭、三江源国际摄影节、中国玉树唐蕃古道诗歌节等精品节庆项目，县级根据市场热点需求，在常规性节庆活动基础上，打造基于国际视野的高端节庆活动；培育文博会展品牌，策划建设三江源人文生态博物馆，联动玉树州博物馆、文成公主博物馆、地震遗址博物馆、康巴艺术中心、格萨尔广场等公共文化场馆，依次定向发展为三江源人文生态体验基地、康巴风情博览中心、主题教育示范基地。利用博物馆核心展陈资源，打造藏医药、农牧产品、创意民族工艺、家居用品展陈秀场和以高科技互动体验产品为主的科技体验秀场。远期将该片区打造成规模数量大、文化开放度高、具有国际展陈水平的文博旅游集聚区。

五、创新管理运营模式，塑造玉树新形象

创新政府主导的产业管理机制，形成党委领导、政府管理、行业自律、企事业单位依法运营的文化管理体制和运行机制，深入推进全州文化体制机制改革工作，逐步解决目前部门职能交叉、资源配置机制混乱问题，促使文化资源配置更加优化、文化事业建设结构更加合理；创新市场主体自我造血机制，形成完善的帮扶体系，改变目前单一的市场主体帮扶模式。提高个体户、合作社主动走出去的意愿和能力，鼓励民族手工艺、餐饮、演艺等业态主体实施跨地区、跨行业、跨业务合作，形成区域性产业联盟；创新地域文化品牌运营机制，形成重点产业导向与品牌运营良性互促机制，在文化、旅游、商贸大产业发展格局下，围绕“天堂印象·梦幻玉树”核心品牌培育民族歌舞、特色工艺、历史文化等系列子品牌，实现形象系统化、品牌视觉化和服务一体化，放大品牌效应和示范带动作用。

六、加强产业端口融合，促进文化旅游跨越发展

深化高端产业业态融合。围绕“吃、住、行、游、购、娱”核心业态体系建设，持续推动相关产业资源端、产业端、平台端深度融合。挖掘文化资源、生态资源，提升景区景点特色和文化附加值，推动差异性资源间的融合利用。强化文化与旅游、体育、商贸的互联、互动、互利发展，打造特色文化旅游城镇及民族文化村寨，划定农耕、牧业原生态旅游圈，发展农家乐、牧家乐、民族风情体验项目，确保重点景区基础设施和服务设施提挡升级，不断推动演艺剧目、非遗项目等进景区；加强产业资源端融合，加强产业平台端融合，打造智慧文化旅游平台与电商平台。加强产品端融合，创新表现技法，推动传统特色与现代风格相融合，提升特色文化旅游产品的制作水平，改变目前同质化、低端化倾向。

第二篇

区域特色文化发展研究精选

第一章
京杭大运河传承与创新发展研究

2015年8月23—25日，第22届国际历史科学大会聊城卫星会议——运河文化与世界遗产保护利用学术研讨会在聊城召开。本次会议由国际历史学会主办，中国史学会、山东大学、聊城市人民政府、聊城大学承办。聊城作为6个卫星会议城市之一，围绕“运河文化与世界遗产保护利用”这一主题组织相关会议和学术报告。山东大学文化产业研究院作为聊城卫星会议的专家邀请和协调联络单位，全程参加此次会议。

山东大学党委副书记陈向阳介绍，国际历史科学大会是名副其实的全世界人文社会学家的盛会，享有“史学奥林匹克”之美誉。第22届国际历史科学大会是该会百余年来第一次在亚洲举行，也是首次在西方主要发达国家之外举行。山东是儒家思想的发源地，也是中华文明的主要发祥地，聊城作为历史文化名城，具有丰富的历史文化资源，举办以区域特色为主题的卫星会议，对全面展示山东改革开放以来各方面取得的新成就有深远意义。

聊城市委副书记、市长宋军继表示，此次会议以“运河文化与世界遗产保护利用”为主题进行研讨，对于弘扬源远流长、博大精深的运河文化具有十分重大的意义，是提高运河文化国际影响力的一次重要机遇，不仅为中外历史学家搭建起学术交流合作的平台,更为聊城市提供了难得的学习机会。

聊城卫星会议设五个主要议题,分别是“运河遗产的文化内涵与学术价值”“运河开发与城镇变化”“运河文化遗产保护与生态文明建设”“运河文化景观建设与可持续发展”“运河文化产业带发展研究”。此次学术研讨会结合第22届国际历史科学大会的相关议题,着重探讨了中国运河遗产的文化内涵和学术价值,总结了中国运河开发与城镇变迁的经验教训,多角度分析了运河遗产保护利用中亟待解决的问题以及未来发展需要突破的瓶颈。

会议邀请到澳大利亚南澳洲历史局局长、文化遗产专家安德森,澳大利亚弗林德斯大学考古系教授史密斯,美国俄亥俄州立莱特大学历史系袁清教授,农工党中央委员、中央联络委主任、著名文化专家黄泰康教授,大国学院副总干事、林则徐基金会名誉副会长刘鹃教授,上海交通大学国家文化产业创新与发展研究基地中心副主任、上海交通大学文化产业系主任李康化教授等中外专家学者。

参加会议的中外专家还有浙江省社会科学院历史研究所研究员宋煊,浙江工商大学公共管理学院章军杰,美国耶鲁大学博士李丹妮,华东政法大学文物艺术品市场与文化产业管理研究中心副主任马聘,聊城大学副校长胡海泉等。

黄泰康教授参加第22届国际历史科学大会有感,赋诗一首,原文如下:

泺尚创意中国缘,华夏文明八千年。泉城古国圣人出,孔孟之道二千余。礼乐天地无限宽,承前启后造福民。山大儒基文化根,国际史学1900创。天降甘露滋润田,恩泽四海学者聚。运河文化国基脉,始于春秋四八六。隋朝开通唐宋荣,完成一二九三年。前后续一七七九,华夏国强运相连。相比巴拿运河时,早二三四十六年。再比苏伊士运河,世界运河文明根,东方为一西方二。道学文化一生二,五行东升西金兑。时光一念数千年,信息文明网络河。沟通天地两河缘,乾坤通泰天下安。地运艮调待疏通,版图鸡喉入五脏。续航洞庭昆仑水,印度恒河一河带。互动国际经济脉,世界运河生命线。千年规划天使指,天地运河同体连。

水乃五行之根,生命万物之基本。上升为云落地雨,地下水枯必干旱,人类生存环境保。地球脉动五行通,国际经精祥瑞显。信网社会天地河,时运进入鼎盛代。聊城东方水之都,百年好合显未来。

中国是最早开凿运河的国家。公元前**486**年，吴王夫差在扬州开邗沟，兴建了世界第一条运河。之后，经过许多朝代断断续续的修建，终于形成了今日南北全长**1794**公里的京杭大运河。联合国副秘书长、联合国亚太经济社会联合会执行秘书诺琳·海泽女士曾在第二届中国·扬州世界运河名城博览会暨运河名城专家论坛开幕式上说："运河改变了整个国家的命运，它在提供灌溉用水的同时，也减少了特大水灾的发生。除此而外，它还是内陆地区水路运输的极佳方式。"可见，京杭大运河的开凿连接了中国南北地区的交通运输系统，体现了中国古代君王的远见卓识和开创精神，像一部流动的历史书串联起南北不同的文化元素，承载着国家命运、区域发展与城镇兴衰。

第一节　黄金水道　漕运兴邦

京杭大运河始凿于春秋时期，完成于隋朝，繁荣于唐宋，取直于元代，疏通于明清。从公元前486年始凿，至公元1293年全线通航，前后持续了1779年。

胥溪、胥浦是大运河最早成形的一段，相传是以吴国大夫伍子胥之名命名。当时统治长江下游一带的吴国君主夫差为争夺中原霸主地位，在攻克楚国、越国之后加紧了北伐齐国的步伐，在公元前486年引长江水经瓜洲（今江苏邗江南部）北入淮河。这条联系江、淮的运河，从瓜洲到末口（今江苏淮安附近），当时称为"邗沟"，长约170公里，成为大运河最早修建的一段。此后，秦、汉、魏、晋和南北朝又相继延伸了河道。据《越绝书》记载，秦始皇从嘉兴"治陵水道，到钱塘越地，通浙江"。这条在嘉兴境内开凿的重要河道，也奠定了以后的江南运河走向。

隋炀帝杨广即位后迁都洛阳，为了控制江南广大地区，使长江三角洲地区的丰富物资通过水路运往洛阳，打通了纵贯南北的大运河。第一，整治御河，南粮北运，强化都城对东南地区的辐射作用。公元605年，隋炀帝令尚书右丞皇甫议"发河南淮北诸郡男女百余万，开通济渠"，下令征调10多万淮南民工扩建山阳渎①。第二，兴修永

① 公元587年，在邗沟的基础上，隋文帝杨坚在扬州开山阳渎，对邗沟裁弯取直，开展漕运。山阳渎北起淮水南岸的山阳（今江苏淮安），径直向南，到江都（今江苏扬州）西南接长江。

济渠，打通黄河北岸漕运渠道。公元608年，隋炀帝“诏发河北诸郡男女百余万，开永济渠，引沁水南达于河，北通涿郡”。第三，疏浚江南河，打造纵贯太湖平原的黄金水道。《资治通鉴》卷一八一记载：“……敕穿江南河，自京口至余杭，八百余里，广十余丈，使可通龙舟，并置驿宫、草顿，欲东巡会稽①。”广通渠、通济渠、山阳渎（隋炀帝把通济渠和山阳渎合称“御河”）、永济渠和江南河等渠道，都以政治中心长安（今陕西西安）、洛阳为枢纽，向东南和东北辐射，形成完整的体系，都要求可以通航方舟或龙舟，而且互相连接，所以连接成为一条贯通南北的大运河，史称“南北大运河”。这条运河水面宽30—70米，长约2700多公里，从长安、洛阳向东南通到余杭、向东北通到涿郡，沿途穿过河北、河南、江苏和浙江等省，通连了钱塘江、长江、淮河、黄河、海河五大水系，成为当时的漕运黄金水道。尽管修建运河的出发点是隋炀帝的个人倾向，但运河的开凿无疑是具有重要意义的。一方面，大运河是充分利用黄河、淮河、长江等河流的部分河段再修凿新渠连接而成，将古代水利科学技术水平提到一个新高度，解决了中国南北交通交流不通畅的问题，清除了南北物资流通的障碍；另一方面，促进了一批运河沿岸城镇的兴起，带动了区域经济和文化的繁荣发展，加强了国家的统一，促进了南北经济文化的交流。

到了唐代，江南粮米运输问题一直困扰统治者的中央政权。唐代大诗人韩愈曾说：“当今赋出于天下，江南居十九。”而江南地区的货船受阻于三门峡一带，迫使唐朝中央政府逐粮而居，易都洛阳。唐玄宗统治时期，朝臣裴耀卿首先提出了分段运输的办法，建议在汴河进入黄河的入河口处建造一个大仓库屯粮转运。唐代宗时期，宰相刘晏提出并实施的一系列发展运河交通的办法和管理措施，经过多年实践，逐步形成了一整套比较完整的漕运制度。虽然这一切都是为维护封建国家统治而实行的，但其在大运河全线的实施，使虽已凿通但难于使船只全程运行的京杭大运河，由一条“死河”变为南北贯通、货物云集的交通命脉。这是我国大运河航运史上第一次成功的漕运改革，也是漕运史上的伟大创举。这套大运河航运的管理办法和运行手段成为此后历朝运河漕运的基本方法，并对我国运输事业产生了重大而深远的影响。大运河的全线贯

① 会稽山，在今浙江绍兴东南。相传夏禹曾大会诸侯于会稽，秦始皇也曾登此山以望东海。

通促使江南各地的布帛、绸缎、铜镜、瓷器、笔墨文具，甚至广东的珍珠、象牙、翡翠、沉香出现在都城长安，促进了唐朝经济的发展，造就了盛唐繁华。

五代十国时期，军阀各霸一方，大运河也失去了它贯通南北的意义，变得支离破碎、淤塞不堪。经过一个多世纪的动荡，直到北宋再次统一全国，大运河才逐渐恢复了往日的生机。由于大运河给宋朝统治者带来了巨大的经济利益，因此两宋时期各朝统治者都把大运河视为国家的生命线，十分注重运河的维修改建。北宋时期，为了把大量的粮食从江南运到汴京（今河南开封），把浩繁的军需物资运到北方抗辽守边，统治者对大运河全线进行了严格的整治：一是重新恢复唐朝所实行的分段运输法，并在江南各地建立了转运司，负责汇集江南各地的物资并且担负储备和向北方发运的任务。二是在苏北设立了发运司，负责江南物资收储及市面粮食收购，待黄河水势适于行船时，再将货物陆续运往北方，实现了“仓中常备漕运米，河中有水即行船”的顺畅局面。三是在运河上修建了许多水闸和堤坝，不仅有效地解决了运河淤浅航运不畅的难题，也克服了江淮一带运河水流失的问题。北宋漕运吨位是唐朝最大年运量的 2—3 倍，运输效率的进一步提高，极大地活跃了江南经济，使中国古代政治、经济中心往南转移成为可能。南宋时期，统治者对江南运河进行了疏浚改建，但国家南北分裂的局面再次出现，北方战乱致使淮北运河等许多河段废弃。曾经名扬中外，“富丽甲天下”的宋都汴京，在经历了长达一个半世纪的繁盛之后，随着战火的袭扰，大运河的废弃，也变得满目疮痍、面目皆非了。到南宋末年，大运河在分裂动荡的年代里已失去了它存在的价值。

经过长期战乱的北方广大地区，经济受到严重破坏，而江南地区较北方安定，所受损失较小，加之多年的发展，当时仍是全国最富庶的地区。元朝定都北京后，原有的北方运河已经失去作用，为了把大量的物资运往北京，不再绕道洛阳，元朝花了 10 年时间，首先从北京向东开凿了一条“通惠河”，又在卫河中游向东南开凿了一条“会通河”，打通了北京直通淮北的新航道。这项浩繁的工程完工后，新的京杭大运河比绕道洛阳的隋唐大运河缩短了 900 多公里，漕船可由杭州直达大都（今北京），其成为今京杭运河的前身。在元朝以后的明清两代 500 多年的岁月中，京杭大运河仍然发挥着巨大作用。明朝最初建都于南京，由于这里是江南富庶之地，统治者自然不会重视京杭大运河的运输问题。明王朝迁都北京后，南方粮米运输又成为一大难题，京杭大运河重新承担起繁重的运输任务。为了确保运河的畅通，明政府又征用大批人力重新清理被淤塞的会通河，对其他河段也进行了全面的整修。清朝在北京建都后，最初仍靠运河维持南北运输。鸦片战争后，外国资本主义入侵中国，大批新式船舶输入中国并逐渐成为主要的运输工具，南方的大批物资绝大部分都由海路运往京津一带，京杭大运河逐渐失去了它主要运输通道的作用。从1900年开始，清政府全面废止了漕运制度，京杭大运河的维护、疏浚和整修工作几乎终止。此后不久，在中国大陆上出现了铁路，津浦线、沪宁线相继通车，沟通南北运输的任务完全由现代化交通工具承担起来。

纵览中国古代历史，战乱、和平的不同时期都与运河兴废相关联。秦、隋、元时，君王都把建设京杭运河作为优先规划和实施的大事；唐、宋、明三朝把维护运河的通航作为要务，积极设法解决险滩塞航、水位落差、河道淤塞以及水灾淹民等问题，从而有效地发挥运河的功能，使之真正有利于国家和人民。但在王朝没落、战乱纷争的朝代，运河基本没有了价值，沿岸经济与文化发展也受到了直接影响。从这个角度而言，大运河是国家的生命线，承载着一个王朝的兴衰成败。

第二节　活态遗产　国家象征

随着黄河改道导致山东河段淤泥堆积，以及现代交通工具的替代性使用，京杭大运河在漫长的岁月中逐渐荒废、萧条。新中国成立后，制定了改造大运河的计划，对部分河段进行拓宽加深、裁弯取直，两岸新建了许多现代化码头和船闸，航运条件有所改善。由于年久失修，大运河不能全程通航，但季节性的通航里程已达1100多公里，全年通航里程为877公里，主要分布在黄河以南的山东、江苏和浙江三省。季节性通航的航段能分担津浦铁路的货流，特别是承担煤炭、建材、盐、日用工业品、粮、油和其他农副产品的中短途运输任务，对发展地区经济，加强南北交流，起到了一定的作用。

2006年5月12日，在北京运河南新仓遗址，全国政协“大运河保护与申遗”考察团一行50余人从这里出发，开始了新世纪以来对京杭大运河最大规模的一次全程考察，发现了诸多现存问题。第一，随着现代科技的冲击，漕运废止后水道萎缩，沿岸运河城镇文物受损严重，并且大运河的保护与恢复缺少统一管理；第二，由于水污染治理与经济发展和流域人口数量不相协调，廊坊段、天津段、太湖流域等诸多航段水体污染十分严重，水资源的减少严重影响着仅存的季节性通航河道；第三，在通航的一些城市，货运船舶的噪音和废气的排放，严重影响了沿岸居民的生活品质，这些航段的经济运河与文化运河之争日趋尖锐。

作为比巴拿马运河早2245年，比苏伊士运河早2346年，比“运河之王”土库曼运河早2443年的运河，京杭大运河的深层文化价值确实难以用简单的经济标准来衡量。因此在保护管理方面矛盾更为突出，解决起来更需要时间。但就目前一些地区保护的案例而言，经济利益与文明价值并非不能两全，一些先行起来保护运河的地方已经从中受益，经济运河与文化运河已经在这里交融绵延、和谐相处。比如，山东聊城在1999年启动大运河聊城段整治工程，修复了20多公里运河河道，发掘出了船闸、古桥、码头等古代遗迹近30处，打造了以古运河旅游产业为代表的支柱产业；北京通州斥千万巨资，围绕运河整治、疏浚、恢复古道等向全球公开招标进行运河城市段的规划，把运河保护和人文奥运紧密联系在了一起，凸显了“一枝塔影认通州”的人文理念。

随着运河申遗工作的不断开展，人们对于大运河的关注逐渐升温。特别是南水北调工程的实施、京杭高铁的开通以及世界文化遗产的申报成功，为京杭大运河这条活着的、流动的历史长河带来巨大的利好。

第一，南水北调东线工程的实施有利于运河古道的疏通和景观复建。2002年，国务院批复了《南水北调工程总体规划》，东线工程从扬州市附近的长江干流引水，基本沿京杭大运河逐级提水北送，向黄淮海平原东部和胶东地区供水，以天津、济南、青岛为主的25座城市将受益。同时东线工程为京杭运河济宁至徐州段的全年通航保证了水源，使鲁西和苏北两个商品粮基地得到巩固和发展。这一工程的建成，对解决沿线大中城市的水资源紧缺问题，改善因缺水而恶化的环境，促进环渤海地带和黄淮海平原东部经济发展，以及古河道沿岸投资和文物景观的恢复与新建，有着重要意义。

图 2-1-1　京杭大运河聊城段

第二，京杭高铁开通有利于运河遗址保护和旅游功能的发挥。2013 年 6 月 30 日开通的京杭高铁不再绕行上海，由北京途经天津、河北、山东、江苏四省市后直达杭州，全程用时仅为 5 小时。新京杭高铁的开通，不仅使中国铁路达到了快速、经济、便捷、舒适的现代标准，为经济发达的宁沪杭地区的人流、物流提供了高速通道，同时也极大地缓解了大运河南段的运输压力，改变了千年以来形成的传统运输方式，节约了能源，提高了效率，让古老的大运河得以更好地发挥其文化价值和旅游功能。

第三，申报世界文化遗产成功有利于运河整体保护与国家形象的提升。与全世界的很多世界文化遗产相比，京杭大运河比较特殊。因为它是正在使用中的、目前仍在我国航运中具有极大实用价值的文物。时任国家文物局局长单霁翔认为，保护大运河，首先急需确定大运河作为人类文化遗产的特质与地位。2014 年 6 月 22 日，在卡塔尔首都多哈举行的第 38 届世界遗产大会上，中国提交的“大运河”申遗成功。至此，这条绵延 3000 公里，跨越两个直辖市、六个省，直到现在还和国民经济紧密结合在一起的古老运河，终于可以扬眉吐气。大运河整体申遗的成功，体现了我国综合国力的不断增强和国际地位的不断提高，更深刻地反映了自上层设计到基层群众，对国家文化遗产的重视与保护意识在不断增强，再次表征了中国历史对人类历史发展所作出的巨大贡献。

第三节　传承与保护并举　建设生态文明国家

历史变迁和经济社会发展，时刻都在影响着大运河的世界文化遗产价值和真实性、完整性。虽然申遗成功，但我们应该看到大运河成为社会关注热点和投资开发重点的潜在风险，并努力防止过度开发和破坏性建设对大运河的历史风貌和文化特色的二次毁坏。中国社会科学院考古研究所研究员刘庆柱曾说过："历史是民族的记忆，对一个民族、国家来说，有历史的记忆才会有凝聚力，而保持这种记忆的方法就是予以保护。"由于申遗的前期准备和投入，大运河已经得到了较完善的保护，但申遗的最终目的还是要落脚到保护上来。京杭大运河是活着的、流动的人类遗产，"重申遗、轻保护"是一种短视行为。申遗成功之后，不能把重点放在过度开发利用上，而是要在继承中发展运河，在保护中发展运河，更要在创新中发展运河，将大运河的文化价值与国家软实力结合起来，让世界遗产的保护理念更加深入人心。

第一，保护第一，生态优先。根据2012年10月1日开始执行的《大运河遗产保护管理办法》，结合《世界遗产公约》的有关要求，加强对大运河遗产的保护，规范大运河遗产的利用行为，促进大运河沿线经济社会全面协调可持续发展。首先，以各地政府为主体，对各省市分布的大运河河段严格做好保护工作，保持运河与当地相关文化遗产的真实性和完整性，并建立完备的监测、档案系统，优先给予财力支持，加强保护和修缮。其次，各地政府结合本地实际情况，通过财政划拨与吸纳社会资本的方式，建设运河博物馆、展览馆等，将一部分重要历史文物和文献资料进行数据收集和馆藏保护，积极采用数字化、互联网等现代科技成果，赋予大运河历史文化遗产以新的表现形式，让更多珍贵的文物与史料"复活"。再次，"以点带面"建设大运河生态经济长廊，不断改善大运河的水环境，建设大运河防护林工程和水污染防治工程，分阶段、分步骤恢复运河涵养水源与保持水土等生态服务功能，构建科学合理的国土生态安全格局。最后，从财政政策、投资政策、项目安排、市场环境等方面形成合力，进一步明确沿河区域功能定位、城市布局、设施配套、综合交通体系等规划方案，不断优化运河两岸产业布局，逐步搬迁高耗能、高污染产业，大力发展与旅游业密切相关的第三产业、生态农业、绿色环保产业。

第二，文化第一，合理开发。大运河具有活态遗产的特点，其航运、输水、生态和旅游的功能齐全。因此，要将文化内涵的挖掘与展示放在首位，合理、科学地进行开发和利用，培植独一无二的运河文化品牌，进一步提升运河的国际影响力与中国的国家文化软实力。首先，结合各地航段的实际，分段、分区、分批次进行开发与利用，对已经完全丧失航运功能、输水功能且生态功能与旅游功能也非常脆弱的河段，先保护遗址再深挖文化，通过建设运河遗址公园、运用现代技术复原展示等手段，发挥其历史教育与文化旅游的功能；对失去了部分运输功能的河段，借助周边天然水源、蓄水工程涵养水源，最大可能地恢复大运河的功能，争取运河复航的早日实现。其次，对运河沿线重要节点城市的规划建设起点要高，深入挖掘运河文化内涵，使这些城市具有明显区别于其他城市的形态特征和文化内涵，并用大运河将沿线具有南北地域差别、运河文化风韵的文化遗产点串联起来，形成纵贯南北、形态各异的历史文化景观带。再次，深入挖掘、整理和传承好附载在运河两岸的地方戏曲、民间传说和民俗等非物质文化遗产，结合书画、摄影、歌舞、影视、文学、动漫等不同的艺术形式，延续运河文脉，留存运河记忆，放大大运河成功申遗的文化效应，将运河携带的中国历史文化传递到全世界。最后，鼓励沿线城市充分利用大运河的历史文化资源，将名山圣水、风土人情、节庆会展与运河文化融合发展，精心设计与开发创意好、可体验的运河文化旅游产品，重点规划、建设、推介与包装沿线知名旅游景区，结合各地实际开办国际化、特色化、专业化且主题各异的运河文化节庆活动，着力打造具有国际影响力的黄金旅游线路，进一步提升大运河的知名度和影响力。

自人类有“运河文化”以来，文化随着商船的穿梭贸易进行着交流传播，人类文明伴随着经济的交互不断传承与创新着。对一个国家而言，运河的价值不仅在于其具有的直接经济效益，还在于其具有的通过经济现象丰富社会和文化结构、沟通与传递信息的交互功能，而且有时运河甚至能改变国家命运。京杭大运河也是如此。首先，京杭大运河显示了我国古代水利航运工程技术领先于世界的卓越成就，留下了丰富的历史文化遗产，孕育了一座座璀璨明珠般的名城古镇，积淀了深厚悠久的文化底蕴，凝聚了我国政治、经济、文化、社会诸多领域的庞大信息。其次，京杭大运河加强了南北之间的交通和交流，促进了南北方文化的交融，促进了沿岸城市的迅速发展，对南北的交通和农业文明以及社会发展起了巨大作用，加强了江南地区的经济建设，巩固了中央政府对全国的统治，促进了中国以一个强国的身份在世界崛起。

第二章

数字技术时代的儒家文化传承创新研究

2015 年 9 月 21 日,由民建中央文化委员会、甘肃省委宣传部联合主办,主题为"创新驱动、科技支撑、互联网+时势下的丝绸之路文化研究"的丝绸之路文化论坛在甘肃兰州宁卧庄宾馆举行。民建中央副主席、上海市政协副主席周汉民,原甘肃省委常委、省委宣传部部长连辑,民建中央文化委员会主任、安徽省政协副主席李修松出席论坛并作主旨演讲,甘肃省委常委、省委统战部部长王玺玉致辞。

参加会议的专家还有:北京大学文化产业研究院副院长、民建中央文化委员会副主任陈少峰,民建甘肃省委主委宁宗瑞,甘肃文化艺术界学者程金城,甘肃文化艺术界学者把多勋,民建中央文化委员会副主任张士元,甘肃文化艺术界学者洪宏。民建中央特邀嘉宾武汉大学国家文化发展研究院院长傅才武、山东大学文化产业研究院副院长昝胜锋参加论坛并作主旨演讲。

昝胜锋副院长在会上发表了题为"数字技术时代的儒家文化传承创新:经验和教训"的演讲,就如何借鉴山东传承儒家文化的经验,创新开展丝路文化建设进行了透彻分析,并对儒家文明和丝路文明如何顺应时代要求,如何求变作出了阐述总结。他指出:"儒家文化是中国优秀传统文化的核心层,在技术革新与消费行为持续变化的时代,其传承与发展路径也在发生巨大的变化。在儒家文化传承创新体系建设中,利用数字化产品整理儒家文化典籍、保护文物遗产，借助技术平台展示与共享儒家文化资源，利用互联网媒介创新儒家文化传播方式，将进一步挖掘儒家文化的社会价值与文化价值，实现儒家文化的产业化跨越式发展。”

与会专家学者表示将对甘肃文化建设加以更多的关注和支持，共同为丝绸之路甘肃段文化事业繁荣发展做出新贡献。据了解，为了抓好“五个最大”，服务和融入国家“一带一路”战略，甘肃围绕“一带、三区、十三板块”的发展布局，积极推进文物保护“祖业”、文化事业、文化产业协同发展，为服务甘肃省丝绸之路经济带黄金段建设作出努力。此次论坛对创新驱动、科技支撑、“互联网＋”时势下的丝绸之路文化研究具有重要意义。

文化思想的传播离不开媒介，媒介的形式甚至决定着文化承传的方式、范围和效果。纵览人类历史，文化的传播媒介主要经历了口语媒介——书面和印刷媒介——电子媒介这三个阶段。而媒介一直是在“言”与“象”的互动中推进的。图像是形象化的传播媒介之一，它主要经历了原始图像——认知图像——艺术图像三个阶段。儒家文化的传承与媒介的发展及形态休戚相关，儒家文化起初主要是借由孔子与其弟子的对话进行传承的，重口传身授，不重文字著述，这与战国时期百家争鸣所形成的学术机制有关。而后人整理了这些对话，形成了典籍，记载在相继出现的竹简和纸张上，历经长期阐释绵延至今。

随着视觉化呈现手法和传播介质的不断更迭，儒家文化的传承也经历了书画等纸质艺术，建筑、雕刻、园林等设计艺术，戏曲表演艺术，影像、网络等屏质艺术的发展阶段。20世纪90年代以来，数字化作为当代社会发展的主导性趋势，不仅引发了中国的发展模式、技术经济范式和生活方式等方面的深刻变革，而且使儒家人文精神传统受到一定的冲击与挑战。儒家的人文精神包括忧患精神、乐道精神、和合精神、人本精神及笃行精神等，而数字化所具有的分散权力、全球化、追求和谐、赋予权力四个强力特质恰与儒家人文传统相契合。因此，儒家文化中的人文精神是数字化时代人文精神建构的重要资源。我们必须对数字化时代人文精神予以深刻反思，一方面应当立足于当代中国在数字化过程中所面临的特殊的社会条件和环境背景，另一方面又必须利用数字化技术拓展儒家人文精神的内容。

第一节　理论支撑

一、数字技术丰富了儒家文化传承创新的传播形式

（一）传统的儒家文化传承方式

儒家的审美观、世界观和宇宙观积淀为中华民族的一种稳定的文化心理结构，通过多种图像化的表现形式传承至今。第一，书画艺术。书法与绘画是中国传统文化最独特的艺术形式和文化象征，也是儒家文化图像化传承最传统的形式，集中体现了儒家的文化精神和核心价值观。如颜真卿的《祭侄文稿》和《争座位帖》就表现了儒家“克己复礼”“精忠报国”的思想。第二，建筑设计。中国古代建筑、园林等遵循儒家“中庸”的美学原则，集历史、建筑、雕刻、绘画、书法等成就于一体，将儒家文化精神具象化与物化，发挥着文化传承与教化的功能。如今人们进故宫和孔庙参观文物、观看祭典成为了解、研究、承传儒家思想文化的最好方式之一。第三，戏曲表演。戏曲是一种综合性的表演艺术，其创作、内容、形式、表现手段乃至发展变革等都受到儒家善以教成、忠孝节义等思想的深刻影响，而儒家思想也借助戏曲，得到生动、形象化的传承。元代词曲作家夏庭芝认为君臣、母子、夫妇、兄弟、朋友等题材的杂剧“皆可以厚人伦，美风化”。

（二）现代数字技术在儒家文化传承中的应用

数字化的电子媒介与语言、图腾、文字一样同为文化的符号和载体，并逐渐成为更为重要的传播媒介，承担起儒家文化传承创新的历史使命。当下，传承儒家文化最为直接的视觉化手段非影视艺术莫属，镜头将孔子和儒家文化与国人乃至全世界的距离拉近。一部《论语》捧红了央视“百家讲坛”的于丹，让校园里传授的儒家文化第一次大规模地走入寻常百姓家；北京奥运会开幕式上，孔子三千弟子吟诵《论语》的场面以及整个开幕式所呈现的“和”的传统文化理念，通过全球电视直播，感染了无数观众，宣传了中华传统文化；根据古代文学经典改编的电视剧《红楼梦》《水浒传》

《三国演义》等无不诠释着儒家文化深层的精华；中国孔子基金会、山东广播电视总台、深圳市凤凰星影视传媒有限公司联合推出的104集大型动画片《孔子》，则以清新活泼的卡通人物造型，摆脱了说教的俗套，令人赏心悦目；山东美猴动漫文化艺术传媒公司制作的《论语》名句系列动画片故事，运用动漫的形式灵活地再现了儒家经典。

二、数字技术打破了儒家文化传承的载体限制

众所周知，在电子计算机信息处理技术出现以前，纸张是儒家文化传承的主要载体。但自从信息技术应用到古籍文献整理以后，不仅古籍文献的承载载体发生了翻天覆地的变化，古籍文献的整理和研究方式也相应地出现了变革。数字化技术的参与使得文化媒介中的视觉内容更为逼真、客观，提高了文化载体对视觉的表达和再现能力，可以使大量儒学的视觉化艺术得到忠实的保留，许多本属于精英阶层收藏的绘画作品、经典建筑和雕塑等艺术，以视图的形式通过印刷、影视以及网络等走进千家万户。数字化存储与复制的时代，传统的儒家艺术和现时传播的儒家文化活动都得以真实记录并广泛复制传播，通过电子信息网络技术将古籍电子化、网络化必然是未来对儒家文化经典著作、历史古迹进行保护和进行学术交流的主要途径。

从古籍文献的数字化角度来说，通过录入、扫描、拍照、软件开发等手段，古籍文献被以文本、图形、数据库等形式存储在软盘、光盘、硬盘等载体上，初步实现了电子化。与纸质文献相比，数字化的古籍文献具有占据空间小、存储量大、检索方便、传输迅速、易于复制、可以长期保存等诸多优势。目前，古籍电子化已有了长足发展，如“国学宝典”、“二十五史”全文检索系统、“汉籍全文检索系统”、“大正藏”全文检索系统、“中国古籍基本数据库”“原文电子版《古今图书集成》及索引数据库”、“文渊阁《四库全书》”电子本等均为其代表性产品，而其中尤以“文渊阁《四库全书》”电子本为佼佼者。

从古籍文献的网络化角度来说，互联网技术的飞速发展与广泛应用，为古典文献网络资源建设提供了更多可能。近年来，学术界和相关科技部门大力推进数字图书馆和大型电子文献资料库的开发和建设，加上存储技术、网络以及专用电子书阅读器

的普及，包括儒家经典在内的数字化典籍能够通过网络渠道快速地进入大众文化消费的视野，从而为儒家文化快捷、便利、高效的传播创造了现实与虚拟相结合的多元载体。

第二节　地方实践

一、曲阜：先天禀赋优势与创新动力不足并存

悠久的历史文化、众多的文物古迹和与其交相辉映的水光山色，构成了曲阜独特而丰富的文物旅游节庆资源优势，成为其发展儒家文化得天独厚的禀赋优势。作为孔子故里，曲阜专注于儒家文化精髓的提炼、转化和发展，坚持古为今用、推陈出新，深入挖掘、拓展完善儒家文化的时代内涵和现代表达方式，积极探索用传统文化做当代价值的现实途径，促进了传统文化的创造性转化和创新性发展，并将其化作推动地方经济社会发展的重要力量，促进了社会健康、有序、和谐、可持续发展。近年来，曲阜积极实施文化建设“突破曲阜”战略，推进“曲阜文化经济特区”建设，从发掘整理、弘扬传播、继承创新三个方面推动“儒家文化走出去”，成功举办了30多届中国曲阜国际孔子文化节，创建了全国第三家国家级文化产业示范园区，广泛开展以传承儒家文化为内容的各种文化旅游体验活动，努力打造儒学文化名城。

图 2-2-1　儒家文化动漫体验馆

除了传统儒家文化传承方式之外，曲阜市将现代科技成果应用于儒家传统文化，成功签约曲阜万豪卡通文化产业基地项目。该项目分三期进行建设：一期建设儒家文化动漫体验馆；二期建设儒家文化动漫体验中心，包括成人礼文化教育培训基地、影

视动漫创作基地和动漫衍生品展示区等；三期将建设动漫产业园区。整个项目将全息投影技术与动漫的表现形式相结合，通过产生立体的空中幻像，一方面更好地提升参观游客的互动体验，寓教于乐；另一方面运用数字技术对儒家经典进行创新展示，突出曲阜儒家文化的旅游资源。

然而，儒家文化资源优势突出在一定程度上束缚了曲阜发展儒家文化的理念和方式。曲阜的发展套路仍较为传统，表现在以下几个方面：第一，文化资源开发层次较低。曲阜的儒家文化传承方式相对单一，处在产业链的低端，缺少科技含量高、附加值高、互动体验式的文化产品与服务，产城融合度低。第二，文化资源货币化转化能级低。曲阜的儒家文化产品开发缺乏现代化理念，文化产业链条短，对上下游的拓展不够，与其他业态的融合程度不高，缺少知名的文化品牌支撑。第三，“文化＋”“互联网＋”融合程度不高。与沿海发达城市的文化交流亟待加强，资本、人才等发展要素亟待强化，不仅要做好传承，更要依托“文化＋”“互联网＋”，建设与引进更多的重大高科技文化产业项目。

二、衢州：先天优势不足与后发潜力可观并存

由于曲阜的孔氏北宗地位和国家宣传力度大等优势，北宗孔庙的影响力远远大于南宗。相比之下，虽然衢州文化气息保存得比较好，但是在社会上缺少知名度。这在一定程度上对衢州发展儒家文化产生了阻碍。但在儒家文化传承与创新的力度上，由于地处经济实力雄厚的浙江省，文化产业发展理念先进，衢州儒家文化产业发展的后发潜力仍然可观。

第一，儒家文化资源尚未全面开发。悠久的历史，灿烂的文化，厚重的积淀，给衢州留下了极为珍贵和丰富的文化资源。作为异于其他城市的首要“城市基因”，南孔儒学是衢州的城市核心竞争力。衢州积极挖掘南孔儒学文化的优秀内核，使创新文化与本地文化“土壤”相结合，体现“衢州特色”，提升区域发展软实力。

第二，南孔的影响力越来越大。衢州成功举办祭孔大典，逐渐成为文化的热点和焦点，文化产业也走出了一条自己的路，先后建设了孔子文化公园、儒学文化产业园等众多大型儒家文化项目，其中儒学文化产业园入选文化部第五批国家级文化产业试

验园区名单。该园区将被打造成引领浙江、服务长三角、辐射全国的集文化教育、休闲、体验、展示等于一体的文化产业区域增长极，形成地域特色鲜明、创新创意强大、精品项目众多、产业融合紧密，在国内外具有较大影响力的文化产业发展高地。

第三，创新儒家文化与根植区域文化相结合。在建设“现代田园城市”和“全国首个休闲区”过程中，衢州注重文化空间和文化内涵的发掘与利用，以儒学文化为主题，以孔氏南宗家庙等老城区的儒学文化资源为核心区，以西区为延伸区，以开化根宫佛国文化园、常山观赏石博览园、龙游年年红家居文化园为拓展区，构建包含文化旅游、工艺美术、休闲娱乐等的现代文化产业体系，形成上中下游产业链紧密合作的密切关系，实现各分区的联动发展，以大儒学文化区的概念将衢州打造成为儒家文化产业发展名城。

第三节　集中突破

一、以数字化产品作为儒家文化传承的重要载体

古典、古籍、文化胜地等实物资源，由于年代久远，历史积淀厚重，经历的故事丰富，所以是文化传承最重要的形式之一。利用数字化技术，对儒学遗址进行虚拟的仿真复原，可以让人们更好地认识古代文明和优秀的儒学文化。数字化的科技产品已经成为传承文化的新载体。

（一）利用数字化产品重建破损的儒家文化典籍

因为年代久远，很多典籍的保存已经十分困难，而有些文物遗迹甚至已经破损严重，致使整理、修缮等工作都变得十分困难。在编纂出版的过程中，需要借助先进的技术成果，对一些残存破损的地方进行修补或重建。随着现代科学技术在合成成像、重新定型等方面取得重大进展，利用红外扫描图像软件、三维立体软件和动画软件等，可以根据印痕印记复原古典古籍；利用仿真与创真技术，可以将古籍和文物以更丰富的形式呈现出来，让儒家文化以有趣、便携的新方式走入更多的寻常百姓家。

（二）利用数字化产品满足现代人的文化需求

应用3D虚拟技术等新成果制作的数字化产品，其优越性首先表现在，通过对文物实体进行立体扫描影像数据采集等手段，建立起实物三维或模型数据库。而这些数据库可以保存文物原有的各项形式数据和空间关系等重要数据，从而实现文物资源被强科学、高精度、多层次地记录下来。数字化的数据资料是存储在专用的存储设备上的，可以同时被很多人使用；可以转存复制，基本不会损坏；可以通过网络设备进行传输，从而摆脱了地域限制，人们在千里之外就可以浏览到这些古籍资料。同时，正是因为信息是通过网络传输的，所以能够同时满足多人使用，而不需要考虑管理成本，使用者也不需要支付交通费用、入场门票等费用，广大的普通民众随时随地都能分享得到儒学文化的魅力。可见，数字化的科技产品不仅有效再现了文物古籍的艺术价值和使用价值，还降低了使用成本，提高了使用效率。

二、数字技术时代创新儒家文化传承方式

随着现代科技与文化的结合越来越紧密，文化的表现形式越来越科技化、数字化，使用声音、视频、图像三维等表现形式的科技平台越来越被人们接受和追捧，尤其能满足青年人对文化表现形式的需求。

（一）利用多媒体教学平台实现儒家文化进校园

对于中小学生而言，文字描述、表格等呈现形式难以被他们所理解和接受。目前，各地中小学校都已经广泛配备了多媒体教学平台。这些多媒体教学平台用新的科技手段进行解析、合成、重构，再配合以色彩、光线等展现手段，能表现出比原作更加生动形象的效果，从而克服了传统教学呈现形式单一、包含的知识容量少等缺陷。通过声音、视频、图像多元结合的新方式展现出来的文化内容，不仅赋予枯燥的经典著述以信息量大、形式丰富、趣味娱乐等优点，也将更吸引青少年的注意，给他们留下更深刻难忘的感受。多媒体教学平台的使用，离不开多媒体资料的支撑。就儒学文化来说，可以把儒家文化经典分门别类地加以整理，制作一批具有传统文化内涵、音效色彩欢快的多媒体资料。例如，采用朗读、影视、动漫等多媒体资料，丰富语文课堂文言文教学。

对于思维成熟、思想先进的大学生来说，课堂中应该更多地将现代数字技术运用于儒学文化的教育内容中，并开展更多的创意性的实践活动，让大学生成为传统文化的旁听者的同时，承担起优秀儒家文化的传承创新主力军的历史使命。例如，鼓励他们通过收集、整理和制作关于儒家文化的数字化资源，与自身专业相结合，创新传统文化的传承脉络，获得更深入的感知和认识。

（二）利用声光电一体化平台实现儒家文化大众化

舞台演出包含传统戏曲、舞蹈、杂技、相声等传统文化项目，所以舞台演出不仅是一种文化活动，也是一种重要的传统文化宣传普及方式。科技创新不断促进着舞台科技与传统音乐、舞蹈、戏曲的融合，现代的舞台演出，尤其是大型的演出，无不包含科技的成分。舞台演出中，大型 LED 升降舞台、电子烟火等已经屡见不鲜。2014 年央视春晚中大量运用了全景数字仿真技术。这种仿真系统综合利用了多种处理技术，涉及艺术学、仿真学、光学、传播学等多个科学领域，将声、光、电、形、影、音等融为一体，将多个科学领域的科技成果转化为现实互动模式，将虚拟场景与舞台实景相结合，创造出了美轮美奂的视觉、声觉效果，传统戏剧曲艺舞台演出艺术水平和表现能力得到了大大的提高。

图 2-2-2 儒家文化演出现场

舞台本身就是一个多种科技产品和科技手段融合在一起的科技平台，这种融合属于多学科的交叉与融合范畴。声光电一体化的舞台技术不仅可以应用在演出舞台上，同样完全可以应用到曲阜孔庙、孔府等公共文化服务场所的实景演出中。例如，在孔庙实景演出中加入动感绚丽的科技元素，不仅可以带来更佳的视觉和声觉效果，而且能达到增加儒学文化的感染力、号召力的目的，让儒家文化更为灵动，给观众营造出身临其境的体验感，产生旅游黏合度。

（三）利用“互联网＋”促进儒学文化生活化

随着计算机技术、网络通信技术的发展，借助互联网而发展起来的各种网络应用也在不断增多，一对一的对话媒介、一对 N 的广播媒介、N 对一的场式媒介、N 对 N 的蛛网式传播媒介不断出现，网络电视、数字化报刊、移动互联网等新型文化传播媒介正在改变人们的生活习惯。日新月异的传播方式不再像过去那样，被动地等待用户来获取信息，而是通过用户间分享的方式，在网络中流动。特别是近几年广泛普及的移动传媒，让人们更方便更快捷地接收到信息，覆盖面更广，传播能力更大，受众更多。文化传播的形式、方式、速度都发生了翻天覆地的变化，与现代化的科技媒介融合趋势日益明显。

今后，应利用现代传播媒介的高效率和高覆盖面，把优秀文化中丰富的文化内涵、丰厚的文物资源与现代数字网络通信技术结合起来，使新科技媒介成为文化传播的重要渠道，使更多的人了解儒学、喜爱儒家文化，成为优秀文化的传承者与传播者。同时，加快“互联网＋”文化产业链条的布局与延展，利用大数据实现文化产品与服务的创新，促进精准的营销模式创新，畅通儒家文化产业化的投融资渠道，实现儒家文化资源的跨界整合，促进儒家文化走进生活、走进社会，让民族精神融入到人们的实际生活中去。

第三章

丝绸之路青海道特色文化产业发展研究

丝绸之路青海道也称“丝绸之路南道”。据史料记载,西汉中叶以前,整个青海是羌族等民族聚居之地,两汉时期中原的统治到达青海东部地区。南北朝时期,吐谷浑占据青海,势力西抵新疆。今共和县铁卜加古城(伏俟城)就是吐谷浑后期的王城所在,伏俟城东连西平(今西宁)、金城(今兰州),可与南北对峙的政权贸易通商,西接鄯善、喀什,可与中亚各国交通往来。公元4世纪特别是南北朝时期,中国北方出现了群雄割据的局面,河西走廊一带战事频繁,交通梗阻,东来西往的使节和商队纷纷改道由青海通过。随着中原文化的西进,西域各地的宗教文化沿商贸物流走廊东传,青海随之成为古丝绸之路的重要通道,丝绸之路南道的作用因此而凸显出来,史称“丝绸之路青海道”,包括现西宁、海东2市和海西、海北、海南、黄南、玉树、果洛6个民族自治州。

自2003年以来,青海提出推进特色文化产业发展战略后,丝绸之路青海道沿线各地区不断加大文化资源的挖掘整合、开发创新、市场开拓,经过10多年的努力,特色文化产业稳步发展,产业规模不断壮大,创意设计业、动漫游戏业、演艺娱乐业、工艺美术业、艺术品业、新闻出版业等发展成为丝绸之路青海道文化产业的支柱产业。

十七届六中全会提出了推动社会主义文化大发展大繁荣的指导思想和到2020年我

国文化产业的发展目标，部署了深化文化体制改革、推动社会主义文化大发展大繁荣的各项重要任务，强调了加强党对文化产业发展的领导。青海省委、省政府作出建设文化名省的战略部署，为加快发展文化产业创造了良好的体制环境和政策氛围。新常态下，丝绸之路青海道将如何发挥丝绸之路主要节点作用，抓住国家推动文化产业发展的大好机遇，充分利用当地文化资源，提升特色文化产业发展水平，积极融入丝绸之路文化经济带，值得思考。

第一节　发展优势分析

青海作为丝绸之路重要节点，是农耕民族与游牧民族的贸易交汇地，是秦汉文化同西域文化的交融地。千百年来，生活在青海高原的各民族繁衍生息，相互交融，共同创造了辉煌灿烂的昆仑文化、河湟文化、热贡文化、青海湖文化、康巴文化、格萨尔文化等丰富的历史文化资源。各种文化在这里交汇、碰撞和融合，形成了厚重的文化积淀，留下了丰富的文化旅游资源。目前，青海省有国家级文化生态保护区 2 处，国家级非物质文化遗产项目 73 项，省级非物质文化遗产项目 136 项，全国重点文物保护单位 45 处，省级重点文物保护单位 415 处，中国民间文化艺术之乡 28 个。

表 2-3-1　　丝绸之路青海道主要文化遗产一览表

类　别	数量	内　容
联合国人类非物质文化遗产代表作名录项目	5 项	热贡艺术、藏戏（黄南藏戏）、花儿会（老爷山花儿会、丹麻土族花儿会、七里寺花儿会、瞿昙寺花儿会）、格萨尔、皮影戏（河湟皮影戏）
国家级非物质文化遗产名录项目	73 项	格萨尔、拉仁布与吉门索、康巴拉伊、阿尼玛卿雪山传说、藏族婚宴十八说、回族宴席曲、玉树民歌、塔尔寺藏传佛教“花架”音乐、玉树卓舞、土族於菟、玉树依舞、湟中堆绣、加牙藏族织毯技艺、玉树藏刀锻制技艺、藏族黑陶烧制技艺、青海青稞酒传统酿造技艺、藏医药浴疗法、玉树藏族服饰、青海湖祭海等

续表

类　别	数量	内　容
省级非物质文化遗产项目	136 项	撒拉族谚语、青海蒙古族长调音乐、湟中农民画、贵南藏绣、青海坛城艺术、湟中壁画、海西蒙古族木雕、河湟刺绣、河湟剪纸、青海塔尔寺彩粉坛城制作技艺、海西蒙古族服饰制作技艺、湟中陈家滩传统木雕技艺、湟中民间彩绘泥塑技艺、青海藏族黑牛毛帐篷制作技艺等
国家历史文化名城	1 个	同仁县
中国民间文化艺术之乡	28 个	同仁县年都乎乡、同仁县隆务镇、贵南县、贵德县河西镇、称多县拉布乡、曲麻莱县、甘德县柯曲镇、乐都县瞿昙镇、互助县五十镇、民和县中川乡、湟中县多巴镇、大通县黄家寨镇等
国家重点文物保护单位	45 处	塔尔寺、西海郡故城遗址、青海明长城、都兰热水墓群、中国第一个核武器研制基地旧址、格萨尔三十大将军灵塔和达那寺等
省级重点文物保护单位	415 处	尕队遗址、结古寺、隆务清真大寺、昂拉千户院、南宗寺、卓木其格秀拉康及藏式碉楼群、十世班禅故居、九天玄女庙等

1. 历史文化资源多姿多彩

自古以来，各种文化在青海逐步演绎形成河湟文化、三江源文化、柴达木文化、吐谷浑文化、格萨尔文化、热贡文化等文化形态。历史文化资源多姿多彩，不仅为青海省发展文化产业提供了丰富的文化资源，也成为青海打造区域特色文化品牌的主要依据。其中，史诗《格萨尔》是世界上最长的史诗之一，是世界口承文化研究的活化石；土族的“纳顿节”被称为世界上历时最长的狂欢节；同仁的“六月会”至今已延续 500 多年。新中国成立之后，青海各族人民在继承传统文化的同时，不断推陈出新，为传统文化注入了现代元素，青海文化内容进一步丰富，活力进一步增强。这一系列丰富的历史文化资源在青海人民的深挖与传承下，充分展示了传统文化与现代文化的完美结合，突出体现了青海的地域和民族特色。

2. 民族民俗文化丰富多元

青海省民族众多，民俗文化多元。经过历史的积淀，形成了以玉树歌舞、“花儿”“安召”“轮子秋”、藏族舞蹈、藏族民歌、传统藏戏、回族撒拉族宴席曲等为代表的民族民间歌舞文化，以赛马会、那达慕、九曲黄河灯会、撒拉族艺术节等为代表的民族民间节庆文化，以热贡艺术、“八瓣莲花”、贵南藏绣等为代表的传统民间文化艺术，以藏、土、撒拉族为代表的民间风情文化。这些民族民俗文化资源涵盖了青海各民族的历史、民俗、艺术、宗教等多种文化形态，成为承载当地民族民俗文化和宗教文化的特殊符号。挖掘整理与引导扶持相结合，积极推动各族传统民间文化走出农村和民间，向文化产业转变和发展，是青海省特色文化产业发展的重要优势之一。

3. 生态文化资源魅力无穷

图 3-1-1　青海塔尔寺

辽阔的地域、悠久的历史、灿烂的文化、众多的民族、浓郁的宗教气息，造就了青海丰富多彩的文化资源，使青海成为一个特色突出、品质高雅、潜在优势深厚、正逐渐被人知晓的文化旅游资源“富省”。多种地形资源汇聚，巍巍昆仑山横贯中部，唐古拉山峙立于南，祁连山矗立于北，茫茫草原起伏绵延，柴达木盆地浩瀚无限，雪山草原壮美无比，江河大湖奔放激昂，古刹梵钟庄严神秘，田园牧歌沁人心脾；昆仑山、祁连山、阿尼玛卿雪山、青海湖、三江源、可可西里、康巴草原、万丈盐湖、孟达天池等大自然山川景观各具特色；塔尔寺、隆务寺、瞿昙寺、龙恩寺、文成公主庙、东关清真大寺、平安洪水泉清真大寺、柳湾彩陶遗址、民和喇家遗址、都兰遗址、南丝绸之路等人文景观绚丽多彩。青海得天独厚的地理优势、自然风貌与人文景观，正在成为也必将成为青海发展特色文化产业的重要资源。

表 2-3-2　　丝绸之路青海道主要文化资源一览表

文化资源	分布地区	主要内容
河湟文化资源	西宁市、海东市	塔尔寺、刺绣、黄河奇石、藏毯、掐丝画、彩陶等
热贡文化资源	黄南州	唐卡、雕塑、堆绣、热贡建筑艺术、藏戏、年都乎、於菟、藏棋、和日石经墙等

续表

文化资源	分布地区	主要内容
三江源头文化资源	玉树州、果洛州	英雄格萨尔史诗、碉楼、嘉那嘛呢石城、安冲藏刀、藏娘塔、玉树歌舞、赛马会等
柴达木文化资源	海西州	塔里他里哈遗址、跳欠、岩画艺术、昆仑玉、桃花玉
青海湖文化资源	海北州、海南州	安多藏族射箭、华热藏族婚礼、藏绣、剪纸等

第二节　发展现状与趋势分析

一、产业总体实力不断增强

近年来，青海省充分利用历史、民族和宗教文化资源，依托 10 个国家文化产业示范基地和 78 家省级文化产业示范基地（单位），重点发展工艺美术、演艺娱乐、文化旅游、节庆会展、新闻出版、艺术培训及创意设计七大重点行业。2013 年，全省实现文化及相关产业增加值 43 亿元，比 2010 年增长 50.45%，文化产业增加值增速高于 GDP 增速（可比价）3.9 个百分点，占全省生产总值的比重为 2.07%。在 2014 年中国省市文化产业发展指数及中国文化消费评价指标体系中，青海省文化产业驱动力指数居全国第三位，文化消费环境、文化消费满意度分别列全国第八名和第十名。藏文化艺术、藏毯、金银首饰、昆仑玉雕已成为全省工艺美术四大支柱。其中，唐卡、昆仑玉、藏毯、民族刺绣、石雕等传统工艺美术实现产业化生产；藏毯、民族服饰、唐卡、乐乐玛藏式编织、缘汇木雕、藏绣、藏饰品、玉树黑陶、掐丝画等产品相继出口到美国、瑞典、意大利、蒙古、印度等国家和我国港、澳、台地区。

二、园区基地建设特色鲜明

“十二五”期间，青海省规划建设的 27 个文化产业园区，完成投资 41 亿元。西宁

图 2-3-1　达玉部落

生物园区博物馆群等 15 个园区建成并投入运营；西宁城南文化产业聚集区等 12 个园区正在抓紧主体施工，各产业园区以当地民族文化资源为基础，融入丝路沿线的昆仑文化、吐谷浑文化、热贡文化、青海湖文化、格萨尔文化、康巴文化等，以民族文化展示、民俗文化体验为主，集娱乐、休闲、观光、民族餐饮于一体。国家藏羌彝文化产业走廊总体规划出台，涵盖青海省黄南、海北、海南、海西、果洛、玉树 6 个藏族自治州和海东、西宁 2 市有关县基础条件好的部分藏族乡，共规划 61 个文化产业项目，总投资 85.48 亿元。其中，黄南州同仁县热贡龙树画苑、泽库县和砚雕文化旅游工艺品产业园、贵德黄河生态文化旅游基地、海晏县达玉部落民俗文化村、青海藏文化创意产业园等项目基本完工，并开始运营。各类特色园区和基地的建设，已经成为引领全省特色文化产业发展的重要支撑。

三、文化与旅游融合态势明显

依托青海丝路沿线丰富的文化资源，全省 66 个 3A 级以上景区中，有 34 个景区引进“非遗”项目及民间艺人的产品展示、销售；投资 160 万元修建的 16 个旅游演艺小舞台已经投入使用；各地相继开工建设了 15 个文化旅游产业项目。在省级文化主管部门的指导下，全国重点文物保护单位塔尔寺、国家文化产业示范基地博物馆群（藏医药博物院）、青海藏文化馆、青海天地人缘文化旅游发展有限公司的贵德国家地质公园分别跻身国家 5A 级、4A 级旅游景区；黄南热贡、格萨尔（果洛）国家级文化生态保护实验区建设顺利，玉树地震灾后文化遗产抢救保护成果丰硕，喇家国家考古遗址公园建设项目、全国重点文物保护单位瞿昙寺保护性开发工程等一大批文化遗产保护传承开发利用项目已经或正在成为“大美青海”新的文化旅游目的地和拉动旅游业发展的重要增长极。此外，各地每年都举办具有民族民俗特色的文化旅游活动，充分展示各地独特的民族民俗文化个性，增加了旅游活动的文化内涵，同时提高了游客的参与性。随着青海观光旅游人数的增多，青海依托民族民间文化资源发展旅游业的前景巨大。

四、产业发展环境不断优化

青海省在发展特色文化产业中，不断深化对省情的认识，利用丝绸之路沿线独特优势，发展特色文化产业是促进区域经济发展、带动农牧民增收重要途径和有效措施的共识度日益增强，发展特色文化产业的积极性日益高涨。自 2007 年以来，省级财政下达文化产业专项资金 2.4 亿元，全省 17 个市、州、县设立了文化产业发展专项资金，规模近 1 亿元。24 个文化产业项目获中央专项资金 7584 万元。省级文化行政部门积极推进文化金融合作，和金融机构签订支持文化产业战略合作协议，各银行已累计发放文化产业贷款近 40 亿元。此外，为了进一步扩大文化产业与旅游、体育、科技等产业融合，青海省人民政府还印发了《青海省推进文化创意和设计服务与相关产业融合发展行动计划（2015—2020 年）》，切实推动全省特色文化产业的融合发展。

五、文化交流活动深入开展

“十二五”期间，连续举办青海民族民间工艺美术品展，为全省文化企业、单位和个体搭建了产品展销、信息交流和项目洽谈的平台，在行业发展中产生了重要的推介、辐射、凝聚和带动效应，参展单位已从 2010 年的 50 余家、3000 个品种增加到近 100 家、8000 多个品种，效益和规模不断显现。青海民族民间工艺美术大厦和青海文化产业大厦的运营使用，进一步增强了省内民族民间工艺品集聚水平；青洽会、中国（青海）藏毯国际展览会、青海文化旅游节等平台，为青海文化产品对外展示提供了重要窗口。除此之外，青海省先后组织 861 家文化企业参加深圳、西安、厦门、北京、甘肃文博会、中国—东北亚博览会及“青洽会”、藏毯博览会等展会，文化产品销售收入达 3071.2 万元，订货 9625 万元，签约意向性协议资金 13.92 亿元；组织文化企业分赴韩国、法国、越南、马耳他、瑞典、德国、意大利等国家和地区开展文化交流活动，集中展示民族民间文化产品。在国内文化产品消费市场出现萎缩的情况下，通过文化产业“走出去”，青海特色文化产品销售额依然创下新高。

六、文化品牌效应初步显现

“十二五”期间，青海省全力打造“一地一品”特色文化品牌，以州、市、地、县为单位，依托各地特色文化资源，找准产业发展突破口，以西宁“多元文化”品牌、海东“河湟文化”品牌、海南“黄河文化”品牌、海北“青海湖文化”品牌、黄南“热贡文化”品牌、海西“昆仑文化”品牌、玉树“康巴文化”品牌、果洛“玛域格萨尔文化”品牌等为重点，加快特色文化品牌建设，初步形成了一批特色文化品牌群。截至目前，全省拥有中国驰名商标的企业中，文化企业占40%，全省拥有青海省著名商标的企业中，文化企业占7.9%。以热贡国家级文化生态保护区设立为契机，加大品牌的知识产权保护，完成了30余件“热贡”商标注册。开展中国工艺美术特色区域荣誉称号申报工作，黄南州同仁县、海南藏族自治州和贵南县先后分别获得“中国唐卡艺术之乡”“中国藏绣艺术之乡”“中国藏绣生产基地”荣誉称号。“藏羊”藏毯、“布哈拉”民族服饰、“热贡”唐卡、“乐乐玛”藏式编织、“缘汇”木雕、“布绣嘎玛”藏绣、玉树囊谦黑陶等产品已成为青海文化产业发展的知名品牌。

第三节 存在问题分析

当前，丝绸之路青海道特色文化产业发展仍处在起步培育阶段，发展中尚存在一些制约因素。

一、文化资源整合水平不高

青海境内民族文化、特色文化资源非常丰富。但是，青海道沿线各地的文化资源整合力度不高，开发与利用程度相对落后且形式单一，独特的文化资源优势并没有转化为旅游、演艺、会展等业态的产业优势，在一定程度上影响了特色文化产业的发展。如热贡艺术包括唐卡、雕塑、堆绣、版画、建筑彩绘图案等多种艺术形式，其艺术表现内容涉及各个方面，涵盖了藏族的历史文化、民俗、艺术、宗教等诸多内容，但是，当地热贡艺术从业者中，80%以上都注重唐卡的生产，忽略了热贡艺术其他艺术资源开发，导致唐卡供大于求与其他文化资源闲置的局面。

二、文化产品创新意识不足

尽管昆仑玉、藏毯、藏绣等传统产业的发展取得了一定成效，但在生产过程中，只注重传统生产模式，没有将创意理念和特色文化元素融入产品设计中，没有与当下文化消费者的需求充分结合，加上材料价格和手工艺人工资不断升高，相应提升了产品的价格，产品附加值低，销量反而萎缩。

三、文化产业政策尚不配套

随着文化产业的深入推进，仅仅依靠省级文化产业发展专项引导和争取中央文化产业发展专项资金的单一扶持，已经不能满足文化企业的发展需求；而省内针对文化产业发展的配套文化产业扶持政策尚未出台，对省内文化企业在文化产品创意生产、文化产业项目建设、人才培训、创业扶持等方面给予支持有限，文化企业在融资、开拓市场、创意设计等方面存在较大困难。

四、文化产业创意人才匮乏

专门从事文化产业经营管理的人才数量偏少、专业化程度不高，尤其是懂经营管理和市场营销知识的人才匮乏，擅长项目策划、文化经纪、创意设计、资本运作专业人才稀缺；文化经营管理后备人才不足、活力不强，尤其缺少既有较高的专业素养，又具有丰富的文化产业运作及经营管理经验的高层次高素质的经营管理人才，难以适应文化产业持续快速发展的需要。

五、文化产业外拓力度不够

近年来，青海省在积极推进文化产业走出去方面做了大量工作，也开拓了部分市场空间，但还没有建立起完善的文化产业“走出去”的政策扶持体系，在资金补助、税收减免、奖励等方面力度也还不够。在“走出去”过程中，各部门的统筹、协调和指导力度不够，导致各行业、各文化单位各自为政，未能形成整体合力，甚至还存在一定程度的恶性竞争现象。

第四节　发展启示与建议

一、整合文化资源，打造区域特色文化品牌

充分依托青海丰富的自然资源和多样的民族文化资源，激发创新、创意、创业活力，有效利用国际、国内两个市场，加大区域内外资源整合开发力度，构建以服务文化旅游、文化体育为先导，以工艺美术、演艺、文化旅游、节庆会展、新闻出版、艺术培训和创意设计等行业为重点的特色文化产业发展体系。

近年来，海西蒙古族藏族自治州找准定位，利用昆仑文化优势，通过举办昆仑文化旅游节，创作昆仑神话系列文化旅游剧目，并依托昆仑玉独特的资源优势，在生产转换中融入昆仑文化内涵，初步形成了以昆仑文化为品牌的特色文化，随着昆仑文化品牌的提升，海西州文化旅游业持续升温，带动了当地经济及文化产业快速发展。丝绸之路青海道沿线还可以青海湖文化为核心，融合历史文化、民俗文化、红色文化、生态文化等，逐步建成国家级文化旅游产业试验区；依托青藏高原腹地生态文化，建设青藏高原民族特色文化体验基地；利用格萨尔文化生态保护区生态资源优势，打造青藏高原玛域格萨尔文化品牌；在国家级热贡文化生态保护实验区的基础上，塑造热贡文化品牌，打造藏文化产业基地，建设以民族艺术为特色的综合型区域文化产业集群；以互助县土族文化为支点，以河湟文化为主轴，重点打造河湟文化品牌，形成自然与人文、历史与民俗、工业与农业文化等和融共生的文化产业发展格局。

二、迎合现代生活需求，拓宽文化市场空间

持续推动文化创意和设计服务与相关产业融合发展，加快文化与科技融合程度较高的创意设计、动漫游戏、数字出版、新兴媒体（网络音乐、网络演艺、网络广告）

等新兴文化产业发展，运用创新设计理念和现代科技成果，研发贴近群众生活的实用性文化产品提高产品附加值、开拓特色文化产业市场空间的主要渠道。

玉树州囊谦藏黑陶以原始的手工制作工艺，一般制作成水壶，供藏区群众烧水用，2008年，随着藏黑陶技艺被列入国家级非物质文化遗产项目名录，被全国各地许多游客熟知和喜爱，根据市场需求，在烧制技艺不变的情况下，由国内客商提供设计人才和理念，制作成酒杯、茶杯等贴近大众生活而不失高雅的文化产品，得到国内外市场和消费者认可。在现有发展基础上，借助“互联网＋”等现代技术手段与创意设计理念，将青海道沿路特色的文化元素经过创意叠加，研发与设计更为接近大众生活的文化产品，不仅可以提升藏黑陶、木雕、银铜器、牛羊毛编制、刺绣、玉雕等手工技艺产品的科技与创意水平，也将进一步延伸产业链条，促进新业态的诞生和市场空间的开拓。

三、优化政策环境，引导特色文化产业突围

近年来，国家出台了一系列支持文化产业的政策，为各地文化产业发展带来了前所未有的发展机遇，各地群众发展文化产业的信心倍增，也为文化产业发展成为国民经济支柱产业起到了积极作用，产业政策对促进特色文化产业发挥着引导和杠杆作用。

2012年，青海省召开全省文化改革发展大会，《加快文化改革发展建设文化名省的意见》《关于促进青海省文化改革发展政策的意见》等政策文件，丝绸之路青海道沿线地区更加认识到特色文化产业发展的潜力和重要性，积极开展招商引资、鼓励社会资本投入文化产业、加大政府资金扶持、引导文化企业发展，各地文化产业园区建设和文化企业注册数量近3年猛增，不仅带动了当地文化旅游业发展，也为特色文化产业可持续发展奠定了基础。针对性的政策对文化产业发展起着举足轻重的作用，因此，青海省要在利用好现有政策的同时，根据国家出台的特色文化产业发展、文化创意和设计服务与相关产业融合发展、文化金融合作意见等，出台针对性较强的专项配套政策，建立健全政策体系，为丝绸之路青海道特色文化产业的繁荣发展保驾护航。

第四章

山东城市文化传承与特色风貌塑造研究

为科学指导山东省新型城镇化规划实施，推进新型城镇化综合试点有序开展，探索城镇化发展的模式和路径，创新体制机制，山东省城镇化工作领导小组办公室特面向国内科研机构、高校进行重大研究专题公开招标，山东大学文化产业研究院昝胜锋博士团队通过积极投标、申请最终中标《山东城市文化传承与特色风貌塑造研究》课题。

在随后的山东省城镇化专题研究座谈会上，耿庆海副厅长出席会议并发表讲话，山东大学文化产业研究院昝胜锋、规划课题组周朋飞代表山东大学课题组受邀参加，山东省委政研室、省委改革办、省委党校、省决策咨询中心、社科院省情研究中心、中国社科院、山东师范大学、山东建筑大学、上海同济规划设计研究院等多家研究机构的专家代表也列席会议。

会议上，耿庆海副厅长全面介绍了开展城镇化发展专题研究的背景和前期工作情况，并针对下一步研究工作提出了具体要求：充分发挥自身优势，深入分析省情，密切联系山东实际；认真调研，充分学习借鉴省内外城镇化先进经验；研究成果突出山东特色，具有高度的可操作性；建立课题研究质量跟踪管理体系，保证成果质量。

在各课题组进行分组讨论环节中，昝胜锋作为本课题研究负责人就该课题的研究思路、方法、成果体系等问题与住建厅主管领导、各课题组专家进行了深入广泛交流，在综合类课题研究层面形成了高度共识。

在传统城市化道路实现城市规模急剧扩张、城市景观日新月异、物质环境迅速改善的同时，也产生了城市历史文脉被切割、文化资源流失、文化特色消亡等负面效应，因此，在城市快速更新过程中，如何在有效保护城市文化、赋予其持久生命力的基础上，塑造与之有机统一的城市风貌，已经成为实现和谐、可持续的新型城镇化建设的重要议题。

为提出有效的建构方案和保障措施，本部分选取国内外典型城市为评议标杆并总结其发展经验，为山东城市文化传承与特色风貌塑造提供借鉴和参考。

第一节　总体趋势研究

西方国家城镇化在历经“清理——重建”“高度商业化”“公共参与、综合发展”等阶段后，目前已进入平稳发展时期。其在城市文化传承和风貌塑造层面留下的若干教训值得反思。

第一，大城市单纯基于功能理论实施的大规模、激进式开发，严重影响了城市风貌和城市活力。第二，早期对城市物质和非物质形态文化资源的价值重视不足，任其在城市更新中流失和消亡。第三，城市文化保护不力导致城市精神的衰落和文化的沉沦，文化认同的缺失导致社会问题层出不穷。

基于对教训的不断反思，西方国家自二战结束到20世纪70年代，完成了城镇化历程中最大的变革——从推土机运动到文化再生理念的变革①，这种转变掀起了国际社会在城市文化保护、传承和城市风貌塑造等问题的探索大潮。

一、城市文化传承和保护内涵不断延展

伴随城镇化建设的不断深入，国际社会对文化传承和保护范围的认识随之深化。

---

① 参见徐琴:《城市更新中的文化传承与文化再生》,《中国名城》2009年第1期。

《国际古迹保护与修复宪章》中指出，城市文化已不仅单指建筑物，而是“一种独特的文明、一种有意义的发展或一个历史事件见证的城市或乡村环境”，并强调古迹的保护“包含着对一定规模环境的保护”“不能与其所见证的历史和其产生的环境分离”。

在此基础上，城市保护的意义和作用进一步明确，“所有城市社区，不论是长期逐渐发展起来的，还是有意创建的，都是历史上各种各样的社会的表现”，城市保护对象随之明确为历史城区，包括城市、城镇、历史中心区或居住区及其自然与人工环境，重视“区域性文化遗产”和“线性文化遗产”的保护。历史城镇的保护要点在于“对这种地区的保护、保存、修复、发展，以及和谐地适应现代生活所需采取的各种步骤”“新的功能和作用应该与历史地区的特征相适应”。国内层面，2005 年国务院出台的《关于加强文化遗产保护的通知》标志着“文物保护”开始走向“文化遗产保护”的历史性转型，文化遗产保护的内涵逐渐深化、范围不断扩大，呈现出若干新的发展趋势①。2014 年 3 月出台的《国家新型城镇化规划（2014—2020 年）》中针对如何保护文化资源、传承城市历史文化这一问题，提出了“两个注重，一个加强”的具体要求，即“注重在旧城改造中保护历史文化遗产、民族文化风格和传统风貌，促进功能提升与文化文物保护相结合。注重在新城新区建设中融入传统文化元素，与原有城市自然人文特征相协调。加强历史文化名城名镇、历史文化街区、民族风情小镇文化资源挖掘和文化生态的整体保护，传承和弘扬优秀传统文化，推动地方特色文化发展，保存城市文化记忆”②。预示着我国在城市建设方面将更为注重文化内涵的引入，更关注文化遗产保护与城市特色塑造的协调性等问题。

总体看，关于城市文化资源范围、价值的认知，经历了一个从狭义到广义的深化拓展过程，认识到仅仅依靠“功能分区”无法解决城市发展的诸多复杂问题；在城市文化传承和保护内涵的理解上更加深入，逐渐明确城市文化传承与风貌塑造的内在逻辑和协同发展关系，认识到只有不断丰富城市自身特有的文化内涵，才能找到更适于己的城市风貌塑造路径。一方面，在旧城改造中注重挖掘和保护文化资源，关注文化生态的整体保护，在留存城市文化记忆方面进行尝试；另一方面，在新区新城建设中

---

①　参见单霁翔：《城镇化进程中的城市文化建设与文化遗产保护》，《城乡建设》2013 年第 6 期。

②　宋春华：《新型城镇化中城市文化的保护传承与表达》，《中国建设报》2014 年 4 月 23 日。

加强了优秀传统文化的传承与弘扬，将传统文化元素融入城市建设中，构建与原有自然人文特征相协调的地方特色风貌。

二、城市文化传承与风貌塑造实现产业化并轨

在文化再生和城市复兴的理念主导下，欧美、日韩等国家和地区的文化保护、传承已突破单纯文物保护和古城保护范畴，逐步扩展至对社会文化的保护和多元生活样态的融合上，不断寻求活化传统、实现文化可持续发展的路径，通过产业化道路使之与城市风貌塑造实现并轨。

德国纽伦堡因历史文化厚重被誉为“日耳曼之眼和耳”，城市建设素来重视对历史街区整体环境和文化氛围的保护，借助产业化路径打造了“皇帝城堡”“圣诞宗教仪式”“啤酒节”“阿迪达斯”“玩具之都”等一系列文化标签，衍生为现代化大都市和中世纪中心城市的共生体。20 世纪 90 年代末，韩国提出了“文化立国”战略，确定将低消耗、无污染、立足于创新创意的文化产业作为 21 世纪国家经济发展支柱加以扶持，实现传统文化保护和传承是其产业化的出发点和重要归宿。政府鼓励传统民居拥有者继续在传统的瓦房和草屋里生活，建筑外观不能被随意改变，以形成体现传统乡土风情的“民俗村”。各级政府和民间团体还举办“文化遗产年”“旅游年”等活动，设立“泡菜节”“假面舞节”等年度庆典大力发展特色文化旅游，最终实现区域文化保护、开发与风貌塑造协同推进。

改革开放 30 多年来，中国的城市化进程飞速发展，取得了举世瞩目的成就，城市面貌发生了天翻地覆的变化，在城市文化传承与风貌塑造的产业化并轨层面，国内有不少省份也摸索出一套适合自身特点的特色之路。哈尔滨将提炼城市精神注入城市发展历程中，在香坊区开发特色文化旅游，建设高丽风情区域、哈尔滨历史文化墙、北方民俗风情园等特色景观，并按照哈尔滨打造冰雪旅游名城的发展定位，举办彩灯游园会，与冰灯游园会形成了“北有冰灯、南有彩灯”的哈尔滨市冬季旅游格局，塑造了北方边城独具特色的城市风貌。近年来，长三角地区兴起了“博物馆群”建设的文化现象，仅昆山市锦溪古镇区内就有 14 家民间博物馆，“中国第一民间博物馆之乡”品牌初步打响。锦溪的商业开发坚持古镇保护与历史传承为先，错位发展与功能完善

并举，非但没有对古镇形成破坏，反倒增添了古镇的文化内涵，较好体现了江南水乡古镇的完整业态，展示了古镇旅游文化内涵，建成并投入使用了一批旅游配套基础设施。这一现象恰恰说明，城市文化传承与风貌塑造实现产业化并轨，不能让民间文化放在博物馆里成为没有生气的“标本”，而应该让它们活起来。

图 2-4-1　哈尔滨索菲亚大教堂

三、社会决策与公众参与机制不断创新

从某种意义上说，公众是城市文化传承的主角，他们既是文化遗产的创造者，也是文化遗产的传承者，是城市中文化记忆的活态载体，只有充分调动他们的积极性与自觉意识，才是实现一个城市历史文明传承创新的关键。在国际范围内，城市文化传承和保护认识的深化催生了公众的文化自觉，大众开始通过积极参与社会治理，获得决定创造新环境、选择新时代文化的自主地位。随着西方城镇化的持续推进，重视城市文化保护和传承的观念深入人心，文化遗产保护相关工作不再局限于管理部门和专业人员范围，不同学科和社会公众开始广泛参与对文化遗产的研究、保护和传播，城市规划设计、局部风貌塑造环节重视民众的知情权、监督权、参与权和受益权。“自下而上”的公共参与机制逐渐形成，并开始以小规模的、渐进式的自愿更新取代传统的大规模、激进式、政府主导的城市发展。

近几年，我国公众对文化遗产保护的参与越来越多，民众对文物的保护意识越来越强，并且开始运用法律武器直接参与文物保护的决策，涌现出一些民间力量参与文物保护的突出事例。如2006年12月，河南新乡成立了全国第一家民间文物保护者协会——“新乡文物保护者协会”，其创办人史继祖和另一家民间文物保护团体“河南楚长城民间研究保护团队”在2010年中国文物保护基金会主办的第三届“薪火相传——中国文化遗产保护年度杰出人物”评选活动中，一同入选10名“年度贡献奖”。此外，国内许多城市在一些重大文博节日期间，都会开展一些内容和形式新颖生动并且吸引公众参与热情的活动，逐渐将“保护文物、人人有责”的理念传递给公众。

从2008年开始，国家文物局就不同层级城市公众“参与文化遗产保护的意愿与状况”进行了连续性的调查研究，内容包括公众对文化遗产保护的认识和文化遗产保护知识的掌握、公众的文化遗产保护行为、公众对政府相关部门工作的评价和博物馆免费开放的专题研究等。结果显示，公众对文化遗产保护重要性的认知还是不足，文化遗产保护的地位远远不及环境保护。可见，在我国，城市文化传承和保护的群体观念还没有完全形成，做好保护文化遗产的普及教育仍是一个艰巨而重要的工程。当下，越来越多人认识到，保护城市中的历史文化遗产不是保护落后，完整地保护“昨天的文明”才是现代文明高度发达的标志。在我国新型城镇化战略顶层设计中，确立以人为本、顺应民意的核心原则，在城市文化保护、城市规划的决策工作中充分征求群众意见，尊重和维护民众与文化遗产之间的情感关联，保障他们的知情权、参与权和受益权，围绕提高城市建设水平和群众生活质量，将自上而下的决策与自下而上的意愿相结合，可大幅提升新型城镇化建设的科学化和民主化水平。

四、相关法律法规与制度建设渐成体系

通过法律手段对历史文化环境进行保护的观念最早源于欧洲，希腊早在1834年有了第一部保护古迹的法律。20世纪初，法国、英国先后颁布保护历史建筑、历史街区、古迹、村舍等遗产的相关法律文件。20世纪30年代，国际现代建筑协会在《雅典宪章》中明确提出“有价值的建筑和地区”的保护问题，确定了一些个体建筑保护基本原则及具体的保护措施，促进了保护历史文化遗产国际运动的展开。20世纪50年代以

来，国外历史文化遗产的保护对象从个体的文物建筑扩大到历史地段，相关国际组织制定并通过了一系列宪章和建议。1964 年 5 月通过的《威尼斯宪章》（又称《国际古迹保护与修复宪章》）最早明确了保护历史街区的提法，肯定了历史文物建筑的重要价值和作用，把它看作是人类共同的遗产，并将这些遗产的妥善保护视作人类的责任。《威尼斯宪章》的发布，促成了 20 世纪 60 年代末 70 年代初城市历史建筑和遗产保护的国际潮流的出现，在世界范围内掀起了一个保护历史文化环境的高潮。

1972 年 11 月，联合国教科文组织第十七届大会在巴黎通过了《保护世界文化和自然公约》（简称《世界遗产公约》），确定文化遗产、自然遗产、文化与自然双重遗产的三种类型，扩大了历史文化遗产的范围。此外还有《关于历史地区的保护及其当代作用的建议》（又称《内罗毕建议》）、《华盛顿宪章》（又称《保护历史城镇和地区的国际宪章》）、《关于真实性的奈良文件》《保护和发展历史城市国际合作苏州宣言》等。国际社会一系列法规、文件对于历史文化环境的法律保护包括以下几个基本精神和原则：城市文化保护要重视历史原真性和信息完整性，重视遗留物和所处环境的一体保护，遵循整旧为旧的保护原则等。①

我国关于城市历史文化环境保护法律体系采用国家立法与地方立法相结合方式，目前已覆盖文物保护、城市规划、环境保护等层面。在城市规划方面，1951 年国家颁布了《关于保护地方文物古迹名胜的管理办法》，1953 年发布了《在基本建设过程中关于保护历史及革命文物的指示》，法律法令的实施和文物保护单位的切实工作使文物保护逐步融入到城市规划的工作范畴中。1980 年，国务院批准并公布了《关于强化历史文物保护的通知》。1982 年 11 月 19 日，全国人大常委通过《中华人民共和国文物保护法》，确保我国历史文化遗产得到切实的保护。为了加快历史文化遗产的保护规划及其实施管理工作科学、合理、有效进行，制定了《历史文化名城保护规划规范》（GB50357－2005）。除了国家制定全国性保护法律及其法规性文件，地方在立法权限范围内制定地方性法规、法规性文件，对区域内的历史文化遗产在城市建设中遇到的各类保护问题进行了相应的规定，如《河南省历史文化遗产保护条例》《兰州市历史文化

① 参见刘晔：《历史文化名城保护与城市更新研究》，天津大学硕士学位论文，2006 年。

遗产保护办法》等。

在当下新型城镇化建设大潮中，我国积极尝试、深入探索文化整体保护以及分层次的保护方法，例如建立传统村落档案、实施乡村记忆工程和传统村落挂牌保护制度等。但与英、法、日等国家的法律制度相比，我国遗产保护的法律法规仍显得很不健全，缺乏一部完整的法律或法规予以规范，零散且存在多头管理的状况，以至于职责不明或存在管理上的缺失，给城市文化传承带来一定的难度。因此，未来将在保障城市景观风貌方面加快立法和制度建设，努力处理好城市建设与历史文化环境保护的关系。

第二节　国内外经验借鉴

一、国外典型案例

（一）德国鲁尔区——产业转型升级中的文化再生策略

德国城镇化进程始终面临着经济、社会、文化、生态等多方面的挑战，特别是经过两次世界大战，建筑等城市文化承载物遭到严重破坏，城市风貌满目疮痍。在这一背景下，城市对于保护现有的文化载体有了明确的规定，公共部门和私人媒体都应对民居、教堂、厂房等历史文化遗产相关实践进行严格的监督，这使得人们对于维护城市文化的信念非常牢固。

图 2-4-2　转型成功的德国鲁尔区

鲁尔区曾是欧洲最大的工业密集区，占德国国土面积的 1.3%，由 53 座紧密相连、互相依托的大小不同城市群组成，因坐落于鲁尔河两岸而得名。曾经的鲁尔区以采煤、钢铁、化学、机械制造等重工业为支柱产业，经济总量曾占到德国国内生产总值的1/3。自20世纪70年代以后，随着煤炭、钢铁等传统工业逐步衰退，工业结构单一、环境污染严重、大量人口外流、社会负债增加等问题日益严重。德国政府及时采取措施，转变城市定位，调整产业结构，通过传承、创新地区文化实现了城市风貌的华丽转身。

第一，实施统筹规划，形成多方合力。政府主导对土地利用、城镇布局、产业结构、环境保护等领域实施充分论证和整体规划；联邦、州和市三级政府共同参与鲁尔区的改造工作，并成立鲁尔煤管区开发协会，作为鲁尔区最高规划机构，统一指挥、形成合力。

第二，改造传统产业，改善基础设施。通过集约化手段推动传统产业转型升级，重视挖掘产业遗产的改造和再利用；努力改善当地的自然环境及其生态状况，为区域风貌塑造提供适宜的物质空间环境，大力完善交通、文教科研等基础设施，为文化氛围的营造和新兴产业的发展奠定基础。

第三，拓展文化内涵，促进文化再生。①赋予工业化产物以新的文化功能，把老工业区改造成服务业中心和旅游目的地，利用老工业基地发展工业文化旅游，工业考古、遗产观光等新兴业态成为鲁尔区城市发展的新引擎。

鲁尔区成立专门机构策划并管理“工业文化之路”的旅游线路，该线路串联着25个工业文化景点（6个技术和历史博物馆、12个工业聚落、9个工业设施改造的瞭望塔②），成为反映鲁尔区工业发展的“教科书”。此外还开辟了覆盖整个鲁尔区的500个景点、25条专线的地区游线。目前，鲁尔区已经发展成为一个生机勃勃的人文生态群落，博特罗普华纳电影主题公园、Tetraede金字塔、波鸿天文馆、矿业博物馆等现代人文景观和中世纪教堂、路德教堂、俾斯麦塔等传统文化景观交相辉映，文化展览、创意设计、音乐会、杂技舞蹈、溜冰等各类文化活动异彩纷呈。诸多的历史遗迹、工业遗产、博物馆、艺术活动构成了有机和谐、有序传承的特色城市风貌。

鲁尔区把发展工业文化旅游作为区域文化传承与特色风貌塑造的核心举措，为后

---

① 参见卢永毅、杨燕：《化腐朽为神奇——德国鲁尔区产业遗产的保护和利用》，《时代建筑》2006年第2期。

② 参见刘会远、李蕾蕾：《德国工业旅游面面观》，《现代城市研究》2004年第2期。

工业时代的城市文化传承和风貌塑造提供了样本，值得借鉴和学习。

（二）日本古城——历史环保理念下的文化街区保护机制

图 2-4-3　日本古城

日本在历史文化城镇、街区的保护中取得了显著的成就。二战后，日本在经济复苏中开始了大规模的城市化运动，诸多古城、文化街区面临着被破坏的危险。然而，在对现有城市结构进行大规模改造后，许多历史文化古城都得到保护，古城中的历史文化街区和人文景观等也得以保留。

第一，历史文化保护纳入法制化轨道。自有关古都历史风貌保护的特别措施法《古都保存法》出台，日本历史文化保护相关法律、条例体系逐步完善，《金泽市传统环境保存条例》《仓敷市传统美景保存条例》等区域性条例纷纷出台，历史街区景观的保护已成为地方政府的重要职能。

第二，全民积极参与历史环境保护。面对城市扩张对传统文化和历史环境的威胁，为保护地域特有的自然、历史、文化和生活，日本民众通过抗议等方式积极投入平城京、京都、奈良、镰仓等古城的保护浪潮中，并成立诸多保护历史街区的全国性居民团体组织，“保护历史地域”的概念更加明确。

第三，文化保护与都市宜居协同实现。日本基于历史文化街区保护和新街区创新发展而提出的“定居构想”理念认为，城市历史环境的保护和生活环境的完善应站在提高其开发价值的认识上展开。[①] 该理念对日本传统文化都市保护计划和传统产业都市建设计划起到了广泛的指导作用。

在对古城、历史文化街区保护基础上，日本通过设立“都市景观日”“都市景观大奖”，出台“街区环境修复计划”“历史街区及修复综合援助计划”等措施大幅提升了日本城市风貌水平，逐步形成了成熟、完善的历史文化街区保护机制，历史环境保护

① 参见陈建明、曹婷：《日本历史文化街区保护运动的发展及启示》，《人民论坛》2013 年第 2 期。

观念深入人心。日本在城市文化传承和特色风貌塑造过程中，其传统文化保护意识、创新发展动力及政策法规保障体系对我国新型城镇化建设具有重要的借鉴意义。

三、意大利旅游城市——传承文明与特色彰显的城市环境理念

意大利城市历史和风貌基因决定了文化旅游产业长盛不衰，乡村（小镇和村落）也大多可以作为乡村度假旅游地。其城市建设并非刻意追求，而是在城乡规划时尽量做到一步到位，特别是在文化遗产保护方面的工作得到国际社会的广泛赞赏，主要体现在对罗马和威尼斯等古都名城的保护中，特别是对威尼斯文化遗产的成功保护，堪称世界典范。① 正是由于这样的努力，如今在古城罗马、水城威尼斯（见图 2-4-4）和文艺复兴的发源地佛罗伦萨的街头，古罗马时代气势宏伟的建筑遗迹和文艺复兴时期的绘画、雕刻等随处清晰可见，属于这个国度的城市个性才能被永久记忆下来。

图 2-4-4　水城威尼斯

第一，“人人有责”的历史文化遗产保护法制观念。意大利政府认为，文化遗产关系到民族特色，是国家魅力和竞争力的重要体现。因此，政府把保护、开发和利用文化遗产定为长期国策，并于 1947 年 12 月 22 日正式颁布了意大利《宪法》，用国家法律

① 参见齐珂理、艾美荔、方馥兰、徐好好：《昨天/明天：意大利城市保护与发展 50 年》，《南方建筑》2009 年第 1 期。

对文物加以保护。为了保护历史悠久的古城风貌不被现代化建设所破坏，政府在这些城市中划出专门的“历史中心区”，规定中心区内所有建筑物的外部结构管理权属于国家，房产开发商、居民和商店经营者只拥有房屋的所有权和内部使用权，而不能对建筑物进行整体改造。同时，积极争取国际援助，加强国际合作，为文化遗产保护筹集资金。

第二，保留城市意象与可读性的城市风貌传承机制。意大利在城市规划中十分重视城市的精神中心和标志建筑的规划设计，在保持城市自然风景之外，特别重视保护具有历史价值的标志性建筑，传递它们被时代赋予的场所精神，从而保持城市个性、特色和可识别性。这种规划理念不仅保持了每个城市自身的地域特色及整体风貌，而且将其统一于城市的肌理之中，凸显城市的标志性文化景观。无论从建筑材料、做工、色彩，还是格调上，在建设中都尽量追求完美，以艺术品的要求来雕琢城市和乡村布局，同时，意大利延续了古罗马重视民众公共生活品质的城市风格，在城市公共设施和康体设施的规划建设中表达了高度的重视。

第三，注重因地制宜和天人合一的城市规划路径选择。意大利在城市规划中特别讲求因地制宜，按照每个城市自身的自然地理和地域文化特色来进行规划，让建筑和环境景观尽其所能彰显个性，特别是在历史文化遗产与城市规划的协调性上必须按国家相关法律和获得批准的方案进行，比如古建筑外部结构作任何性质的维修，对其内部装修也要经过文物部门的检查、鉴定和批准；具有 100 年以上历史的建筑物，未经有关主管机关批准不得拆毁与改建；旧市区除非经特批，原则上不再增加新建筑，等等。这样的做法，不仅观照了城市历史风貌的传承，也将城市规划建设与当地实际相结合，打造了城市气质的一致性和连贯性。

正如《威尼斯宪章》中对威尼斯经验的总结，认为历史古迹的概念不仅包括单个建筑物，而且包括能从中找出一种独特的文明，一种有意义的发展或一个历史时间见证的城市或乡村环境。在城市文化传承与特色风貌塑造上，西方国家关于文明与城市的关联性与整体性、传承与塑造的法制化与公众化的主张和做法，值得我们学习与借鉴。其一，在历史文化遗产保护与城市规划之间建立紧密联系。在城市中，尽量多保存原真的城市风貌，有完整的历史脉络可循，能够造成一种环境，使人从中感受到历史的气氛。其二，通过完善的法律制度对城市历史文化遗址和自然风貌的保护工作进行保障。健全的法律法规为各国在城市风貌塑造上提供了相应的依据和规则，这对城市文化传承有重要影响。同时，西方国家十分注重对国民进行历史文化遗产旅游和保护的教育，政府会通过开展不同形式的文物宣传和推广活动，提高公民的文物保护意识，使公民树立热爱文化、珍惜文物的理念，从而在城市建设中，得到公民的积极支持与配合。

二、国内先进经验

（一）西安——古都文化体系整合策略

西安曾是中国政治、经济、文化中心，是“丝绸之路”的起点，也是最早对外开放的城市。基于西安文化具有源头性与多样性、传统性与创新性并存的特征，《西安市城市建设文化体系规划》中将西安定位为“人文之都”，其内涵具体体现为“世界千年古都、华夏精神故乡、两翼文化熔炉”。围绕该定位，西安通过强化城市文化特征，增强城市的竞争力，建设宜人的人居环境，推动了城市文化传承和风貌塑造的有序开展。

第一，围绕稀缺资源完善城市功能体系。在《西安市城市建设文化体系规划》出炉前，西安市先后进行四次城市总体规划。第四次规划（2004－2020 年）特别重视古城保护和发展，强调保护创新城市空间和城市轴线，并将具有传统风貌的街区也划定在保护区范围内。首先将古城区内的行政外迁至北部经开区，其次引导老城区的居民向其他城区迁移，降低人口密度，提高城区活力。值得一提的是，将老城区作为整体进行保护，重点发展商业和旅游业等第三产业，不负担其他城市职能。①

第二，围绕时空双轴建构文化功能体系。在时间纵轴上，西安将体现十三朝古都的街区与标志型建筑组成文化展示轴线；在空间横轴上，围绕某一时间节点深度挖掘各类文化形式，实现其渗透、衍生的发展策略。采用“保存历史、重现历史、应用历史”的城市文化整合策略，在纵横两个方向形成有序的网状系统，使西安成为文化功能分区明确、空间、特色鲜明、景观序列丰富的有机整体②，如西安曲江新区作为“文

① 参见黄坤：《城市更新中古都风貌的传承与发展——以西安与洛阳为例》，长安大学硕士学位论文，2012 年。

② 《西安市城市建设文化体系规划》，2006 年。

化产业·城市战略”发展模式的典型城市新区，其以文化旅游业为主导产业，通过文物资源和产业业态由点到面的展开，为传承城市文化和风貌塑造提供了新的范式和路径。

第三，系统化保护、开发非物质文化。收集整理与古西安历史有关的诗词歌赋、文人逸事，借助文化地标、文化景观、景墙等表现载体，应用到城市风貌塑造手法上。担负起抢救、保护、延续城内及周边地区民俗的历史责任，大力发掘秦腔艺术、关中民居、关中女红、地方戏曲、长安古乐、泥塑彩绘、剪纸皮影、社火锣鼓、节令游娱、地方小吃、方言歌谣等民俗文化资源，并进行系统的发掘、整理、展演，在增强城市文化可读性的基础上，完善提升古都风貌。

（二）上海——海派城市风貌塑造策略

上海在城市发展中不断推进历史文化风貌区的保护和更新。2003 年 11 月，上海市政府批准并确定了中心城 12 个历史文化风貌区，总用地面积 26.96 平方公里。每个历史文化风貌区融合了上海城市发展过程中各个时代的鲜明风格，充分代表和体现了近代上海在社会经济、文化、生活各方面的成就和发展轨迹。

纵观上海历史文化风貌区品牌提升过程，对其所承载的历史文化的认可、保护是基础；其次，将历史文化空间的价值提升紧密融入城市经济社会发展、形象宣传推广及区域发展竞争中，实现系统性效能是关键。

第一，基于空间特质培育城市文化风格。上海受长江三角洲地区文化传统深刻影响，城市建筑、绿化、空间等风貌元素既讲究实用而又细腻、精致，与江南传统浪漫、雅致等文化审美心理融合在一起，形成典型的城市风貌。上海又有其历史特殊性，因多国殖民势力侵入，城市建筑保留着英、法、美、俄等国的特色形式和文化。两条历史脉络的汇聚造就了海纳百川的上海城市文化风格。

第二，梳理空间秩序，提升城市文化认知。上海通过梳理城市功能构成、历史建筑格局、公共空间及非物质文化遗产等空间要素秩序，形成清晰的、高辨识度的城市文化认知。例如，衡山路—复兴路历史文化风貌区的巷弄空间秩序基本为“总弄——支弄”垂直布局的鱼骨状结构，低多层建筑和低密度的空间分布较为广泛，安全静谧。空间秩序清晰，风格统一，品牌的认知度也就越高，其承载的城市精神和文化内涵也就越容易为市民和游客所熟悉和认知。①

第三，塑造空间精神，形成城市文化认同。历史文化空间是共享历史、文化的独特场所，上海通过塑造、强化区域空间精神，在文化旅游等产业承载基础上，吸引人们身临其境、亲自体验、互动交流，借助特定空间精神维系人、自然与社会之间的默契与和谐，实现大文化精神认同。在此基础上，吸引人口集聚，完善基础配套，放大市场需求，推动经济、社会可持续发展。

上海基于历史文化空间的城市文化传承和特色风貌塑造走出了一条特色之路，既从保护的角度重视与市民城市生活紧密相关的物质环境要素，如历史建筑、空间肌理、生活场所、生态环境等，又从传承的角度保护历史、文化、社会生活习俗等无形文化遗产，并大力弘扬历史场所的文化精神。

（三）苏州——新老城区和谐共生策略

苏州是我国重要的历史文化名城和风景旅游城市，建城已有2500年的历史，古城格局基本保存下来，城内较集中地保存着我国古典园林艺术的精华和大量文物古迹、古建筑。在城市建设与历史文化遗产保护协调发展方面，苏州市的整体规划建设都具有极强的代表性。在城市风貌塑造中，苏州市既尊重自然环境又延续千年的历史文脉，形成以水巷、园林为鲜明特色、新旧城区协调发展的城市风貌形象，成功地解决了在高速城镇化阶段新城和旧城的风貌衔接关系问题。②

图 2-4-5　苏州园林

① 参见王敏：《上海历史文化风貌区保护和更新的品牌策略——以衡山路—复兴路历史文化风貌区为例》，《上海城市规划》2012年第3期。

② 参见蔡晓丰：《城市风貌解析与控制》，同济大学博士学位论文，2006年。

第一，坚持传统与现代和谐共生的设计理念。秉承“追求一种基于历史文脉的和谐”理念，苏州在深挖城市文化内涵、传承城市历史文脉的思想指导下，将旧城改造与新城建设之间的关系处理得相得益彰，无论从城市空间布局的规划、建筑造型的式样，还是街巷尺度的选择、城市色彩的运用，都力求传承江南水乡的整体风韵。一方面，坚持保护城市历史文化遗产的旧城改造方案，对历史文化街区和文物保护单位，划定必要的保护范围，建设控制地带和风貌协调区；另一方面，坚持延续历史文脉的新城建设策略，不一味地仿造旧城格局，而是在保持原有城市风格的前提下，尽可能体现时代性，做到新城与老城风貌和谐共生。

第二，构建杰出的双棋盘城市格局的设计框架。国务院在1986年批复苏州市第一个城市总体规划时，明确指出“苏州要全面保护古城风貌”。[①] 在总体布局上，苏州将姑苏区作为城市名片保护，保存大量古建筑和传统的水乡民居，古城风貌和基本格局不变，古城内建筑高度受到控制；在确立姑苏区作为古城中心的辐射作用后，以此为基调，运用协调、对比以及“曾相似”的手法处理古城中新建部分，使得新旧建筑尽可能协调；同时，疏散一部分古城人口，将古城内经济和商业职能大量外溢向城市东西两侧发展的策略。对于平江古城的保护，苏州市编制了古城保护规划，从城市肌理、空间尺度、建筑特色到古建筑和名胜古迹各个层次进行修复和保护，沿袭了苏州千年来的水路相邻、河街平行与前街后河的双棋盘式城市格局，最大限度地保存了古城风韵。

第三，制定“和合强心，融通健体”的城市发展策略。在《苏州市总体城市设计(2008—2020年)》中，苏州确定了“青山清水新天堂”的城市发展总目标，以及“和合强心，融通健体”的发展总策略。所谓“和合强心，融通健体”是指，在城市建设中，一方面协调各区发展，以多中心体系建构城市功能核，另一方面完善结构，沟通功能、交通、景观系统，打破片区分割，推动各片区加速结合成一个更加有机的整体。根据这一规划设计，未来苏城可形成“T轴双城两片”的总体结构：T轴是指主城城区（古城和高新区）、新城城区（主要是园区）构成东西向横轴，相城和吴中片组成南

---

① 俞绳方：《杰出的双棋盘城市格局——“苏州古城风貌”研究之一》，《江苏城市规划》2006年第4期。

北向纵轴；双城是由主城城区和新城城区组成；两片指围绕吴中和相城形成的城市功能片区。①

随着城市的快速更新被作为追求的目标，文化传承、精神体验、人格满足在城市更新过程中却日渐式微。从西安、上海、苏州的城市风貌塑造经验来看，保护、传承和弘扬历史文化遗产，对于延续城市文脉、保持城市特色、凝聚人心至关重要，对于丰富城市的文化内涵、提升城市的美誉度，具有十分重要的现实意义和长远意义。它们之所以成为旅游向往地、国际大都会、历史文化名城，都是因为在城市发展中坚持深入挖掘城市文化底蕴，塑造城市特色风貌的发展策略，让城市文化明显化、城市建筑主题化、城市经济名牌化，从而形成了城市精神、文化、经济、建筑的高度统一和完美结合，形成了城市独一无二的形象和品牌及核心竞争力，充分地兑现了城市价值。

第三节　工作措施研究

一、目标定位

山东城市文化传承和风貌塑造的目标定位应紧紧围绕“打造全国重要区域性文化中心、各项工作进入全国第一方阵”的文化强省目标和“促进生产空间集约高效、生活空间和谐宜人、生态空间山青水秀、地域文化特色鲜明，创建国家新型城镇化示范区、城镇可持续发展引领区、城乡一体化发展先行区”的新型城镇发展目标，服务于新型城镇化进程中文化区域建设、文化遗产保护、公共文化服务、文化产业与市场繁荣、城市更新与发展规划等重点领域。争取到2020年，山东省城市文化传承和城市风貌协同实现“一个跃级，两个落实，三个提升”。

（一）一个跃级

深入贯彻习近平总书记关于“历史文化是城市的灵魂，要本着对历史负责、对人

① 参见《苏州市总体城市设计（2008—2020）》，2009年。

民负责的精神，传承城市历史文脉，处理好历史文化和现实生活、保护和利用的关系，做到城市保护和有机更新相衔接”等重视文化遗产保护的相关指示精神，努力从文化资源大省跃级为文化遗产保护强省，推动全省文化发展主要指标、文化事业整体水平、文化产业综合实力走在全国前列，成为全国重要的区域性文化中心，最终实现向文化强省的新跨越。

（二）两个落实

深入落实文化遗产保护片区工程。推动曲阜、淄潍、泰山、黄河三角洲、半岛、沂蒙、鲁西等七个文化遗产保护片区和大运河、齐长城两个文化遗产保护带建设。以“大遗址保护曲阜片区”、大运河和齐长城保护为突破口，打造文物保护示范区，推进中华文化标志城“2246”保护工程；加强非物质文化遗产的生产性保护，建设非物质文化遗产数字化保护体系。

加快落实山东城镇体系规划编制与实施。加紧落实山东半岛城市群、济南都市圈、黄河三角洲、鲁南城镇带相关规划及山东省海岸带规划，加强城镇空间布局与资源环境状况、区域经济发展的衔接和匹配；完善城市综合交通、公共服务设施、地下空间利用、历史文化保护、防灾减灾、绿地系统、水系等专项规划，科学引领城市功能提升和人居环境改善；完善控制性详细规划，实现城镇规划区内建设用地控规全面覆盖、及时更新，加强对城市风格、色彩和整体风貌的规划控制。

（三）三个提升

提升齐鲁文化传承创新水平。创造性转化、弘扬齐鲁文化特色，大力开展齐鲁优秀传统文化的研究、宣传教育和普及活动，举办富有山东特色的民族、民间文化活动，加强对齐鲁民间传统艺术技艺的挖掘整理，发掘特色文化，民俗文化、海洋文化；实施齐鲁文化遗产保护传承工程，加强世界文化遗产、历史文化名城、名镇名村保护，持续推进中华文化标志城等重大文化项目规划建设。

提升山东城市风貌建设水平。重点围绕胶东文化区、鲁南文化区、泰山文化区，将以人为本、尊重自然、传承文化、精明增长、绿色低碳理念融入城市发展规划中。根据地方文化的差异性，因地制宜开展规划、建筑艺术创作，深度体现孔孟、泰山、黄河、运河、海洋、红色文化特质，将保护历史街区和塑造特色新城相结合，规划建设具有齐鲁文化特色和时代精神的美丽城镇。

提升城市相关产业支撑水平。加大文化资源保护性开发、城市公共文化载体建设力度，积极发展特色文化产业，开拓文化市场拉动文化消费，将产业结构升级与城市风貌优化紧密结合，推动文化及相关产业与城镇化融合发展，为城市文化与城市风貌的协同创新提供支撑力量，实现以文化城、以产兴城。

二、基本原则

城乡文化建设是考量“强功能、提质量的集约、内涵式”新型城镇化道路的核心指标。文化传承的最终目的是从历史财富中形成创新性认识，形成指导当前和未来的创新性成果。新型城镇化进程中只有通过文化引领、文化统筹、文化经济、文化生态才能实现城市文化传承与特色风貌塑造。

（一）文化引领原则

以城市文化创新引领城市发展方向。加强社会主义核心价值观的宣传，使之成为城镇精神的力量源泉。加强优秀文化传统的引导和弘扬，营造良好的社会舆论环境，塑造“以文化人，以文塑城”的新形象，取代传统城镇化“拆旧破旧”的负面形象。加大公共文化服务力度，完善文化基础设施，打造文化精品力作，以坚定的文化自信和深刻的文化自醒审视山东历史文化的传承和城市风貌的塑造。

（二）文化统筹原则

综合统筹文化遗产保护、文化事业、文化产业等各类文化问题，确保文化在城镇化进程中发挥引领作用。促进文化传承与创新的互动性，在保护原生态乡土文化、创造新生态乡土文化中实现人、城市与文化的一体化发展。重视文化对经济、社会和生态等其他领域的综合协调统筹能力，以先进文化、正能量精神指导处理城镇化过程中出现的经济、社会、生态问题。

（三）文化经济原则

大力发展文化经济，完善现代文化市场体系，为城市文化传承和风貌塑造提供产业支撑。根据地域文化资源禀赋和产业优势，充分挖掘文化创新价值，发展特色文化产业，加快推动文化与经济、科技、旅游等方面的融合，推动产业结构升级，引导文化消费需求，培育文化传承理念，拓展文化传承空间，优化提升城市风貌。

（四）文化生态原则

优化文化生态环境，完善文化生态体系，确保城市文脉不中断，实现文化创新与城市更新一体推进。根据不同地区的自然条件和历史文化脉络，突出地域特色和文化特征，拓展文化保护内涵，在文化传承和风貌塑造中体现形态多样性、公众参与性，建设能够传承文化，具有历史记忆、地域特色和民族特点的美丽城镇，使居民望得见青山、看得见绿水，更记得住乡愁。

三、重点突破

新型城镇化建设中，城市文化传承和风貌塑造中涉及的核心要素包括城市文化资源、文化空间、物质形象、创新动力、评价指标等，都是维系城镇可持续发展的重要内容。

（一）保护开发文化资源

文化资源是城市文化传承的重要载体。山东文化积淀深厚，历史悠长，各级重点文物保护单位、非物质文化遗产项目众多，丰厚的历史积淀和文化遗产，是山东新型城镇化汲取文化力量的源头。

目前，国内文化资源的保护与开发理念已形成基本共识，即坚持“保护为主、抢救第一、合理利用、加强管理”，坚持立足于保、保用结合，坚持真实性、完整性、最小干预的原则。未来，山东城镇化进程中在立足本省实际，在实施重点文物保护工程、推进国家考古遗址公园规划建设、国有可移动文物普查、加大对非物质文化遗产保护基础上，应努力在以下环节实现突破：

1. 推动格局对接，将文化遗产保护纳入区域经济发展格局中

结合我省城镇化发展规划和区域文化分布特点，将山东“七区两带”文化遗产保护片区分解并与“两区、一圈、一带”经济发展格局相对接，将区域文化遗产保护与该区域经济、社会、生态发展相结合，将遗址、建筑等物质文化遗产和民俗、说唱等非物质文化遗产的总体规划、专项保护性规划纳入城市总体规划、产业发展规划中；将文化遗产保护与当地环境改善相结合，注重对文化遗产所依存的生态环境保护；将

文化遗产保护与城市产业转型相结合，促进文化旅游等相关产业的发展，最终将文化遗产保护从单个文物点或古建筑群、历史文化街区、历史文化村镇，延展至空间范围更加广阔的“大遗址群”“文化线路”等。

如曲阜片区文化遗产保护规划和“大运河历史文化长廊”建设规划可纳入西部经济隆起带和省会城市群经济圈，黄河三角洲文化遗产保护片区和山东半岛文化遗产保护片区分别纳入“黄河三角洲高效生态经济区”“半岛蓝色经济区”，一方面通过区域协同和产业发展为文化遗产保护提供资金、市场和渠道，另一方面文化遗产开发也可成为该区域经济建设和城市风貌塑造的助推器。

2.探索产业化路径，建构符合实际的大遗址产业化集群

在大遗址保护与开发领域，立足遗存价值、保存现状及考古进度等基础条件，根据地方财力和国家、省市各级扶持力度，按照遗迹本体、重点保护范围、保护范围的先后顺序，以弹性规划思路制定分区和分期逐步实施的发展策略。

第一，在严格保护基础上，探索符合曲阜、淄潍、泰山、黄河三角洲、半岛、沂蒙、鲁西等保护区实际的大遗址产业化路径、构建“遗址保护区＋建设控制区＋文化产业园区”的大遗址产业集群。如曲阜文化遗产保护片区应继续强化“儒家文化发祥地”的主题定位，围绕鲁国故城、三孔、颜庙等历史人文遗址完善曲阜经典游、儒家文化游、文化修学游、圣地山水游、民俗体验游、养生休闲游等文化旅游产品体系，带动餐饮住宿、商业贸易、养生保健、教育培训等延伸产业协同发展。第二，以遗址环境保护理念为指导，编制各遗址片区的人口和聚落（村落、城镇）的调控规划。根据各地实际情况，划定核心保护范围并维持遗址附近正常的生产生活环境，特别在曲阜、淄潍、半岛等人口稠密的遗产保护区应避免出现拆迁“一刀切”现象，既使居民免受拆迁、扰动影响，又能营造真实性和完整性的遗址保护氛围，还可围绕遗址观光市场提供车务、餐饮等旅游服务，优化产业结构，提高居民收入，走一条“近地安置、保留特色，将安置与新农村建设相结合”的道路。

3.推动创新发展，实现非遗开发的协同化、品牌化和景观化

在非物质文化遗产保护与开发领域，应跳出传统的文博展览、建设传习中心等静态、孤立模式，在“文化创意的延伸、中国创造的品牌、城市景观打造、人的城镇化”

中实现有机共生。

第一，加强齐鲁文化圈内非遗保护工作的沟通协调、非遗展演的交流合作和非遗生产性保护的互动协作，通过申请、创办国家级、省级文化生态保护实验区形式共同整合具有地域特色的非遗资源，打造一批地域特色明显、在国内外具有较大影响力的非遗文化品牌。如国家级潍水文化生态保护实验区以保护风筝、年画、剪纸、泥塑、核雕、嵌银漆器、仿古铜、布玩具、刺绣、草编、砖雕等非物质文化遗产为核心，对潍水文化及其生态进行整体性保护，维护文化生态系统的平衡和完整。未来，山东省应围绕非遗保护将文化生态保护区建设纳入经济社会发展规划和城乡建设规划中，通过各级文化生态保护区的建设，以点带面推动大区域文化的整体性保护方式，形成较为完善的文化遗产保护体系，带动全社会文化遗产保护意识的普遍提高。第二，对于市场化开发模式较为成熟的陶瓷、织物、饰品等技艺类非遗项目，要用创意的视角构筑一条从作品创作到市场销售的完整而成熟的产业链，立足原生态的非遗资源，通过新媒体技术将当代观念和新的表现形式注入到文化产品当中去，使之符合现代人的审美趣味和文化追求，融入当下生活。在产生规模经济效应的同时，努力扩大非遗项目的品牌影响力。积极利用新媒体及互联网平台，将戏曲、舞蹈等表演类非遗项目开发成为动漫产品、影视作品、网络作品等，将餐饮、医药等非遗项目融入文化旅游项目，利用文化遗产资源制作出版物、动漫、影视作品、特色旅游纪念品，发展民间收藏事业和艺术品拍卖业及收藏品市场等，以此带动一系列相关产业和事业的发展。第三，推动曲阜、济南、临淄、青岛等历史文化名城通过非遗文化的空间转换，塑造城市特色景观。将特定的非物质文化遗产主题融入相应的城市区域。如在具有文化关联的老城或新城开辟主题保育片区，建设博物馆、科技馆生产基地等非遗主题文化地标，将非遗项目的历史典故、核心工艺、审美意境、构图造型、色彩纹样、纹理质感融入该区域的广场、街道、建筑立面、公园绿地、景观小品中，通过观瞻、抚触等强化记忆的过程实现文化延续。

如济南在建的非物质文化遗产博览园，即以非物质文化遗产为内容、以高科技为手段、以旅游休闲体验为形式，打造集文化体验、游憩休闲、特色商业于一体的现代化、高标准、多功能跨河新区和生态、文化、休闲特色区域，通过非遗文化开发带动了西部新城文化旅游，“打造一流非遗片区，提升靓丽槐荫形象”愿景已成现实。

（二）协同创新城镇文化

山东省现有国家级历史文化名城 10 座，国家级历史文化名镇 2 个、名村 5 个，国家级传统村落 16 个，省级历史文化名城 10 座，省级历史文化名镇 26 个、名村 30 个。城镇、村落、街区等空间是人类生产生活方式不断发展的产物，是承载城乡风貌和社会组织关系的文化空间，也是城镇化进程中实现文化传承和风貌塑造的重要载体之一。未来，山东省应在加强立法保护、合理规划、加大保护性资金投入等基础上，努力在传统文化与现代文化融合、城镇文化与城镇建设融合环节实现突破。

1. 重视历史积淀，发掘历史记忆及文化教化功能

历史文化名城、名镇、村落、街区的就地保护，要顺应其形成伊始所依托的自然地形地貌、生物气候条件、城市的文化、宗教和政治背景，以及历史上对该区建设的目标定位（都城、中心城市、一般城市等）等，加以合理利用。

图 2-4-6　济南朱家峪景区

第一，针对文化空间的保护、建设和开发要做到顺势而为，保护和修葺过程要重视对建设与基地生态学条件的匹配和适合程度，切忌在开发和建设中造成不可补救的破坏。第二，将文化空间作为完整的生态系统加以保护，围绕建设优秀传统文化传承体系，坚持物质遗产与非物质遗产保护共进，加大对鲁中山区、鲁南、鲁西北、胶东半岛等传统艺术、传统民俗、人文典故、地域风情富集地区的文化遗产发掘力度，彰显农耕文化、商贸文化、海洋文化、红色文化的独特魅力，在体现和发挥历史记忆和文化教化功能的基础上，营造适应本地自然环境及社会文化环境的城市风貌。第三，既要注重对古村落的活态传承，又要防止过度的开发。传统村落的生态环境、社会结构较为脆弱，在旅游开发利用和保护方面缺陷明显，容易导致过度开发，相关主管部门应对旅游开发面积、产业业态等通过规划做出严格限制。被誉为“齐鲁第一古村”的济南朱家峪是传统村落保护开发的典型案例。朱家峪通过

对景点、作坊、民居的抢救性原态修复，基本上保持了完整的村落原貌，遏制了部分文化资源衰败的趋势。在前期保护性开发基础上，三期工程将以“留住乡村记忆、传承历史文化”为主题，以老街为中轴线，对东、西、中三个片区进行改造提升。将分别打造以“回归乡野”为主题的乡村记忆工程、以“休闲乡间”为主题的民俗体验、乡村度假工程，将朱家峪原汁原味的古村落生活与景观对外开放，打造成集怀旧体验、影视拍摄、书画写生、文化研究、休闲度假五大功能于一体的齐鲁原生态山地古村落。

2.延续空间形态，继承传统空间的形制与风貌特色

城市形态及空间格局较之建筑而言具有更大的结构稳定性，可以表达出构成一个城市的风貌特色所依托的背景。文化空间的形态延续是城市文化传承和风貌塑造的结合点。

第一，根据山东省名城、名镇、名村的保护范围、数量变化、建筑留存等情况的普查结果，重点对鲁中山区、胶东半岛、京杭大运河沿线等文化资源富集、具有一定历史、文化、科学、艺术、社会、经济价值的文化空间进行对比分析，归纳胶东文化区、鲁南文化区、泰山文化区等典型区域的风貌特征。重点研究在历史沿袭、环境变化中，传统建筑风貌依旧完整、选址和格局保持传统特色、非物质文化遗产活态传承的三类空间的传承经验，通过规划立法的方式加以推广学习。如鲁中山区代表性的泉水村落、石砌民居、乡村景观，淄潍地区的传统商埠、商铺建筑，半岛沿海地区代表性的海草民居等。

第二，根据各城市风貌叠加现状及背后所蕴含的特色文化，编制城市特色风貌规划。城市风貌展示出来的内容不仅仅是一方一面，而是多元化的自然景观、人文景观、传统历史文化、社会生活习俗等，因此每个城市局部都应构成风貌特征不同的规划对象，旧城改造中注重保护历史文化街区、优秀建筑和文物，保留城市发展记忆。新城新区建设注重延续城市历史文脉，融入现代元素，彰显时代风貌。在进行城市风貌规划时，应围绕城市的重点文化特色彰显城市的核心风貌，该城市核心风貌既要独立于其他城市风貌，又要同本城市的其他风貌元素相得益彰，形成一个整体，并统领衔接整个城市风貌体系。这一原则在省会济南的芙蓉街—百花洲历史文化街区风貌营造上有所体现。该街区以泉文化风貌为核心，将保护区划分为核心保护范围和建设控制地

带，修缮独特泉居形式，保持人泉相依的风貌特色，构建济南泉水风光旅游带，重点打造7大功能分区，包括百花洲商业休闲区、临水休闲文化区、庙会文化区、泉水文化体验区、传统民俗商业区、老字号商业区、传统院落体验区。

3. 突出文化内涵，促进文化传承与城市建设融合发展

在新型城镇化快速推进的过程中，不仅要重视城市的实体建设，更要做好文化的保护和传承，实现两者的齐头并进，这才是新型城镇化健康发展的应有之义。

第一，重视城镇建设与城镇文化的融合，做好城镇文化分类、分区。积极稳妥推进城镇化，不仅要着力提高城镇化质量，更要把文化传承与发展、生态文明等理念全面融入城镇化全过程，走集约、智能、绿色和低碳的新型城镇化道路。首先，坚持因地制宜，创新规划设计，以当地的特色要素为基础分层次、按步骤吸纳外来要素，对工业区、农业区、资源型地区、旅游发展导向区等产业片区进行功能性定位，提炼城镇的宜居和生态、地理和文化等要素。其次，结合山东省出台的《山东半岛蓝色经济区发展规划》《省会城市群经济圈发展规划》《西部经济隆起带建设发展规划》等区域发展总体战略和主体功能区战略，推进城镇化建设与区域发展规划协调一致。最后，传承城镇历史文脉，改善当地人文环境，分类挖掘特色内涵，实现塑造城镇个性、提升城市品位的目的，使城镇化成为强化以至再造本地特色和文化的过程。比如潍坊市将风筝、年画等传统文化元素渗透到城市建设中，使城市布局具有浓郁的地方文化特色。

第二，重视传统文化与现代文化的融合，推动乡土文化的传承创新。城市是人类进行“社会活动的剧场”，传统文化作为让“社会戏剧更具有影响的脚本”不断传承与变异。[①] 在城市文化建设和发展的实践中，传统文化经历认同危机的考验，通过融合、再生，由他者的模式复制到自主创新衍生出自身特点，传统文化一直在诉诸现代文化的解读方式来表达自己。山东省长期受到儒家文化、运河文化、黄河文化、海岱文化等传统文化的滋养，又历经多地开埠、改革开放的近现代文化洗礼，两者的碰撞激活出新的创造，使之参与到当代城市社会生活中，转化为塑造城市文化的内在动力，凝

① 参见陈业伟：《城市更新与文化传承》，《现代城市研究》2012年第12期。

聚城市共同体意识的精神源泉。依托这一优势，结合地缘传统文化特色和经济发展实际，秉承“扬弃”的科学态度，对产生在农业文明里的传统文化精华进行发掘、传承和保护，比如千姿百态的地方曲艺，产生于乡间田野中的民间歌舞，体现齐鲁文化的工艺美术和手工技艺等等，使这些乡土文化元素与现代文化深度融合，共同美化城市建设。

（三）建设发展创意城镇

创意城镇是中国新型城镇化的重要选择和发展方向，其创新的重要内容即城镇的文化传承创新方式、手段和路径。通过创意充分挖掘城镇文化特色，创新文化特质，发展区别于其他城市或地区的特色产业，确立自身核心竞争优势，为城镇化发展提供源源不断的内源性动能。

1. 注重产业引导，实现城市空间功能的有序演进

空间功能是城市风貌的重要内容，人口与产业要素的集聚推动着城市空间功能的不断变化。

第一，顺应历史文脉和社会结构，推动文化创意要素的融汇和集聚。目前，开发经济新区、产业园区等产业集聚载体已成为推动城市空间功能变化的重要因素。但产业集聚发展既要符合相关产业本身的规律，又要与该区域历史文化相契合。近年，山东省文化产业快速发展，但存在一定的泡沫化倾向，一些经济新区尤其明显，文化园区建设往往一哄而上，广告产业园、新媒体产业园、出版创意产业园、动漫游戏产业园等大量出现，园区、基地数量虽多但缺乏统筹，难以形成规模和竞争力，客观上因原有文化群落（技术、思想、观念）的迁移、重组难以落地生根，丧失了文化的归属感，导致文化形态的“碎片化”和园区空壳化倾向。因此，山东省文化产业集聚区的规划设计应立足本地域历史文脉，发掘和创新文化价值，以此为基础融合和吸收外来文化群落，塑造更加合理的城市空间结构体系。

第二，立足基础资源和现实条件，推动城市旧貌换新颜。在山东省许多城市，特别是济南、淄博、枣庄、济宁、莱芜等老工业城市，随着城市产业结构的调整和客观经济条件的变化，原有的老旧的生产生活设施大量闲置，造成资源和空间的巨大浪费。在文化创意产业蓬勃发展的今天，这些资源往往是特色园区、基地、创意工作室预改

造的理想场所。通过恢复和保存原厂房风貌，适当更新设备，在恢复保存原建筑外部空间形态的同时，运用现代材料和现代空间处理手法，创造了能满足现代使用要求的新的内部空间形态。将旧厂房中有代表性的特色元素加以提炼和适当变形，恰当地运用于设计中，促使旧厂房与新设计对话，产生良好的协调关系，从而很好地保持了旧工业建筑文化的延续性。济南西街工坊创意产业园、青岛创意100文化产业园都已成为山东省老厂房实施创意改造的典范。

2.优化创意生态，培育城市特色品牌和文化精神

城市品牌和文化精神是城市风貌塑造的核心内容。城市主题文化前沿理论认为，要把城市主题文化品牌战略作为城市发展的重中之重。然而山东省各城市品牌建设还存在主题文化不够突出的问题，城市主题文化仍未贯穿到城市的经济、文化、旅游、教育、新闻、企业、城市公共艺术、城市规划中去。

第一，重视城市文化建设，塑造城市品牌认知。在齐鲁文化滋养下，山东省各城市都具备较为独立的文化特质，这些特质将是吸引产业要素集聚、人口导入和消费流通的基础条件，因此山东省在城镇化建设中应着力塑造各城市主题文化形象，在城市资源、景观、经济、文化、建筑方面加以彰显，形成系统化的城市品牌。虽然济南、青岛、威海、潍坊等经济实力较强的地市在城市品牌塑造中做出了一定的成绩，但总体看仍有较大提升空间，如处于运河文化带上的聊城、德州，黄河文化带上的滨州、东营，鲁南文化带上的菏泽、枣庄等地市存在主题文化不够突出的问题，运河文化、黄河文化、民俗文化未能串联成线，整合成面，汇聚成体，难以形成城市品牌的辐射力。未来各地市应立足区域文脉，提炼并强化复合城市主题的文化品牌，促进城市精神文明建设，展现城市的良好风貌，提高城市的美誉度和核心竞争力。

第二，优化城市平台环境，培育创新型的文化精神。城市精神既植根于城市的历史文化传承，又立足于现代城市建设的生活现实，更着眼于实现未来城市的美好前景，是历史传统与时代精神的有机结合。如山东德州围绕传统的德文化，提出“厚德、包容、创新、图强”的城市精神，其中“厚德”与“包容”主要代表了德州精神的历史文化传统，那么“创新”与“图强”则在德州现代城市的发展与未来的引领上有着重要作用。德州开展农村社区和产业园区两区同建，走出了一条传统农区城镇化的新路

子，这些都是创新图强精神的重要表现。因此，我省新型城镇建设过程中应严格践行“以人为本”的理念，形成人才、技术、资金等重要要素的吸纳能力，实现包括文化传承和风貌塑造在内的城市整体利益最大化。

（四）提升城市建筑特色

建筑是文化的载体，是城市文化的表征。在新型城镇化过程中，需要深入挖掘城市历史和文化积淀，结合地形地貌、合理规划布局，运用先进技术和材料提升城市建筑特色，突出城市文化脉络的传承路线，促进城市建设与城市文化的深度融合，加速传统文化与现代时尚的深度融合，使得城市遵循自身承袭的文化特色，塑造独特的城市风貌和城市个性，根本上杜绝“千城一面”的同质化现象。

图 2-4-7　山东曲阜三孔景区

1. 发掘维系各地历史文脉，彰显区域建筑文化风貌

城市建筑作为城市文化和历史的沉淀与写照，渗透着城市文化独有的内涵与理念，集结着人类的思想文化。

齐鲁大地历史文化积淀丰富而久远，其建筑文化受到多方面的影响，在其历史发展进程中，东夷文化、儒家文化对它起着主导作用，如东夷文化代表地——莒县地区有许多建筑遗韵等待挖掘和利用。后又受到大运河的开通而带来的南、北方文化和德日侵略等外来文化的冲击，形成了东、中、西特色各异的建筑风貌。比如曲阜三孔、魏氏庄园、牟氏庄园、威海石头楼等建筑成为城市标杆建筑和文化记忆的载体，正是源于它们的建筑不拘一格，与城市布局和谐，彰显城市特色。

在山东城镇化建设进程中，应根据因地制宜原则将各地建筑特色进行分类归纳，建议分为园林特色建筑、民居特色建筑、工商特色建筑、宗教特色建筑、公共和其他特色建筑等 5 个领域，组织专家进行分类研究、案例剖析，对历史特色建筑的形式、元素、符号、材料、色彩、工艺、气质等要素进行提炼并结合现代生活需求合理传承、创新和应用，统一服务于城市特色风貌塑造，不仅要注意城市建筑的外在形象，更要重视其内在的精神本真，使城市的结构和功能符合城市自身科学发展与文化发展的要求。

2.推动建筑风貌规划引导，推动城市建筑风格差异化发展

第一，从建筑艺术审美入手，提升城市气质。在城镇建筑中，要传承城市文化，发展有历史记忆、地域特色、民族特点的美丽城镇，避免同质化的设计模式和建筑风格。在城镇建筑创作上，山东省要解放思想，鼓励创新，对建筑体量、造型、色彩、材料运用、总体构思，不仅要体现功能需要，还须体现人们的时代审美要求。在技术上，广泛应用新工艺、新材料、新设备，使整个城镇与人居、环境有机结合，充分体现出时代气息和建筑艺术之美。在风格上，要重视建筑伦理的人性化，使建筑与当地的民俗民风相融合，组成民族特色和地方特色的城镇现象，增强城市对外的吸引力。针对城镇建筑物风格一致性的要求，可以采用三个改造原则：（1）“整旧如旧”。保留建筑外形元素、整体外部空间风格和氛围，拆除重建的建筑。（2）“整新如旧”。采用与老建筑相同或相似的材料，甚至采用原有拆除建筑的材料。（3）新建筑设计。运用先进的技术与材料，严格控制建筑高度。①

第二，从建筑色彩调配入手，彰显城市个性。城市色彩规划作为城市规划的重要内容，对提升城市形象品质、丰富地域文化内涵、彰显城市特色具有十分重要的意义。首先，结合城镇的生态环境、历史文化、空间布局等宏观因素，确立包括城市空间结构、经济产业结构、文化延续性、自然景观等社会、经济、文化多元复合、分步实现的城市色彩目标体系，制定相应的城市色彩规划。其次，根据每个城镇不同区域的特点风格及发展需求，结合城市设计，对建筑色彩及建筑与周边环境的关系进行系统研究，制定符合城镇气质和个性的色彩规划标准，确定其各发展片区的色彩导则，形成色彩搭配协调一致，产生强烈城市共鸣与载体记忆的视觉美感。第三，从自然环境和人文环境色彩明度、纯度的比色方面，对城镇中心区域的自然色彩与人工色彩的进行分析比对，针对行政性、商务性、居住性以及旅游观光性等建设地块的功能划分，提

① 参见贺耀萱：《建筑更新领域学术研究发展历程及其前景探析》，天津大学博士学位论文，2011年。

出与之相适应的色彩形象策略、建筑色彩控制要点、景观环境设施色彩等地块色彩营造意见，最终凝练得出城镇特色鲜明的色彩总体形象，彰显城市个性、强化城市记忆。

（五）推动文化协同创新

文化资源和文化空间的跨行政区分布是一种普遍的空间现象，随着区域城市竞合关系的演化，行政驱动对推动区域文化大繁荣的作用渐趋弱化。在新型城镇化中实现文化传承和风貌塑造，应基于文化资源导向性、交通区位导向性和文化关联导向性，通过整合行政、市场、政策资源，推动区域性文化的传承、创新和城市风貌的塑造、更新。

1. 整合资源，凝聚区域内部的文化合力

围绕“齐鲁文化”这一核心定位，将山东省文化资源富集、特色显著的七大文化遗产保护区（曲阜、淄潍、泰山、黄河三角洲、半岛、沂蒙、鲁西）整合为泰山文化区、鲁南文化区、胶东文化区，与山东省“三大文化产业集聚区”相协调，形成“一核辐射、三区联动”、东中西特色鲜明、优势互补的山东特色文化城市群。

胶东文化区以青岛为龙头，包括烟台、威海、日照、东营、潍坊，突出胶东文化、滨海文化；泰山文化区以济南为中心，包括泰安、淄博、德州、莱芜、滨州，突出泰山文化、黄河文化。鲁南文化区以济宁为支点，包括临沂、枣庄、聊城、菏泽，突出儒家文化、运河文化、红色文化。三大文化区所辖城市，应围绕各自主题发挥特色文化产业群、产业链的集聚效应，推动文化资源优势向产业优势转化，形成主题统一、各具特色、相得益彰的城市空间和景观体系，推动城市风貌的有序更新。

2. 因地制宜，实现区域内部的产业协同

文化产业既承载着文化传承也影响着城市风貌，实现区域内产业协同的路径主要有圈层式和联盟式两种。

第一，围绕济南、青岛两大城市构建圈层式协同模式，提升省会城市群文化产业圈、半岛城市群文化产业圈协同发展水平。济南、青岛是山东省文化产业优势较为突出的城市，可作为区域文化产业发展的增长极。一方面吸收在极化效应的作用下，吸引高层次的人才、资本、技术等生产要素，积聚较高的产业发展势能；另一方面，两地可通过产业关联与辐射效应，将其优势势能向外扩散，其他处于相对较弱地位的市县则主动接受核心文化产业的辐射，主动积极地寻求合适的定位与功能，并保持互动，实现协同发展。

第二，围绕文化相近城市构建联盟式协同模式，完善相关产业带、产业组团间的协同发展机制。山东省未来可重点发展运河文化产业带、黄河文化产业带、胶济铁路带产业带、京沪高铁文化产业带、滨海文化产业带、鲁南城市带及若干产业组团。在以上具有文化共性的地域，通过订立合作框架，建设高效互通网络，组建创意、设计、研发、生产、营销等战略联盟，整合社会、行业、园区的资源平台，促进各地域的资源互补、优势互补、产品互补，构建资金、人才、信息、政策等关键要素的共通互享的格局，既合力参与外部竞争，又实现错位发展。

四、保障措施

城市文化传承和风貌塑造应纳入经济社会发展总体规划、城乡建设规划和精神文明建设规划中，加强保护传承体系、法律法规体系、政策保障体系建设，强化社会宣传、保护执法、监督考核，提高历史文化保护传承水平。

（一）提高公共参与意识

1.弘扬齐鲁优秀传统文化。依托山东省传统文化研究专业机构、组织、院校，以“四大文化传承展示工程”为抓手，深入发掘整理孔子及儒家思想、齐鲁文化，深化重大课题研究，推进齐鲁文化的研究和传播。重点加强曲阜片区文化遗产保护，充分发挥其独特的文化资源和生态优势，真正将孔孟之乡建设成为文化建设的首善之区、中华民族的精神家园，形成文化产业发达、公共文化服务健全、儒韵民风彰显、对外影响力大的儒家文化特色鲜明的创新示范区。

2.增强全民文化保护意识。增强全社会保护传承历史文化的自觉性，使公众充分认识继承和弘扬优秀传统文化对促进经济社会全面协调和可持续发展的重要意义。完善文保类普法教育，扩大文保类方针政策、法律法规、典型经验和基本知识宣讲普及范围，不断增强政府部门、公众保护意识。积极鼓励开展节庆类、会展类文化活动，充分体现文化遗产服务现代生产生活的意义和价值。积极利用各类公共文化场馆开展文化遗产展览展示、互动体验、科学教育活动。

3.拓宽社会参与治理渠道。制定鼓励社会力量参与城市文化保护与传承的政策，积极倡导广大民众参与文化保护、传承工作，拓宽渠道、广开言路，动员和吸收专业文保组织、机构、志愿者等社会力量参与城市文化保护与传承。完善城市发展公众参与机制，制定行之有效的意愿表达协调机制、咨询参与决策机制、资本介入的市场化机制和广泛的社会监督机制，努力实现城市文化传承和风貌塑造问计于民、惠及于民。

（二）完善制度机制建设

1.完善行政管理体制，优化职能划分。合理确定省政府与地方政府分工，各级政府在规划制定、城镇管理、基础设施建设、区域统筹中的引导和管理中应重点明确城市文化传承和风貌塑造的管理责任主体。历史文化名城、历史文化名镇和历史文化名村的建设保护区和环境协调区确定为城市建设或规划管理部门保护的职责范围；历史文化名城、历史文化名镇和历史文化名村的绝对保护区、可移动文物和文化遗产的非物质形态文物纳入文化管理部门保护职责范围。

2.坚持规划先行，严格执行审批制度。顺应文化遗产动态保护理念和技术更新趋势，有针对性制定和实施文化专项保护规划和城市总体规划，杜绝因规划失当导致的文化遗产和城市风貌的破坏。涉及大遗址、历史文化名城及历史传统街区的城市总体规划，必须符合保护规划，有关部门审定前须经同级文物部门签署意见，强化文物等有关部门的指导和监管职责，完善多部门联合管理体系，加大检查和纠正违法违规行为力度。

3.完善听证会制度，增强专家话语权。成立地区文化传承专家咨询委员会、城市规划协调委员会，对城市文化传承和风貌塑造进程中的重大课题开展调查研究，实施论证评估并提供咨询建议与可行方案。涉及公共文化服务、文化产业发展及历史文化名城、历史传统街区的土地利用和各项工程建设，必须符合专项保护规划，并事先征得文物部门的意见，召开论证会、听证会，充分听取专家的意见，增强文化专家的话语权。

（三）搭建平台支撑体系

1.构建文化遗产信息动态监测预警系统。完善城市文化保护网络体系的基础设施，搭建城市文化保护与传承信息交流网络，提高城市文化保护与传承的风险预防能力。

重点加强对区域古城镇、古村落、古建筑、古遗址、非遗、文化景观的总体格局、单体规模、附属遗产、保护措施、周边环境的动态监控，统一设定监控指标和监控频率，建立文化遗产管理、保护、发掘、开发、利用信息的同步更新、预警和应急响应机制。

2.建设完善城市专项规划管理平台。建设和完善城市规划管理信息化数据体系，成立城市紫线规划数据库，对涉及城市历史文化街区、建筑的紫线划定和对城市紫线范围内的建设活动实施监督、管理。实现规划数据的充分共享，支持前台应用程序跨模块、跨子系统进行综合统计分析和数据交互访问等功能。各地市规划局根据机构及业务职能现状，建立数据库动态更新机制，对核心数据的更新作业流程进行规范化，建立高效、规范、有序的生产、建库和更新流程。

（四）加大相关扶持力度

1.加大资金扶持力度。将历史文化村落、街区等文化遗产保护作为城市风貌塑造的重要内容，建立“政府主导、社会参与、群众自筹”的保护资金筹措机制，加大投入力度，鼓励和支持社会力量采取捐资、投资、合作开发等办法，参与文化遗产的保护利用。对非遗项目和传承人采取补贴、政府采购和后期奖励等方式，扶持一批具有重要示范、引导、带动作用的重点项目。政府出资实施人才培训计划，积极推进非遗教育进校园。

2.设立专项保护基金。统筹吸纳国家专项保护资金、地方财政和社会资本，成立面向传统村落、街区的文化遗产保护和利用专项基金，支持济南、淄博、烟台、泰安、威海等市的传统村落、历史街区完善基础设施、改善环境，支持省级传统村落开展传统村落保护发展规划编制、传统村落档案建立工作及文化景观、历史文物、乡土建筑以及非物质文化遗产保护工作。通过基金申请的方式，推动社会各界参与文化遗产的保护与利用事业。

3.加强相关用地保障。加大对历史文化村落、街区等文化遗产保护用地的支持力度。地方各级人民政府在建设用地计划安排上，要对各类文化遗产保护利用用地给予倾斜和保障。把历史文化村落保护利用工作和农房改造、农村土地综合整治项目相结合，对经有关部门认定确有保存价值的古民居，其户籍常住人口依法批准建新房的，允许其以旧换新或产权置换，给予一定的经济补偿后移交村集体或当地政府保护修缮利用。加强非遗文化的土地保障力度，积极推动生产性保护示范基地建设，在公共文化设施建设中增设非遗传承、展示场所，建设一批以生产、传习、展示、销售为主要功能的基础设施。

（五）夯实人才支撑体系

1.依托文化遗产专业机构，培养专业人才。依托专业科研机构、高校科研力量，建立国家级文化遗产事业学术平台，推动省属高校申报“文化遗产”本科专业，探索人才培养体系，培养文化遗产管理人才。构建非物质文化遗产人才队伍体系，积极做好非遗传承人保护管理工作，指导有关部门单位与传承人签订《传承目标责任书》，鼓励支持传承人收徒传艺。积极争取机构编制部门的支持，引进专业人才。大力开展业务培训，培养和建设一支工作责任心强、专业素质高的非物质文化遗产保护专兼职工作队伍。

2.实施城市风貌控制与更新“引智”战略。以试点形式，针对山东省城市个性、风格和定位不够鲜明，城市建设中本地自然、历史、文化特征体现不够充分等问题，通过“引智”方式与专业技术机构合作，搭建政府与专业机构的常态交流机制，探索城市规划技术审查服务外包管理新模式，将城市规划管理中艺术性、专业性较强的技术审查工作从行政审批中分离出来，委托独立的第三方专业咨询机构承担，提高城市风貌控制与更新质量。

第五章

青海省海北州博物馆群落创新研究

作为文化服务场所，博物馆是城市文化建设与发展的重要机构之一。随着文化产业的快速发展，我国博物馆发展已大体具备集群化发展的基础条件。《国家文物博物馆事业发展“十二五”规划》中指出：“发展文物博物馆相关文化产业”；“鼓励具有市场前景的文物资源在国家政策支持下，与产业和市场相结合，参与创造物质财富和精神财富，实现文物有效传承和持续发展。”创新博物馆集群化发展模式，推动其与旅游、科技及优势产业融合，是当前文旅融合发展和城市文化推广的重要举措。

海北藏族自治州位于青海省东北部，因自然资源丰富，民族文化多样，历史文化积淀深厚，被视为“大美青海”的典型代表。当地丰厚的文化旅游资源为海北州的博物馆业提供了发展基础，而博物馆以其深厚的人文积淀，培育了海北州的城市形象。未来，海北州将结合生态旅游和红色旅游目的地建设契机，利用资源优势大力推进博物馆群落建设，打造“梦幻海北”特色文旅名州。

本书作者为海北州体育局丁生云先生。

第一节　海北州博物馆群落建设优势突出

一、文化旅游资源富集，并具有多样性特点

海北州历史悠久，人文资源禀赋极佳，在长期历史演进中形成了以民族文化为核心，以红色文化、历史文化、生态文化为支撑的地域文化资源体系。海北州现有全国重点文物保护单位 3 处，省级重点文物保护单位 32 处。在代表性旅游资源中，二级资源 5 处，三级资源 15 处，四级资源 14 处，五级资源 1 处，其中，青海湖及其相关资源是海北旅游高端化、国际化最为倚重的要素禀赋。这些文化旅游资源集中表现了海北州历史演进和改革开放过程中的文化形态和文明成果，使海北州拥有建设博物馆群落弥足珍贵的资源禀赋，为海北州文化旅游融合发展凝结独特性、唯一性、探险性、休闲性等复合特色奠定了基础。

二、区位优势与地区发展战略地位相匹配

海北州东临省会西宁市，北接甘肃省河西走廊，西与海西州接壤，南隔青海湖与海南州相望，处于青藏高原与黄土高原的过渡带，是青海省承东启西的农牧结合部，环青海湖经济区和兰青—青藏铁路发展轴线的核心区域，历史上曾是西平张掖道、鲜水酒泉道的重要丝绸辅道。青藏铁路、国道 315、227 线和湟嘉公路横穿全境，州府距省城西宁 100 公里，是全省离西宁最近的自治州府。区位交通的便捷畅通，让海北州成为环青海湖民族文化体育旅游圈和青藏高原旅游带的重要旅游目的地。在青海省旅游业“十二五”规划中，海北被列为高原生态旅游示范区进行重点建设，同时成为青海省旅游业“一圈三线”布局的核心区域，处于全省“四区二带一线”发展战略的重要位置。区位优势优越，让海北州可有效借力省会资源优势，承接省会经济辐射，联动省内各城市协同发展，为海北州建设博物馆群落提供良好的外部环境，可以有效实现博物馆群的关联业态融合、城际联动发展。

三、文化、旅游产业稳步发展，快速扩容

近年，海北州文化产业保持了较快的发展速度，重点行业发展稳健，新兴行业成长迅速，积极培育一大批文化企业和特色经营户，重点文化产业项目陆续开工建设，初步形成了文化旅游、广播影视、演艺娱乐、民族工艺品等行业协同发展的产业格局。与此同时，国内外旅游需求和业态出现新趋势，为海北州文化旅游实现跨越式发展带来了宝贵的机遇。海北州依托丰富的旅游资源和特有的区位、交通优势，积极健全旅游要素体系，有效带动了住宿、餐饮、交通、购物、娱乐等领域的消费，丰富和提升了旅游消费的内涵和层次，促进了旅游市场的繁荣兴旺。这为博物馆群落建设打下了坚实的产业基础，将海北州文旅游融合发展推上新的发展台阶。

第二节　海北州博物馆群落建设模式创新

一、突出功能性与艺术性的群落布局

第一，具有艺术美感和生态理念的文化景观设计。紧扣海北州民族、历史、红色、生态文化主题，提炼重要文物、传统工艺、传统产业、民间民俗等非物质文化遗产的造型元素，如提炼“虎符”的艺术元素，打造博物馆景观。既强化地标性建筑的艺术质感和环保意识，同时也让博物馆群落布局与周边景观保持协调一致，使得博物馆群落外部、内部、功能分区装饰秉承“生态、厚重、柔美、和谐”的整体风格。

第二，具有体验要素和配套设施的功能分区布局。围绕青海湖、金银滩、原子城、祁连山、百里油菜花海等 A 级景区为核心吸引物，突出“博物馆展品秀场”观光区、文化旅游演艺观摩区的展示与体验要素，提升游客接待中心、文化旅游商业街区等配套设施建设与服务水平，以特色静态体验和动态参与内容构成游憩体系，完善以核心吸引物、游憩体系和综合服务配套组成的群落功能分区模式。

二、注重与优势产业嫁接的业态特色传承

第一，嫁接文化、旅游为核心的优势产业。在博物馆群落建设中，充分对接文化演艺业、工艺美术业、节庆会展业、文化艺术服务业、广播影视业、动漫产业等重点文化产业。紧随消费市场、消费结构和产业结构的变化趋势，结合海北州“四大融合片区、六个重要节点、若干主题精品线路”的文旅融合布局，围绕“金色门源·花海之旅”“祁连山下·天境之旅”“藏城刚察·圣洁之旅”“河清海晏·乐动之旅”四大品牌，实施“泛旅游系统”提升战略，推动传统博物馆观光旅游业态跃级为多元化、一体化的高层级业态。

第二，渗透博物馆相关的支撑、延伸业态。紧抓“新丝路经济带”建设契机，合理配置产业资源，完善功能配套，突出文化特色，优化经营环境，加速传媒、金融、住宿餐饮、信息通讯、交通运输、物流集散、商贸服务、车务服务等业态的发展，在文旅融合进程中实现博物馆相关支撑、延伸产业的提升。

三、体现地域标志性文化特色的引领场馆建设

第一，以青海湖人文生态博物馆为引领的环湖博物馆群落。加快青海湖人文生态博物馆建设进程，推动代表海晏特色文化的私人博物馆、艺术馆、美术馆、企业博物馆加入博物馆群落，联动门源、祁连、刚察的人文生态文化资源，扩大海北州环湖博物馆群落范畴；与政府部门、文化协会等联合开展内容拍卖、艺术巡展、文化讲座培训等一系列活动，吸引国内外有影响力的艺术家、艺术机构参展，定期开展全国具有影响力的海北州文化博览节；博物馆机构大力协助本地特色非遗文化以“一条街、一个屋、一台演出、一面墙、一本书”形式进景区，丰富一批活化项目。

图 2-5-1　青海湖人文生态博物

第二，以西海郡博物馆为引领的多元文化博物馆群落。以“生命”“希望”为主题，以保护为主、适度利用为原则，附着强烈的美学价值和人文象征意义，采用“公共游憩空间＋遗产观瞻”模式，围绕西海郡博物馆、原子城纪念馆、海北工业遗产博物馆、王洛宾音乐艺术馆为核心，构建历史、红色、工业、民族、艺术等多元文化元素组成的博物馆群落，突出昆仑神话、四海一统、民族史影、核工业发展、新时期建设历程及成就等主题，形成具有历史底蕴、民族风情、审美价值和工业场所感的多元空间格局。

四、善于借鉴和应用高新技术的现代展陈方式

第一，创新博物馆展陈手段。开发海北州博物馆旅游虚拟体验项目，充分展现海北州历史人文生态资源的经典内容，以数字新媒体技术直观化展现博物馆展陈物品、民俗风情、生态特色等，推动海北州特色文化、旅游形象的传播。开发“西海郡拾遗、金银滩乐章、飞越海北、草原幻影”等主题项目，通过动画制作、投影技术等先进的科技手段营造身临其境的体验方式。模拟、还原青海湖、祁连山等自然景观风貌，以海北州的重大历史事件、民族民俗为故事题材，建立3D、5D虚拟动态情景体验场馆；建立综合性网络主题纪念馆、专业性网络主题纪念展览馆和个人网络纪念馆，其中专业性网络博物馆又可分为民俗展示、非遗传习、特色节庆等不同类型的主题展馆。

第二，完善服务技术支撑。积极发展“互联网＋博物馆”，开发海北州移动导游APP，收录周边文化旅游项目及餐饮、住宿、交通、医疗等配套资源，为游客提供基于移动客户端的免费信息服务；建立博物馆群落自驾游服务调度信息中心，利用移动互联网、电信等，开发信息查询、服务推介、遥感定位、全景浏览等功能，为游客提供全方位信息服务。以“数字海北州”建设工程为基础，适时推出“海北州旅游一卡通”，面向市民、外地游客推出博物馆免费周活动。以智慧博物馆建设为核心，在博物馆群落实现免费WiFi（无线局域网）、智能导游、电子讲解、在线预订、信息推送等功能全覆盖。

五、打造博物馆衍生品开发全产业链条

第一，构建博物馆展品衍生开发体系。学习与借鉴故宫博物院的发展理念，承建

以创意文博产品研发设计为重点，集新产品、新技术的收集展示、信息发布、成果转让、推广应用为一体的开放性平台，集中研发创意纪念品、旅游装备品、旅游用品等三大类产品体系。通过线下研发团队驻场、线上研发任务外包模式，与高水平院所创新团队和企业研发机构合作，推动新产品开发、技术合作与技术成果转化，同步培养本土创意文博产品研发设计力量。

第二，增加体验式博物馆衍生项目。以红色、绿色、特色“三色”旅游为主体，在生态观光、民族风情、红色旅游、特色餐饮、节庆活动等传统产品形态的基础上升级成为新型观光、特色体验、康体度假、高端体育、文化演艺类等衍生项目形态。将藏族“拉伊”“新牙勒”舞、郭庄等民族民间经典歌舞表演引入博物馆“演艺秀”剧场，运用先进的声光技术，赋予传统歌舞表演丰富的视觉冲击力，开发演艺衍生产品，建立博物馆展陈自身的造血机制。

六、线上线下互动的宣传营销策划思路

第一，以品牌建设提升博物馆旅游的文化内涵。借助市场运营手段完成品牌塑造、提升，并深度融入产业转型、资源开发和城镇化进程中，形成海北州博物馆主体品牌链。发挥网络、电视、纸媒等营销媒体的宣传优势，实现营销捆绑；通过事件营销、体验营销、新媒体营销等定制化手段，加强海北州博物馆群落品牌营销推广。

第二，以线上线下综合应用强化博物馆群落营销推广。开辟海北州博物馆群落电子商务平台，依托淘宝、京东打造海北州特色文创衍生品旗舰店。以特色商品交易为核心，将州内重点旅游景区、酒店、餐饮、娱乐场所、旅行社等单位的营业活动纳入该平台，统一对外提供服务。利用特色新产品订阅服务、网络在线通讯功能，面向散客及团队提供博物馆创意产品采购服务。

第三节　未来海北州博物馆群落建设对策

博物馆全面地、完整地反映了一定地域人类历史、科学技术、文化艺术等领域的

风貌和变迁，是人们获取知识、陶冶性情、提高修养的重要文化服务场所。博物馆发展的评价指标，不是依靠每个城市所拥有馆体数量，而应优先考虑其规模效应和溢出效应。在新常态和供给侧改革的新挑战下，城市博物馆宏观发展规划的新趋势是，运用现代市场经济和企业管理理念，推动博物馆群落建设与旅游、科技、优势产业融合，充分发挥博物馆的资源作用，提高博物馆对社会教育、人文传承、文化发扬、城市推广等方面的贡献。

一、推动博物馆群落与旅游产业融合

作为文化产业的重要组成部分，博物馆资源在地方文化传承中具有重要作用，博物馆旅游已经在自身发展中成为城市旅游的实体构成。未来，海北州应进一步推动博物馆群落与旅游产业深度融合，发挥博物馆资源在促进地区经济社会发展、壮大旅游业中的重要作用，打造以青海湖、西海郡为代表的博物馆群落旅游品牌；培育以博物馆群落为支撑的体验旅游、研学旅行和传统村落休闲旅游线路，设计生产较高文化品位的旅游纪念品，增加地方收入，扩大居民就业，放大博物馆群落建设的经济与社会效益。

二、推动博物馆群落与现代科技融合

随着互联网逐渐渗入传统文化产业领域，文化产业内部结构正在发生深刻变化。海北州的博物馆群落建设更多地借鉴与应用现代科技成果，加大对地域特色文化资源的合理开发与创新利用。深入实施文化科技创新工程和“互联网＋”行动，加强博物馆发展中共性、关键和核心技术研发应用；推进博物馆与数字、VR（虚拟现实）、AR（增强现实）、网络等技术深度融合，增加模拟考古、仿真修复、虚拟漫游等体验式的博物馆参观项目；引领场馆实施智慧博物馆项目，加大网上博物馆、生态博物馆、流动博物馆、社区博物馆的建设，扩展博物馆群落发展空间，提升博物馆群落的核心竞争力。

三、推动博物馆群落与优势产业融合

促进博物馆群落与文化、旅游、体育等优势产业的深度融合，推动其与相关支撑、

配套及延伸产业的对接，努力打造完整的博物馆产业链条。在博物馆群落建设中，植入民间工艺、人文景观、民俗风情、传统节庆等元素，引进特色民族演艺、高原康体运动、域外展览活动等复合型业态，激活动漫、网络等新兴业态的广泛发展，延伸补充博物馆群落旅游圈层的服务半径；大力发展文博创意产业，深入挖掘博物馆馆藏的价值内涵和文化元素，开发实用性和生活性、艺术性与功能性的衍生产品，延伸文博衍生产品链条，调动博物馆利用馆藏资源开发创意产品的积极性，扩大引导文化消费，培育新型文化业态，增强博物馆发展能力。

第六章

俞建文：一物·一人·一象

2016 年 4 月 16—17 日，《收藏拍卖杂志》著名编辑菡阁受上海童心斋画廊委托，有幸采访到集政协委员、文化学者、特聘教授、收藏家等诸多社会身份于一身的俞建文先生。艺术专业出身的俞建文现为上海中青年知识分子联谊会理事、上海市政协委员，他于 1988 年创立了童心斋画廊，20 多年来，得到刘海粟、吕蒙、方增先、柴祖舜等数百位艺术家的支持，我们了解到俞建文先生和他的团队在推广柴教授心象艺术的同时，也为传播中国传统文化和当代艺术做出了奉献。

在访谈中菡阁说，最早知道柴祖舜先生是 20 世纪 70 年代用画笔参与中国重大题材创作的领跑者，其作《毛主席视察上海钢铁厂》曾红遍大江南北；《怎样画素描头像》一书的出版，显示作者在那个时代其扎实的具象基本功已获得专业圈的公认；还有便是柴祖舜曾擅长画龙虎，直到有机会零距离地见到柴祖舜的大量晚年真迹，我发现我们真好像走进了一个全新的艺术世界，在或绚烂或奔放的形形色色中，在或迷离或辉煌的意象氛围间，第一次体味到艺术感染的逼近。

从某种意义上说，艺术家和艺术的本质在于个体的意义，在于一种既要处身于历史、社会、权威、市场之间，又不受这些左右的个体化的艺术状态之中。其所创造、守

护并推动发展的艺术呈现和人文精神，是一种个体心理的映射、一种历史感情的存在，随着时间的推移，还可能是一种人类精神文明的财富。柴祖舜的艺术实践就是一个证明。

四月的上海，春雨霏霏，却已是吹面不寒杨柳风。在安福路上一幢民国建筑里，炉中香烟袅袅，一场特别的人物访谈正在进行。在整个谈话过程让我们感受到俞建文先生的亲切、渊博、专业、专注。说到茶或茶膏，俞建文先生笑谈，他之所以喜欢古董茶和茶膏，并不仅仅是因为所谓的价值，更多的在于繁复的工艺是匠心的灵魂附着。谈起柴祖舜先生与心艺术，俞建文先生表示，柴先生用生命和灵魂在创作，他饱受了人生多种磨难却更加从容地面对生活。人们在柴先生的心象艺术里能够感受到中国传统文化“和而不同”和“和而共生”的精髓。柴祖舜先生的心象艺术，是人类精神文明的艺术显象，在全球化、网络化的进程中，其幻美的艺术面貌和精神气质，将不断受到国际关注。

我们从他身上各种跨界的社会身份，可以感知他的知识涉猎广泛，兴趣爱好的层次也很丰富。但是像俞建文先生这样的人也容易化繁归一，最后回归于大道至简的认知上，所以“专一、专心、专注”反而是他经常提起的口头禅。在他的世界里，快乐已经是最纯粹的事情，只需“一物、一人、一象”，足矣。

第一节　一物——茶膏

我们调研团队与俞建文先生深刻的交流从茶开始。估计每个甫入他工作室的人都会被那些浩若烟海的瓶瓶罐罐所震撼。现今人们才刚刚分清生茶与熟茶，或者正在往古树茶与纯料茶的鉴赏之路上踟蹰前进，俞建文却早已走得很远。他说，藏茶 20 年，一开始收藏时起点就很高，他的主要关注点就在陈年普洱老茶，近十年来的注意力更只是放在如“福元昌”“同庆号”“亿兆丰”这样一些名号的古董茶以及茶膏上。

关于茶膏，大多数人都非常陌生，更少知道茶膏被誉为“茶中黄金”，始于唐、成于宋、兴于清、盛于当代，是选用千年古木、乔木茶叶原料，通过100多道秘制工艺、历时72天将茶叶有益成分提炼、浓缩而成的膏状固体，能够速溶于水。早在五代十国年间闽康宗通文二年（937年），就有贡品茶膏进献的记载，即“贡建州茶膏，制以异味，胶以金缕，名曰耐重儿，凡八枚”。清乾隆帝专门在宫中设立御茶房制作茶膏，清朝宫廷的普洱茶膏制作工艺高达186道工序，制作时间历时72天，成品除自饮以外，还用于日常赏赐有功之臣以及跨国外交。但大臣们往往舍不得服用，通常作为高级药材储存。也许就因为清代药学家赵学敏在《本草纲目拾遗》中称：“普洱茶膏黑如漆，醒酒第一，绿色者更佳。消食化痰，清胃生津，功力尤大也。”又称：“普洱茶膏能治百病，如肚胀、受寒，用姜汤发散，出汗即可愈；口破喉颡，受热肿痛，用五分噙口，过夜即愈；受暑擦破皮血者，研敷立愈。”而如英国却不识茶膏真面，只能在大英博物馆里旁证传闻中宫廷茶膏的历史。可见沿民贡线上位直到成为宫焙的茶膏以珍罕立于世，甚至没有进入过市面流通，自然也不在大众视野中。2004年，在广东大厦的一场拍卖中，鲁迅收藏的宫廷茶膏拍出3克12000元的天价。就连当时92岁的茶学名宿，研究茶道60年的中山大学教授张宏达也称是第一次见到传说中如此精致的茶膏。受此事件刺激，2005年，普洱产地的研究机构才开始恢复这一古老工艺，现代茶膏的历史才开始书写，但依然价值不菲。

图 2-6-1　普洱茶膏

俞建文先生说，现今流通的古董茶膏真正能够到宫廷级别者极少极少，多是云南土司私府秘制，还有不少来自藏地，因为这个嗜好一度在藏地的贵族间很是流行。所以在这场特别茶事上，茶席并不考究，都是日常的样子，但是珍罕的古董茶和茶膏做了真正的主角。以清代的绿玉膏开局，进入正式程序的第一道是距今75年的民国普洱茶，已经被岁月淬炼出天然糯米香；第二道是光绪年间福元昌老号茶，清润厚重，距今已有150年的历史让茶性内化，算是一个小高潮；第三道开茶已经是在晚餐后的深夜，乾隆年间同庆老号茶带出200年前的时空，这时已经再无人间见惯的烟火气，按俞建文的话讲，“万物有灵，万物有情。这茶，反而能助深度睡眠”。对俞建文而言，茶或者茶膏，不过是一种载体。之所以喜欢古董茶和茶膏，并不仅仅是因为所谓的价值，更多的在于繁复的工艺是匠心的灵魂附着，能够存世，正是感恩天地的造化。他说：“3年是陈茶，10年是药，20年以上是宝。所以每一款古董茶都是一位睿智的老人，品这些茶时，就是在穿越时空和这些老人对话。”因此他旅行时总喜欢把茶膏带上，就如带着一个多年的老友，遇见性情相投的就请出两粒来和老茶对话。他认为真正的藏家不仅仅是懂得藏，而且要懂得和知己一起分享。

第二节　一人——柴祖舜

在俞建文的眼里，茶如老人，老人也如茶。他的母亲是位智慧而又有风骨的大家闺秀，从小教育他要如魏晋士大夫，要刚正不阿，要有所担当，要大气……就算在“文革”里走过一段艰难岁月，母亲也总是微笑着说：“来了就来了，过去就过去了。”从不抱怨，也不执着。所以也把他培养成了一个乐天派，有时候他会故意在母亲面前犯个小错，来激发她的活力。他说，很喜欢听母亲那些睿智的建议。记得30年前，当他初见沪上老画家柴祖舜时，他也在老先生的灵魂里看到母亲人生态度的影子。柴祖舜出身杭州的一个绘画之家，甚至连命运的起伏也和俞家有某些类似。俞建文说，真正的艺术家要为天地代言，我只收藏这样的艺术家的作品。在那么多的画家和藏家中，他们互相选中了对方，而且一走就是如影随形的30年。俞建文说：“遇到他，我的团队便找到了目标。因为我们了解这个时代需要什么，社会在转型，在发展，在浮躁与茫然中，

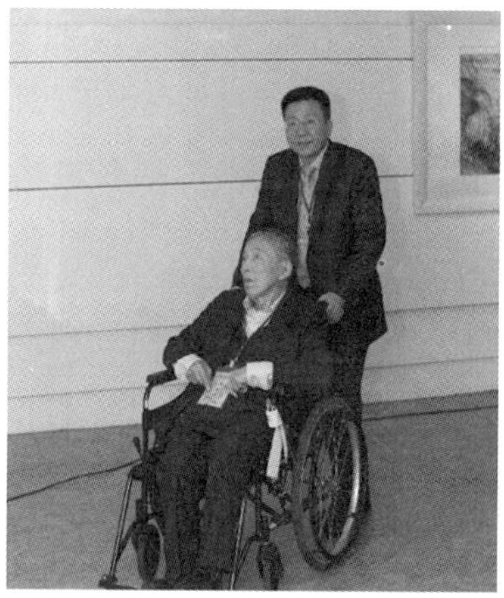

图 2-6-2　俞建文与柴祖舜合影

我们需要‘和’的理念，有了‘和’，人与人、人与自然、人与社会，甚至整个世界，都平衡了。在他的作品中，我们看到了‘和’。”因为这个原因，他和柴祖舜注定结下不解之缘。那时，俞建文的童心斋画廊是改革开放后上海出现的第一批画廊，主推当代艺术家，这一生认识艺术家也多如过江之鲫。他说历年来童心斋画廊推过不下百名画家，但如今，他只专注一人，把推广柴祖舜的心象美学当成自己毕生的事业。

柴祖舜，师从刘海粟、关良、马承镳、周锡宝、俞成辉、陈大羽、汪声远等先生，系统学习过素描、工商美术、油画、中国画；深造时又随苏天赐、陆国英、陈志华、颜文樑等先生学习油画、色彩、中国画，后又师从金石篆刻名家方去疾学习书法篆刻。20世纪60年代末70年代初，他的作品《毛主席视察上海钢铁厂》成为家喻户晓的一幅宣传画，把他推上大红大紫的人生巅峰。但同样也是由于这幅画，把他打入了漫漫人生苦旅和磨难中。俞建文说，年届八旬的柴祖舜用“命运多舛”来形容再贴切不过了：“文革”中遭遇了那么多不公平待遇，让一名教师失去了教书的权利，一位艺术家失去了被承认的权利；而在生活上又经历了两次不幸的婚姻，遭遇了中年丧子之痛，这些，他都一一承受下来，用宽博的胸怀化解了，并以顽强的毅力把心灵之痛升华为艺术的大美境界。正如毕加索一样，一个心智圆熟的艺术家从来不惧怕在某些生命节点上作出改变。俞建文最敬慕柴老在古稀之年仍然勇于给自己熟悉甚至大有市场的艺术语言来一个巨大的颠覆，即使是患上帕金森症也绝不停下手里的画笔，显示出了惊人的生命力和顽强的意志力，以及对美的喜悦和憧憬。

对每位画家来说，形成个人鲜明的风格很重要。但人们往往认为一个画家只应有单一的风格和样式，从事多样绘画门类与技法的创作似乎与个人风格的鲜明性相违背。我们认为个人风格的呈现方式，应该因人而异，不应该有统一的标准。柴祖舜有自己与众不同的生活经历，有自己对艺术的独特理解，他听由自己内心涌动的感情，用自己的心智和才能进行艺术创造，他的绘画面貌不断发生变化，但始终不离从生活感受出发的艺术原则，他融西于中，不论运用何种技法，都力求表达中国文化精神，使作品为社会大众理解、接受和享用。他是一位有奉献精神、有革新勇气，在中西合璧中尽显个人才赋的艺术家。俞建文将柴祖舜的艺术创作分为三个阶段：第一阶段，以《毛主席视察上海钢铁厂》为代表的写实油画。这一时期的作品结构严谨、时代感强烈，并通过对一批伟人形象的刻画表达了一个赤子的爱国情怀。他在这一时期的油画创作上走的是一条现实主义的艺术道路。第二阶段，“文革”结束后的动物国画，尤以各种形态、体貌的龙虎最为突出，以笔墨铸筋骨，借民族图腾寄托强国之梦。这个阶段柴祖舜先生从反映现实生活的油画创作转换到描绘中国传统绘画题材的龙虎中去。在这巨变的背后，反映出的是画家在精神上从现实的逃离，体现在艺术创作上，便是采取一种隐居式的态度。画家之所以选择龙虎，而不是花鸟、山水，因为龙虎题材中带有一种超凡的境界，有催人从逆境中奋起、不屈不挠的进取精神。第三阶段，为近年来打破传统具象与抽象的框架，他从龙虎画的“超凡”上升到抽象画的“脱俗”，实在是画家在艺术发展上顺势而为地进入一个更高的境界。以探索和创新精神独创的心象艺术，以绚丽的色彩和肆意的挥洒超越了传统材料和体裁的限制，在民族基因的基础上实现了真正的中西融合。

俞建文先生说，柴祖舜的作品给予欣赏者更多的是启发，他的画不仅仅是自己的自由创作和表达，同时也给观者带去联想的自由，启发观者展开自己的想象，与观者自己的内心拥抱，而不是强行地灌输——直接告诉你他画的是什么。这是“对观者自由思考、体验的尊重”。这 30 年的情谊里，俞建文都自称学生，和柴祖舜亦师亦友，早就超越一般人眼里的画廊主、艺术赞助人、藏家与艺术家之间的关系。热爱就是一种显而易见的情感，他对柴祖舜的每一张作品，介绍起来都是如数家珍。这些作品绝大部分并未面世。中国画里传统的青绿山水，在柴祖舜的笔下，通过色彩与造型语言，呈现出大象无形的一面。看柴祖舜的心象画，可以真切地感受到这个疾病缠身的老人，胸中隐藏着火一样的激情。他说，他暂时不会把柴先生的作品投向市场，如果去拍卖，可能会制造一时的广告效应，但是，那只是短暂的商业行为，决不是正确的艺术推动手段。他不舍得卖掉柴先生的作品，希望为柴先生建一座心象美术馆，让更多的人能够欣赏到柴先生的心象艺术。因为这些作品集中在一起形成了一个艺术家完整的艺术进化、思想发展的链条，如果把其中一个环节打断了，无论从学术研究层面还是对艺术家或者收藏家本身，都是不负责的。如果是真心热爱收藏，此艺术品就一定物有所值。

在俞建文的研究里，柴祖舜的艺术属于东西融合，因为这位艺术家从涉足绘画之始就中西兼修，不排斥任何画种和任何题材，能画中国画，也能画油画、水彩水粉画，中国画里又兼花鸟、山水、人物，各个阶段的艺术观念始终处于一个开放状态。几十年的中西兼修让柴祖舜在中西对比中对中华传统文化有了更深的了解，并最终回归中华传统文化的精髓——在传统的泥金纸上，创化出的泼彩泼墨，传播开放包容的中国文化思想，并用纯熟的绘画技艺将中西方艺术不露声色地融合在一起。在研究柴祖舜绘画艺术中，俞建文自己也形成和逐渐发展出一套审美理念的系统理论——心象美学。

第三节　一象——心象艺术

在俞建文先生的心象美学理论体系里，关于绘画，他有自己的一套理论认知：从具象到抽象，再到意象，最后通达心象，这是一个热爱绘画的艺术家应该经历的四个阶段。在这个链条中，心象最圆融。一个真正意义上的画家在经过前三段的历练后，最终必然返回自己的内心，走向心象艺术。从历史沿革的意义上看，东西方艺术大师都走过这样的一个通路。而柴祖舜与他的这套理论已经到琴瑟和谐般的共鸣。他一再强调，心象艺术绝对不是一个简单的情绪宣泄，而是带着宇宙宏观维度的哲学思辨。

图 2-6-3　柴祖舜心象艺术作品

俞建文先生曾这样评论心象艺术："柴祖舜的心象艺术笔随心运、似真若幻，沟通情趣灵性而至于物我二忘，显示出其与生俱来的自由、独创和隐喻性，时见他有神来之笔出人意外而自饶风韵，很难想象这是出自一位被疾病长久折磨的画家之手。从顽强变革到独创自我绘画语言，我们见到了一个自由心灵与宇宙造化率真对话，其精神华彩在不断迸发闪烁的独特画家。他对于当代水墨画先知先觉的大胆实践尝试，为中西文化相融的语境拓展，提供了令人叹为观止的全新范例。"他认为判断心象艺术最直观的感受是：无论你身居哪个国度、怀着怎样的心情，都可以收获与自己的情绪相对应的感受——热烈的、宁静的、古典的、浪漫的……但是，这些感受有一个共性，那就是和美，在一切的感受中，都有一个“和”的潜在美感在里面。这恰恰是中华文化的最根本的基因，也是人类文明的共同价值所在。

谈到柴祖舜作品与心象艺术的问题，俞建文动情地说：“每当我们观赏柴先生作品时，我们的思绪被牵引穿梭于古今时空，一会儿遨游于宇宙苍穹，一会儿又漫游在大江南北。柴祖舜先生的艺术轨迹变化莫测，多姿多彩，具有极强的想象力和创化力。揣摩追寻他那波澜不惊的‘心象’世界，可见其随笔漫抒的心灵之爱自由洒落于画上每个角落，时而是轻描淡写，时而是激情澎湃，时而又逍遥自在，让人游移迷恋在色墨幻变、确定性与不确定交互的美幻境界之中，流连忘返。于观赏移目之间，会时而触碰心扉间的某个闸门，激起一股难以掩饰的情感涌动……”2013 年，俞建文和他的团队曾经带着柴祖舜的作品赴海内外巡回展出，去了我国香港、澳门、台湾等地区，也去了美国和欧洲的一些国家，不同宗教信仰的观者对柴先生的作品给出的评判空前一致：震撼！俞建文说，有的观众竟然面对作品流下了热泪，因为在无象与有象之间，他们看到了一种精神，平和而不失炽热、不屈而不失安详，那是一种人类共性的追求——浪漫、温情、成熟、坚定。俞建文认为这种精神可以聚同化异，达到一种心灵的契合，令人感同身受。正是这种心灵的契合将东西方不同文化、不同肤色的审美经验融合在一起，形成了共同的认知。所以俞建文会说：“心象艺术就是当代艺术。”关于当代艺术，俞建文有自己的见解——所谓心象，即心生于灵府，象显在圆融。他认为，当下这个现实世界是失衡的，到处是冲突、矛盾，充满利益纠结。而国人的价值观尤其混乱，要找准一个正确的方向来引导大家，很不容易。目前中国有很多的当代艺术是学西方的、日本的，中国的艺术家有一部分正在失去文化上的自信。

而心象艺术是完全站在中国文化的立场，以中国文化为背景的。中国的当代艺术不应跟着西方走，我们完全可以用自己的艺术形式来塑造中国当代艺术的评判标准。柴祖舜“心象”画中之“象”，是超越一般视象的无象之象，是中国人特有宇宙意识和艺术精神中的“罔象”之象。所谓罔象，其实就是无形之象。显然，他的绘画语言，既不同于散点透视的中国画大写意，而更具抽象性；又不像是科学理性的透视、色彩、光影的西画构成。然而，又分明觉得中西兼有。虽中西杂糅，但又和谐自然、浑然一体，真可谓是熔铸一炉。柴祖舜作品体现的和而不同、合而共生的理念，正是中华文化“和”的理念。这要求我们有新的艺术来承载这样的理念——聚同化异、契合心灵。因为“和”是人类共同的向往，也是共同拥有的财富，应该在各领域、各方面发出“和”的声音。柴祖舜的艺术也因为体现了“和”的理念而具有了当代价值和普世意义。俞建文说，任何一个民族的艺术，都是人类共同的文明成果，东西方文化的相融相和是大势所趋，而不应该以狭隘的民族主义观点来束缚这种融合，好像你用了西方的色彩，民族的特色就失去了，这是幼稚、封闭的思维。但是，融合不是替代，不是用西方的大脑思考我们的艺术和我们的生活。真正意义上的东西方文化交流，必须是在传播中华文化和与其对应的西方思想寻找到共同价值和一整套可持续对话的共享，相互激励，共同改进。心象美学理论体系的归纳就是为东西方二者兼备的艺术语汇架起一座沟通的文化桥梁。

文化的隔阂往往来自于信息的不对等。著名的宗教研究学者、布朗大学教授、复旦大学高级顾问教授罗文思（Henry Rosemont，Jr.）研习中国古代哲学多年，他透过对柴祖舜艺术的研究，对心象艺术进行了作为西方学者的视角阐释。他认为，中国古代哲学文献的早期翻译采取的其实是特定的西方哲学术语，这无疑意味着中国古代的大家无法发出自己的声音。对于变化的理解是中国古代诸子百家学说的核心所在，从中可以懂得和欣赏中国画，一点也不比欣赏中国哲学来得少，只要人们开始理解哲学家们都如何讨论人类应该怎样最好地生活：不是像西方那样寻找和思考永恒的真理，而是过一种只适应“变化”这一中国观念中唯一恒量的生活。孔子也好，庄子也好，他们的目标都是与无为的理念和谐相处，学会随时随地“顺势而为”。所以发现俞建文一直使用“创化”一词，他说，创化不等于创新，创新是物理概念，而创化是思维模式与技术甚至与东西方文化艺术语境高度融合的结果。为此，他投身到天津美术学院做心象艺术研究的特聘教授，还在农工党中央设立了心象美学课题组。“我现在就想通过心象美学的传播，让中国人在我们的文化基因里找到自信”，俞建文如是说时，两眼弯弯，有顽皮的光芒一闪。想来世俗名利在他看来都是浮云，而他只是想以自己的方式在这颗蓝色星球上划下一道印记。他们乐在其中。

第七章

中国姓氏文化发展史研究

2013 年开始,中国农工民主党中央联络委主任黄泰康教授发起,设立姓氏宗亲文化调研课题,随后成立了联络委委员聂振强为组长的相关研究团队。

2013 年 9 月 23 日,由中国农工民主党中央联络委主任黄泰康,姓氏宗亲文化课题调研组聂振强、昝胜锋等一行 10 多人组成的中国农工民主党中央姓氏宗亲文化课题调研组到河南比干庙调研。调研组一行认真听取了讲解员的讲解,实地察看比干庙古碑廊历代碑刻,了解历代比干祭典和比干庙风土人物传说,现场观看了历届比干诞辰纪念活动、海内外林氏宗亲团体和重要林氏代表如中国国民党副主席林丰正拜祖影像资料。中国农工民主党中央联络委主任黄泰康说,我们以习近平主席中国梦为源泉,抱着学习的态度,怀着感恩的心,通过参观、调研,看了历代帝王加封祭拜,对比干庙感触很深,也警示我们后代如何继承与发扬这种中华民族的精神,而精神的核心,重要表现形式就是姓氏宗亲文化。文化是立体的,比干的诚实守信在当今时代有着重要的意义和精神力量。我们有认知,中华儿女有责任也有能力推动中国梦,实现中国梦。

2016 年 5 月 8 日,姓氏文化研修班在中国人民大学举行开班典礼。本次培训班由中国人民大学培训学院市场调研中心、农工党中央联络委姓氏宗亲文化调研组承办。黄泰康、聂振强、汪辉、眘胜锋等课题组成员参加开班典礼。研修班以"弘扬中华传统文化，传承中华姓氏文化""家文化"为宗旨，传承已故社会学著名学者、原中国人民大学副校长郑杭生一级教授开创的"姓氏社会学"学科研究领域，传承郑杭生社会学研究思想，提倡好家风道德建设。

第一节　中国姓氏形成和发展阶段研究

以汉族为主体的中华民族历史源远流长，有着5000年的历史。它经历了五个阶段：姓氏萌芽阶段；姓、氏、名分化形成阶段；姓氏合一阶段；姓名充分发展阶段；实名与虚名分化阶段。中国姓氏特点表现为：开放性、等级性、地域性、多源性、时代性。

中国姓氏文化有着其重要的丰富的现实意义，它是中华民族团结富强的凝聚力和纽带；它蕴含着民族文明进取精神；这对于传播中华民族的文化有着重要作用；它对于人认识自身、造福自身、改造自身有着十分深远的意义。

20世纪后半叶，一部名叫《根》的小说横空出世、风靡世界，在全球范围内兴起一股寻根问祖的潮流，这股潮流至今仍绵绵不断、生生不息。寻根问祖不仅仅是人类的一种怀旧的情感，也是后人对先祖的认同，又是后来者对历史的反思，更是继承者对未来趋势的探索。对于人类姓氏的研究是人们寻根问祖的一条重要途径，对于姓氏文化的探秘是对社会心理、民族素质发展趋向研究的不可忽视的方面。

以汉族为主体的中华民族历史源远流长，有着五千年的历史，而中华民族的姓氏形成与发展几乎与此同步。伴随着姓氏的形成与发展而积淀起来的中国姓氏文化在世界文化史上展现出别具一格的绚丽多彩的魅力。在此，不妨对中国姓氏的形成和发展是作一个简要的阐述。

中国姓氏的形成和发展经历了五个阶段：

一、第一阶段

姓氏萌芽阶段。在我国古代典籍中，保存着汉族和少数民族图腾（Totem）信仰的纪录。如《史记·五帝本纪》中说：黄帝“教熊、罴、貔、貅、豹、虎，以与炎帝战于阪泉之野”。其中的“熊、罴、貔、貅、豹、虎”实际上是指以野兽命名的六个氏族。这些野兽就是六个氏族的图腾。所谓图腾，是指上古时期人们认为每个氏族部落与某种生物有着亲缘关系，或跟某种无生命的物体有着特殊的联系，初民们把这类生物或物体视为整个部落的祖先、象征物、庇佑者。《后汉书·西南夷列传》记载：“夜郎者，初有女子浣于遁水，有三节大竹流于足间，闻其中有号声，剖竹视之，得一男儿，归而养之。及长，有才武，自立为夜郎侯，以竹为姓。”综上所述，可以知道，中国的姓氏同样萌芽于原始社会的图腾崇拜中。

二、第二阶段

姓、氏、名分化形成阶段。姓氏表示血缘关系的世系群的称号，它起源于母系氏族。从“姓”的本身可以看出，它由“女”和“生”两个字构成。中国最早的姓大多带有母系社会的痕迹，如姬、姚、姒、妫、姜、嬴等。氏则是同姓衍生的分支，源于父系社会，也就是族号。郑樵的《通志氏族·略序》有一段话讲得很明白：“三代（夏、商、周）之前，姓氏分而为二，男子称氏，女子称姓。氏所以别贵贱，贵者有氏，贱者有名无氏。故姓可呼氏，氏不可呼姓。姓所以别婚姻，故有同姓、异姓、庶姓之别；氏同姓不同者，婚姻可通，姓同氏不同者，婚姻不可通。”这段话将姓和氏产生的时间（三代之前）、作用（“别婚姻”“明贵贱”）说得很清楚。

三、第三阶段

姓氏合一阶段。战国时期，由于旧的宗法制度的瓦解，人们的个性意识有了提高，出现了姓氏逐渐合一的现象。上起君主，下至平头百姓都有了自己的姓。

四、第四阶段

姓名充分发展阶段。之所以说是充分发展，表现在三个方面：其一，姓氏的数量超大规模的增长。根据黄帝和炎帝的传说，黄帝之子十二姓，炎帝之子四姓。从那时起，到唐太宗时高士廉重修、李义府修改的《氏族志》录有235姓，到了宋初，广为传诵的《百家姓》录有503个姓。明代人吴沉编的《皇明百家姓》共收有1968个姓。清代则更多。其二，少数民族姓氏的汉化。之所以姓氏大规模增长，少数民族的汉化是一个重要原因。从魏晋到明清，是少数民族大规模融入汉族的过程，汉族统治者通过赐姓、改姓或其他行政手段使得少数民族姓氏汉化；也有少数民族在接受汉文化过程中主动改姓；另有少数民族为适应时代和环境改从汉姓。其三，等级制在姓氏中逐渐占重要地位。魏晋之后，受九品中正制的影响，人们把姓氏的高贵、血缘的纯正作为选官授职和联姻缔亲的重要标志。北魏孝文帝拓拔（元）宏在坚持民族大融合的前提下，进行了一次堪称中国历史上最大规模的改姓运动。在这一改姓运动中，他把汉族中的卢、崔、郑、王定为一等姓氏。唐初时，唐太宗将崔、卢、李、郑作为高等姓氏。在贞观十二年（638年）经唐太宗批准的《氏族志》把293个姓评为九等。这种将姓氏划分等级的做法一直延续到明清。

五、第五阶段

实名与虚名分化阶段。如果说，姓氏发展的第四阶段是社会生活充分发展的结果，那么，当社会出现了具体情况，譬如清代统治者制造“文字狱”，明代统治者为了镇压不同政见者而进行特务统治（“东厂”），一部分政治家、文化人根据不同情况，运用虚名抨击时政。这种虚名包括笔名、化名等等。现代社会使用的网名，也属虚名之列，当然其原因与明清时代不可同日而语。

第二节　中国姓氏的发展特征研究

纵观中国姓氏的发展史，中华民族的姓氏发展如同咆哮奔腾的长江，由涓涓细流形成的壮丽宏大的巨澜汇聚到浩瀚的大海；俯视中华民族姓氏的分布，中国姓氏犹如一株巨大无比的榕树，其冠如盖，铺天盖地，其根如须，盘根错节。梳理以下中国姓氏的发展，人们可以发现其呈现以下特点：

一、开放性

所谓开放性，是指姓氏外延的扩大以及名字系统内涵的完备和丰富。由于中华民族是以汉族为主体的民族，在社会的发展过程，在各民族的融合进程中，姓的数量几乎是跳跃式地增长。炎黄时期为 16 姓，唐代姓的数量是 293 个，宋初的姓是 503 个，明代的姓最多达 2635 个。到了现代，据最新资料统计，中国的姓共有 11969 个（其中有些姓氏随着时代的发展也有不少消亡的）。其中单字姓是 5233 个，双字姓为 4329 个，三字姓为 1615 个，四字姓为 569 个，五字姓为 96 个，六字姓为 22 个，七字姓为 7 个，八字姓为 3 个，九字姓为 1 个。开放性的另一个方面是名字系统的日趋完备和内涵的渐趋丰富。姓和氏在上古社会就产生了，为了区别社会成员，作为标志，名也就随之产生了。《仪礼・丧服传》记载：“故子生三月，则父名之。”《仪礼・檀弓》曰：“人女三月而加名，故云幼名；年二十有为人父之道，朋友之类不可复呼其名，故冠而加字。”古人对人的称谓，除名字之外，还有号，大致可分为自号、别号、法号、室号、绰号、谥号等。姓氏和名字系统的各个部分各有其作用，姓用来明血缘，氏则别贵贱；字的作用是正体，“字以表德，号以美称”。这种名字系统最早形成于商和西周时期。顾炎武的《日知录》就有明确的论述。

二、等级性

最早给姓氏打上人为印记的是北魏孝文帝拓拔（元）宏。拓拔（元）宏用强制的手段使自己的鲜卑族兄弟在最短的时间内完成了至少表面汉化的过程。而且还进行了一系列匪夷所思、大刀阔斧的改革，其中的一项是姓氏改革，拓氏（元）宏将天下的姓氏分成三、六、九等。并且给每个等级制定了标准。在拓拔（元）宏开了先河的情况下，以后谁掌握政权，谁的身份就高贵，一人得道，鸡犬升天。到了唐代，李世民直接下诏，将原本第二等级的李姓，提升为第一等级，把王姓挤入第二等级。以后历朝君主基本如此。这种姓氏的等级制，造成了世界文化史上罕见的现象，譬如改姓、赐姓、讳姓等。这些所涉及的姓氏绝对不在少数，拓拔（元）宏的姓氏改革就牵涉到

100 多个姓氏。

三、地域性

所谓地域性是指在全民族的范围内，姓氏往往按地域分布。例如，唐代形成的“五家七姓”，即李（陇西、赵郡）、崔（清河、博陵）、卢（范阳）、郑（荥阳）、王（太原）。人类学家、文化史学家摩尔根在《古代社会》一文中，曾经引用他的朋友罗伯特·哈特给他的信说：“在中国许多地方遇到很大的村庄，全村只有一个姓。比方说，在一个地区见到三个村庄，每一个村住三千人。第一个村庄全姓马，第二个村庄全姓杨，第三个村庄全姓牛。”这种现象在中国极为普遍，这种自称村落的姓氏带有排他性。

四、多源性

所谓多源性，是指在中国的常见姓氏中（按照国家自然基金会研究划定：人口占 0.1%的姓氏称为常见姓氏，现有 129 个，占人口总数 87%），大多数有多个源头。为了便于说明起见，用列图表的方式，借以表达。

第二大姓“王”姓来源是这样的：

周灵王太子姬晋——宗敬

周文王“王”

周考王

帝王赐姓

少数民族汉化

第十二大姓“孙”姓来源是这样的：

周文王——惠孙

孙叔敖“孙”

田完后裔（由齐景公赐姓）

第二十三大姓“郑”姓来源是这样的：

后稷（神农氏）姬友（郑桓公）

帝喾“郑”

郑公子鲁

第九十五大姓“武”姓来源是这样的：

夏朝大臣武罗

商朝武丁后裔“武”

周平王后裔（姬姓）

春秋时宋国宋武公

第一百大姓“文”姓来源是这样的：

姬昌（周文王）后裔

炎帝后裔（姜姓）封地许国国君许文叔“文”

舜的后裔（妫姓）

五代时因讳姓石敬瑭而改姓这种多源性，既说明中华民族姓氏的丰富多彩，又给梳理姓氏的源流带来极大的困难，由此更加证明我国姓氏文化的源远流长。

五、时代性

在人的名字中往往散发着时代的气息，这是时代光芒的折射。汉代人的名字多用勇、超、雄、固等，反映大汉雄豪积极进取的时代精神；唐人喜欢以排行相称，就是当时的皇上唐太宗，可称之为“二郎”，这种习俗表现了唐代豁达宽容、自由宽松的社会风气；宋人多用“老、叟、翁”，这同当时社会对老人优厚有关；现代人则更为明显，子女的名字寄托着父母的理想和希望。中国的姓氏产生至今有五千年的历史，其历史之悠久在世界文化史上极为罕见。这种社会现象是一种特殊的文化现象。

第三节 中国姓氏文化现实意义分析

姓氏（包括名字）在民族文化的温床上形成，它是一座蕴藏丰富的精神矿藏。开发这座精神矿藏对于我们当今建设和谐社会有着十分重要的现实意义。

其具体意义是：首先，认祖寻根是中华民族团结富强的凝聚力和纽带。当一个民族危难之际，民族要生存，就得携手并肩，共同战斗，这就要全民族认同祖宗和“本是同根生”的意识，继而产生凝聚作用。比如屈原在其抒情长诗《离骚》开篇说“帝高阳之苗裔兮，朕皇考曰伯庸”。意思是说我是古代帝王高阳氏的后代子孙，我的先祖叫伯庸。这就是一种认祖行为，于是产生了不能将祖国当旅舍、不能视国君为路人的爱国情感。鲁迅在年轻时，写过一首《自题小像》，其中有一句：“我以我血荐轩辕”，轩辕就是黄帝。鲁迅表示愿意为社稷江山、祖国之邦奉献出自己的青春和热血。其次，中国的姓氏文化蕴含着民族文明进取精神。弘扬中国文化也应当包括中国的姓氏文化。五千年来，姓氏文化经过历史的积淀，与民族精神融为一体，这种包容姓氏文化的精神对于现实社会有着无法替代的作用。在中华民族的历史中，人们耳熟能详的“岳家军”“杨家将”，则是在民族危机时抵御外族入侵的一种民族自强精神的象征；占中国传统思想文化统治地位的儒家学说——孔孟之道，则是中华文明的表现。

在中华民族，人们口耳相传的、融入姓氏文化的、能表现人们积极进取精神的成语典故何止千百！其中有表现人们谋略智慧的“田忌赛马”“姜太公钓鱼，愿者上钩”；有表现“无为而治”思想的“庄周梦蝶”；有表现鞠躬尽瘁、敬业尽职的“周公吐哺”；有赞扬为救国难挺身而出的“毛遂自荐”；有赞颂朋友之间忠实守信、相知相交的“管鲍之谊”“范张鸡黍”；有赞扬人各有所长的“马工枚速”“孟诗韩笔”等。真是应有尽有、不胜枚举。

此外，与姓氏有关的“堂联”“堂号”，特别是“堂联”，它保留着深厚的文化底蕴，它反映了某姓氏的历史渊源、家族名人的崇高业绩，其作用除了光宗耀祖外，实际上还有提倡一种“家风”“族风”的作用。这种民间的“家风”和“族风”包含着传统文化的价值取向和理想。例如：林姓的堂联为“励志禁烟，御夷留根”；毛姓的堂联为“捧檄而往，脱颖而来”；于姓的堂联为“当代清官，救时宰相”。以上的堂联分别提倡爱国御敌、为国挺身、清廉救时的风尚，这难道不是中华民族进取精神的具体写照吗？再次，积淀了五千年的中国姓氏文化，不仅仅融入中华民族的传统文化之中，而且还与人们的日常生活发生了密不可分的联系，这对于传播中华民族的文化有着重要作用。

诗有“青山有幸埋忠骨，白铁无辜铸奸臣”，说的是，青山和忠骨，一个有幸，一个无辜。中国历史上，地因人姓而得名的十分普遍，因此许多原本默默无闻、亘古沉默的土地，因某个名人的驻足而顿时喧嚣起来，引得无数慕名而来的人士，或把酒临风，或扼腕痛心，或按动快门。根据1981年出版的《中国名胜词典》，书中共有6885条词目，其中涉及姓名的，包括本身就是姓氏名胜的，有866条，占全书所收录名胜的12.5%。岂但地名如此！日常生活中如“孔府家酒”“贵妃酒”“东坡肉”“李锦记”等等以姓氏命名的商品比比皆是。另外，中国姓氏文化不仅仅是狭义上的文化，而且是一门科学。它对于人认识自身、造福自身、改造自身有着十分深远的意义。

根据国家自然科学基金会支持的一项最新研究成果表明：“尤其是中国人前300个常见姓氏的数据和分布地区对于研究中国人Y染色体多样性、疾病分布、汉民族的源流以及其他学科领域，都有可能提供新的线索和参考。”广州中山大学的一项研究表明，某些姓氏与某些疾病有着相应的对应关系，某些姓氏与长寿与否有必然的联系。所谓染色体是细胞在丝分裂时出现的，易被碱性染料着色的丝状或棒状小体，它由核酸和蛋白体组成，是遗传的主要物质基础。如人体细胞有46个染色体，其中44个是常染色体，2个是性染色体。男性有1个X和1个Y性染色体，女性则有2个X性染色体。中国人传统是父姓子传。那么。也就是说，在中国人姓氏中，携带有鲜明的遗传密码。如果依据Y染色体的遗传密码，必能找到某些家族病的基因乃至长寿的奥秘。这将是中国人甚至是全人类的福祉所在。当然，这需要姓氏学、家谱学、遗传学、生理学、病理学等诸多学科艰苦合力攻关。尽管如此，前景是无限光明的。

第四节　现实作用与建议

中华民族是世界上最有智慧的族群，源远流长的姓氏宗亲文化构成了中华民族文化。海外华人无论身处全球何地，关注母国变迁的信仰都不会动摇。海外华人族群已经融入世界各地的政治、文化、经济等各个领域并做出不可估量的贡献，有着巨大的力量和影响力。发挥中华姓氏宗亲文化在海外联络工作中的作用，有利于开展海外华人华侨的统一战线工作，通过中华姓氏宗亲文化的交流活动，更好地团结联络海外华人，弘扬中华文化，实现中国梦。

一、中华姓氏宗亲文化悠久绵长，是中华民族优秀文化的重要组成部分

中华“百家姓”广为流传，姓氏在历史上是血缘的标志、家族的徽章，表现了门第思想、宗法观念。纵观五千年的中华文明史，不管换了多少朝代，改了多少年号，中国人的姓氏一直延续着，从未间断，至今后人仍享其恩泽。家谱、方志、正史构成中华民族历史大厦的三大支柱，是民族融合的表征，是民族文化的重要组成部分，是我国文化遗产中珍贵的一部分。

汉族历来以炎黄子孙自居，把炎、黄二帝作为共同的人文始祖和精神偶像，时时处处都流传着炎黄二帝的传说，人人都以炎黄子孙为荣。这种以血缘、姓氏为传承纽带，对共同祖先形象的塑造，对民族渊源的追述，构成了中华文化多元一体化和连续传承性的认同基石，它是增强中华民族凝聚力、向心力的桥梁、纽带，也是当今海内外炎黄子孙寻根问祖的重要依据。几千年来，中国社会政治模式都是“国管法治，家管德治”，以姓氏为标记的同血同缘群居群体就是靠家族来振兴德治。通过长辈的约定成俗，对晚辈的不断教化，使个人和族群的思想、行为、习惯，都以儒家思想为指导，充当儒家文化的重要传播者。

二、开展姓氏文化交流，促进海内外华人联合，有利于中华民族大团结、祖国和平统一

海外华人为家族的活跃注入了活力。历史上华人在海外饱受歧视，故而其“树高千丈不忘根”的思乡情节，较之国内同胞要强烈得多。改革开放以来，他们极力出资赞助的祭祖、修谱、建祠等活动，给故乡的宗亲同胞以极大的感染。海外侨胞是中国对外的“名片”，海外华人华侨社团、商会、姓氏宗亲会、会馆会所、华人学校、华人庙宇、祖宗祠堂等，形成了在海外展示中华民族形象的重要窗口，分布在世界各地的海外侨胞是中国的独特资源，在维护和促进祖国统一、拓展公共外交、推进民间外交、友好往来等多方面，发挥了重要的独特的作用。

姓氏宗亲组织还有一大特性，在政治属性上“不干预政治”，即不以姓氏宗亲组织

反对政府、不侵犯统治者的利益。中国传统家庭教育是“学而优则仕”，故不反君王。因而做好姓氏宗亲组织的联谊联合工作，还能起到祖国和平统一、香港双普选“好抓手”的作用。

三、建议

1. 通过姓氏宗亲活动促进民间外交，推进海内外中华民族大联合。开展姓氏宗亲联谊活动，以民主党派、国家团体、行业协会为主扩大海外姓氏宗亲会联谊范围，举办中华姓氏专题活动（论坛、会展、文化节庆、影视作品、图书出版、纪念活动等），凝聚海内外华人华侨大团结。

2. 与有关部门、姓氏社会组织联合，拓宽海外统战工作新渠道。参与开展海内外姓氏文化发展、姓氏宗亲组织状况调研。如结合“实现 2015 东盟一体化”，开展“东盟姓氏宗亲组织现状及发展研究”，了解和掌握东南亚华人姓氏组织现况，更好地加强侨务工作。

3. 建议由国侨办、中侨联牵头，民主党派参与，在北京组织召开“海内外华人姓氏文化发展交流大会”，同时成立“全球华人中华姓氏联合会”，总部设在北京，以便于更好地联络海内外华人华侨，弘扬中华文化，实现中国梦。

第三篇

涤尚年度评选八大榜单

2015 年，中国文化产业正经历着新的变革，党的十八届五中全会明确提出“十三五”时期推动文化产业成为国民经济支柱性产业这一催人奋进的战略目标，“互联网+”为文化产业带来了无限的双向拓展空间，供给侧改革的政策重心也将有效提高文化供给体系质量和效率。为深度定位 2015 中国文化产业新风向，涤尚中国创意产业网依托自身行业积累、学术力量与平台资源，隆重推出“2015 中国文化产业总评榜”。

第一章
2015 年度十大特色文化产业园区

一、上海 8 号桥创意园区

上榜理由：8 号桥创意园区实施开发、改建、招商、管理，历时一年，把凝聚着特有的历史底蕴和文化内涵的老厂房变成了吸引创意人才、激发创意灵感、集聚创意产业的新载体。目前，8 号桥已有境内外近百家著名设计公司和著名品牌落户，成为顶级品牌展示和信息发布的平台，成为中外经济文化交流的桥梁。

图 3-1-1　上海 8 号桥创意园区

二、台湾驳二艺术特区

上榜理由：随着都市港区空间解放政策与文化观光路径的延伸，驳二艺术特区成为高雄发展实验创作与设计艺术的动脉区块，将是一把启动南方艺文与新世代创造的钥匙，不仅在过往的历史时间上将高雄的产业景观化约成一种空间上的认同美感，更由于都市产业结构的改变，相关的文化资产的闲置窘境，驳二艺术特区的串连将不仅止于是人文历史文化的延续，更是一种艺术创作性的积极作法，借由艺术创作与新世代的创作实验传达艺术介入的再生精神，更能对应社会的潮流，成为台湾艺术的表征场所。

图 3-1-2　台湾驳二艺术特区

三、深圳特区 1980 文化创意产业园

上榜理由：特区 1980 文化创意产业园是一个集创意设计、文化艺术交流展示、时尚旅游休闲为一体的复合型功能园区，不但具有多元化商业特质，更是用文化创意驱动市场。在对原有的历史文化遗留进行保护的前提下，他们将原有的工业厂房进行了重新定义、设计和改造，带来的是对于建筑和生活方式的创造性的理解。特区 1980 意味着先锋意识与传统情调共存，实验色彩与社会责任并重，精神追求与经济筹划双赢，精英与大众的互动。

图 3-1-3　深圳特区 1980 文化创意产业园

四、北京新华 1949 国际创意设计产业园

上榜理由："新华 1949"项目以除旧布新、突出改造再利用为思路，一方面拆除价值不高的建筑，一方面挖掘特色建筑的文化内涵，赋予其现代主义的设计风格，彰显简约大气、新旧和谐共生、富有特色的空间特征。中心绿化通过保留大部分高龄树木，建造主题庭院，改善景观环境，体现人文、环保与可持续发展的宗旨。

图 3-1-4　北京新华 1949 国际创意设计产业园

“新华 1949”项目已被纳入西城区“十二五发展规划”，并被西城区授牌为“西城区文化产业发展聚集区”，同时正积极争取更多优惠政策和资金扶持。作为未来几年工作的重中之重，集团公司将齐心合力把老厂区改造好，新园区经营好，将“新华 1949”建设成为北京知名的文化金融创新核心区。

图 3-1-5　武汉汉阳造文化创意产业园

五、武汉汉阳造文化创意产业园

上榜理由：2014 年，汉阳造创意园入选“国家梯队”后，公共服务平台继续发力，多个平台建设有条不紊。现已建成汉阳会馆、影视大棚、云计算中心、文化展示中心、影视人才培训中心、产品推广中心、新媒体技术支持中心等数个华中一流的产业功能型公共服务平台。园区及企业积极探索产学研结合及理论创新、专业技术创新、经营方式创新，以示范作用带动了全行业发展。汉阳造文化创意产业园是中国近代工业遗迹上建起的文化创意园，是武汉的历史痕迹与文化底蕴的融合之作，其承载着大时代的记忆，将当年工业化的凝重沉稳，演变成今天后工业化的灵感飞扬！

图 3-1-6　烟台 1861 广告创意产业基地

六、烟台 1861 广告创意产业基地

上榜理由：1861 广告创意产业基地

内集聚了国内外著名的广告设计公司，基地目前已有签约入驻企业 200 多家，韩国企业 12 家、中国香港企业 3 家，注册资本超过 1.6 亿元，从业人员超过 900 人。业务涵盖了平面广告影视、音乐、设计、制作、广告会展、出版印刷等多个环节，企业创作的多部作品获得国内外设计大奖，50 多部作品入选《中国设计年鉴》《亚太设计年鉴》。1861 广告创意产业基地以创意为核心，以动漫为主要表现形式，配套功能完善，产业链条完整，综合效益突出，是国内外领先的大型动漫广告制作基地、烟台最具代表的文化地标。

七、天津棉三创意街区

上榜理由：该项目是在原棉纺三厂的旧址上，通过保护性的开发建设，打造天津市首个集创意设计、新媒体服务、商务咨询、艺术展示、文化休闲、人才培训为一体的新型创意产业综合体项目。棉三创意街区承接了纺织工业的历史，成为天津智慧街区的代表，将打造三大业态——“艺街区”“翼空间”“逸生活”。棉三创意街区无处不在的节能环保理念使其独具特色，脱颖而出。同时，街区将充分利用人与人、人与企业、人与商家、商家与企业间的关系，将“互联网+”云平台的使用贯穿到整个街区的运营流转之中，形成一种新型的办公生活方式，是文化+科技、创意+时尚的智慧创意联盟社区。

图 3-1-7　天津棉三创意街区

八、北京半壁店 1 号文化产业园

上榜理由：半壁店 1 号文化产业园是国家文化产业创新实验区内新晋转型升级的十个园区之一，其前身是北京环驰车桥厂厂房，既保留传统工业时代的粗

图 3-1-8　北京半壁店 1 号文化产业园

犷风格，又不失现代时尚元素。园区将集产业办公、创业孵化、企业公共服务、文化展示体验等多功能及配套于一体，打造“资本＋服务＋空间”全要素支持的文创产业创新创业平台。

九、开滦文化产业园

上榜理由：开滦文化产业园区，是回望过去、直面当代、展望未来的一方精神家园——是一本关于开滦的历史教科书，充满厚重的文化韵味。开滦文化产业园承载了中国矿业文化的根脉，智慧营销与“科技＋”助推其成为资源型产业转型开发的成功典范。

图 3-1-9　开滦文化产业园

十、泉州源和 1916 创意产业园

上榜理由：“源和 1916 创意产业园”是泉州首家创意产业园，福建省首批省级重点园区。作为闽南文化在中国保留最完整的创意产业园，“源和 1916”始终以“创意为壳，文化为核”为精神宗旨，逐步发展成为集创意、设计、文化、展示、旅游为一体的复合型文创园，致力于保护工业文明，弘扬人文价值、发扬传统文化，提升城市品质、提高大众文化修养，将成为南中国以及海峡两岸的文化殿堂和创意聚集地。

图 3-1-10　泉州源和 1916 创意产业园

第二章

2015年度十大文化产业热点关键词

一、一带一路

上榜理由："一带一路"的建设为文化产业发展提供了巨大的发展空间和历史机遇。中国经济正借助"一带一路"更快地走出去，世界经济正在"一带一路"建设中与中国经济实现共赢，应及时把握"一带一路"机遇，引领文化产业走在时代前沿。随着"一带一路"战略的不断推进，中国企业正在迎来行销全球的出海大时代。

二、双创

上榜理由：国务院总理李克强2014年9月在夏季达沃斯论坛上公开发出"大众创业，万众创新"的号召，"双创"一词由此开始走红。在2015年6月4日的国务院常务会议后，"双创"再度吸引了人们的注意，国务院印发了《关于大力推进大众创业万众创新若干政策措施的意见》，真正将大众创业上升到国家战略来践行。按照党中央、国务院决策部署，以营造良好创新创业生态环境为目标，以激发全社会创新创业活力为主线，以构建众创空间等创业服务平台为载体，有效整合资源，集成落实政策，完善服务模式，培育创新文化，加快形成大众创业、万众创新的生动局面。

三、互联网＋文化

上榜理由：网络文化近年来随着网络普及取得了飞速发展。统计数据表明，中国目前的网络视频、网络音乐、网络文学、网络游戏等用户的规模达 4.81 亿人，与 5 年前相比增加 1 亿人；网络文化产业的规模达 1500 亿元，同比增长 200%；网络原创文学作品超过当代文学纸质媒体发表作品 50 年的总和。网络视频市场规模达 240 亿元，累计播放超千亿次。未来，基于互联网的文化产业，比如演出直播模式、众筹股权投资与新的文化金融模式、对接线下的营销与传播、大明星合作引导“粉丝经济”的模式等都将大有可为。

四、文化消费

上榜理由：2015 年是文化产业升级的一年，其中文化消费最为明显。曾经只是用来欣赏的艺术作品，开始被大众关注并购买。文化消费作为在文学、艺术、教育、科学等方面的支出和消费活动，已越来越为人们所关注。3 月 5 日，国务院总理李克强在十二届全国人大三次会议上作政府工作报告时提出，要加快培育消费增长点，扩大文化消费，同时让人民群众享有更多文化发展成果。此外，李克强还提到要加快培育消费增长点，提升旅游休闲消费，扩大教育文化体育消费，以及保护和发展少数民族优秀传统文化及特色村镇。

五、IP

上榜理由：IP（Intellectual Property，“知识产权”的缩写）是 2015 年文化产业界出现频率最高的词之一，高人气的文学作品、动漫、影视作品、游戏、综艺节目等都是优质 IP。一个优质的 IP 可以将单一的内容产品衍生出各类周边产品，实现多领域、跨平台的商业拓展，从而打通文化产业全产业链，实现价值最大化。IP 在被搬上荧幕之前，往往具有一定的观众基础，也就规避了不少市场风险；而且制作方取得 IP 后，改编即可。相对原创、自制内容，IP 内容更加短平快，更有保障。《琅琊榜》《芈月传》这样的“热门 IP”“超级 IP”更是各大传媒公司追捧的对象。对于广告主或代理商来说，同样因为成形的受众群体，IP 也是心仪的合作伙伴。

六、四众

上榜理由：9 月，李克强主持召开的国务院常务会议提出，推动“大众创业、万众创新”，需要打造支撑平台。要利用“互联网+”，积极发展众创、众包、众扶、众筹（“四众”）等新模式，促进生产与需求对接、传统产业与新兴产业融合，有效汇聚资源，推进分享经济成长，助推“中国制造 2025”，形成创新驱动发展新格局，文化产业将受惠于“四众”政策，激发新活力。

七、O2O

上榜理由：2015 无疑是属于 O2O 的一年，一切都和 O2O 行业中所发生的种种变故紧密相关。9 月，国务院办公厅印发了《关于推进线上线下互动，加快商贸流通创新发展转型升级的意见》（以下简称《意见》）。《意见》提出，要大力推动吃住行及旅游、娱乐等生活服务业在线化，促进线上交易和线下服务相结合，提供个性化、便利化服务。支持住宿企业开展在线订房服务。鼓励交通客运企业、旅游景点及文化演艺单位开展在线订票、在线订座、门票配送等服务。由此看来，文化产业领域的 O2O 模式将会大势发展。

八、新媒体

上榜理由：新媒体（New Media）是一个相对的概念，是报刊、广播、电视等传统媒体以后发展起来的新的媒体形态，包括网络媒体、手机媒体、数字电视等。新媒体亦是一个宽泛的概念，利用数字技术、网络技术，通过互联网、宽带局域网、无线通信网、卫星等渠道，以及电脑、手机、数字电视机等终端，向用户提供信息和娱乐服务的传播形态。在互联网高速发展的今天，以个人为中心的新媒体已经从边缘走向主流。其中以博客最为典型。新媒体时代已经到来。

九、文化扶贫

上榜理由：2015 年 11 月，《中共中央、国务院关于打赢脱贫攻坚战的决定》中指出，支持贫困地区挖掘保护和开发利用红色、民族、民间文化资源。鼓励文化单位、文艺工作者和其他社会力量为贫困地区提供文化产品和服务。发展特色产业脱贫，依托贫困地区特有的自然人文资源，深入实施乡村旅游扶贫工程。文化扶贫既是从文化和精神层面上给予贫困地区以帮助，从而提高当地人民素质，尽快摆脱贫困。文化扶贫往往能用最少的钱，收到最大的效果，投入产出比很高。“治贫”必先“治愚”，大力发展农村的文化事业，提高农民的思想文化素质和科学技术水平，是促进农村经济发展，从根本上改善农民生活的关键所在。

十、供给侧改革

上榜理由：“供给侧改革”横空出世，成为近期高层讲话中的高频词。产业转型升级的大背景下，文化产业发展的思路也在适时进行转变调整。供给侧改革是一种寻求经济新增长新动力的新思路，主要强调通过提高社会供给来促进经济增长。供给侧则有劳动力、土地、资本、创新四大要素，供给侧结构性改革旨在调整经济结构，使要素实现最优配置，提升经济增长的质量和数量。

第三章

2015 年度十大文化产业先锋人物

一、晋亮　山东影视传媒集团总经理

图 3-3-1　晋亮

山东影视传媒集团有限公司是山东省省管国有大型文化企业，晋亮担任山东影视传媒集团有限公司总经理，兼任山东影视制作有限公司董事长。从 2000 年开始，拍摄了《光荣之旅》《大法官》《誓言无声》《大染坊》为代表的一批精品力作，2008 年更是以 52 集大型电视连续剧《闯关东》在央视的热播打造了创业以来最响亮的“鲁剧”品牌。电视剧《沂蒙》《铁道游击队》《钢铁年代》《知青》《小小飞虎队》《温州一家人》《父母爱情》《马向阳下乡记》《北平无战事》，电影《北川重生》《天上的伙伴》《西游记之大圣归来》等一大批叫好又叫座的影视精品，取得了社会效益和经济效益的双丰收。

二、张晨　北京开心麻花娱乐文化传媒有限公司创始人

图 3-3-2　张晨

“开心麻花”于 2003 年首创“贺岁舞台剧”概念，并在此后 10 年时间里，陆续推出了 21 部舞台剧，成为京城文化热点。“开心麻花”系列舞台剧在北京及全国中心城市上演超过 2000 场，为百余万观众带来了无限欢乐。张晨作为“开心麻花”的创始人和导演，带领他的团队凭借着幽默的创作风格和令人捧腹的剧情设置赢得无数观众的喜爱。2015 年，“开心麻花”进军影视界，首部电影《夏洛特烦恼》累计票房已破 14 亿元，深受观众好评，其同名舞台剧门票也销售火爆。

三、王健林　万达集团董事长

图 3-3-3　王健林

王健林，大连万达集团股份有限公司董事长，中共十七大代表，第十一届全国政协常委，中国企业家协会副会长，美国哈佛大学全球顾问委员会副主席。9 月 26 日上午 9 时，云南省人民政府和万达集团战略投资合作签约暨万达西双版纳国际度假区运营启动仪式在西双版纳万达文华酒店举行，现场万达集团与云南省签署了战略合作协议。未来 4 年，万达集团将在云南投资 950 亿元，新建 19 个万达广场和 1 个文旅项目。加上之前的投资项目，万达在云南累计投资将达 1300 亿元。从最初时的地域性地产公司到现在全国性的大企业，从原来单纯的地产业到现在的地产与文娱项目并行，万达在王健林的领导下迈过了一个又一个的坎，万达在云南的千亿投资将大大提升昆明市的商业、酒店水平，推动泛亚金融产业中心园区的发展。

四、苏忠　大业传媒总裁、《奔跑吧，兄弟》出品人

图 3-3-4　苏忠

苏忠领导的大业传媒集团成立 18 年来，秉承着传播价值、传播正能量的使命，不断为观众提供真诚、善良、有爱心的影视作品。2015 年，由大业传媒联合出品的综艺栏目《奔跑吧，兄弟》和《闪亮的爸爸》，掀起一轮又一轮的收视热潮。在国家提出“一带一路”战略之际，大业传媒联合出品的电视剧《丝绸之路传奇》在央视一套黄金时间首播后，得到广泛好评，实现了艺术价值和经济价值的双赢。原创动漫《绿茵少年》被文化部评定为弘扬社会主义核心价值观动漫扶持计划扶持作品。

五、金辉　山东儒源文化集团创始人

图 3-3-5　金辉

金辉，山东儒源文化集团创始人，孔子礼仪文化学校校长。她不仅在讲台上传道授业，在全国各地开办数千场公益论坛，更是用实际行动向世人展现传统文化的魅力所在，她所创办的儒源文化集团以传统文化的多样性推广为核心，经营一轴多线的产业链，融合国学教育、企业培训、特色体验、修学旅游、文化商贸、影视传媒等多种业态，开辟了文化产业发展的新模式，让传统文化真正从书本走进人们的生活点滴，仅曲阜彬彬有礼道德城市的建设就有 60 多万的受益群众。

六、李勇　昆明新知集团董事长

1991年，在国家图书发行体制改革的指引下，李勇怀着“文化报国”的理想，从30平方米、4个人、13000元起家，创办了昆明新知图书城有限责任公司——中国最大的民营书店。李勇投身出版发行事业27年，曾荣获由国家新闻出版总署评选的“新中国成立60年来新闻出版系统百名优秀出版企业家”称号。他带领新知集团在国内建立66个连锁书城，并在柬埔寨、老挝、马来西亚等东南亚国家建立7个中华书局，为中国文化“走出去”作出积极贡献。

图3-3-6　李勇

七、田晓鹏　《大圣归来》3D动画导演

田晓鹏，十月数码集团董事，国内资深三维动画影片导演，有18年三维动画创作经验。精通三维动画的创作工艺和流程，以其为核心凝聚着国内最精坚的三维动画原创团队，致力于原创动画及三维动画电影的创作。2015年7月10日，《大圣归来》上映首日，院线排片不足10%，但口碑爆棚，迅速被冠以“中国动画史里程碑”。有人认为，它把中国动画与好莱坞的差距从100年缩为10年。

图3-3-7　田晓鹏

八、陈杭　中国文化产业投资基金管理有限公司总经理

中国文化产业投资基金是中央批准设立的唯一一支国家级文化产业投资基金，中国文化产业投资基金管理有限公司是中国文化产业投资基金的管理人，负责基金运营管理和投资决策。陈杭拥有超过12年丰富的文化产业企业上市和资本运作的经验，引领了中国文化产业投资基金对新华网、中国出版、视讯中国、骏梦网络、法宝网、万方数

图3-3-8　陈杭

据、欢瑞影视、开心麻花等重点优质文化企业的投资。

九、江志强　《捉妖记》制片人、安乐影业总裁

江志强几乎将所有资产押在电影《捉妖记》上，该片不负众望，上映后，票房一路飙升，最终拿下 24.39 亿元的票房，创下多项中国电影史上的票房新纪录。此外，2015 年江志强担任制片人的电影《狼图腾》、担任出品人的电影《滚蛋吧！肿瘤君》均收获不俗的票房和口碑，其中，《滚蛋吧！肿瘤君》代表中国内地参加第 88 届奥斯卡最佳外语片奖的角逐。

图 3-3-9　江志强

十、薛运达　北京尚 8 集团董事长

薛运达 2007 年创建“尚 8”品牌，在北京改造旧厂房为文化产业园，逐步使公司成为一家以文化创意产业集聚区为载体的绿色人文企业，成为汇集文化精英群体的“创意者之家”和凸现人文关怀与城市质感的地标式“创意综合体”。2015 年尚 8 文化集团已经在北京打造了 10 个园区，经营规模有 170 多亿元，园区内部入驻文创企业 400 多家，外部合作企业有上万家。

图 3-3-10　薛运达

第四章
2015 年度十大文化旅游产业规划机构

一、绿维创景

上榜理由：北京绿维创景规划设计院下设的文化旅游与创意文化地产中心，是文化体验旅游开发与文化地产规划设计的专业机构。本中心以独特的创意手法在国内外多个文化旅游和创意文化地产竞标项目中获得第一。

绿维长期专注于文化保护与旅游开发模式的创新研究，提供旅游景区文化提升与情境体验创新、文化遗产、大遗址、历史文化古城、历史街区、非物质文化遗产保护与旅游开发等项目的策划、规划、设计及投资运营咨询全程专业服务。同时，基于文化创意产业与旅游产业的整合，绿维开展文化创意产业园区的规划设计，为文化地产、创意地产、艺术地产等提供顾问与代理服务。目前，绿维已发表大量研究成果，提出了文化体验模式创新六幕、大遗址旅游开发情境规划五法、大遗址旅游开发产品化构建手法、体验式博物馆展览模式五化手法、文化旅游产品策划的主客体手法、景区文化演艺创新策划手法，以及大遗址开发商业模式、文化休闲名街打造模式等创新理念。

二、巅峰智业

上榜理由：北京巅峰智业旅游文化创意股份有限公司始创于2001年，是国内最早专业从事旅游规划设计业务的企业之一。巅峰智业在以旅游规划设计为核心业务的基础上，不断延伸旅游产业链整体服务，大力发展景区运营管理和智慧旅游业务，已形成“规划—设计—运营”综合性、一体化的服务体系，具备全链条、一站式服务能力。

巅峰智业遵循“为中国旅游投智”的服务理念，致力于成为我国旅游规划设计行业的推动者和领先者，经过十余年的发展，其在行业内逐渐形成了前沿的技术优势及核心竞争力，已成为行业内具有强大影响力的一流企业。

三、博雅方略

上榜理由：北京博雅方略是我国较早从事旅游规划、景观设计和区域经济发展与城市产业规划等领域的综合性、专业性服务机构，是一家具有较高市场认可度、务实敬业、强于创新的知识提供商。秉承百年北大精神，本着“传承经典，创意未来”的服务宗旨，以“传正通兴业之方、授持续发展之略”为使命，致力于旅游产业开发全程服务。业务范围涉及旅游策划、区域或景区旅游规划、景观设计、旅游营销、区域与产业战略研究、投融资、旅游咨询、旅游培训等。

四、大地风景

上榜理由：大地风景置身于旅游及其延伸领域的发展前沿，致力于搭建顶级国际合作平台，采用国际化运作和管理方式，立足本土文化，融入国际领先咨询理念，构建旅游全产业链咨询服务体系，提供旅游规划、建筑设计、景区管理、旅游商品、游乐设施、教育培训、智慧旅游、大数据开发、文旅投资、旅游营销、模块化建筑开发等一站式全程服务。

五、创行合一

上榜理由：北京创行合一规划设计院是一家专业从事旅游规划、策划与设计的单位。自成立以来，一直致力于为客户提供专业、实操性强而又极富创意的开发策划、总体规划、控制性详细规划、修建性详细规划、项目策划、商业计划书、招商说明书、营销策划、节事活动策划、招商引资直至开发操作计划等服务。业务范围涵盖区域旅游、景区旅游、文化旅游、智慧旅游、城市形象、产业园区、工业旅游、休闲农业与乡村旅游、旅游地产、旅游投资和旅游营销等领域。创行合一自成立起就一直秉承“原创思想，实操为王”的规划理念，迄今为止已成功完成了数百个策划、规划、设计、营销以及投融资项目，与众多政府部门及实力投资商达成了战略合作关系。创行合一的许多规划案例堪称行业经典，而这也为创行合一在业界树立了良好的口碑，在行业内形成了较大的影响力。

六、远见

上榜理由：远见机构把“致志于旅游行业，以设计立心的产业链服务商”作为企业定位，以“推动中国旅游强国梦”为使命。机构旗下囊括亚太地区最大的旅游设计集团，开展旅游项目配套投资、景区托管、提升服务等业务的投资发展集团，以及从事旅游营销策划、微电影宣传、自媒体营销等业务的旅游传媒集团。形成了三大板块、相互促进的链式业务平台。

经过 14 年的沉淀，远见人在行业形成了难能可贵、独树一帜的远见技术思想，如：6.12 技术模式、三域旅游设计、三轴理论等。远见机构以“用设计提升中国旅游”为己任，秉承“远见卓识、责任良知”的宗旨，力求做好政府的参谋、企业的顾问、游客的知音，指向“推动中国，旅游强国”的宏伟目标。

七、泺尚有道

上榜理由：泺尚有道文化创意产业规划设计院隶属于济南泺尚有道规划咨询有限公司，是我国较早从事旅游产业规划、文化产业规划、园区项目设计和城市产业规划等领域的专业服务机构。设计院依托“天下泉城”灵动之美，立足山东面向全国，为各行业、区域发展提供最好的规划蓝图。

泺尚有道长期专注于文化产业、创意产业、旅游产业及文博会展业的落地项目创新设计，提供文化产业园区、主题公园、旅游景区的文化提升与互动体验设计、历史文化古城、历史文化街区、历史建筑、非物质文化遗产保护与旅游开发等项目的策划、规划、设计及投资运营咨询全程专业服务。同时，基于文化创意与其他产业融合，文化产业与旅游产业的整合，泺尚有道开展文化创意产业园区的规划设计，为文化地产、创意地产、旅游地产等提供全程咨询、设计、运营等服务。

目前，泺尚有道已发表大量研究和设计成果，提出了文化产业园区商业创新策划十二法、文化互动体验创新模式八大板块、旧建筑文化创意园区互动创意规划六法、产业新城文化旅游开发人气化构建八法、人机交互体验式展陈展览模式六法、文化旅游产品策划的供需横纵向四法、文化休闲街区打造八大模式等创新理念。

八、东方创美

上榜理由：东方创美是集旅游规划、旅游地产策划、文化创意产业规划、景观设计、古建设计施工业务于一体的规划设计机构。东方创美面向运营中需要提升的旅游景区（度假区）客户，首创旅游智业解决方案模式，致力于解决制约景区进一步发展的瓶颈及主要矛盾。东方创美独创旅游地产捆绑式策划规划服务，率先提出“6＋4＋X”的捆绑式服务模式，将策划成果与旅游地产销售形成捆绑！

九、合易智业

上榜理由：合易智业，中国休闲农业与乡村旅游全产业链智慧服务先行者。经过十年来的快速发展，业务已经覆盖休闲旅游产业投融资、创意设计、木屋工程等多个服务领域。合易智业根据多年来积累的旅游综合服务经验，制定了健全的旅游产品质量把控标准，形成了专业化的产品包服务体系。主营业务覆盖了项目投融资、策划、规划、建筑设计、景观设计、木屋设计、工程施工、商学培训、会务服务等产业链的多个环节，形成了以项目投融资、创意设计、商学培训以及木屋工程等四大产业环节为核心的产业服务生态圈。

十、清大文产

上榜理由：清大文产（北京）规划设计研究院作为中国文化创意产业领域权威专

业规划设计机构，适应建立创新型国家的总体发展目标和文化产业大发展、大繁荣的趋势，着眼世界文化创意产业发展需求，整合国内外文化创意产业相关学科研究优势资源，集纳国内外最新规划设计成果，开展文化创意产业前沿规划与研究。在新的历史时期，清大文产坚持“塑造中国文化产业未来，打造中国文化产业集群”的核心价值观，秉承“以文化道，经世济民”的宗旨，创新科学理念，推动和谐发展不断为文化产业发展和城市化进程贡献力量！

第五章

2015 年度十大文化产业孵化器

一、广东　CCIC 联合文创

上榜理由：CCIC 联合文创是一家聚焦于移动互联网的创业孵化机构，于 2014 年 9 月 1 日正式运营，位于广州市中心的 T. I. T 创意园，紧邻微信总部，拥有 1000 平米的创意办公空间。

CCIC 筛选来自最热门领域（移动互联网、文化创意、创新商业模式、微信周边创业）的优质项目，让脱颖而出的创业同行，在此协同办公，并接受优秀企业家的创业辅导，同时获得更多与资本对接的机会。

图 3-5-1　CCIC 联合文创

二、湖北　光谷创业咖啡

上榜理由：光谷创业咖啡，由雷军和李儒雄于 2013 年联合成立，专门孵化软件和互联网创业项目，具有较多的大佬资源，可为项目提供有针对性的创业辅导和其他增值服务。光谷创咖的经营模式定位于商业投资，接入创业的全产业链服务，培育打造天使投资生态环境，成为创业经济的发动机。结合光谷创业学院（华创学院、青桐学院），迅速孵化成长一批未来市值10亿美金以上的创业标杆项目，给本地创业带来示范效应，成为中国最领先的创投平台、世界知名的创业基地。

图3-5-2　光谷创业咖啡

目前入驻团队40多个，到2016年上半年初达到100个。两年来，这个创业咖啡已累计孵化出近80个创业团队，培养的创业项目超过5000个。光谷创业咖啡目前在武汉有5家咖啡店，成都已经开了2家，员工人数达到100人，孵化器也从3个增加到6个，总面积达到25000平方米。

明星创业团队有恋爱笔记、车来了、星河博纳、块块互动、咕噜网、怡龙谷、时刻、读游科技、三聚客、恋爱笔记、极客传媒等。这些团队大多已拿到投资，如：车来了、块块互动、恋爱笔记、读游科技等。光谷创业咖啡已成为武汉市大学生创业孵化特区重要组成部分，现有近600平米的面积，让大学生创业者拎包入驻，接受各种创业培训，提供各种投资机会等。

三、贵州　联合智造

上榜理由：联合智造是中国西部众创园九大实体空间之一，位于贵阳高新区长通科技园内，总面积约4300平方米。联合智造创客空间以翰凯斯公司为主体，现已拥有flexbot. cc网络集成平台、wordpress程序架构、APP下载等网络技术开发及应用。目前，已有竹官、时差、木水手工坊等7家创客团队入驻

图3-5-3　联合智造

联合智造，将把传统手工艺与3D打印等结合起来，创造不一样的产品和创意。

四、青岛　瀛森堂

上榜理由：瀛森堂是中国文化创意产业网旗下打造的创客中心项目，由国内著名的文化创意产业研究专家、青岛瀛森创意规划顾问公司创始人马达建立。瀛森堂以茶文化为纽带，以茶会友，品茶论道，以中国文化创意产业网媒体资源为依托，专注于搭建文化创意产业领域资源共享、创业项目发布和互惠互利的平台，以实现创业者和投资人的有效对接、推动青岛市文创产业的创新发展为终极目标。瀛森堂落户于青岛市创意一百产业园，闹中取静，宁静独立，有书、有咖啡、有知识分子进出、有人文气息弥漫、有爱书人的聚集，是传统书店、咖啡馆的融合升华。

图 3-5-4　青岛　瀛森堂

五、天津　中国星合伙人

上榜理由：中国星合伙人，由天津意库文化传播公司与天津意库产业园区共同发起、建设、管理，是一个面向初创业者的孵化平台，重点面向大学生及青年创业者，主要功能包括商业计划检验、产品与服务研发、创业能力改善、试营销、开办准备，在初创业者与专业孵化器之间铺设成功通道，促进创业成功。该预孵化器利用意库产业园A4座载体约2400平米，共三层：一层为服务中心，二层为孵化中心，三层成长中心，硬、软设施与服务一应俱全，让青年创业变得没有“门槛”，没有负担。

图 3-5-5　中国星合伙人

六、江苏 36氪孵化器

上榜理由：36氪孵化器是36氪依托线上资源，在苏州建立的线下孵化器，目标每年吸引至少30个团队入驻孵化，创新孵化器作为专门的科技产业服务机构，将科技资源迅速、高效地转变为企业生产力，培育中小科技企业。学习国外先进的创新孵化器模式，为互联网创业者提供优质的创业平台，通过创业辅导、媒体曝光、人文环境搭建等手段，促进创业团队快速发展，快速取得融资。

图3-5-6 36氪孵化器

七、北京 车库咖啡

上榜理由：车库咖啡创业孵化器（简称“车库咖啡”）由前Chinacache战略投资总监苏菂创立，股东团队由十余位投资人和IT精英组成，于2011年4月开始营业，是国内第一家以创业和投资为主题的咖啡厅，旨在通过打造低成本的办公环境和沟通、聚会场所，促进创业团队间的互助与交流，帮助创业者实现创业梦想，培育新兴创业项目。车库咖啡致力于为初创企业提供低成本的办公与社交环境，是一家带有准公益性质的创业苗圃。到车库咖啡来办公的创业者，只需要每人每天点一杯咖啡就可以享受一天的免费开放式办公环境，共享手机、平板电脑测试机、投影、桌面触屏等30多种移动测试设备、远程测试服务器，分享IT界名人推荐的图

图3-5-7 车库咖啡

书和与投资人接洽的机会。

车库咖啡倡导创业的态度、极客精神和开放合作，所服务的创业者大多集中在IT、高技术、互联网领域，分为非会员和会员两部分。截至2014年10月，拥有会员274人。目前，车库咖啡占地面积500平米，11个符合审批条件的集中办公区工位，已累计接待3000多人次的创业者，200多位领军企业家和400多位天使投资人到访，200多家投资机构在车库咖啡开展了超过200场各类创业活动，诞生了100多个新融合的创业团队，其中40多个创业团队累计获得融资超过1亿元，10个创业项目被并购。受车库咖啡影响，全国创业咖啡类的早期创业服务机构多达百余家，推动了社会资本参与早期创业活动、创业服务向早期项目延伸的热潮。

八、烟台　文化创意产业孵化器

图 3-5-8　烟台文化创意产业孵化器

上榜理由：烟台文化创意产业孵化器被认定为省级文化创业产业“金种子”试点孵化器，在省、市委宣传部的大力支持下，坚持政府引导、校企合作、独立运行、自主创业的基本原则，充分整合政府、社会、高校和企业资源，通过精心培育“金种子”、创意“金种子”、创业“金种子”，提供孵化空间、资金扶持、人才培训、创业指导等全方位服务，培植了一批优秀创业团队，扶优了一批创意创业项目，做强了一批中小创意企业，初步形成了孵化器、加速器、产业园一体化运营，线下平台、线上空间一体化建设，本地孵化、远程孵化一体化联动，国际引领、国内培育一体化推进的发展格局，逐步成为文创人才培养、文创成果转化、小微文创企业成长的综合平台，取得了良好成效。

九、深圳　小小蚂蚁动漫游戏孵化器

上榜理由：小小蚂蚁孵化器由深圳10多名知名动漫游戏企业创始人或者高管参与众筹，包括上市企业乐逗游戏、博雅互动、第七大道游戏、Proficient City、皮皮精灵以及驱动人生、东方富海投资等企业创始人共同创建。这是一家专注服务游戏行业创业者的孵化器，将为动漫游戏创业者提供创业指导，办公场地免费入驻，天使投资以及在后续发展过程中提供动漫游戏发行、渠道、资金、宣传等各个方面的支持。

图 3-5-9　小小蚂蚁动漫游戏孵化器

十、西安　大秦创业孵化器（科耐特创业孵化基地）

上榜理由：西安科耐特投资管理有限公司以平台化思路，打造科耐特创业孵化基地，以“服务型办公＋创业咖啡＋创业孵化”的模式，为创业团队、企业提供多元化的创业服务。基地秉承“众创众享”的平台理念，让入驻每位成员都能享受到其内“草履虫创业咖啡”的开放自由，中央前台的专业便利，公共会议室、沙龙活动区的经济舒适。除了过硬的基础配套设施，园区还配备了一支专业的运营团队，为入驻的企业提供从行政职能支持、扶持政策申报到投融资推荐等一系列创业服务。基地入驻成员定位于：软创意＆硬科技领域，目前已吸引20个创业团队（含企业）入驻，接下来基地会加快进度与更多创业团队沟通交流，吸引优秀团队入驻，为他们提供实用的创业孵化服务。

第六章

2015 年度十大热门 IP 内容

一、《琅琊榜》

图 3-6-1 《琅琊榜》

上榜理由:《琅琊榜》是海宴 2007 年创作，首发于起点女生网的一本架空权谋类小说，营造了一个尔虞我诈的世界，通过主人公梅长苏的视角书写了一幕幕惊心动魄的权谋之斗。小说一经发表，好评不断，拥有极为庞大的粉丝群体。

2015 年，《琅琊榜》改编为由山东影视传媒集团等联合出品的古装传奇剧，全剧投资过亿，制作严谨、精良，场景、服装精细考究，文戏细腻缜密，武戏恢宏壮观。电视剧播出后，受无数观众追捧，被赞"国剧良心"，引领新一轮国产剧观剧热潮，平均收视率 0.8，网络点击量突破 92 亿次，"一卷风云琅琊榜，囊尽天下奇英才"，一时之间，《琅琊榜》如同一股飓风席卷网络媒体圈，成为炙手可热的话题。

二、《花千骨》

上榜理由：《花千骨》是Fresh果果2008年12月31日独家首发于晋江文学城的一部小说，讲述少女花千骨与长留上仙白子画之间关于责任、成长、取舍的纯爱虐恋。小说情节丝丝入扣，文笔优美，视界开阔，人物刻画入木三分，拥有坚实的读者基础。

图3-6-2 《花千骨》

2015年，《花千骨》改编为由慈文传媒集团制作并发行，林玉芬、高林豹、梁胜权联合执导，霍建华、赵丽颖领衔主演的同名古装玄幻仙侠剧。全剧使用电影镜头的拍摄手法，故事情节跌宕起伏，设置精巧；唯美的造型、高颜值也得到不少观众的认同。该剧画面唯美，场面壮观；在故事和人物设计方面与同题材剧集相比有创新，复杂且矛盾的人物情节、人物设计、人物情感吸引观众。该剧人气高，讨论多，播出期间平均收视率高达2.1，网络点击量突破220亿次，发行收入、同名手游收入等都位列同时段第一。此外，众多剧情桥段也引发了网友的模仿热，做到全面覆盖，成为现象级电视剧。

三、《平凡的世界》

上榜理由：《平凡的世界》是中国作家路遥创作的一部百万字的小说。这是一部全景式地表现中国当代城乡社会生活的长篇小说，全书共3部。该书以中国70年代中期到80年代中期十年间为背景，通过复杂的矛盾纠葛，以孙少安和孙少平两兄弟为中心，刻画了当时社会各阶层众多普通人的形象；劳动与爱情、挫折与追求、痛苦与欢乐、日常生活与巨大社会冲突纷繁地交织在一起，深刻地展示了普通人在大时代历史进程中所走过的艰难曲折的道路。2015年，改编为由SMG尚世影业、华视影视等联合出品的当代农村剧，由毛卫宁执导，王雷、佟丽娅、袁弘等主演。另有同名广播剧、磁带、连环画等产品出版发行。

图 3-6-3 《平凡的世界》

四、《何以笙箫默》

上榜理由：《何以笙箫默》是顾漫于 2003 年发表的言情小说，由中国同德文化教育出版社出版。小说讲述了大学时代的赵默笙对法学系大才子何以琛一见倾心，拔足倒追，终于使才气出众的他为她停留驻足的故事。

图 3-6-4 何以笙箫默

2015 年，《何以笙箫默》改编为由上海剧酷文化传播有限公司出品，刘俊杰执导，顾漫、墨宝非宝联合编剧，钟汉良、唐嫣领衔主演的都市爱情剧，剧集播出后，开启了 2015 年年初的国剧观剧热潮，平均收视率 1.2，网络点击量突破 61 亿次，位列同时段影视剧收视榜榜首，同名电影已于 2015 年 4 月 30 日上映，票房依旧火热。“等待”和“不愿将就”的感情观、价值观都很积极也很温暖，引发当代年轻人的情感共鸣，受到热切关注。此外，韩国 MBC 电视台已将电视剧版权买下，在 5 月时以原音播放，成为史上第一部在韩国无线台播出的大陆偶像剧。

五、《寻龙诀》

图 3-6-5　寻龙诀

上榜理由：2015 年的贺岁档中，《鬼吹灯》之《寻龙诀》无疑是最受期待的作品。《鬼吹灯》是中国探墓题材小说的开山之作，风靡一时，从而引起“盗墓”小说的畅销盛行。其在 2005 年一经问世，仅一个月内访问量即突破 1000 万；到 2012 年底，《鬼吹灯》图书已售出 660 万本，毋庸置疑是最成功、受欢迎的探墓小说。《鬼吹灯》一共 8 本小说，前 4 部版权给了中影，《寻龙诀》是改编后面 4 部，影片由陈国富担任监制，《画皮 2》导演乌尔善执导，由中国最具实力的三大电影公司——万达影业、华谊兄弟、光线影业联合出品，堪称今年最受关注的华语 IP 大片之一，这或许将成为一部代表当今中国电影最高水平的影片，也是一部能与好莱坞大片同级抗衡的华语电影。

如果说每年贺岁档都需要一部“领头羊”式的影片，那么《寻龙诀》无疑就是 2015 年的“领头羊”。由于兼具大 IP、大制作和强阵容，本片颇具商业卖相，目前票房已达到 16.6 亿，成功晋升国产电影票房前 3 名，并超过《复联 2》排名中国电影票房总榜第 5，接下来还有望继续摸金，获得国产电影票房第 2 名的好成绩!

六、《大圣归来》

上榜理由：我国历史悠久，文化积淀深厚，所以神幻传说、历史典故都是 IP 电影取之不尽、用之不竭的源泉。2015 年对于这类 IP 的开发也有不少案例，其中《西游记之大圣归来》当是其中翘楚。这一方面得益于《西游记》这个故事和“孙悟空”这个形象太深入人心；另一方面也在于创作团队“十年磨一剑”的认真态度。相比之下，同是著名历史故事改编的《王朝的女人：杨贵妃》就差到十万八千里了，按说，从创作团队到演员阵容，这部电影并不差，但问题出在对于这个 IP 的内涵挖掘不够，没有找到足够撼动人心的核心概念。

图 3-6-6 大圣归来

七、《盗墓笔记》

上榜理由：《盗墓笔记》系列是南派三叔的代表作，由中国友谊、时代文艺、上海文化于 2007—2011 年陆续出版发行，堪称近年来中国出版界的传奇，获得百万读者狂热追捧，与《鬼吹灯》一南一北，开创了中国文学界“盗墓文学”的黄金时代。南派三叔也凭此作名满天下，跻身中国超级畅销书作家行列。

图 3-6-7 盗墓笔记

2015 年，小说改编为由欢瑞世纪出品的一部网络季播剧，由郑保瑞和罗永昌联合导演，李易峰、唐嫣等主演，采用季播剧形式，单季投资 6000 万，第一季拍摄 12 集。剧集播出后，网络总播放量达到前所未有的 27 亿次，刷新了纯网络剧的播放记录。同时，网剧热播，反哺小说出版，同名手游、页游等衍生品的陆续发行，将《盗墓笔记》话题持续发酵，引发广大网友的大讨论，一时之间“土夫子”“粽子”等都成为网络热搜词，网络文化刮起了一股“考古风”。

八、《伪装者》

图 3-6-8　《伪装者》

上榜理由：《伪装者》是由山东影视传媒集团、东阳正午阳光影视有限公司联合出品的悬疑谍战剧，由李雪执导，胡歌、靳东、王凯领衔主演，改编自张勇小说《谍战上海滩》。该剧以抗日战争中汪伪政权成立时期为背景，通过上海明氏三姐弟的视角，讲述了抗战时期上海滩隐秘战线上国、共、日三方你中有我、我中有你的殊死较量。剧中明家四姐弟都当得起“伪装者”的名头，每个人都具备两种及以上的身份与面孔，亲情与身份的博弈，展现了人性在家国与亲情之间抉择的两难，充满了悲剧性，充满了不可为而为之的无奈。

电视剧播出后，凭借扎实的演员演技、精致的后期制作，火爆荧屏，平均收视率达到 1.9，网络总播放量破 47 亿次，同时段内，傲视群雄，成为史上关注度最高的抗战剧。在“偶像抗战剧”这条路上，《伪装者》已经成了一个标杆，“靠演技说话，靠诚意说话”才是收视保障。据传，借电视剧热播的东风，《伪装者》将于 2017 年推出电影版，将“谍战”“烧脑”进行到底。消息一出，再次引发网友热烈讨论，鉴于电视剧的精彩程度，多数网友表达了对电影版的热切期待，相信《伪装者》大电影上映后，又将成就一段票房奇迹！

九、《他来了，请闭眼》

图 3-6-9　《他来了，请闭眼》

上榜理由：《他来了，请闭眼》是搜狐视频、SMG 尚世影业、山东影视集团、东阳正午阳光影视有限公司联合出品的一部悬疑爱情剧，由孔笙监制，张开宙执导，海宴编剧，霍建华、马思纯、张鲁一、王凯、章龄之、尹正等人主演，改编自丁墨同名推理小说，主要讲述了全球著名犯罪心理学家薄靳言在破解一个个离奇案件的同时收获爱情的故事。该剧是国内首部互联网反向输出到一线卫视的作品。

从《战长沙》到《伪装者》再到《他来了请闭眼》，山东影视制作集团的金身在谋求转型中似乎要破了，不可能在国内出现的 FBI 标识、夸张鲜血飞溅的枪击镜头……这样的设定能过审不得不说是一个奇迹。网络卫视同步更新应该是在《琅琊榜》上学来的，此举大大分摊了购片成本和风险，很大程度上规避了版权推介、卫视排片等漫漫长路，确保了影片及时上新，让 IP 保持热度。而对于山影能否引领国产剧走出跟风买 IP 圈钱的浮躁风气，还是值得期待的。

十、《武媚娘传奇》

上榜理由：《武媚娘传奇》是由唐德影视、范冰冰工作室、《读者》集团、恒大影视、中影联合出品的古装宫廷剧，该剧由高翊浚执导，范冰冰、张丰毅、李治廷、张钧甯、张庭、周海媚、李李仁、李解等人主演。该剧主要讲武则天从 14 岁入宫闱后再到身着皇袍、头戴帝冕最终登位的人生历程，以及权力斗争的故事。该剧于 2014 年 12 月 21 日登陆湖南卫视“金鹰独播剧场”全国首播，2015 年 1 月 14 日登陆浙江卫视“中国蓝剧场”。2015 年 3 月 31 日，该剧未剪辑版在台湾中视和台湾中天播出。2015 年 4 月 26 日，该剧粤语剪辑版在香港翡翠台、高清翡翠台播出。2015 年 8 月 9 日，《武媚娘传奇》在第 17 届华鼎奖中国电视剧满意度调查发布盛典上，获得全国观众最喜爱的电视剧作品奖。2016 年 1 月 1 日，该剧荣获 2015 年国剧盛典年度十大影响力电视剧。

图 3-6-10 《武媚娘传奇》

《武媚娘传奇》从某种意义上是在讲述

一个女人如何从最普通的宫女攀升到帝国权力巅峰的过程，范冰冰重新诠释了武则天波澜壮阔的一生。该剧创作团队在剧本创作上亦下了一番功夫，编剧在剧情中融入了中国传统价值观和中华文化精神，而这亦让观众从初入宫廷的14岁懵懂少女武如意的一生成长故事中，看到一个女人身上坚韧的品质和对于成功的渴望。可以说，该剧以女性的视角全新解读大唐盛世的风云往事，通过一个女性的奋斗史对大唐文化进行了一次系统化的全新解读。

第七章

2015 年度十大文化金融并购事件

一、蓝色光标收购多盟和亿动两大移动广告公司

上榜理由：6 月 8 日，蓝色光标传播集团发布公告，宣布同时收购中国两大移动广告公司。多盟和亿动是中国移动广告行业两家最大的公司，预计公司 2015 营收合计将至 20 亿左右。关于此次收购，蓝色光标移动互联公司 CEO 潘飞表示：“多盟和亿动是目前市场上最优秀的两家移动广告品牌，他们在技术、资源、平台产品和服务方面有着非常好的积累与经验。同时，两家公司在区域优势、行业优势和技术优势方面高度互补。并购之后，我们将促成两家公司与蓝标移动互联在资源体系、服务体系、客户体系及技术平台上实现战略共享，实现 1+1 大于 2 的整合效应。我们将还会有一系列更大的动作与举措。”

二、华谊嘉信收购浩耶上海

上榜理由：华谊嘉信 10 月 12 日晚间发布重组预案，公司拟向鹏锦投资和颐涞投

资支付 4.67 亿元现金购买浩耶上海 100％股权。浩耶上海主要从事互联网营销服务，主营业务主要为数字品牌整合营销、效果营销业务和互联网增值服务。华谊嘉信表示，通过此次收购数字营销领域内的优秀企业，公司的整合营销服务能力将得到进一步提升，业务结构进一步多元化，有利于提高公司的综合服务能力；并可有效提升公司的业务规模，提升公司抗风险能力，增强公司市场竞争力。

三、光线传媒收购龙视传媒

上榜理由：2015 年 6 月 29 日，北京光线传媒股份有限公司孙公司香港影业国际有限公司通过认购股份的方式成功受让龙视传媒有限公司 25.00％股权，作价 2650 万美元。龙视传媒是一家全球性媒体公司，致力于创作和开发面向全球市场的优质原创品牌内容和以中国为核心的 IP。龙视传媒构建的全产业链商业模式集创作与开发电影、电视、动画片、漫画、游戏、衍生产品与服务为一体。龙视传媒的两位创始人分别是好莱坞资深制片人、前漫威影业董事长兼 CEO 及漫威娱乐首席创意官阿维·阿拉德和中国资深媒体投资企业家、阳光七星娱乐媒体集团董事长吴征。光线传媒认为，阿维·阿拉德拥有丰富的国际化 IP 项目的创造、开发经验和实力，了解国际市场，这将为公司电影及电视剧项目储备提供资源，是公司立足海外市场、达成国际化目标和完善产业链布局的需要。

四、掌趣科技收购大神圈文化

上榜理由：掌趣科技 11 月 3 日晚间公告，为加大战略投资布局全产业链的步伐，公司拟以自有资金 5100 万元投资北京大神圈文化科技有限公司，其中，公司以 100 万元的转让价格受让标的公司原股东持有的标的公司 2％的股权，5000 万元通过增资扩股的方式进行投资。交易完成后，公司持有大神圈 15.14％的股权。大神圈主要运营和投资国内知名作者作品衍生产品，经营包括经纪人业务、影视投资、游戏制作发行等业务。公司披露，大神圈拥有匪我思存、顾漫、唐家三少和江南等多位当红作家授权，在玄幻、都市情感、历史等文学 IP 版块占据领导地位。通过投资大神圈，公司可以获得精品 IP 的游戏改编权、发行权以及影视投资等权利，有助于加强公司核心业务的竞争力，发挥公司在游戏、影视、动漫、文学等领域的协同效应。未来公司还将通过与大神圈持续合作获得优质 IP 资源。

五、皖新传媒收购蓝狮子文化

上榜理由：2015 年 4 月 17 日，安徽新华传媒股份有限公司成功受让杭州蓝狮子文化创意有限公司 45％股权，作价 1.58 亿元人民币。蓝狮子是国内知名度最高也是最大的原创财经出版机构，创始人及实际控制人为吴晓波。吴晓波在接受采访时表示，此次出让股权是希望借资本之力，实现蓝狮子向“财经新媒体公司”全面转型的目标，“我们不想错过眼下这波文化产业的发展浪潮”。

六、三湘股份收购观印象

上榜理由：2015 年 7 月 4 日，三湘股份有限公司通过发行股份的方式拟受让观印象艺术发展有限公司 100％股权，作价 9.50 亿元人民币。观印象是国内实景演出项目制作的标杆企业，以著名导演张艺谋为首，形成了聚合张艺谋、王潮歌和樊跃三位导演的核心团队。自最初的《印象刘三姐》项目至今，观印象已成功打造了“印象”和“又见”两大品牌，推出了“印象”系列山水实景演出及“又见”系列情境体验剧，并且正积极尝试新的如《江汉朝宗》等实景演出形式。

七、苏宁环球收购 REDROVER

上榜理由：2015 年 6 月 16 日，苏宁环球传媒有限公司成功受让韩国株式会社 REDROVER，作价 2.54 亿元人民币。REDROVER 主营业务包括信息产业业务，主要以 3D 影像技术为基础，制作动漫，在全世界信息市场上销售的业务。同时，还经营文化展示业务，主要以企划、计划并构筑特殊映像馆以及 4D 映像馆、展览馆、宣传馆、博物馆等空间，并向官公署以及公共机构供货的业务。通过此次交易，苏宁环球传媒将成为 REDROVER 的实际控制人。后续，苏宁环球传媒拟与 REDROVER 在中国境内成立合资公司，共同开发中国市场的动漫影视业务及相关衍生品业务。

八、华谊创星收购众乐互娱

上榜理由：2015 年 11 月 14 日，北京华谊兄弟创星娱乐科技股份有限公司通过增资的方式成功受让深圳市众乐互娱网络有限公司 35%股权，作价 2800 万元人民币。众乐互娱主要从事粉丝游戏发行业务，即与 IP 方进行合作，通过精细化的游戏策划和推广，帮助 IP 更好实现商业化，同时通过游戏聚集 IP 粉丝人群。公司顺应行业发展趋势，专注于粉丝经济，积极探索、布局“娱乐＋”产业链。华谊创星表示，此次增资众乐互娱，成为众乐互娱股东，有利于充分发挥双方优势，有利于发展公司粉丝生态运营业务，符合公司战略目标及股东利益。

九、道博股份收购苏州双刃剑

上榜理由：苏州双刃剑是一家体育营销整体解决方案提供商、体育版权贸易服务商及体育赛事与活动运营商，其传统核心业务为体育营销，曾为“鸿星尔克”独家定制奥运营销方案，策划“鸿星尔克”进军 NBA 赛场，运作 361°成为 2016 里约奥运会官方合作伙伴，为乐视网引入中长期西甲联赛、ATP 版权及巴西世预赛版权，以及举办“荧光跑”“东风日产高尔夫”等赛事及活动。道博股份期望影视和体育的整合能带来更多的化学反应。公司称，通过本次交易，一方面上市公司将主营业务延伸至体育产业，实现在体育产业的快速布局，初步形成“文化＋体育”的大文化产业格局，抢占市场先机；另一方面，苏州双刃剑成为上市公司的全资子公司后，可以借助上市公司文化产业平台的资本、资源优势，不断丰富原有业务的载体和内涵，加速扩展赛事运营、体育旅游、体育视频、体育经纪等多种创新业务。

十、中文在线收购鸿达以太

上榜理由：中文在线 12 月 10 日晚间发布公告，公司拟以 3565.32 万元现金收购参股子公司北京鸿达以太文化发展有限公司剩余 54.02%的股权，收购完成后，公司将持有鸿达以太 100%的股权。鸿达以太的业务主要是有声读物的批发零售。中文在线表示，收购鸿达以太全部股权后，有利于完善公司的业务和产品布局结构，增强公司的可持续发展能力；可为用户提供更加丰富的泛娱乐产品，延伸公司产品线，持续布局和构建泛娱乐生态。

第八章

2015 年度十大新型互联网文化企业

一、四万公里

上榜理由："四万公里"是世界级第一个华人出境旅行大数据应用+境外旅行、消费搜索引擎，是中国人出境旅行版的大众点评。旨在为出国华人源源不断提供最真实的世界级点评信息，随时随地查看来自于 Tripadvisor、Yelp、Facebook、Twitter、Foursquare、微博等全互联网上世界各地的用户对同一个地点、一家餐厅、一个商户、一处景点的点评，提供离开导游、离开旅行社后的生活干货和全方位的 1 秒钟客观消费决策，各国语言一键翻译成中文，解决语言不通、环境不熟又要求吃好、玩爽、买对等诉求，满足即时性需求。"四万公里"用大数据帮助中国人发现境外最值得体验的服务，出境旅行不再只能去一些网上泛滥、游客扎堆的地方，一站地解决出国后在"旅行现场"中的"贴身问题"。

二、艾漫科技

上榜理由：艾漫科技是一家国内影视大数据企业，艾漫科技 2015 年完成超过 6000

万元人民币 A 轮融资，由荣联创富基金和创势资本联合投资。本轮融资将用于进一步扩展团队、公司产品以及品牌推广。同时，艾漫科技将投入更多资金在大数据指引的追星生态平台研发与推广。艾漫科技是一家娱乐影视大数据公司，拥有自然语言与人工智能等核心技术和专利，提供全媒体娱乐影视大数据服务，旗下有 iFilm、iStar、iTV 等在线产品。公司创始人夏宗靓及合伙人具有音乐、视频、电视的背景和基因，以大数据参与的影视案例有《小时代》《分手合约》《北京爱情故事》《心花路放》等 20 多部影视作品。据介绍，艾漫科技产品的统计分析管理后台，可实时分析潜在消费人群特征、营销传播效应、票房走向、电视剧社交收视率、明星口碑与商业价值，提供影视投资决策、影视选角、剧本筛选、院线排片、营销策略以及版权交易等服务。

三、我赢职场

上榜理由："我赢职场"是沃赢科技旗下产品，是中国目前最大的在线职业教育平台，通过在线互动及移动互联网等技术培养直接胜任企业职位的人员，成为搭载客户到企业职位的直通车。"我赢职场"课程内容已经涵盖如 iOS 开发、互联网架构师、安卓、Oracle、SAP、RedHat、Cisco 等高等级职业方向，公司只聘请国内一线技术总监级别讲师和技术人员，为客户提供全国数十座城市的培训及就业服务。沃赢科技主打以高品质的教学质量和服务质量为广大学员打造职业生涯，最突出的特点是保证学员的自身利益，与学员共同承担风险。

四、发现旅行

上榜理由：发现旅行是一个来自于互联网公司和传统旅行社的跨界团队，提供全程省心的一体化自由行服务，专注制定有主题、有深度的行程，致力于提供最佳出境旅行体验，使客户不受制于团队游的各种要求，拥有自己的闲散空间，更有专业团队订制专属于客户的目的地指南，免去客户自己做攻略的烦恼，保证出行无忧和顺畅。

五、黑岩网

上榜理由：黑岩阅读创立于 2013 年 4 月，是网络文学新锐站点之一。在内容上重视提供高品质的服务，拥有悬疑、历史、社会、军事、玄幻、奇幻、仙侠、武侠、科幻、游戏、同人等一批优秀的作品储备。除内容建设外，从程序功能和页面设计上追求完善完美，雍容华贵的页面设计和连续无广告的阅读模式，保证了读者最佳的阅读体验。黑岩网的使命是通过对优秀作者和最具潜力新锐作者的关注，为中文网络小说读者提供最好看的网络文学作品及互动平台。通过优秀的编辑团队和完善的推广平台，让优秀的作品和读者进行零距离接触。让网站、作者、读者实现三方共赢，为网络文学的发展壮大添砖加瓦。

六、魔方格

上榜理由：魔方格是北京云学时代科技有限公司，历经 5 年打造出来的 K12 教育产品，是中小学生最常用的、免费的学习社区，专注于小考、中考、高考的命题研究，提供同步学习、考试预测、成绩评估、答题竞赛、同学社交等诸多神秘应用。它传承“魔方”神秘而多彩的特点，无论是网站界面还是学习功能，均在国内教育网站中首屈一指、别具一格。因此被众多中小学师生和家长所推崇。

七、智课网

上榜理由：智课网于 2014 年 2 月上线，汇聚了出国考试、考研、四六级、职业规划、理科课程与语言学习等各科首席教学专家，是当下任何一家线下培训机构，以及线上教育机构都渴望实现但不曾实现的理想团队。顶尖教学专家团队在智课网为学员提供高质量的在线“名师课程”“题库逐题精讲”与“直播大讲堂”。基于知识点的系统课程、影视级别的大片品质、高度交互的学习中心、智能学习进程管理，为学习者提供比现场更加出色的学习体验。智课网是在线教育领域里为数不多的“能够聚集起行业顶级教学专家、以高质量深度内容研发和系统知识切片为核心，融合先进的用于用户行为分析的数据挖掘算法，同时又精于在线学习产品体验设计和学习体验设计”的 B2C 在线学习平台。

八、数据堂

上榜理由：数据堂是国内首家专注于互联网综合数据交易和服务的公司，致力于融合和盘活各类大数据资源，实现数据价值最大化，推动相关技术、应用和产业的创新。数据堂为中国大数据交易和服务领域的领头羊，数据堂已经在全国中小企业股份转让系统（新三板）挂牌上市，成功登陆资本市场，成为中国大数据交易及服务行业第一家挂牌新三板的企业。数据定制、数据商城、移动应用数据服务是数据堂旗下三大核心业务。

九、开课吧

上榜理由：作为慧科教育的重要成员企业，开课吧是首家中文泛 IT 在线教育平台，传承了慧科教育专注前沿科技、创新人才培养模式的基因，并积极探索在线教育模式创新。开课吧集在线课程的创意、设计、前期拍摄、后期制作、综合运营为一体，专注于移动开发、云计算、互联网营销等八大类泛 IT 课程，不断面向个人、高校和企事业单位提供在线产品研发咨询服务、在线课程制作服务、MOOC 平台服务、导学服务和认证服务等综合在线教育解决方案。

十、爱旅行

上榜理由：爱旅行是国内首家提供限时特价旅游产品的网络平台，产品包括旅游套餐、折扣机票、度假酒店。爱旅行通过分布在全国的 1000 多家供应商，为用户提供全球 100 多个国家与地区超过 5000 条的精品特价旅游线路。致力于成为国内最大的旅游度假平台，为不同需求的用户提供专业、及时、高效的旅游度假服务。

主要参考文献

1. 中华人民共和国国务院：《关于推广中国（上海）自由贸易试验区可复制改革试点经验的通知》，2015 年 1 月 29 日。

2. 中华人民共和国国务院：《关于大力推进大众创业万众创新若干政策措施的意见》，2015 年 6 月 16 日。

3. 中华人民共和国国务院：《关于积极推进“互联网＋”行动的指导意见》，2015 年 7 月 14 日。

4. 中华人民共和国国务院：《关于支持戏曲传承发展的若干政策》，2015 年 7 月 17 日。

5. 中华人民共和国国务院：《关于印发推进普惠金融发展规划（2016—2020 年）的通知》，2016 年 1 月 15 日。

6. 中华人民共和国国务院：《关于促进大数据发展的行动纲要》，2015 年 8 月 20 日。

7. 国土资源部、住房和城乡建设部、国家旅游局：《关于支持旅游业发展用地政策的意见》，2015 年。

8. 文化部：《2015 年扶持成长型小微文化企业工作方案》，2015 年 5 月 19 日。

9. 国家旅游局：《关于促进智慧旅游发展的指导意见》，2015 年 3 月 20 日。

10. 中共中央办公厅、国务院办公厅：《关于加快构建现代公共文化服务体系的意见》，2015 年 3 月 20 日。

11. 国家新闻出版广电总局、财政部：《关于推动传统出版和新兴出版融合发展的指导意见》，2015 年 4 月 10 日。

12. 文化部、财政部、新闻出版广电总局、体育总局：《关于做好政府向社会力量购买公共文化服务工作的意见》，2015 年 5 月 12 日。

13. 财政部、发展改革委、人民银行：《关于在公共服务领域推广政府和社会资本合作模式指导意见》，2015 年 5 月 19 日。

14. 财政部：《关于加强中央文化企业国有资本经营预算资金管理工作的通知》，2015 年 7 月 15 日。

15. 中华人民共和国国务院：《中华人民共和国电影产业促进法（草案）》，2015 年 9 月 1 日。

16. 中华人民共和国国务院：《三网融合推广方案》，2015 年 9 月 4 日。

17. 中共中央办公厅、国务院：《关于全国性文艺评奖制度改革的意见》，2015 年 10 月 8 日。

18. 中共中央办公厅《关于繁荣发展社会主义文艺的意见》，2015 年 10 月 19 日。

19. 中华人民共和国国务院：《关于推进基层综合性文化服务中心建设的指导意见》，2015 年 10 月 20 日。

20. 中华人民共和国国务院：《关于新形势下加快知识产权强国建设的若干意见》，2015 年 12 月 22 日。

21. 中共中央、国务院：《进一步深化文化市场综合执法改革》，2016 年 4 月 5 日。

22. 山东省艺术科学重点课题项目：《山东省文化产业竞争力与发展战略研究》。

23. 昝胜锋：《泺尚·创意中国调研报告（2015）》，山东大学出版社 2015 年版。

24. 吴锡俊：《文化产业政策设计与政府职能转变》，北京联合出版公司 2015 年版。

25. 于少东、李季主编：《中国文化产业经典案例》，中国建筑工业出版社 2015 年版。

26. 陈少峰、赵磊、王建平：《中国互联网文化产业报告 2015》，华文出版社 2015 年版。

27. 张晓明、王家新、章建刚：《文化蓝皮书：中国文化产业发展报告（2015—2016）》，社会科学文献出版社 2016 年版。

28. 于少东、李季主编：《中国文化产业经典案例》，中国建筑工业出版社 2015

年版。

29. 胡惠林:《文化产业学》,清华大学出版社 2015 年版。

30. 陈少峰、赵磊、王建平主编:《中国互联网文化产业报告 2015》,华文出版社 2015 年版。

31. 胡晓明、肖春晔主编:《文化经纪理论与实务》,中山大学出版社 2014 版。

32. 宋春华:《新型城镇化中城市文化的保护传承与表达》,《中国建设报》2014 年 4 月 23 日。

33. 蒋三庚、张杰、王晓红:《文化创意产业集群研究》,首都经济贸易大学出版社 2010 年版。

34. 单霁翔:《城镇化进程中的城市文化建设与文化遗产保护》,《城乡建设》2013 年第 6 期。

35. 韩骏伟、胡晓明主编:《文化产业概论》,中山大学出版社 2014 年版。

36. 王慧敏、孙洁、蒋莉莉、曹祎遐:《文化创意产业研究:理论前沿和热点问题》,上海社会科学院出版社 2016 年版。

37. 李季:《世界文化产业经典案例》,中国建筑工业出版社 2015 年版。

38. 彭翊:《中国省市文化产业发展指数报告(2015)》,中国人民大学出版社 2015 年版。

39. 李锋:《文化产业与旅游产业的融合与创新发展研究》,中国环境出版社 2014 年版。

40. 钟晟:《旅游产业与文化产业融合发展研究》,中国社会科学出版社 2015 年版。

41. 杨小渔:《关于新时期文化产业创新发展的思考》,《企业改革与管理》2015 年第 4 期。

42. 李凤亮:《中国文化产业发展:趋势与对策》,《同济大学学报》2015 年第 1 期。

43. 俞绳方:《杰出的双棋盘城市格局——“苏州古城风貌”研究之一》,《江苏城市规划》2006 年第 4 期。

44. 《江苏省关于加快提升文化创意和设计服务产业发展水平的意见》,2015 年。

45. 《徐州市关于加快推进重点现代服务业发展的若干政策意见(试行)》,

2015年。

46.黄坤：《城市更新中古都风貌的传承与发展——以西安与洛阳为例》，长安大学硕士学位论文，2012年。

47.［英］赫斯蒙德夫著、张菲娜译：《文化产业》，中国人民大学出版社2007年版。

48.贺耀萱：《建筑更新领域学术研究发展历程及其前景探析》，天津大学博士学位论文，2011年。

49.齐珂理、艾美荔、方馥兰、徐好好：《昨天/明天：意大利城市保护与发展50年》，《南方建筑》2009年第1期。

50.刘晔：《历史文化名城保护与城市更新研究》，天津大学硕士学位论文，2006年。

51.卢永毅、杨燕：《化腐朽为神奇——德国鲁尔区产业遗产的保护和利用》，《时代建筑》2006年第2期。

52.冯崇裕、卢蔡月娥、［印］拉奥：《创意工具》，上海人民出版社2010年版。

53.刘会远、李蕾蕾：《德国工业旅游面面观》，《现代城市研究》2004年第2期。

54.张胜冰：《文化产业与城市发展——文化产业对城市的作用及中国的发展模式》，北京大学出版社2012年版。

55.厉新建：《中国旅游经济发展与创新研究》，旅游教育出版社2009年版。

56.《宿州市2014年国民经济和社会发展统计公报》，宿州信息统计网。

57.《蚌埠市2014年国民经济和社会发展统计公报》，蚌埠信息统计网。

58.《玉树州2014年国民经济和社会发展统计公报》，玉树信息统计网。

59.《玉树州2015年国民经济和社会发展统计公报》，玉树信息统计网。

60.《烟台芝罘区2015年国民经济和社会发展统计公报》，芝罘区信息统计网。